ANGLOPHOBIE ET POLITIQUE
De Fachoda à Mers el-Kébir

© L'Harmattan, 2010
5-7, rue de l'École-polytechnique ; 75005 Paris

http://www.librairieharmattan.com
diffusion.harmattan@wanadoo.fr
harmattan1@wanadoo.fr

ISBN : 978-2-296-11306-0
EAN : 9782296113060

Fabrice SERODES

ANGLOPHOBIE ET POLITIQUE
De Fachoda à Mers el-Kébir

*Visions françaises
du monde britannique*

L'Harmattan

Collection Racisme et eugénisme
dirigée par Michel Prum

La collection « Racisme et eugénisme » se propose d'éditer des textes étudiant les discours et les pratiques d'exclusion, de ségrégation et de domination dont le corps humain est le point d'ancrage. Cette problématique du corps fédère les travaux sur le racisme et l'eugénisme, mais aussi sur les enjeux bioéthiques de la génétique. Elle s'intéresse à toutes les tentatives qui visent à biologiser les rapports humains à des fins de hiérarchisation et d'oppression. La collection entend aussi comparer ces phénomènes et ces rhétoriques biologisantes dans diverses aires culturelles, en particulier l'aire anglophone et l'aire francophone. Tout en mettant l'accent sur le contemporain, elle n'exclut pas de remonter aux sources de la pensée raciste ou de l'eugénisme. Elle peut enfin inclure des ouvrages qui, sans relever véritablement de l'étude du racisme, analysent les relations entre les différents groupes d'une société du point de vue de l'ethnicité.

Parmi les vingt-deux ouvrages déjà publiés dans la collection :

Diane Afoumado : *Exil impossible*, préface de Serge Klarsfeld (2005)
Amandine Ducray, *Les Sitcoms ethniques à la télévision britannique de 1972 à nos jours* (2009)
Lucienne Germain et Didier Lassalle (dir.), *Les Relations interethniques dans l'aire anglophone* (2009)
Cécile Perrot, Michel Prum et Thierry Vircoulon, *L'Afrique du Sud à l'heure de Jacob Zuma* (2009)
Michel Prum (dir.) : *Ethnicité et Eugénisme* (2009)
Michel Prum (dir.) : *Race et corps dans l'aire anglophone* (2008)
Michel Prum (dir.) : *La Fabrique de la « race »* (2007)
Michel Prum (dir.) : *Changements d'aire* (2007)
Michel Prum (dir.) : *De toutes les couleurs* (2006)
Michel Prum (dir.) : *L'Un sans l'Autre,* (2005)
Michel Prum (dir.) : *Sang impur* (2004)
Michel Prum (dir.) : *Les Malvenus* (2003)

A Inès

et à ma mère.

INTRODUCTION

La persistance de l'anglophobie, son retour chronique dans l'actualité font partie des particularités françaises les plus ancrées[1]. Comparée aux autres images que nous avons des étrangers, la vision de l'Anglais est sans doute celle qui reste la plus négativement connotée sur le long terme[2]. Le terme même d'« anglophobie » décrit un sentiment fort, une rancœur tenace, une « haine systématique », « aversion », « horreur ». Cela pourrait n'avoir guère d'importance, si les hommes politiques eux-mêmes ne s'en mêlaient. L'anglophobie des dirigeants est plus grave, car elle peut conduire à des crises diplomatiques, voire à un conflit armé. Nous nous proposons d'en comprendre les raisons, et d'analyser si elle a un impact avéré sur l'élaboration de la diplomatie française.

L'anglophobie fait pleinement partie des « forces profondes », qui influent sur les relations internationales[3]. Elle doit son importance à la durée exceptionnelle du différend historique qui oppose les deux pays. L'étude des préjugés anglophobes a déjà été faite. Elle est certes amusante, mais peu instructive ; elle ne permet guère de comprendre les décisions politiques. L'anglophobie ne nous intéresse pas en elle-même, par son contenu, mais dans son contexte[4]. Cet ouvrage se propose de faire une histoire de l'anglophobie démarquée des catalogues traditionnels dressant l'inventaire de l'ensemble des différends que les deux nations voisines entretiennent depuis des siècles. Ceci suppose non de se borner à constater, comme le font les journalistes, un « fossé » culturel, une relation « ambiguë », ou une « entente glaciale » entre les deux pays, non de projeter une même anglophobie supposée immuable sur mille ans de relations internationales, mais d'en comprendre les raisons profondes, d'en saisir l'évolution en un demi-siècle crucial, marqué par les conquêtes coloniales et la menace militaire allemande. Retracer l'histoire de l'anglophobie

---

[1] M. Agulhon, *La République 1880-1932*, Paris, Hachette, 1992, t.I, p.142. cf. notre mémoire de maîtrise F. Serodes, *Diplomates et militaires face à l'anglophobie, 1898-1905,* mémoire de maîtrise sous la direction de M. le Professeur Robert Frank, Université de Paris I-Panthéon-Sorbonne, 2000 et id., *Sauver les apparences : dirigeants allemands et français face à l'anglophobie, 1895-1914,* mémoire de D.E.A. sous la direction de M. le professeur Robert Frank, Université de Paris I-Panthéon-Sorbonne, 2002.

[2] Nous emploierons le terme général de Royaume-Uni pour désigner l'entité politique contemporaine. Cependant, les archives évoquent davantage la « Grande-Bretagne », l'Irlande étant souvent négligée. Surtout, le terme d'Anglais reste prédominant dans la documentation, et sera ici restitué comme tel, pour sa charge mythique.

[3] P. Renouvin, *La Crise européenne et la Première Guerre mondiale*, Paris, Alcan, 1934 (1re éd.), p. 131. ; id. et J.B. Duroselle, *Introduction à l'histoire des relations internationales,* Paris, Armand Colin, 1ère éd., 1964, 520p., rééd. Paris, Pocket, 1997, 531p.

[4] P. Renouvin, « Préface » à R. Rémond, *Les États-Unis devant l'opinion publique française, de 1815 à 1852,* Paris, Fondation Nationale des Sciences Politiques (F.N.S.P.), 1962, thèse de 3e cycle, rééd. Armand Colin, 2 vol., 973 p. ..., p.VIII La même remarque vaut pour l'italophobie, étudiée par P. Milza dans sa thèse, *Français et Italiens à la fin du XIXe siècle. Aux origines du rapprochement franco-italien de 1900-1902,* École française de Rome, 1981, 1114p.

ne revient pas à refaire une histoire des idées politiques, car l'anglophobie n'est ni une idée, ni une idéologie constituée, mais davantage une réaction critique à une politique officielle.

Outre l'histoire, les différentes sciences humaines sont d'un secours ponctuel. La psychologie permet d'analyser ce sentiment sur le plan individuel[5]. L'anglophobie désigne certains comportements, notamment en période de crise, les dirigeants ne gardant pas toujours leur sang-froid. A plus long terme, elle aide à comprendre pourquoi certains préjugés, certaines façons de penser persistent en temps de paix. Des études récentes ont mis en évidence que les stéréotypes ne sont pas de pures inventions, mais qu'ils contiennent une part de vérité[6]. Ils sont réducteurs dans la généralisation qui en est faite : les Britanniques sont *plutôt* insulaires, les Français *plutôt* individualistes. La marge d'erreur des clichés, qui inclut de nombreuses situations vécues par les dirigeants, les met en décalage avec la réalité sociale du pays visé. Les critiques contre l'Anglais finissent par en dire davantage sur leurs auteurs que sur leur objet[7]. Elles deviennent une manière de se mettre en valeur, de se défendre.

Sur le plan collectif, la sociologie peut aider à comprendre la réaction des différents milieux dirigeants. On peut distinguer au moins deux groupes. Les dirigeants constituent un milieu *a priori* favorable au Royaume-Uni. Ces derniers constituent une élite sociale, souvent formée dans les mêmes écoles, notamment à l'École libre des sciences politiques, plutôt anglophile, ayant une petite expérience de l'étranger, pratiquant peu la langue, mais partageant une culture politique libérale assez répandue. Ils sont rejoints, dans le domaine économique, par certains libéraux, partisans du libre-échange.

D'autres catégories sont plus hostiles. Les petits patrons, défenseurs de l'agriculture et du « tarif Méline » se trouvent en concurrence avec le Royaume-Uni[8]. Mais ce sont surtout les militaires qui se trouvent confrontés à l'ennemi héréditaire. Ils sont réputés conservateurs, comme le révèle l'affaire Dreyfus, et plus particulièrement enclins à l'antisémitisme. Les marins transmettent une histoire anglophobe de génération en génération. Les coloniaux défendent jalousement le territoire colonial et relaient leurs exigences à la Chambre. Il faut se garder cependant de tout déterminisme. Le rôle des individus dépasse celui des groupes : les grands hommes, politiques, diplomates ou militaires déjouent les pronostics. L'opinion que se forgent les dirigeants leur est souvent propre, liée à une histoire personnelle, à des anecdotes biographiques, des histoires de famille ou des rencontres.

---

[5] A. Barblan, *L'Image de l'Anglais en France pendant les querelles coloniales (1882-1904)*, Berne, Herbert Lang, 1974, 234 p.

[6] R. Frank, « Qu'est-ce qu'un stéréotype ? », in J.-N. Jeanneney dir., *Une Idée fausse est un fait vrai*, Paris, Odile Jacob, 2000, p.19.

[7] C. Charle, *La Crise des sociétés impériales, Allemagne, France, Grande-Bretagne 1900-1940, Essai d'histoire sociale comparée*, Paris, Seuil, 2001, 529p.

[8] Tarif maximal protectionniste imposé à certains pays depuis 1892, qui porte le nom du député qui préside la Commission générale des douanes à l'Assemblée, Jules Méline.

I. La singularité des relations franco-britanniques : des conflits qui laissent des traces durables

En comparant l'anglophobie française, il apparaît qu'elle n'a rien d'une nouvelle « exception française ». L'historiographie s'est intéressée aux causes structurelles de l'anglophobie, notamment à la rivalité maritime entre l'Allemagne et le Royaume-Uni, atténuée par l'importance des liens économiques ou culturels[9]. L'anglophobie allemande a été traitée de manière plus exhaustive pour la période exceptionnelle de la Première Guerre mondiale, et de manière plus circonstanciée pour des personnalités ou des événements. L'anglophobie populaire a été appréhendée au niveau local. Pour les dirigeants, l'anglophobie du Chancelier Bülow, de l'Empereur Guillaume II ou de l'historien Treitschke, ont fait l'objet d'appréciations critiques[10]. Aux États-Unis, la « relation spéciale » a tendance à occulter cette période de tensions pourtant vives, pour des raisons historiques et commerciales. Elle connaît un regain à la fin du XIXe siècle[11], avec l'émergence de la fédération américaine comme nouvel acteur mondial, et dans l'entre-deux-guerres, où les différends européens renforcent l'isolationnisme américain et l'anglophobie[12].

Qu'est-ce qui fait la spécificité des relations franco-britanniques ? Depuis des siècles, l'incompréhension entre les deux pays domine. Les contentieux, notamment territoriaux, remontent au moins à la guerre de Cent Ans, et alimentent une vision des contemporains de la fin du XIXe siècle et du début du XXe marquée par l'ignorance ou la crainte mutuelles. L'histoire bilatérale se résume aux conflits, qui hantent l'histoire commune, constituée en véritable mythologie. Surtout, à l'époque contemporaine, postrévolutionnaire, l'anglophobie relève moins de l'histoire militaire, de la confrontation directe, elle est désormais historique, plus abstraite, historicisée par les mémoires collectives, les manuels, les ouvrages d'histoire et la presse. La métaphore de la guerre reste vive, et l'affrontement est évité de justesse à Fachoda ou à Mers el-Kébir.

L'historiographie de ces relations est largement circonscrite à un cadre bilatéral, qui ne permet pas de saisir la véritable nature de ces rapports, affectés

---

[9] P.M. Kennedy, *The Rise of the Anglo-German Antagonism 1860-1914*, Londres, Allen et Unwin, 1982, 604p.

[10] K. Hardach, „Anglomanie und anglophobie während der industriellen Revolution in Deutschland", *Schmollers Jahrbuch für Wirtschafts- und Sozialwissenschaften*, n°91, 1971,p.153-181.; M. Stibbe, *German Anglophobia and the Great War, 1914-1918*, Cambridge, C.U.P., 2001, 267p.; P. Winzen, *Das Kaiserreich am Abgrund, Die Daily-Telegraph Affäre und das Hale-Interview von 1908*, Stuttgart, Steiner, 2002, 369p.

[11] E. P. Crapol, *America for Americans: economic nationalism and anglophobia in the late XIXth century*, Wesport, Greenwood Press, 1973, 248 p.; id., "From Anglophobia to Fragile Rapprochement: Anglo-American Relations in the Early Twentieth Century", in H.J. Schröder, *Confrontations and Cooperation. Germany and the United States in the Era of World War I, 1900-1924*, Providence, Berg, 1993, 460p., p.13-31.

[12] J.G. Cook, *Anglophobia: an analysis of anti-British prejudice in the United States*, Boston, The Four Seas Company, 1919, 138p.; J.E. Moser, *Twisting the Lion's Tail, Anglophobia in the United States, 1921-1948*, Londres, Macmillan, 1999, 263p.

par les autres pays, la Russie, les États-Unis et surtout l'Allemagne. Or, la comparaison avec cette dernière est essentielle : compétition navale et économique, crises marocaines de 1905 et 1911, Première Guerre mondiale, traité de Versailles, montée du nazisme et Deuxième Guerre mondiale mettent le couple franco-britannique à rude épreuve. L'Allemagne est le troisième acteur implicite de ces relations. Il ne faudrait pas cependant lui attribuer un rôle exclusif dans le rapprochement franco-britannique. Si la peur de l'Allemagne a joué un rôle déterminant, elle est loin d'être le seul facteur de constitution de l'Entente cordiale. Il y a bien des raisons positives au rapprochement franco-britannique. Le privilège du bilatéralisme déjà contesté du temps de Fachoda, devient obsolète avec la Première Guerre mondiale. L'Allemagne reste cependant un tiers important, dans le cadre d'un jeu diplomatique à trois.

II. Un sujet souvent évoqué, rarement traité

Les relations franco-britanniques en général ont déjà fait l'objet de nombreux ouvrages collectifs[13]. Trois auteurs en ont fait récemment la synthèse. Les historiens Isabelle et Robert Tombs ont proposé une somme qui couvre les aspects principaux des relations franco-britanniques. Philip Bell y a consacré l'étude politique et diplomatique la plus complète pour notre période. D'autres études plus précises portent sur les relations entre les deux pays à cette époque, dans les domaines politique[14] et militaire[15], pour tenter d'expliquer la défaite commune de 1940. Les historiens se sont également penchés sur certains événements qui sont restés dans les mémoires, notamment en France, et bornent

---

[13] R. Gibson, *Best of Enemies. Anglo-French Relations since the Norman Conquest*, Londres, Sinclair-Stevenson, 1995, rééd. 2004, 326p.; A. Sharp et G. Stone dir., *Anglo-French Relations in the twentieth Century. Rivalry and Cooperation*, Londres et New York, Routledge, 2000, 355 p.; P. Chassaigne et M. Dockrill éd., *Anglo-French Relations 1898-1998: from Fashoda to Jospin*, Basingstoke, Palgrave, 2002, 211p.; G. Radice et J. Viot, *L'Entente cordiale dans le siècle*, Paris, Odile Jacob, 2004, 364p. cf également les numéros spéciaux des revues *Relations internationales* n°117, « Cent ans d'Entente cordiale», printemps 2004, 131p., et *Diplomacy and Statecraft*, n°4, vol. 17, Londres, Routledge, décembre 2006.

[14] I. et R. Tombs, *That Sweet Enemy, The French and the British from the Sun King to the present*, Londres, Heinemann, 2006, 780p.; P.M.H. Bell, *France and Britain 1900-1940: Entente and Estrangement*, Londres, Longman, 1996, 275p.; J.F.V. Keiger, *France and the world since 1870*, Londres, Arnold, 2001, 261p.; A. Wolfers, *Britain and France between two wars*, New York, Harcourt Brace and Company, 1940, 467p.; A. Besnard et alii, *Les Relations franco-britanniques 1935-1939*, Paris, C.N.R.S., 1975 ; N. Rostow, *Anglo-French Relations, 1934-36*, Londres, Macmillan, 1984.; M. Thomas, *Britain, France and Appeasement Anglo-French Relations in the Popular Front Era.*, Oxford, Berg, 1996, 268p.

[15] A Reussner, *Les Conversations franco-britanniques d'État-Major, 1935-1939*, Vincennes, S.H.M., 1969, 291p. ; P. Masson, « Les conversations militaires franco-britanniques, 1935-38 », *Les Relations franco-britanniques de 1935 à 1939*, Paris, C.N.R.S., 1975. ; Id, *Français et Britanniques dans la drôle de guerre*, actes du colloque franco-britannique tenu à Paris du 8 au 12 décembre 1975, Paris, C.N.R.S., 1979, 631p. ; P. Fridenson et J. Lecuir, *La France et la Grande-Bretagne face aux problèmes aériens (1935-mai 1940)*, Vincennes, S.H.D., 1976 ; W.J. Philpott, *Anglo-French Relations and Strategy on the Western Front, 1914-1918*, Basingstoke, Macmillan, 1996, 227p. ; M.S. Alexander et W.J. Philpott, *Anglo-French Relations between the Wars*, Basingstoke, Palgrave, 2002, 248p.

notre étude, comme Fachoda ou Mers el-Kébir[16]. Deux moments ont été privilégiés : le rapprochement autour de l'Entente cordiale de 1904 et les débuts de la Deuxième Guerre mondiale en 1939-1940. Pour le début du siècle, Christopher Andrew a joué un rôle important en tentant de déchiffrer la personnalité peu loquace du ministre des Affaires étrangères Delcassé[17]. D'autres ont pris le relais en insistant sur les autres acteurs de l'Entente cordiale, la personnalité séduisante du roi Édouard VII, celle des frères Cambon, de Lord Lansdowne, dont les fortes personnalités ont permis d'accompagner l'opinion publique et de sceller l'accord historique de l'Entente cordiale, malgré certaines réticences[18]. De même, pour la Deuxième Guerre mondiale, la confrontation théâtrale entre les deux fortes personnalités de Winston Churchill et Charles de Gaulle a paru symbolique des différences de points de vue dans ces deux pays[19]. Dans le domaine économique, les relations franco-britanniques ont été principalement interprétées sous l'angle d'un rattrapage du retard industriel français[20]. Le centenaire de l'Entente cordiale en 2004 a donné lieu à des colloques, à des publications, ainsi qu'à des manifestations officielles, qui permettent de mesurer le chemin parcouru depuis, et de profiter d'une abondante bibliographie. Ce centenaire a mis au jour la faille béante en matière d'étude de l'anglophobie des milieux dirigeants[21].

---

[16] P. W. Grenier (major), *Fashoda: Turning-point in Anglo-French relations. A study in military-political affairs*, master of military art and science soutenu à Fort Leavenworth, Kansas le 23 avril 1976, 85p.; H. Coutau-Bégarie et C. Huan, *Mers el-Kébir (1940), la rupture franco-britannique*, Paris, Economica, 1994, 257p.

[17] P. Renouvin, *La Politique extérieure de Théophile Delcassé*, F.N.S.P., 1954, 54 p. rééd. Centre de Documentation universitaire/S.E.D.E.S., 1964.; C. Andrew, *Théophile Delcassé and the Making of the Entente Cordiale. A Reappraisal of French Foreign Policy, 1898-1905*, Londres, Macmillan, 1968, 330p.; P.J.V. Rolo, *The Origins and Negotiation of the Anglo-French Agreements of 8 April 1904*, Basingstoke, Macmillan, 1969, 300p.; J.F.V. Keiger, *France and the Origins of the First World* War, Londres, Macmillan, 1983, 201p.; P. Venier, « Théophile Delcassé and the Question of Intervention in the Anglo-Boer War, October 1899-March 1900 », P. Chassaigne et alius éd., *Anglo-French Relations...*, p. 44-55 et id., « Delcassé et les relations franco-britanniques pendant les débuts de la guerre des Boers », in L. Claeys, C. Pailhès et R. Pech éd., *Delcassé et l'Europe à la veille de la Grande Guerre*, Foix, Archives départementales de l'Ariège, 2001, p. 247-260.

[18] C. Geoffroy, *Les Coulisses de l'Entente cordiale*, Paris, Grasset, 2004, 300p. ; L. Lemonnier, *Édouard VII, Le Roi de l'Entente cordiale*, Paris, Hachette,1949, 254 p. ; R. Buss et J.-P. Navailles, *Édouard VII le prince charmeur*, Paris, Payot, 1999, 205 p. ; A. d'Arjuzon, *Édouard VII. Le prince de l'Entente cordiale*, Paris, Perrin, 2004, 408p. ; I. Dunlop, *Edward VII and the Entente cordiale*, Londres, Constable, 2004, 288p. ; L. Villate, *La République des diplomates: Paul et Jules Cambon 1843-1935*, Paris, Science infuse, 2001, 415p. ; H. Cecil, *From the Entente Cordiale of 1904 to the Peace Letter of 1917: a European Statesman assessed*, conférence du 22 avril 2004 à l'ambassade du Royaume-Uni à Paris, Foreign and Commonwealth Offce, 2004, 35p.

[19] F. Kersaudy, *de Gaulle et Churchill : la mésentente cordiale*, Paris, Perrin, 2003, 496p.

[20] F. Crouzet, *De la Supériorité de l'Angleterre sur la France, L'économique et l'imaginaire XVIIe-XXe siècle,* Paris, Perrin, 1985, 596 p.

[21] D. Johnson, R. Mayne et R. Tombs, *Cross Channel Currents; 100 Years of Entente cordiale*, Londres, Routledge, 2004, 328p.; L. Bonnaud dir., *France-Angleterre : un siècle d'Entente cordiale 1904-2004. Deux nations, un seul but ?*, Paris, L'Harmattan, 2004, 308p. ; M. Vaïsse

Les relations franco-britanniques dépendent beaucoup des représentations de part et d'autre. L'historiographie de l'anglophobie n'est donc pas qu'une histoire politique des grands événements franco-britanniques, des rencontres, des accords, mais une histoire des mentalités[22], des jugements, des appréciations, de la perception du Royaume-Uni par la France[23]. Toutefois, ce dernier aspect ne nous intéresse ici que dans la mesure où il explique la manière dont les dirigeants prennent les décisions[24]. L'anglophobie française en elle-même a déjà fait l'objet d'analyses spécifiques, qui culminent au XVIIe siècle, notamment pendant la Révolution[25], mais concernent aussi la monarchie de Juillet[26], et le régime de Vichy au XXe siècle. Plusieurs ouvrages sont parus entre-temps pour tenter de présenter une vision synthétique, une histoire des attitudes françaises, en particulier sur l'anglophobie[27]. En réalité, elles sont bien anecdotiques. Fondées sur des sources principalement littéraires ou scolaires, elles s'en tiennent à des visions journalistiques, dans la lignée des études précédentes. Dans cette perspective, toute vision critique est d'emblée considérée comme anglophobe, alors qu'il faut distinguer toute une gamme de comportements et d'attitudes, depuis la simple critique, jusqu'au racisme viscéral. Toute critique contre le Royaume-Uni n'est pas nécessairement anglophobe. Certaines études, plus globales, portent sur des intervalles trop restreints pour observer des répétitions[28]. Pour la période contemporaine, l'anglophobie populaire a déjà été étudiée, à partir des sources de presse par Malcom Carroll, et à partir de la littérature par Marius-François Guyard, et, au sens large, dans l'ouvrage d'Andris Barblan, intitulé *L'Image de l'Anglais en*

---

dir., *L'Entente cordiale de Fachoda à la Grande Guerre*, Bruxelles, Complexe, 2004, 141p. ; P.P. Vallet, *The Origins and development of an Anglo-French Entente, 1902-1914*, sous la dir. du Pr. C. M. Andrew, Université de Cambridge, 2006 ; S. Aprile et F. Bensimon dir., *La France et l'Angleterre au XIXe siècle*, Paris, Creaphis, 2006, 580p. ; A. Capet éd., *Britain, France and the Entente cordiale since 1904*, Londres, Macmillan, 2006, 225p.

[22] R. Frank, « Images et imaginaire dans les relations internationales depuis 1938: problèmes et méthodes », *Cahiers de l'I.H.T.P.*, n°28, juin 1994, p.5-11.

[23] M. Vion, *Perfide Albion ! Douce Angleterre ? L'Angleterre et les Anglais vus par les Français du XIVe siècle à l'an 2000*, Saint-Cyr-sur-Loire, Alan Sutton, 2002, 312p.

[24] J. F. V. Keiger, « La perception de la puissance française par le Foreign Office », in P. Milza, R. Poidevin dir., *La Puissance française à la Belle Époque. Mythe ou réalité ?*, Bruxelles, Complexe, 1992, p.175-185.

[25] F. Acomb, *Anglophobia in France 1763-1789*, New York, 1950; C. Nordmann, « Anglomanie et anglophobie en France au XVIIIe siècle », *Revue du Nord*, avril-septembre 1984, p.787-803 ; S. Wahnich, *L'Impossible citoyen. L'étranger dans le discours de la Révolution française*, Paris, Albin Michel, 1997, 404 p. ; N. Hampson, *The Perfidy of Albion. French perceptions of England during the French Revolution*, Londres, Macmillan, 1998, 181p.

[26] J.V. Suanzes, « El liberalismo francés después de Napoléon. De la anglofobia a la anglofilia », *Revista de estudios politicos*, n°76, avril-juin 1992, p.29-43 ; C. Crossley, "Michelet et l'Angleterre: l'antipeuple?", *Littérature et nation*, 18, 1997, p.137-152.

[27] J. Guiffan, *Histoire de l'anglophobie en France : de Jeanne d'Arc à la Vache folle*, Rennes, Terre de Brume, 2004, 277p.

[28] P.E. Prestwich, *French Attitudes toward Britain, 1911-1914*, PhD. sous la dir. du Pr. Gordon Wright, soutenu à l'Université de Stanford, juillet 1973, 480p.

France pendant les querelles coloniales[29]. En revanche, l'anglophobie propre aux dirigeants reste moins bien connue.

III. 1898–1940 : d'une crise d'anglophobie à l'autre

Il faut aussi décloisonner cette période dans le temps : montrer les continuités entre XIXe et XXe siècles, la complémentarité des archives des différentes administrations, militaires et diplomatiques, nationales et locales, anglaises, allemandes et britanniques. Nous avons choisi deux bornes extrêmes de tension entre les deux pays sur fond de rivalités coloniales. C'est bien l'arrière-plan colonial qui constitue la trame de notre étude, transposition d'une rivalité séculaire à l'échelle mondiale. Un des traits marquants de cette époque est la vigueur des sentiments collectifs nationaux en Europe: « volonté d'affirmer, au regard des autres peuples, les caractères du tempérament national ; méfiance à l'égard des influences étrangères »[30]. D'autres découpages parviendraient à des résultats sensiblement différents : les séquences chronologiques « 1843-1945 » ou « 1914-1994 » montreraient plutôt une bonne entente entre les deux pays sur le long terme. Souhaitant analyser l'anglophobie sur la longue durée, la période choisie semble la plus appropriée pour étudier une récurrence forte entre trois générations, celle née vers 1840 (Georges Clemenceau), celle née vers 1865 (Philippe Pétain, Raymond Poincaré), et celle née vers 1890 (Pierre Laval, le général de Gaulle).

Les années 1880 sont marquées par un regain de nationalisme et une concurrence coloniale accrue, notamment en Afrique. La perte progressive de l'Égypte, à partir de 1882, relayée par une presse populaire à grand tirage, est mal vécue par les coloniaux et par l'opinion publique. Le choix de l'année 1898 comme point de départ de notre étude s'explique aisément par un ensemble de changements concomitants. Delcassé accède au ministère des Affaires étrangères. Il nomme Paul Cambon à l'ambassade de Londres. Cette nouvelle équipe diplomatique restreinte - nous insisterons principalement sur ces deux diplomates dont l'activité supplante celle de leurs collaborateurs - doit d'emblée faire face à la crise de Fachoda, qui voit l'anglophobie renaître de ses cendres et les deux marines prêtes à un nouvel affrontement depuis Trafalgar. Fachoda marque un sommet de publications hostiles au Royaume-Uni. C'est aussi à partir de ce moment que se précise, chez les dirigeants, l'idée de faire un choix entre l'Allemagne et le Royaume-Uni.

A l'autre extrémité, l'attaque de Mers el-Kébir marque un second paroxysme de tensions entre les deux pays, soulevant une vague d'anglophobie encouragée par le gouvernement. Il s'agit d'une rupture, marquant un

---

[29] E.M. Carroll, *French public opinion and foreign affairs,1870-1914*, New-York, The Century, 1931, 348 p.; M.F. Guyard, *L'Image de la Grande-Bretagne dans le roman français, 1914-1940*, Paris, Didier, 1954, 394p. ; A. Barblan, *op. cit.*

[30] P. Renouvin, *La Crise européenne et la Première Guerre mondiale (1904-1918),* Félix Alcan, Presses Universitaires de France (P.U.F.), 1934, 461 p., p.165.

éloignement durable, après une période de rapprochement.[31]. Les anglophobes ont désormais carte blanche, et rompent avec la tradition anglophile de la IIIe République. Même de Gaulle, qui représente la France libre, a de violentes discussions avec le Premier ministre britannique. Cependant, dès 1940, le gouvernement de Vichy se garde bien de laisser libre cours à son anglophobie. Il est retenu par des considérations réalistes, peut-être aussi par certains modérés, mais surtout par l'évolution de l'opinion publique. L'anglophobie arrive au pouvoir chez les dirigeants peu avant son déclin dans l'opinion, sous le poids de l'Occupation. C'est paradoxalement au moment où les dirigeants de Vichy ont les mains libres pour leur politique que le substrat populaire se dérobe.

IV. Les dirigeants, un milieu peu perméable à l'anglophobie ?

Lorsque nous parlons des « Anglais », il faut bien distinguer entre Anglais, et Écossais, Irlandais ou Gallois. Toutefois, il ne sert à rien de forcer le trait, quand nos observateurs eux-mêmes ne font pas la différence et confondent allègrement l'ensemble de ces peuples sous un même vocable d'« Anglais » avec des traits communs. Les traits distinctifs régionaux comptent moins à leurs yeux que les différences nationales de l'Anglais par rapport au Français : l'attachement à la monarchie, des relations commerciales plus étroites avec l'Empire britannique, ou l'anglicanisme par opposition au catholicisme. Il en va de même en France, où les différences régionales sont marquées, mais s'estompent quand les dirigeants britanniques parlent de la nation comme un tout, confronté à une autre.

Les milieux dirigeants regroupent l'ensemble des personnes dont les représentations de l'Anglais peuvent directement influer sur l'état des relations entre les deux pays : membres du gouvernement, parlementaires, diplomates, militaires. Ils comprennent aussi des hommes d'affaires influents, des coloniaux, des journalistes, des universitaires, qui, sans détenir de pouvoir politique, exercent une influence sur les prises de décision. Le terme de dirigeant permet d'insister, davantage que celui de « décideur »[32], sur la capacité des responsables à mobiliser l'opinion publique autour d'initiatives communes, d'un projet politique. Ces personnes, parce qu'elles ont des responsabilités publiques, sont amenées à faire la part entre conviction personnelle et politique officielle : parfois, elles suivent une politique conforme à leurs convictions, parfois, au contraire, elles sont tenues de faire abstraction de leur opinion, et de définir une politique qui peut leur déplaire. La Marine française conserve notamment une réputation d'anglophobie qu'il s'agit de vérifier. A cette sphère gouvernementale s'ajoutent de nombreux élus locaux,

---

[31] R. Frank, *La Hantise du déclin. La France 1920-1960 : finance, dépenses et identité nationale*, Paris, Belin, 1994, 316p. ; l'historien Philipp Bell fait de l'année 1940 la bissectrice de ses deux volumes consacrés aux relations franco-britanniques au XXe siècle dans P.M.H.Bell, *France and Britain 1900-1940...op.cit.*

[32] plus économique, technique et adapté à un contexte tendu, cf. « Les décideurs et l'indécision », J.B.Duroselle, *Politique étrangère de la France. L'abîme*, Paris, Seuil, 1982, 818p., p.52-85.

des maires, ou des préfets nommés par l'État. Par affinité personnelle, ou souci de satisfaire leur clientèle locale, ils sont parfois à l'origine d'initiatives bilatérales. Les dirigeants ne constituent donc pas une « élite » homogène et toutes les élites ne participent pas nécessairement à la prise de décisions dans la politique internationale, critère retenu ici pour choisir notre milieu, soit environ cinq cents personnes sur quarante ans, principalement françaises, puisqu'il s'agit de définir l'anglophobie, mais aussi britanniques[33]. Dans cette perspective, le terme de dirigeants nous semble mieux convenir pour étudier les prises de décision.

V. A la recherche de l'anglophobie : sources inédites et sources plus anciennes

Pour l'historien, l'expression de l'anglophobie s'avère difficile à trouver dans les archives. Il faut consulter de nombreux documents avant de relever un passage explicite, tant l'anglophobie ne s'avoue pas, tel un péché. Si le sujet semble « marginal », c'est donc moins par son ampleur, car tout le monde en parle, que par son approche : il nous faut étudier l'histoire aux marges du texte. Le sentiment n'affleure vraiment qu'à l'occasion de considérations générales (rapports, digressions, emportements), en introduction ou en conclusion, en guise d'explication ou de justification[34]. Les dirigeants répugnent moins à utiliser le terme quand il s'agit de qualifier l'attitude d'un tiers que la leur, les termes d'« anglophobie » et d'« anglophobe » sont alors d'un emploi plus fréquent. Nous devons donc saisir à la fois l'anglophobie *dont* parlent les diplomates à propos des autres - leurs collègues, leurs homologues, ou l'opinion publique en général - et celle *qu*'ils expriment à leur insu, et qui révèle leurs propres sentiments.

Il ne nous reste plus guère que des archives écrites. Tous les personnages de cette histoire sont décédés, et ce travail porte sur une période déjà ancienne, au-delà de la frontière du témoignage et de la parole vivante. Notre corpus se compose de documents anciens, d'autres inédits. La documentation diplomatique et militaire officielle a déjà été consultée. Nous proposons une nouvelle lecture de ces documents anciens. Nous citons abondamment les dépêches, télégrammes et documents issus des cartons du ministère des Affaires étrangères. Les séries portant sur le Royaume-Uni ont été les plus utiles, surtout celles relatives aux relations avec la France, qui contiennent la correspondance entre l'ambassadeur de France à Londres et le ministre des Affaires étrangères à

---

[33] Voir l'Index à ce sujet.
[34] K. Daniel et K.W. Braly. 1933. "Racial Prejudice and Racial Stereotypes," *Journal of Abnormal and Social Psychology*, n°30, p.175-193. Ainsi, « une image n'a nul besoin de s'exprimer pour exister ; en fait, elle est rarement décrite en tant que telle. C'est même un des points qui rend sa capture délicate. On la saisit bien plutôt à l'insu de celui qui la nourrit », selon H.C.J. Duijiker et NH Fridja, " National character and National stereotypes ", *Confluences* , Amsterdam, 1960, p.127.

Paris, ainsi que des rapports d'attachés navals et militaires et des coupures de presse[35].

Nous avons également dépouillé des archives inédites. Au ministère des Affaires étrangères, certains cartons sur les relations franco-britanniques n'avaient jamais été déballés. Le ministère des Affaires étrangères recèle ainsi de nombreux écrits de diplomates. Pour d'autres séries, comme l'Italie, nous avons même retrouvé des archives partiellement brûlées, qui partaient en lambeau, peut-être rescapées des flammes de 1940[36]. Des séries entières moins connues, comme celle consacrée au Transvaal, nous ont servi pour l'étude de la guerre des Boers[37]. Le ministère a également conservé des papiers privés d'agents diplomatiques très instructifs. Certains ont pour une part été publiés : c'est le cas des souvenirs de Gabriel Hanotaux, qui servent de justification après coup, et de la correspondance imprimée de Paul Cambon, source très précieuse en ce qu'elle regorge de remarques personnelles. L'ambassadeur français à Londres, le marquis de Saint-Aulaire, a rédigé des mémoires tardives. Depuis les travaux de Pierre Renouvin, qui n'avait pas les papiers Delcassé à sa disposition, et de Laurent Villate, qui a obtenu l'ouverture des archives privées de la famille Cambon, les papiers des agents Delcassé et Cambon sont accessibles et complètent la correspondance diplomatique, parfois publiée. Pour les papiers Delcassé, il s'agit cependant davantage de la correspondance d'agents de Delcassé que de ses propres écrits. L'ambassadeur à Rome, Camille Barrère, par ses jugements portés après coup sur les relations internationales, se joint à cette équipe[38]. Les archives éclairent les pensées d'autres diplomates comme Aristide Briand, dix sept fois ministre des Affaires étrangères, Édouard Herriot, Stephen Pichon, ou René Massigli. Les archives consulaires de Nantes, rassemblées sur le poste de Londres, apportent des précisions utiles sur les règlements de contentieux quotidiens.

Les autres dirigeants ont également produit des archives inédites. Les chercheurs du S.H.D. ont lancé une campagne pour explorer les archives navales et militaires des attachés navals. Nous en avons défriché un grand nombre. Nous avons dépouillé les archives des attachés militaires et navals à l'ambassade de Londres[39]. L'attaché naval et l'attaché militaire à l'ambassade de France à Londres fournissent des documents donnant un point de vue double, à la fois diplomatique et militaire. Au S.H.D., nous avons principalement consulté les archives des attachés militaires portant sur la période. Ces dernières comportent évidemment de nombreuses descriptions techniques à but militaire,

---

[35] Les recherches incluent les séries sur la Grande-Bretagne, mais aussi sur l'Afrique, l'Égypte, le Transvaal, l'Allemagne ou l'Italie.
[36] Churchill assiste à leur destruction partielle depuis une fenêtre du Quai d'Orsay, le 16 mai 1940. cf. W.S. Churchill, *The Second World War*, Cassell, 1948, rééd. Penguin, 2005, t.II, p.43.
[37] Sous-série Transvaal-Orange, Ministère des Affaires étrangères (M.A.E.) Nouvelle Série (N.S.) Transvaal-Orange.
[38] Marquis de Saint-Aulaire, *Confession d'un vieux diplomate*, Paris, Flammarion, 1953, 794p. ; Papiers d'agent Delcassé et Cambon, M.A.E. Papiers d'agent (P.A.A.P.) Delcassé et Cambon. ; Papiers d'agent Barrère M.A.E. P.A.A.P. Barrère.
[39] Elles se trouvent au Service historique de la Défense, à Vincennes.

mais également des considérations plus générales[40]. Les attachés gardent des coupures de journaux dans leurs rapports. Remarquons déjà que, par leur position exceptionnelle, ils sont les militaires qui fréquentent le plus les Anglais. Ils ne sont donc pas représentatifs de l'ensemble de l'armée, mais plutôt de l'équipe diplomatique. Les autres sources sur l'armée en général ne sont pas aussi intéressantes. Les militaires s'expriment peu sur leur anglophobie dans les documents que nous avons examinés. De même, nous avons analysé les sous-séries relatives aux marines étrangères, en particulier à l'Angleterre, et à la correspondance de l'attaché naval. La correspondance de ce dernier s'avère très technique, comportant nombre de plans, de cartes, de descriptions détaillées. Les avis d'État-major, en revanche, donnent une idée des différents courants au sein de la Marine. Les tendances y sont plus tranchées, les officiers devant prendre des décisions rapides, parce qu'exposés en première ligne, notamment lors de la séance du 11 janvier 1899, après l'incident de Fachoda[41].

Sur un sujet de relations internationales aussi sensible, nous risquons de manquer d'objectivité en ne consultant que des archives françaises. Les archives britanniques permettent une histoire croisée des relations franco-britanniques, en nuançant les positions de Paul Cambon, en offrant un point de vue symétrique. Surtout, elles présentent de l'intérêt non seulement par ce qu'elles collectent, mais encore parce qu'elles disent de l'anglophobie. La sous-série concernant les relations avec la France a été la plus fructueuse. Les diplomates britanniques y donnent leur avis sur l'anglophobie. Ils recueillent avec un soin méticuleux tous les articles de périodiques et les extraits du *Journal officiel de la République française* relatifs à l'anglophobie, à l'exception des caricatures anglophobes, qui ne sont disponibles qu'aux archives du M.A.E.[42]. Les archives sur l'anglophobie sont donc recueillies comme autant de preuves de l'hostilité de la population, mais une répugnance naturelle empêche de garder les attaques les plus violentes. En un sens, les archives britanniques sont donc complémentaires des archives françaises, qui ne relèvent pas toutes les manifestations banales de l'anglophobie, mais s'alertent quand celles-ci deviennent trop virulentes[43]. Les *British Documents on the Origins of the War* et les *British Documents on Foreign Policy* en résument l'essentiel, mais surtout les classent par thème[44].

---

[40] Un officier, par exemple, le lieutenant-colonel d'Amade, se distingue par la qualité de ses rapports. Il se trouve qu'il a été attaché au Transvaal, lors de la guerre des Boers, puis à Londres.

[41] On peut y ajouter les archives de l'I.H.E.D.N., qui contiennent les premières conférences militaires de l'institution à partir de 1936-1937, dont certaines portent sur le Royaume-Uni.

[42] L'ambassadeur s'est « dispensé de soumettre à [Sa] Seigneurie des spécimens de ces vulgarités grivoises, qui auraient, si [il] les avait transmises, souillées les archives du *Foreign Office*. », selon une dépêche de Monson à Salisbury, 1er décembre 1899, Public Record Office (P.R.O.) Foreign Office (F.O.) 27 3460.

[43] En revanche, des sondages effectués dans les archives consulaires F.O. 561 et F.O. 565 n'ont rien donné.

[44] Les papiers personnels microfilmés de la série FO 800 éclairent le sentiment des grands diplomates. Nous avons dû compléter nos recherches par la consultation de sources indirectes : bulletins de souscription, extraits de journaux ou du *Journal officiel de la République française*

Pour saisir les différences régionales, nous avons exploré d'autres archives locales, qui n'ont vraisemblablement jamais été ouvertes, en Touraine, dans les Alpes-Maritimes plutôt anglophiles, dans la Charente ou dans le Finistère plutôt anglophobes, voire à Paris, où des liasses, ficelées à l'époque, recouvertes d'une épaisse couche de poussières, attendaient d'être dévoilées. Les anglophobes se recrutent dans certaines institutions, dans les facultés de droit, à l'Académie française, à l'Université, et gravitent parfois dans les sphères gouvernementales. Pour autant, tous ne sont pas anglophobes. La plupart des cours et des livres d'Albert Sorel, diplomate depuis 1866, puis responsable de la chaire d'histoire diplomatique à l'École libre des Sciences Politiques de Paris en 1872, ou de Paul Leroy-Beaulieu est plutôt libérale et anglophile[45].

A cela s'ajoutent les premières photos et les premiers films de l'époque. Le hasard nous a fait découvrir une vidéo témoignant de l'enthousiasme populaire lors de l'arrivée d'Édouard VII à Paris en gare de Boulogne. Nous avons également découvert les traces de fêtes urbaines, comme le parade de Manchester, à tonalité franco-britannique[46]. L'ouverture en ligne des archives de l'I.N.A. a permis de trouver un document original sur les fêtes normandes de Falaise en 1927. En revanche, l'ensemble du fond audiovisuel n'est pas toujours accessible, en particulier pour les visites officielles. Il faut alors avoir recours aux fonds photographiques pour suivre ces événements. Nous avons notamment regardé les photos de l'agence Rol, et de Roger Viollet et celles du fond privé Gilletta pour la Côte d'Azur.

En dehors des centres d'archives officiels, où nous avons pu accéder au total à plus de cinq cents cartons d'archives, nous avons également mis à contribution notre entourage pour recueillir un maximum d'informations émanant de collectionneurs privés[47].

(J.O.R.F.), que ces acteurs consultaient régulièrement. Les diplomates ont comme effectué une présélection pour nous, en conservant les passages les plus anglophobes des journaux de l'époque : des journaux français, mais aussi britanniques. Le *Times* conservateur, proche des milieux financiers, source principale, le *Daily Mail*, libéral modéré, la *Saint James Gazette*, le *Daily News*, radical, le *Manchester Guardian*, libéral, le *Daily Telegraph* et le *Morning Post*, tous deux conservateurs, constituent une source complémentaire à disposition des diplomates.

[45] J.F.V. Keiger, "Patriotism, politics and policy in the Foreign Ministry, 1880-1914", in R. Tombs dir., *Nationhood and nationalism in France from Boulangism to the Great War, 1889-1918*, Londres, Harper, 1991, 286p., p.255-266. Austen Chamberlain suit d'ailleurs les cours d'Albert Sorel.

[46] "Manchester adoption of Mezieres the lord mayor's pageant parade" film no: 2638, 35 mn. et "the visit to Mézières of the lord mayor of Manchester" c 1927, film n° 2639, 35 mn. [North West Film Archive]

[47] Nous avons ainsi hérité, par hasard, d'un carton d'un témoin invité à assister aux visites de flotte en 1905, qui a gardé les revues, invitations, menus de l'époque. Un collectionneur de menus a mis en ligne des menus d'époque franco-britanniques. Un collègue, enfin, professeur de l'Université de Tours, a mis à notre disposition sa collection d'assiettes illustrées, dont certaines évoquent la guerre des Boers, et a attiré notre attention sur les chansons. Au delà de cette cuisine franco-britannique, nous avons trouvé de nombreuses cartes postales d'époque. Un collectionneur nous a permis de consulter et de reproduire une partie de son fonds. Nous en avons profité pour constituer notre propre fonds de périodiques, par le biais notamment des Archives de la presse,

Enfin, à titre de comparaison avec les autres anglophobies, nous avons effectué quelques recherches à la *New York Public Library* pour les États-Unis, ainsi qu'aux archives allemandes situées à Berlin. Les recherches menées en Allemagne ont permis de lire la correspondance entre le Chancelier et l'Empereur Guillaume II, les dépêches diplomatiques allemandes, ainsi que de comparer *Simplicissimus* avec *L'Assiette au Beurre* pour la Belle Époque.

VI. L'anglophobie : un concept sur la longue durée

L'anglophobie est un concept éminemment historique. Pour le comprendre, il nous faut nous départir de la définition psychologique citée plus haut, couramment reprise par les médias. La formation récente du terme sur un modèle savant et scientifique à partir de racines grecques, en réaction à un courant historique d'anglophilie, relève d'une construction intellectuelle élaborée. Qui parle de l'anglophobie ? Non les anglophobes eux-mêmes, mais ceux qui les observent, s'en distinguent, voire les critiquent. Il apparaît donc aux observateurs une autre dimension que la simple pathologie, un phénomène culturel. L'anglophobie suppose une culture, une certaine conception de l'histoire.

Si l'anglophobie s'enracine dans une longue série d'affrontements avec l'Angleterre, elle n'en reflète pas moins les changements profonds intervenus dans les deux pays. Chaque époque produit ainsi son anglophobie. Le propre de l'anglophobie contemporaine est de réagir au plus gigantesque défi lancé à la France rivale, celui d'une expansion unique de l'Empire colonial britannique. Les anglophobes ne s'en prennent plus seulement à un pays, mais à l'Empire, voire à la civilisation britannique. L'anglophobie est donc un rejet d'anglicisation du monde. Les observateurs contemporains de l'anglophobie la font remonter aux années 1880, précisément au moment où la politique britannique subit une inflexion profonde, en assumant son rôle de puissance mondiale, par la politique audacieuse d'acquisition égyptienne menée par Benjamin Disraeli en 1875.

Chez les dirigeants, les termes d' « anglophobie » et d' « anglophobe » sont d'un emploi assez fréquent, pour désigner d'autres personnes, ce qui est important si l'on songe qu'il s'agit de documents officiels. C'est une désignation extérieure, un jugement. Pour l'historien, il importe donc de définir le terme d'anglophobie de manière suffisamment rigoureuse pour qu'il ne finisse pas par désigner n'importe quel adversaire politique. Dans les documents britanniques, en effet, il est employé fréquemment de manière assez large. Un politicien français un peu hostile peut rapidement être qualifié d' « anglophobe ». Dans les documents français ou allemands, il désigne au contraire des groupes de pression restreints, extérieurs au pouvoir. Quant aux dirigeants eux-mêmes, l'anglophobie n'est pas nécessairement consciente, mais

---

sur des événements franco- britanniques comprenant *L'Assiette au Beurre, le Crapouillot* ou encore *l'Illustration*

se dit plutôt malgré elle[48]. Il s'agira de déterminer entre ces deux extrêmes la position des dirigeants au cours de la période.

Il nous paraît donc utile de commencer par une définition précise du concept d'anglophobie, puis d'en mesurer le champ. Ramené à ce qu'il désigne à l'origine - une attitude systématique d'opposition au Royaume-Uni, accompagnée de sentiments hostiles –, il s'avère d'une pertinence limitée. L'anglophobie apparaît comme un phénomène bien plus circonscrit qu'on ne le pense, mais important, et qui pèse sur l'activité diplomatique. Les dirigeants la partagent parfois, mais prennent le plus souvent leur distance avec elle, voire la combattent.

---

[48] Une étude des occurrences d'expressions synonymes comme « haine de l'Anglais » confirme cette analyse.

PREMIÈRE PARTIE

L'anglophobie historique des milieux dirigeants

L'anglophobie n'est pas simplement une réaction pathologique à l'actualité, mais l'héritage d'une vision historique ancienne. Les dirigeants, plus instruits que la moyenne, par leur milieu, leur éducation, ou leurs lectures, se montrent davantage sensibles que l'opinion publique à cette dimension historique de l'anglophobie, aux souvenirs du passé.

Toutefois, la plupart des anglophobes forme un parti minoritaire, dans l'opposition parlementaire, comme dans la rue, virulent, composé de membres divers, partageant une même vision critique du Royaume-Uni et de la politique gouvernementale française.

Chapitre 1. L'anglophobie, un concept porteur d'histoire

Par définition, l'anglophobie n'est pas qu'une critique du Royaume-Uni, ni même la manifestation d'une humeur passagère. Pour pouvoir qualifier quelqu'un d' « anglophobe », il faut deux conditions :
 a) Ces critiques doivent relever d'une façon de penser *systématique*. Le terme, de formation assez récente, implique une dimension globale, l'anglophobie permet d'apporter une réponse à des angoisses partagées par l'ensemble de la nation.
 b) La seconde particularité de l'anglophobie tient à son caractère *réflexif*, à ce que chacune de ses crises fait référence à la précédente, dans un vaste espace mémoriel, jalonné de mauvais souvenirs, qui exclut les moments de réconciliation. Chaque crise donne l'occasion d'approfondir une conception cyclique et mythologique de l'histoire.
 A la fin du XIXe siècle, le passif franco-britannique est déjà lourd. En théorie, il remonte à la conquête de l'Angleterre par les Normands en 1066. Il faut cependant attendre le XIIIe siècle, la formation des deux États monarchiques, l'usage de langues bien distinctes, pour que cette querelle commence à s'exprimer en termes nationaux, pendant la première, et surtout la deuxième guerre de Cent Ans, à travers la figure emblématique de Jeanne d'Arc. A la différence des autres événements historiques, que l'on oublie plus volontiers, les querelles franco-britanniques se distinguent par la persistance des mauvais souvenirs. Il se constitue ainsi une mémoire collective originale, à laquelle s'ajoute chaque nouvel épisode, tâche indélébile dont ni l'amnistie, ni les périodes de paix, ni l'oubli n'ont raison. De 1898 à 1940, chaque nouvelle crise vient ainsi rallonger la liste des querelles du passé : les disputes coloniales, Fachoda, la direction de la Première Guerre mondiale, le règlement de la paix et le traité de Versailles, la crise économique, sociale et politique des années trente, la coopération ratée lors de la campagne de France, le rembarquement de Dunkerque, l'attaque de Mers el-Kébir en 1940. Ainsi, certains dirigeants sont encore davantage marqués par le traumatisme du retrait du petit village soudanais de Fachoda en 1898 que par les deux guerres mondiales ! Cet épisode joue le rôle d'événement fondateur, cristallisant les frustrations nationales. Le souvenir de cette dérobade devant les Anglais devient rapidement une référence incontournable pour les anglophobes - alors que les dirigeants britanniques le tiennent pour anecdotique - jusqu'à ce que Mers el-Kébir ne lui succède. On peut donc parler de « syndrome de Fachoda », comme Henry Rousso a évoqué un syndrome de Vichy, dans la mesure où ce souvenir se rappelle aux dirigeants au moment de prendre une décision, dans les moments critiques[1].

---

[1] H. Rousso, *Le Syndrome de Vichy*, Paris, Seuil, 1987, 379p.

L'anglophobie dépend donc fortement de leur formation, de leur connaissance et de leur conception de l'histoire.

I. Définition de l'anglophobie contemporaine

A. Un néologisme du XIXᵉ siècle

> **ANGLOPHOBIE** n. f. XIXᵉ siècle. Composé d'*anglo-* et de -*phobie,* du grec *phobos,* «effroi». Aversion systématique pour ce qui vient d'Angleterre[2].

D'après l'étymologie, c'est un sentiment fort, la haine ou la crainte[3] de l'Anglais. En fait, l'anglophobie recouvre toute une gamme de sentiments qui va de la réaction spontanée de l'opinion, nourrie de stéréotypes xénophobes, à la façon de penser qui fait un principe de l'horreur viscérale pour le peuple anglais et pour tout ce qui s'y rattache[4]. Toute critique du Royaume-Uni ne saurait être assimilée à de l'anglophobie, catégorie commode mais générale. C'est pourtant l'usage le plus répandu. L'anglophobie est un jugement, souvent porté de l'extérieur. Le Royaume-Uni se défend ainsi des critiques qui lui sont adressées. La moindre critique est immédiatement dénoncée comme anglophobe. Le directeur de *La Revue*, Jean Finot, un des adversaires des théories raciales de l'époque, dénonce cette confusion : « Les critiques les plus légères dirigées contre sa conduite [...] deviennent à ses yeux des attaques haineuses et intéressées »[5]. L'anglophobie est d'abord une accusation souvent lancée par le Royaume-Uni pour discréditer ses adversaires.

Pour analyser le concept d'« anglophobie » de manière plus scientifique, il faut que l'expression de ce sentiment, parfois implicite, désigne une vision globale négative de *tout ce qui* est Anglais. L'anglophobie est une notion *systémique*. Comme l'écrit le philosophe Julien Benda, elle n'est pas une simple

---

[2] *Dictionnaire de l'Académie française*, 9ᵉ édition, en cours de rédaction. Nous reprenons ici le terme indiqué par les sources d'époque d'Angleterre, pour désigner le plus souvent le Royaume-Uni, avec une connotation plus historique. L'archaïsme du terme d'Angleterre, par rapport à celui, moderne, de Royaume-Uni, sert la mémoire des anglophobes en légitimant l'ancienneté du contentieux franco-britannique.

[3] Du grec φοβος : peur, crainte. Le terme est assez fort en grec. En français, il désigne moins l'importance de la peur, que la violence de l'aversion contre le Royaume-Uni. Cette haine ne repose qu'en partie sur la peur. A. Bailly, *Dictionnaire grec-français*, Paris, Hachette, 2000, p.2089.

[4] C. Okret, *Les Anglais vus par Théophile Delcassé et Paul Cambon pendant la crise de Fachoda (1898-1904)*, mémoire de maîtrise sous la dir. de M. le Pr. P. Mélandri, Université de Paris X Nanterre, 1991.p. 9.

[5] J. Finot, *Français et Anglais*, Paris, Juven, 1903, 308p. L'auteur s'est intéressé à la question des préjugés. Il aborde d'abord les préjugés et le problème des sexes. En 1906, il s'attaque au « préjugé de race » dans *Le Préjugé des races*, (Paris, Alcan, 1905). En 1915, il plaide pour une solidarité culturelle anglo-italo-française contre la Kultur allemande (*New York Times*, 1ᵉʳ décembre 1915).

réaction, mais une somme de préjugés qui s'ajoute en trois temps : « croire à l'entité psychologique : l'Anglais. Deuxièmement, revêtir de caractères cette entité. Troisièmement, haïr ces caractères. »[6]. Pour être anglophobe, il ne suffit pas d'être simplement critique ou insultant, il faut que le portrait de l'Anglais, son image soient cohérents et forment un tout par une généralisation abusive.

D'ailleurs, le terme d'anglophobie ne date que du XIXe siècle. C'est un sentiment qui n'est pas proprement français, mais partagé par d'autres pays, comme l'atteste son emploi antérieur en anglais - *anglophobia* - par le premier secrétaire d'État américain, Thomas Jefferson, dès 1793, pour désigner les sentiments d'hostilité des Américains vis-à-vis des Britanniques, après la guerre d'Indépendance. Chaque nation décline le terme suivant ses références historiques propres. Il existe une anglophobie américaine, une anglophobie française, comme une anglophobie allemande ; chacune présente des traits singuliers, qui renvoient à une histoire singulière de rivalités nationales. L'« anglophobie » n'apparaît en français qu'en 1829. Cette apparition tardive peut surprendre au regard de l'ancienneté supposée de la notion, récemment retracée[7]. C'est qu'il faut plusieurs siècles pour passer d'une simple hostilité contre l'Anglais, remontant à l'époque médiévale, à la conscience plus réfléchie d'un antagonisme foncier entre Français et Anglais. En 1900, c'est un terme récent, mais, comme le précise le *Grand Larousse*, l'anglomanie et l'anglophobie sont « deux néologismes qui expriment deux vieilles choses ». L'anglophobie française ne désigne que la forme la plus aboutie d'un processus historique faisant de l'Anglais l'ennemi par excellence.

D'où vient cette variété d'attitudes face au Royaume-Uni? Elle dépend en premier lieu de l'éducation, du milieu socioculturel. C'est ce qui ressort de la confrontation avec son antonyme, l'« anglophilie ». Le terme, encore plus récent, date de 1865 et désigne, par opposition au précédent, l'« affection pour les Anglais, qui porte à les défendre, à les louer, à les citer comme modèles », suit cette précision : « l'anglophilie est fort à la mode en haut lieu ». Si l'anglophobie est dévolue au peuple, l'anglophilie affichée et ouverte est exclusivement l'affaire des dirigeants, elle ne se professe guère publiquement et ne concerne qu'une élite. C'est *a fortiori* le cas de l'anglomanie, apanage de quelques excentriques : l'anglophilie peut être attribuée à un bon sentiment, mais l'anglomanie est toujours ridicule. »[8]. Alors que l'anglophilie se voit assigner une limite supérieure et sombre vite dans l'excès, les anglophobes ont toute latitude pour étaler leurs sentiments. Les dictionnaires stigmatisent l'anglophilie comme une mode déraisonnable, alors que l'anglophobie n'est pas considérée comme pathologique.

---

[6] J. Benda, « A propos de la guerre sud-africaine », *La Revue blanche*, janvier-avril 1900, p.321-328.
[7] J. Guiffan, *Histoire de l'anglophobie en France de Jeanne d'Arc à la Vache folle*, Rennes, Terre de Brume, 2004, 277p.
[8] Sur le néologisme, cf. B. Barbé cité dans l'article « anglophobie », Pierre Larousse, *Grand Dictionnaire universel du XIXe siècle*, t. I, Genève, Slatkine,1982. ; cf. aussi Henricy dans La Châtre cité dans art. « anglomanie » *Trésor de la langue française Dictionnaire de la langue du XIXe et du XXe siècle*, Paris, C.N.R.S. Gallimard, 1974.

B. Un sentiment ancré dans la « longue durée » (Fernand Braudel)

Les deux pays sont rivaux dès la formation des nations françaises et britanniques. Cette ancienneté du phénomène ne doit pas masquer le changement récent qui inscrit l'anglophobie dans un courant propre au XIXe siècle. L'anglophobie n'est pas une idéologie, pas même un sentiment, mais une passion historique. Parallèlement au développement de l'histoire positiviste, d'un retour à l'Antiquité, puis au Moyen Âge, de la scolarisation de masse, le progrès de l'anglophobie suppose un long passif, un épais substrat historique. Chaque événement est lu comme une preuve supplémentaire de la perfidie d'Albion qui s'ajoute à la grande légende anglophobe, compagne de la légende napoléonienne.

A la fin du XIXe siècle, les relations franco-britanniques restent ambivalentes. D'un côté, depuis la bataille de Waterloo en 1815 et la fin de l'épopée napoléonienne, les nations françaises et britanniques sont officiellement en paix, elles s'allient contre la Russie pendant la guerre de Crimée, et leurs bonnes relations atteignent un sommet dont atteste la première « Entente cordiale » à l'automne 1843, prolongée par les visites de Victoria et Napoléon III en 1855 et 1858. D'un autre côté, certains contentieux demeurent, voire se multiplient dans le même temps[9]. Depuis le traité d'Utrecht de 1713, les deux pays se trouvent en concurrence non plus seulement sur la scène diplomatique européenne, mais mondiale. La colonisation exacerbe cette compétition. L'expansion coloniale de la fin du XIXe siècle provoque le heurt des deux impérialismes et explique directement le regain d'anglophobie de cette période.

Ce regain d'anglophobie populaire commence avec l'affaire d'Égypte en 1882. La grande dépression économique et les scandales politico-financiers l'exacerbent. Lors des élections législatives de 1893, le candidat radical Clemenceau est représenté par la presse populaire comme corrompu[10]. L'accusation est courante au moment où éclate le scandale de Panama, qui implique de nombreux députés français proches des milieux d'affaires. Il existe cependant une différence entre l'accusation de corruption par la Compagnie du Canal de Suez et celle venant du Royaume-Uni. Pour l'ambassadeur britannique en France, le marquis de Dufferin, le premier à livrer une analyse minutieuse des crises populaires d'anglophobie, les manifestations antibritanniques ne sont pas seulement une réaction de l'opinion en mal de bouc-émissaire à la crise économique :

---

[9] R. Guyot, *La Première Entente cordiale,* Paris, F. Rie, 1926, 327p. ; M. Ambrière dir., *Dictionnaire du XIXe siècle européen*, Paris, P.U.F., 1997, 1375p.

[10] £16000. « Au mois de janvier le bruit courait que c'était l'Angleterre qui payait. On fixait même la somme à 400.000 francs [soit 1,4 millions !]. Ces bruits étaient basés sur les voyages fréquents de Clemenceau à Londres. On disait même qu'il allait au rapport chez Lord Rosebery. Le principal argument était dans la politique de Clemenceau tout entière anglaise et anti-russe. Mais des preuves ? On n'en avait pas. », « Le pas du commandité », *Petit Journal*, n°143, 19 août 1893.

> « Je suis au regret de ne pouvoir décrire les sentiments des Français toutes classes confondues à notre endroit qu'en termes d'aversion entière et profonde. Pour partie, ce n'est que le prolongement du courant historique qui a tendu à établir de l'inimitié entre l'Angleterre et la France depuis les journées de Crécy jusqu'à celles de Waterloo. J'en veux pour preuve la recrudescence de l'admiration et du culte de Jeanne d'Arc, et d'autres indices du même ordre ; mais son origine profonde dans les mentalités des responsables politiques est à chercher dans notre attitude lors de la guerre franco-prussienne.[…] Cette cause très réelle et toujours active de ressentiment est fomentée et exacerbée par la façon dont l'expansion de nos intérêts commerciaux et de nos entreprises de colonisation devancent et entravent les efforts respectifs de leurs gouvernements et de leurs marchands. […] Bien que les signes extérieurs de l'aigreur qu'ils en ont ne soient visibles que dans des circonstances particulières, et en rapport avec des questions publiques ou semi-publiques, telles que l'Égypte, Terre-Neuve, le Siam, etc., chaque magasin, chaque compagnie qui a des intérêts dans les richesses coloniales françaises, et chacun de leurs nombreux actionnaires, devient un centre de propagation tous azimuts de plaintes exagérées et de fausses accusations contre nous. Ces facteurs de haine sont envenimés et intensifiés par la presse parisienne[…]Les gens qui y contribuent sont très intelligents[…]Pour la plupart ils ignorent tout de l'histoire, de la langue, des coutumes, de la politique, des modes de penser, et de la géographie des autres pays[…]Les critiques de l'Angleterre sont donc à peu près garanties de connaître une diffusion large et lucrative.[…]Pas plus qu'un mythe de ce genre ne peut, une fois qu'il a commencé, être éradiqué. Le mensonge prend les proportions d'une tradition et finit par rentrer dans l'histoire. […] Quoique donc il semble que l'opinion commune selon laquelle l'objectif de la France reste fixé sur l'Alsace-Lorraine, il est possible que, avec la nouvelle génération, son ardeur à recouvrer ces provinces décline. »[11].

Les noms retenus, quoique sélectifs, coïncident avec les souvenirs des anglophobes, qui remontent à la Guerre de Cent Ans, avec Jeanne d'Arc pour héroïne, et aux guerres de Napoléon. Pour eux, Waterloo résonne encore comme un mauvais souvenir[12]. La génération de de Gaulle, qui naît en 1890, est bercée par des récits sur Jeanne d'Arc[13]. Le journaliste-écrivain Jules Vallès, ancien communard de retour d'exil à Londres, s'il critique les mœurs, reconnaît les libertés anglaises, et devient même plutôt hostile aux anglophobes, lorsqu'il constate que « le canon de Waterloo "fume encore" ». La haine de l'Anglais

---

[11] Dépêche de Lord Dufferin à Lord Rosebery, 3 novembre 1893, cité dans G.P. Gooch et H. Temperley éd., *British Documents on the Origins of the War 1898-1914*, 14 vol., H.M.Stationery Office, 1925-1927 (*B.D.O.W.*).
[12] J. Guiffan, « L'anglophobie dans les premiers manuels d'histoire de l'école primaire », in S. Aprile et F. Bensimon dir., *La France et l'Angleterre au XIXe siècle...op.cit.*, p.255-267; J. Garsoun, *L'Anglophobie chez Barthélémy et Méry*, Paris, Fischbacher, 1900, 19p.
[13] A. Crawley, *De Gaulle. A Biography*, Londres, Collins, 1969, p.14-15

est, « après soixante-dix ans, aussi chaude dans l'âme de la Patrie française que le lendemain du jour où la garde finit dans le brasier »[14]. Si l'on peut discuter de l'acuité de ce lointain souvenir, relégué par la défaite de Sedan en 1870, les relations franco-britanniques ne se conçoivent effectivement qu'en termes historiques, une histoire de rivalité, de conflits, de rancœur. Comment le passage de témoin entre les générations s'effectue-t-il sur une durée aussi longue?

II. Le syndrome de Fachoda chez les dirigeants français

L'anglophobie relève également d'une sorte de névrose. Pour certains, elle est quasi pathologique, et revêt la forme d'une affection due au climat, à l'éloignement et au stress. C'est le cas de ce que le capitaine Marchand baptise lui-même en termes poétiques de « soudanite » :

> « Les Anglais, les Mahdistes, le Bahr-el-Gazal et l'Égypte, la sécheresse, les canonnières, MacDonald et Kitchener exécutaient de nuit dans ma tête, une sarabande névralgique qui me laissait brisé au retour de l'aube. »[15]

L'obsession de l'Anglais peut donc être une première forme passionnelle d'anglophobie. Au-delà, il s'agit plutôt de ressentiment.

L'historiographie de l'événement de Fachoda est frappante de déséquilibres. Côté anglais, l'oubli de l'événement, considéré comme mineur, domine. Dès 1908, le consul général Lord Cromer passe totalement sous silence l'incident et le lieu dans les 1200 pages de son *Égypte moderne*, sous l'influence de Sir Edward Grey, qui a relu et amendé le manuscrit[16]. La plupart des dirigeants britanniques ne connaissent pas l'épisode, ou l'ignorent délibérément. Richard Casey, ministre résident du Cabinet de guerre britannique au Moyen-Orient, déplore que le Haut-Commissaire français en Syrie et au Levant, le général Catroux, lui parle de l'événement, dont il dit n'avoir jamais entendu parler[17]. Le gaulliste suppose une connivence qui ne passe pas. Cette occultation cesse cependant quand l'épisode sert à montrer les excès d'un nationalisme français supposé récurrent et les difficultés périodiques d'établir une relation durable avec la France. En 1920, le rapport du secrétaire du Cabinet britannique plutôt francophobe, Maurice Hankey, rappelle que le temps où les deux pays se disputaient pour Fachoda, en 1898, n'est pas « loin »[18]. Malgré l'Entente cordiale, malgré la Première Guerre mondiale, il entend alors raviver la mémoire de Fachoda comme preuve du caractère difficilement conciliable de la

---

[14] R. Bellet *Jules Vallès, journaliste*, Paris, les éditeurs français, 1977, p. 403 ; J. Vallès, « L'Anglais », éditorial du *Cri du peuple*, 3 octobre 1884.
[15] Rapport du Marchand, 10-18 octobre 1898, M.A.E. Afrique Questions générales 18-19.
[16] R. Owen, *Lord Cromer, Victorian imperialist, Edwardian proconsul*, Oxford, O.U.P., 2004, p.353.
[17] cité par P.M.H. Bell, *France and Britain, 1900-1940 : Entente and Estrangement*, p. 3.
[18] Mémo d'Hankey, février 1920, PRO CAB 21 171, p.4. repris dans Memorandum on the Channel Tunnel du Foreign Office, 1er mai 1920, in Butler et alii éd, *Documents on British Foreign Policy 1919-1939*, Londres, H.M.S.O., 1945 et rééd. (D.B.F.P.) 1 XII doc 14, p.39-40.

France, empêchant ainsi la construction du Tunnel sous la Manche et la conclusion d'une Alliance militaire défensive avec la France.

Côté français, au contraire, le terme revient fréquemment, y compris longtemps après 1898[19]. C'est la marque d'un syndrome inhibiteur fort parmi les milieux dirigeants qui affectent le comportement des acteurs sur toute la période. La rédaction de *L'Autorité* croit enfin assister à une prise de conscience progressive : « Fachoda est en train de devenir plus atroce dans notre histoire que Crécy, Azincourt ou Sedan », écrit le journaliste et député bonapartiste du Gers Paul de Cassagnac[20]. Non seulement l'histoire s'accumule, mais le passif s'alourdit, chaque événement dépassant en ignominie le précédent. Ce point de vue excède le cadre des seuls milieux nationalistes. Les militaires, dont une majorité d'officiers, sortent de leur réserve pour témoigner. Les compagnons et premiers témoins de la mission Marchand publient leurs souvenirs, qui sont autant d'occasion de défendre le bien-fondé de leur cause et de rejeter sur le gouvernement sa « reculade », son « abandon », voire sa « trahison » des militaires. Ces témoignages critiques se retournent davantage contre l'attitude des gouvernants que contre le Royaume-Uni lui-même. L'amiral de Cuverville espère que le « soufflet » de Fachoda fera prendre aux « gouvernants » les mesures navales nécessaires[21]. Le commandant Toutée, explorateur du Niger, critique Delcassé pour rendre Fachoda aux Anglais sans contrepartie[22]. Lors d'une réunion du comité de la Ligue des Patriotes[23], le 7 mai 1901, le général Mercier, ancien ministre antidreyfusard, attribue la responsabilité de la « reculade » à Delcassé. L'épisode laisse une trace durable dans la mémoire des nationalistes, qui repartent périodiquement à l'assaut du gouvernement. Les ouvrages réédités du colonel Monteil reviennent sur l'événement en 1924[24], celui du général Mangin en 1931[25], celui de l'écrivain Guy de La Batut en 1932, et celui du général Baratier, compagnon du capitaine Marchand, en 1941. Sous Vichy encore, le témoignage de ce dernier reçoit une couverture plus importante, notamment dans *l'Illustration*, périodique de plus en plus collaborateur[26]. A l'inverse, les témoignages discordants, qui reconnaissent une erreur de stratégie et de communication, sont rares dans l'opinion.

---

[19] M. Michel, « Fachoda dans la mémoire franco-britannique », *Centenaire des missions africaines 1897-1900*, 2003, p.27-38.
[20] P. Granier de Cassagnac, *L'Autorité*, 25 octobre 1898.
[21] « Les Anglais et Madagascar », *La Croix*, janvier 1900, S.H.M. BB7 53 1.
[22] Lettre de 1899, S.H.A.T. (Service historique de l'Armée de Terre), Papiers personnels Toutée 1 K 193.
[23] Fondée en 1882 pour entretenir la flamme de la revanche, animée par Déroulède depuis 1885, elle compte près de 200000 adhérents.
[24] P.L. Monteil, *Souvenirs vécus. Quelques feuillets d'histoire coloniale*, Paris, 1924, 158p.
[25] Présentation du général Mangin, « Lettres de la mission Marchand », *La Revue de Paris*, 15 septembre 1931, p.241-283.
[26] G. de La Batut, *Fachoda ou le renversement des alliances*, Paris, Gallimard, 1932, 282 p. ; général A. Baratier, *Fachoda*, Paris, Grasset, 1941, 229p. ; R. de Beauplan, « Un livre inédit sur Fachoda », *L'Illustration*, n°5144, 11 octobre 1941, p.174-175.

Les diplomates sont plus partagés. Dans un premier temps, ils se renvoient la responsabilité de la déconvenue. Pour Paul Cambon, le baron de Courcel, son prédécesseur à l'ambassade de France à Londres, aurait pu régler Fachoda « sur la minute », mais a craint les « responsabilités » à prendre devant une opinion propre à s'enflammer[27]. Son ami Camille Barrère approuve l'attitude de Delcassé, qui a su renoncer au courant germanophile, malgré les « procédés anglais »[28]. Freycinet, ancien ministre de la Guerre antidreyfusard, reproche à la France, en 1905, de ne pas avoir été assez claire sur ses intentions à l'époque[29]. Hanotaux devient un symbole de la résistance nationaliste. Il reçoit des lettres de félicitations pour son attitude ferme de la part du conseiller général du Finistère Gustave Bonduelle, est invité à un banquet par le Comité du Congo français, le Comité Marchand lui demande d'apporter son soutien à la Souscription du livre d'or de la reconnaissance française ouverte par les Écoles Supérieures de Commerce de France. Plus tard, en 1909, il se défend personnellement dans un ouvrage qu'il consacre à la question[30].

Le seul anglophobe notoire à renvoyer les ministres dos à dos est l'ancien ministre des Affaires étrangères, Émile Flourens, qui suit une trajectoire inverse de la tendance générale à l'Entente cordiale après 1904. Pendant son ministère, de 1886 à 1888, il n'a guère eu l'occasion de s'opposer au Royaume-Uni. Au contraire, il a plutôt jeté les bases pour sortir la France de l'isolement auquel le système bismarckien la confine. Les excès du combisme, ajoutés à son échec électoral aux législatives de 1906, radicalisent les prises de position de l'ancien directeur des Cultes. Son ouvrage au titre évocateur, *La France conquise*, attaque avec véhémence la mainmise britannique sur la politique française, par le biais d'Édouard VII :

> « M. Hanotaux qui, en lançant l'expédition Marchand, à travers le Bahr el Ghazal [...] coupait la route d'Alexandrie au Cap, ébranlait, s'il ne renversait, la domination britannique en Égypte, nous poussait ainsi, avec une évidence indéniable, dans une guerre acharnée avec l'Angleterre, et la politique de M. Delcassé qui, en nous jetant, à corps perdu, dans les bras de l'Angleterre au moment le plus aigu de son conflit avec l'Allemagne, nous précipitait, avec une certitude non moins évidente, dans une lutte à mort avec l'Empire germanique. »[31]

Fachoda devient un point de crispation pour les nationalistes, mais aussi pour les catholiques français qui associent de plus en plus politique d'inspiration protestante à une série de concessions françaises.

---

[27] Lettre de Paul à Jules Cambon, 14 février 1899, M.A.E. P.A.A.P. Cambon 42, cité par L. Villate, *La République des diplomates...op. cit.*, p.224.
[28] « La chute de Delcassé », M.A.E. P.A.A.P. papiers Barrère.
[29] C. de Freycinet, *La Question d'Égypte*, Paris, Calmann-Lévy, 1905, 451p.
[30] Lettre de félicitations de Gustave Bonduelle, 18 janvier 1899 ; Lettre du Comité du Congo français, 2 février 1899 ; lettre du Comité Marchand, 26 mars 1899. M.A.E. P.A.A.P. Hanotaux 61 ; G. Hanotaux, *Le Partage de l'Afrique, Fachoda*, Paris, Flammarion, 1909, 358 p.
[31] E. Flourens, *La France conquise. Édouard VII et Clemenceau*, Paris, Garnier, 1906, 180 p., p.93.

Avec le temps, la question des responsabilités cède la place à la crainte d'avoir à reculer de nouveau. Le traumatisme devient syndrome. Il adopte une perspective historique. Le syndrome de Fachoda travaille les dirigeants français dans les périodes de crises. Ils ne veulent pas d'un « nouveau Fachoda ». Ainsi, lors des discussions sur le traité de Versailles, les dirigeants s'inquiètent de retrouver un Royaume-Uni hostile. En janvier 1922, l'ambassade compare l'état de tension entre les deux pays à celui de 1898. Maurice Hankey parvient à une conclusion semblable, selon laquelle l'Entente Cordiale, puis la Première Guerre mondiale pourraient n'être qu'une parenthèse dans une histoire à nouveau perçue comme conflictuelle. De part et d'autre, la méfiance s'installe, que l'on justifie au passage par un recours forcé à l'histoire. Pour l'ambassadeur Saint-Aulaire, le destin de la France ne saurait se limiter à « osciller entre Sedan et Fachoda »[32]. Il voudrait bien d'une alliance britannique, mais les concessions qu'on lui demande lui semblent une reculade. Les diplomates français, se sentant abandonnés, traversent eux aussi une « crise anglaise de la pensée française »[33]. L'événement de Fachoda joue le rôle de nouveau référent, imposant des limites dans les négociations en cours.

Sur un plan stratégique, les militaires gardent un souvenir cuisant de Fachoda. La mémoire de l'événement les a durablement affectés. Ils en ont retiré un besoin de s'armer. Dès 1899, le maréchal Lyautey craint un « nouveau Fachoda »[34]. Plus tard, de Gaulle apporte une nouvelle preuve de la présence traumatique de l'événement de Fachoda dans sa perception des événements ultérieurs. S'il n'a que huit ans au moment de Fachoda, il reste également marqué par cet épisode douloureux qui figure en tête de ses souvenirs dans sa formation, et prend une importance disproportionnée. Pendant toute la période, surtout à partir de 1940, il garde comme constante l'obsession d'éviter un « nouveau Fachoda » au Levant. D'autres militaires, comme le général Catroux, restent marqués par cet événement. De Gaulle approuve le parallèle, mais estime que la France n'a pas les moyens de s'y opposer, alors qu'elle aurait pu agir à Fachoda[35]. L'événement traumatique perdure par le relais de la culture et de l'histoire comme un syndrome inhibiteur sur les dirigeants français, plus pesant encore que le désormais fameux « syndrome de Vichy ». Les gaullistes ne se distinguent d'ailleurs pas des vichystes sur ce point.

Inversement, les souvenirs des bons moments du XIXe siècle ne parviennent pas à laisser des souvenirs durables dans les relations franco-britanniques. La première Entente cordiale est presque oubliée dans les discours et les documents officiels ou les manuels scolaires. La collaboration et la bonne entente de la

---

[32] Dépêche de l'ambassade de France à Londres, 4 janvier 1922, M.A.E. Z Europe G.B. 48. ; dépêche de Saint-Aulaire, 4 novembre 1924, M.A.E. Z Europe G.B. 57.
[33] C. Prochasson, « Une crise anglaise de la pensée française ? Les intellectuels français face à l'Angleterre au temps de Fachoda et de la guerre des Boers », *Cahiers du Centre de Recherches Historiques*, 31, avril 2003, p.79-91.
[34] A.P. Adamthwaite, *France and the Coming of the Second World War. 1936-1939*, Londres, Totowa, 1977, 434p., p.74, cité par J.F.V. Keiger, « French perceptions... », *op.cit.*, p.49.
[35] C.de Gaulle, *op. cit.*, t.I, p.2. ; Id., *Mémoires...*, t.II, p.198.

guerre de Crimée sont mises en doute.[36]. Les conséquences de la guerre sont jugées déséquilibrées. L'effort de guerre britannique est minoré, tandis que le coût de la guerre est estimé à 75000 hommes côté français.[37] Ces récriminations sont reprises par certains marins. Selon le marin Émile Duboc, au lendemain de la guerre de Crimée, l'Angleterre obtient la signature de la France pour renoncer à la guerre de course, alors qu'il aurait fallu maintenir cette possibilité. Significativement, peu de monuments communs célèbrent ces moments d'entente. Chaque armée semble avoir mené sa propre guerre. On est même enclin à se décharger sur l'autre d'éventuelles déconvenues. Il manque donc durant toute cette période, qui va de 1815 à 1904, un moment constituant pour une mémoire anglophile.

Toute critique contre le Royaume-Uni ne peut donc être qualifiée d' « anglophobe », sinon le concept ne voudrait plus rien dire. La définition qu'en donnent les dictionnaires implique que la personne jugée ait une vision *systématiquement* négative du Royaume-Uni. Celle-ci passe par la connaissance de l'histoire des relations franco-britanniques, jalonnée d'idées fausses. Cette histoire est renouvelée par les crises coloniales contemporaines, dont celle de Fachoda, qui devient emblématique du complexe d'infériorité français et concentre toutes les critiques faites au Royaume-Uni. Son écho pendant la période explique la persistance de l'anglophobie chez certains dirigeants, notamment militaires.

---

[36] Lord Raglan, 66 ans, est incapable selon Thirion, et cause le massacre de la moitié de la cavalerie du général Cardigan cf. manuel de P. Thirion, *Histoire contemporaine*, Paris, Lecoffre, 1901, p.537-538, cité par A. Barblan, *op. cit.,* p.159 sq. À Alma, les Français s'en tirent mieux ; à Inkerman, le 5 novembre 1854, les zouaves français sauvent les Anglais selon L. Bailleux, *op. cit.*, p.376.

[37] H. Vast, *Notions d'histoire générale*, Paris, Delagrave, 1886, p.393.

Chapitre 2. Nature et géographie de l'anglophobie

Pour mieux cerner la nature de l'anglophobie des dirigeants, il faut la distinguer de son expression populaire. Ce n'est pas toujours facile, tant les sources de presse abondent pour décrire cette dernière, et finissent par couvrir l'anglophobie propre aux dirigeants. Les dépêches, lettres, télégrammes, documents officiels, sont moins explicites par nature, mais laissent affleurer, en marge, en annotation, en introduction, ou en conclusion, des considérations générales. Parfois aussi, les propos tenus par certains dirigeants leur échappent. Pour manifester leur anglophobie, les dirigeants ont recours à des monuments. Ils dessinent ainsi une géographie des lieux de mémoire, qui entretiennent les citoyens français dans leur hostilité contre le Royaume-Uni.

L'anglophobie varie fortement en fonction du milieu et des régions d'origine des dirigeants. Les marins nourrissent un complexe d'infériorité, qui n'est pas partagé par tous les militaires. Les attitudes des dirigeants varient aussi en fonction de leur région d'origine. Ceux qui sont originaires des régions côtières héritent d'une anglophobie plus prononcée, mais c'est également le cas de dirigeants issus des grandes villes françaises. La présence britannique en France tend parfois à atténuer des convictions personnelles hostiles, ou à faire prendre conscience de l'importance de bonnes relations avec le Royaume-Uni.

I. Anglophobie des dirigeants et anglophobie de masse

A. L'attitude des dirigeants français : une anglophobie élitiste

Les observateurs britanniques ne manquent pas de produire des témoignages pessimistes sur l'attitude française en général. Selon eux, l'anglophobie ne se limite pas aux seules couches populaires, incluant les dirigeants français, elle dépasse les clivages politiques, perçus comme majoritairement anglophobes. Le marquis de Dufferin considère que l'anglophobie n'épargne aucune catégorie sociale[1]. Son successeur, Edmund Monson, le confirme après 1896. Les témoignages britanniques semblent donc concorder, mais ne s'agirait-il pas d'un préjugé britannique, qui considère les Français comme anglophobes? Pour répondre, il faut distinguer entre l'anglophobie populaire et celle des dirigeants.

L'anglophobie populaire se déverse dans la presse, les romans, la rue. C'est elle qui a retenu toute l'attention des historiens, car c'est la plus spectaculaire. Il arrive certes aux dirigeants de partager l'anglophobie populaire, mais les milieux dirigeants se détachent plutôt de cette anglophobie. Les masses s'opposent à l'Angleterre par nationalisme, les hommes d'État par intérêt

---

[1] Dépêche de Dufferin du 3 novembre 1893, *B.D.O.W.*, t.II.

colonial, de l'aveu d'un diplomate du Quai d'Orsay, le comte d'Aunay[2]. La sensibilité prétendue de l'opinion publique aux questions coloniales ou territoriales est un prétexte commode, quand ce sont les hommes d'État qui s'y intéressent. Ainsi, pendant la discussion sur le rattachement de la Sarre à l'Allemagne ou à la France, de mai à juillet 1923, pour laquelle le Royaume-Uni demande une commission d'enquête, le journaliste André Géraud – dit « Pertinax » - rappelle que le mécontentement des Français équivaut au moins autant à celui des Britanniques[3]. L'opinion publique sert ainsi à peser sur les marchandages comme moyen de pression.

A titre personnel, les dirigeants se démarquent plutôt nettement de l'anglophobie populaire pour plusieurs raisons. Des considérations géopolitiques pèsent sur les décisions des milieux dirigeants français, qui ont bien le souci de l'opinion publique, mais préservent de bonnes relations avec le Royaume-Uni, dans un contexte international d'opposition avec l'Allemagne. Les dirigeants ne viennent pas non plus du même milieu, n'ont pas la même culture, les mêmes lectures, les mêmes fréquentations que les couches populaires. Certaines de ces élites sont même anglophiles. D'autres, enfin, prennent délibérément leur distance vis-à-vis d'un courant populaire, alimenté par une presse nationaliste qu'ils désapprouvent. Le président Loubet traite les anglophobes d' « insensés » et de « misérables », rapporte Monson. Cette démarche s'avère payante. Selon Paul Cambon, les Anglais font bien la différence entre l'attitude de la presse, censée relayer ou enflammer l'opinion publique, et celle des dirigeants, plus mesurés et souvent désireux d'entretenir de bons rapports. A Londres, « on parle bien des inepties de [la] presse, mais on présente l'agitation anglophobe comme superficielle et on rend hommage à *la correction de notre Gouvernement.* ». Les dépêches de l'ambassadeur britannique à Paris confirment cette observation, en finissant par reconnaître l'attitude correcte du gouvernement, qui se démarque assez tôt des attaques de presse[4].

B. L'anglophobie comme expression d'un rapport de forces : supériorité militaire française contre supériorité navale britannique

En théorie, les deux systèmes militaires sont complémentaires. L'armée française est supérieure sur l'ensemble de la période. Elle regarde l'armée britannique avec condescendance. Pendant la guerre des Boers, elle dépêche des observateurs dans le Transvaal, qui ne se privent guère de critiquer la façon dont les Britanniques mènent les opérations. Les innovations ne sont pas non plus

---

[2] Comte d'Aunay, « Les relations de la France avec l'Angleterre », *Le Figaro*, 2 mars 1901 ; P.R.O. F.O. 27 3533.

[3] Dépêche de l'agent technique détaché auprès de la S.D.N., Koechlin, au ministre des Affaires étrangères, 23 juin 1923, M.A.E. S.D.N. 676, cité par M.R. Mouton, *La Société des nations et les intérêts de la France (1920-1924)*, thèse sous la dir. du Pr. J.B. Duroselle, Université de Paris I Panthéon-Sorbonne, 1988, 1000p.

[4] Dépêche de Monson, du 26 décembre 1901, P.R.O. F.O. 27 3538 ; P. Cambon, *op. cit.*, 19 mars 1900. Nous soulignons ; Id. à Salisbury du 20 novembre 1899, *B.D.O.W.* ; Id., 1er décembre 1899 ; voir aussi dépêche de Salisbury à Monson du 15 décembre 1899, P.R.O. F.O. 27 3454.

bien jugées. Le système de *blockhaus* dans lesquels se terrent les soldats britanniques est considéré comme « négation de la guerre », renversant le rôle du commandant d'une armée de 200000 hommes, allant frontalement à l'encontre de la doctrine alors dominante de l'offensive et de la mobilité des troupes[5]. Ce préjugé réapparaît dans le contexte de réarmement des années trente : les rapports annuels des attachés militaires français le général Voruz, puis le général Lelong, à partir de 1936, relèvent les carences de l'armée de terre britannique[6]. Ces critiques révèlent un complexe de supériorité de l'armée française en même temps qu'une certaine réticence à innover.

Les Britanniques partagent pendant longtemps la croyance de l'armée française dans sa propre supériorité. En mars 1933, c'est le cas de Churchill, d'abord seul à « remercie[r] Dieu pour l'armée française », à la Chambre des Communes, percevant très tôt le danger hitlérien. Sa visite en France de septembre 1936 renforce sa confiance dans le sérieux et la compétence des officiers français. Pour lui, l'État-major britannique sous-estime l'armée française. Cette idée tourne à l'« obsession » et lui masque les lacunes de l'armée[7]. A mesure que les tensions internationales s'accroissent, il est rejoint par une majorité de l'opinion britannique. Le *Daily Herald* finit par considérer l'armée française comme la meilleure au monde. Le ministère de l'Information fait dire que l'armée française est la première[8]. Dans ce concert de louanges, qui sert aussi à s'encourager, les militaires français se sentent confortés dans leur complexe de supériorité, une attitude qui s'avère risquée.

A l'inverse, la marine britannique jouit d'un complexe de supériorité total sur la marine française durant la période. La *Royal Navy* reste la première marine au monde, un modèle à la fois redouté et envié par la Royale. En 1909, Delcassé, prétendant à un nouveau poste ministériel, juge désormais l'état de l'armée française satisfaisant, mais confie à l'ambassadeur britannique Francis Bertie qu'il faut désormais consentir à un effort semblable pour la Marine[9]. Il est l'un des seuls à développer une vraie politique navale, avec le ministre de la Marine Georges Leygues dans les années vingt[10]. Faute de moyens suffisants, victime de ce complexe d'infériorité, une partie des marins fait de nécessité vertu en théorisant ce manque comme un atout. A la fin du XIXe siècle, la Jeune École, reprend la théorie de la guerre de course, fondée sur une flotte légère, mais rapide, capable de s'en prendre au commerce britannique. La vitesse, la surprise doivent permettre de compenser le nombre supérieur de navires britanniques. La marine française fonde donc une école entière sur une théorie

---

[5] Rapport d'Amade du 12 juillet 1902, S.H.A.T. 7N 1220.
[6] M. Thomas, *Britain, France and appeasement ,op. cit.* , p.159.
[7] Selon le major Morton, chargé de rassembler les informations sur l'état des armées étrangères pour le compte du C.I.D., qui l'avertit des faiblesses de la France, cf. F. Kersaudy, *op. cit.,* p.30.
[8] R. Mengin, *de Gaulle à Londres…op.cit..*, p.26. Robert Mengin est le directeur de l'Agence France-Presse à Londres.
[9] Lettre de Bertie à Grey, 29 janvier 1909, P.R.O. F.O. 800 51.
[10] Selon l'analyse rétrospective du capitaine de vaisseau G. Durand Viel, « Delcassé et la Marine », *Revue maritime*, 1er semestre 1923, p.577-605.

explicitement hostile au Royaume-Uni[11]. Le commandant Mathieu Vignot, officier d'ordonnance de l'amiral Théophile Aube, un des théoriciens de la Jeune École, projette d'attaquer l'Angleterre :

> « Qu'importerait à l'Angleterre la perte de quelques vaisseaux ? Le point essentiel est de l'attaquer dans ses possessions, source immédiate de sa richesse commerciale et de sa puissance maritime ».

Il ne s'agit plus d'une simple hypothèse d'école, mais de défier l'empire britannique. A la différence des partisans de la guerre de course contre les navires marchands, il propose de s'attaquer aux colonies de l'empire britannique. Cette suggestion est peu réaliste : le Royaume-Uni possède des colonies plus vastes, une armée coloniale, la première flotte, et la France n'a que peu de moyens pour protéger les siennes. Comment pourrait-elle s'en prendre aux autres ?[12] Le projet audacieux révèle néanmoins la volonté de trouver un talon d'Achille, en mettant en évidence l'importance des liens qui relient la métropole britannique à son empire colonial. En 1902, Paul Fontin, chef de bureau du ministère de la Marine, ancien secrétaire de l'amiral Théophile Aube, pointe en particulier la dépendance alimentaire du Royaume-Uni, dont la dépense alimentaire s'élève alors à quatre milliards de francs, l'équivalent du coût supporté par le Royaume-Uni pendant la guerre des Boers[13]. En 1908, malgré l'Entente cordiale et les fêtes de Brest de 1905, Maxime Laubeuf, ingénieur démissionnaire dans le génie maritime, se fixe encore comme objectif de secouer le joug britannique. Il propose, dès 1898, de passer d'une anglophobie passive des populations, d'une peur de l'Anglais, à une anglophobie offensive :

> « Et l'on voit partout *la crainte du débarquement* sur nos côtes se faire jour ! On parle de défense de Cherbourg du côté terre contre un ennemi maître de la presqu'île du Cotentin ! Allons donc ! *C'est nous qui devons faire trembler* les Anglais dans leur île. »

Ce polytechnicien met les moyens au service de ses ambitions en concevant un prototype de sous-marins polyvalents, capable d'inquiéter l'imposante flotte de surface. Le sous-marin est explicitement conçu comme une arme contre le Royaume-Uni[14]. La Jeune École développe donc une anglophobie belliqueuse.

En revanche, ceux que l'historiographie présente généralement comme « anglophobes » semblent plutôt réservés. Ainsi en est-il de l'amiral François Darlan, connu pour son passé vichyste. Pourtant, aucune des cinquante sept lettres adressées par le marin à son ministre Georges Leygues jusqu'en 1933 n'est anglophobe. Il défend les intérêts de la Marine française mais « ne sent

---

[11] M. Motte, *Une Éducation géostratégique. La pensée navale de la Jeune École à 1914*, Paris, Economica, 2004, 817p.
[12] Commandant M. Vignot, « En face de l'Angleterre », *Marine française*, vol. 1900, p.245.
[13] Soit environ 150 millions £. ; P. Fontin, *Les Sous-marins et l'Angleterre,* Paris, Chapelot, 1902, 70p., p.8
[14] D'Armor (pseudonyme de A.M. Laubeuf), *Les Luttes maritimes prochaines*, Paris, Challamel, 1908, 49p. ; Id., *Les Sous-marins et la guerre contre l'Angleterre*, Paris, Augustin Challamel, 1899, 36p. Nous soulignons.

jamais contre l'Angleterre en soi ni contre la Marine anglaise une haine ou même une aversion ». Jusqu'à Mers el-Kébir, il n'envisage aucune opération hostile contre la flotte britannique[15]. Au contraire, il effectue des exercices interalliés avec les Britanniques. Il passe également commande à la *Royal Navy* de leur tout nouveau matériel de sonars A.S.D.I.C.S[16]. A partir de l'entrée en guerre, il assiste à huit des neuf Conseils suprêmes interalliés. Son jugement évolue progressivement, à mesure que la situation se dégrade. Il se montre sévère sur le personnel britannique. Selon lui, la bureaucratie navale britannique attend le dernier moment pour se décider : le Premier ministre Neville Chamberlain est un « vieillard », le secrétaire au *Foreign Office*, Lord Halifax, est « infirme », et l'état-major anglais « incapable »[17]. Le 5 mai 1940, après l'échec des opérations en Norvège, il critique la conduite de la guerre navale par les Britanniques. Alors que jusqu'ici, la gestion maritime britannique faisait figure de modèle envié en France, notamment l'administration des arsenaux, véritables « usines », cette conception semble désormais périmée avec l'entrée en guerre. Aux yeux de Darlan, c'est précisément parce que les Britanniques conduisent les opérations militaires comme une entreprise, sans administration déléguée à l'exécution des tâches, que les opérations échouent[18]. Ce type de management semble à Darlan inapproprié à la conduite des opérations militaires. Rendant les Britanniques responsables de la perte de quatre batteries, il en profite pour reprendre sa liberté. Il va même jusqu'à leur donner une leçon militaire d'un ton condescendant, se demandant « quand […] les Anglais apprendront […] à faire la guerre». Il faut attendre la campagne de France et la défaite pour que son attitude change radicalement. Son collègue Louis Marin, modéré membre du gouvernement Reynaud, date ce changement du 14 juin 1940, dans un contexte de débâcle militaire. Reprenant un thème éculé, il dénonce la propagande des agents britanniques contre la France, le 23 juin 1940. Au type de l'agent anglais, s'ajoute bientôt le *leitmotiv* de la guerre faite au profit des Anglais. Surtout, après Dunkerque, il rejette la responsabilité de la défaite sur les Anglais, mais surtout les accuse d'avoir poussé les Français à la guerre, puis de les avoir lâchement abandonnés[19]. En somme, si l'on observe bien un changement d'attitude marqué sous l'effet de la guerre, les critiques

---

[15] J.R. Leygues, *Georges Leygues*, Paris, France Empire, 1983, 318p., p.261. ; sur l'absence d'anglophobie de Darlan: A. Clayton, « Growing Respect : the Royal Navy and the Marine nationale 1918-1939 », in M. Alexander, *op. cit.*, p.26-48.

[16] *Allied submarine detection investigation committee.*

[17] Selon l'ambassadeur américain W D Leahy, dans *J'étais là*, Paris, Plon, 1950, p.16-17.

[18] E. Barthes, « Note sur l'organisation des arsenaux à l'étranger », *Revue maritime*, août 1898, p. 209-248. sur les arsenaux-usines britanniques; Darlan, *Darlan parle*, Paris, Amiot-Dumont, 1952, p.50 –52, cité par J.C. Cairns, "Great Britain and the fall of France. A Study in allied disunity", *The Journal of Modern History*, décembre 1955, vol 27, n°4, p.365-409, p.367.

[19] H. Michel, *François Darlan*, Paris, Hachette, 1993, 453p., p.69. ; cf. R.L. Melka, "Darlan between Britain and Germany", *Journal of contemporary history,* vol.8, n°2, avril 1973, p.57-80. et p.95. ; J. Moch, *Rencontres avec...Darlan, Eisenhower*, Paris, Plon, 1968, 347p., p.138-151; H Coutau-Bégarie, *Lettres et notes de l'amiral Darlan*, Paris, Economica, 1992, 794p., p.214-219 sur l'abandon britannique.

laissent place à des stéréotypes plutôt éculés, mais virulents. Si donc la formation des marins les prédispose à la réception de certains stéréotypes, seuls des événements graves les activent.

II. Géographie de l'anglophobie

Y a-t-il des lieux plus anglophobes que d'autres ? Le paysage anglophobe français est assez contrasté. Deux géographes ont dessiné une première esquisse pour la période révolutionnaire en analysant la popularité des orateurs les plus anglophobes sur la base de la diffusion et de la réception de leurs discours. Le discours haineux contre l'Anglais a alors un écho assez faible dans le Var, le Gard, la Haute-Garonne, l'Yonne, le Morbihan, le Finistère, la Manche et le Nord. La critique de l'Anglais tient beaucoup à des raisons commerciales. Les Français ne suivent donc pas les mots d'ordre de certains orateurs virulents de la Convention. Il ressort de cette carte une anglophobie répandue, plus prononcée dans les villes que dans les campagnes[20]. Le cadre urbain fournit des lieux d'expression privilégiés aux anglophobes, leur donne une caisse de résonance. Entre-temps, la Révolution « rentre au port », les relations commerciales se développent, les tourismes inventent de nouvelles relations[21]. Pour notre période, nous retrouvons en partie cette anglophobie populaire urbaine. Les pétitions pour les Boers sont le fait de comités bourgeois, comme le Soutien aux Boers, dans de nombreuses villes : Nantes, Poitiers, Chartres, Tournan, Saint-Cyr, mais aussi de communes rurales, comme Saint-Lubin en Vergonnois, Montigny dans le Jura, Lamastre dans l'Ardèche[22]. L'anglophobie est un phénomène plutôt urbain. Cette géographie explique parfois que certains dirigeants, originaires de tel département, ou le représentant à la Chambre, soient plus enclins à l'anglophobie.

A. L'anglophobie littorale, fruit de la concurrence militaire et économique subie par les ports français

C'est le cas traditionnellement des villes côtières du Nord, de la Manche, de Bretagne, de la Seine-Maritime, qui protestent de diverses manières. Elles réagissent avec vigueur à la guerre des Boers. En Normandie, une manifestation antianglaise a lieu à Granville le 22 mai 1900. A Brest, des manifestations ont

---

[20] H. Théry et S. Wahnich, « Le discours sur l'étranger pendant la Terreur », *Mappemonde*, 2/95, 1995, p.8-13, p.13.
[21] F. Furet, *La Révolution française*, Paris, Hachette, 1988, p.517.
[22] Vœu du conseil municipal de Saint-Cyr du 22 septembre 1900, délibération du conseil municipal de Poitiers du 21 novembre 1900, lettre du conseil municipal de Saint-Lubin en Vergomois du 3 décembre 1900, M.A.E. N.S T.O. 44. ; Lettre du ministre de l'Intérieur au ministre des Affaires étrangères sur les vœux des municipalités de Mentigny et Launastre, mars 1902, M.A.E. N.S. T.O. 45. A propos de la demande du conseil municipal de Constantine de baptiser une rue « rue des Boers », le ministre de l'Intérieur par une lettre du 11 mars 1902, se montre très réservé : « [...]en raison des événements qui se déroulent dans l'Afrique du Sud, il y aurait quelque inconvénient à donner mon approbation à une mesure qui pourrait être considérée comme une manifestation d'hostilité en quelque sorte officielle à l'égard de l'Angleterre, M.A.E. N.S. T.O. 45.

lieu, mais, selon le ministre de l'Intérieur, le *Morning Leader*, qui rapporte l'information, exagère leur caractère anglophobe. Des monuments rappellent l'opposition au Royaume-Uni. Au Havre, la police saisit une publication intitulée « Victoria, reine des poires »[23]. En Bretagne, à Saint-Malo, une statue de Robert Surcouf est inaugurée en 1902 près des remparts. Elle pointe du doigt l'ennemi héréditaire, qu'elle invite à ne pas oublier. La ville subit les conséquences économiques des accords défavorables sur Terre-Neuve, qui privent les marins malouins de l'appât traditionnel pour leur pêche. Surcouf est l'un des seuls pirates à sauver l'honneur de la Marine pendant les guerres napoléoniennes. Son application de la guerre de course sert même de modèle aux marins. A l'intérieur des terres bretonnes, à Rennes, la population semble également plutôt anglophobe, alors que l'Allemand n'a laissé que peu de traces[24]. Dans les Charentes, c'est surtout Rochefort, dont l'arsenal a longtemps été en concurrence, qui s'indigne le plus. La concurrence reste donc assez vive par endroits. Des heurts opposent des marins pendant la guerre des Boers.

C'est en effet pour des raisons politiques, non économiques, que certains édiles choisissent une politique anglophobe, qui entre même parfois en contradiction avec les intérêts économiques locaux. Ainsi, à Dinard, les Anglais désertent le littoral, en raison de l'attitude hostile de la population. Le journal des économistes recommande aux propriétaires de villas et hôteliers nationalistes et anglophobes un article du contre-amiral Réveillère, dans la *Dépêche de Lorient* :

> « Le pays est désert cette saison ; les Anglais, qui louaient la plupart des villas, ayant trouvé mauvais qu'on écrivît sur tous les murs : " Mort aux Anglais ! " sont partis en masse vers des rivages plus hospitaliers !...Les Dinardais font la grimace...Qu'on est bête chez nous depuis quelque temps ! »[25]

A ce groupe plutôt anglophile en temps normal s'opposent des villes littorales plus constamment anglophobes. Les villes plutôt anglophobes ne le sont pas par jalousie immédiate du succès britannique. Ce n'est pas comme dans les autres cas une menace économique qui pèse sur les activités, à l'exception de certains ports, mais plutôt le souvenir d'une concurrence passée. Toutefois, ce rapport évolue, et dépend beaucoup du contexte international. A Brest, malgré des manifestations, et à Quimper, la flotte atlantique de la marine britannique est reçue officiellement. Brest semble évoluer positivement, La Rochelle négativement. Le temps où les deux flottes étaient rivales semble également dépassé à Toulon. Alors que la ville était menacée par les Anglais un siècle auparavant, elle accueille des manifestations navales cordiales tout au

---

[23] Lettre de Waldeck-Rousseau sur les incidents de Brest, 17 mars 1900, M.A.E. N.S. G.B. 12. ; télégramme du Havre, 7 décembre 1899, M.A.E. N.S. G.B. 12.
[24] Lettre de Henry Salomon, professeur d'histoire au lycée Jeanson de Sailly, à Ernest Lavisse, 4 janvier 1899, B.N.F. NAF 25170 Papiers Lavisse.
[25] Article de la *Dépêche de Lorient* mentionné dans la « Chronique », *Journal des économistes*, t.63, n°2, août 1900, p.357.

long de la période. L'arrivée du *Strasbourg*, échappé de Mers el-Kébir, sabordé le 26 novembre 1942, marque une rupture avec cette tradition de cordialité.

B. Une anglophobie intérieure ? Les attitudes divergentes des autorités locales

Les grandes villes françaises de l'intérieur changent d'attitude. La région parisienne est particulièrement concernée. Paris accueille de nombreux intellectuels anglophobes[26]. Le souvenir des visites d'État de 1903, de 1914 ou de 1938 efface celle du président Kruger et des délégués boers de 1902. Le maire de Saint-Denis, M. Thivet-Hanctin, déclare, le 14 juillet 1903 :

> « Notre cœur de Français, de républicain et de patriote a [...] tressailli d'aise et d'espérance aux brillantes manifestations qui viennent de se produire à l'occasion du voyage de M. le président de la République en Angleterre »[27].

A Chartres, le Comité chartrain de secours aux Boers, qui bénéficie du soutien des milieux d'affaires, commerçants et industriels, adresse ses félicitations au président Kruger, lors de sa visite à Paris, par la médiation d'Emmanuel de Rorthays. Ce dernier prétend être en parfaite communion avec l'ensemble des Chartrains. Il semble toutefois qu'il sort de son rôle lorsque, après la guerre des Boers, il s'en prend aux dreyfusards et aux Anglais[28].

Parmi les grandes villes de province, Lyon serait traditionnellement anglophobe, selon le consul britannique depuis le XIXe siècle. Déjà, pendant la guerre des Boers, les conférences sur les Boers sont suivies de manifestations[29]. Surtout, la défaite de 1940 provoque la résurgence d'un courant anglophobe contre une guerre menée par l'Angleterre. C'est le souvenir de la concurrence dans l'industrie textile qui attise encore cette haine[30]. Cependant, il faut tout le traumatisme de la défaite nationale pour raviver le souvenir de cette rivalité économique, devenue une rancœur tenace avec le temps. L'anglophobie ne fait que succéder à un événement traumatique. Elle sert alors d'argument-force, d'élément d'explication *a posteriori* d'un événement présent. Édouard Herriot, maire pendant très longtemps, de 1905 à 1957, est cependant anglophile. Il effectue l'une de ses premières visites en tant que maire à Manchester. Une Union fraternelle de la ville se rend en Angleterre en 1905. Lille, où des manifestations de marins ont eu lieu contre la guerre des Boers, parraine Leeds, et continue d'entretenir des liens durables[31]. A Toulouse, des manifestants protestent contre la guerre des Boers. Les autorités locales prennent leur distance face à ces manifestations.

---

[26] Dépêche de l'ambassade de France, 7 et 10 décembre 1901, M.A.E. N.S. G.B. 13.
[27] Discours du maire de Saint Denis, M. Thivet-Hanchin, 14 juillet 1903, P.P. BA 889.
[28] E. de Rorthays, *Boers, Anglais et dreyfusards*, Chartres, Durand, 1902, 4p.
[29] Lettre du préfet du Rhône, Gabriel Le Roux, 17 mars 1900, M.A.E. N.S. G.B. 12.
[30] Dépêche du consul britannique à Lyon, Francis O'Meara, 15 mars 1940, P.R.O. F.O. 371 24298.
[31] G. Petit, « Lille et Leeds : « entente cordiale » passée, présente et à venir », *Les Cahiers du Centre National de la fonction Publique territoriale*, n°30, avril 1990, p.52-56.

Par leur taille, les villes petites et moyennes sont moins enclines aux manifestations d'anglophobie. Ce sont des tracts plus discrets qui circulent. A Montbéliard, à une dizaine de kilomètres de la frontière allemande, une affiche antibritannique décore les urinoirs :

> « Oui ! Sus à l'Angleterre ! Cette terre égoïste sans chevalerie et sans humanité. Sus ! à ce peuple de forbans hypocrites et de lâches assassins dont l'histoire commence avec l'effroyable martyre de notre superbe héroïne Jeanne d'Arc, se continue par l'odieuse séquestration d'une de nos grandes gloires militaires à Sainte-Hélène »[32].

Cela pourrait être le fait d'une propagande allemande anglophobe, mais la référence au manque de « chevalerie » suggère plutôt un auteur au fait de l'anglophobie française. L'emplacement indique que les autorités locales chassent ce type d'expression de l'espace public. D'autres petites villes lient au contraire leur destin pendant la période, surtout à la suite de la Première Guerre mondiale. Ces adoptions sont l'initiative assez spontanée des villes britanniques. Ainsi, Mézières est adoptée par Manchester. Amiens accueille des cérémonies festives.

III. Anciens et nouveaux lieux de mémoire anglophobes en France

Les travaux de Pierre Nora sur les lieux de mémoire en France, et de Maurice Agulhon sur la symbolique républicaine des monuments publics permettent d'apporter ici un éclairage neuf sur l'utilisation symbolique des lieux publics dans une perspective diplomatique.

Dans un premier temps, au moins jusqu'en 1904, les monuments urbains, les noms de rues, les objets symboliques, les noms de navires ou de promotions d'école sont chargés par les édiles de perpétuer une mémoire négative du Royaume-Uni. Les vieux souvenirs oubliés de la guerre de Cent Ans sont exhumés. Un monument est élevé à Formigny en 1903, pour célébrer la victoire française de 1449, un autre à Crécy, en 1905, à la mémoire des soldats français tués au combat. Cela occasionne des rassemblements hostiles. D'autres symboles renforcent cette propagande. Lors de la guerre des Boers, un rassemblement a lieu à la statue de Jeanne d'Arc d'Emmanuel Frémiet, place des Pyramides, qui devient un lieu de réunion nationaliste.

La guerre des Boers fournit l'occasion de ranimer des souvenirs plus récents. Aux yeux des dirigeants français, elle ne fait que révéler *a posteriori* la justesse des causes nationales. C'est le cas de Ferdinand de Lesseps, qui devient un symbole du génie industriel français et de la présence culturelle en Égypte. Dans un contexte de déclin de l'influence française à partir de 1882 et après la reculade de Fachoda, le 14 juillet 1899 est célébré en grande pompe. Les diplomates rappellent les souvenirs de la présence française. Pour le trentenaire du percement du Canal de Suez, une statue monumentale de plus de sept mètres

---

[32] Rapport du commissaire spécial de police de Montbéliard, 29 mai 1900, M.A.E. N.S. G.B. 12.

de haut, sculptée par Emmanuel Frémiet[33], est inaugurée le 17 novembre, à l'entrée du Canal de Suez, à Port Saïd. Elle représente Ferdinand de Lesseps, décédé cinq ans plus tôt, fier de son œuvre, à la fois économique, scientifique et humaine. La famille du défunt entrepreneur, représentée par son épouse et son fils Charles, assiste à la cérémonie, ainsi que le prince Waldemar de Danemark, le prince Auguste d'Arenberg, président de la Compagnie du Canal de Suez, mais aussi du Comité de l'Afrique française, et réputé pour ses interpellations anglophobes à l'encontre du cabinet Brisson, ainsi que quatre mille invités[34]. Le consul britannique « n'a pas cru devoir se joindre » aux invités[35]. Charles de Lesseps clôt la cérémonie par

> « un discours fort *cordial* et amical dans son ton envers l'Anglais, en disant que l'alliance fructueuse des intérêts commerciaux sur la base de la loyauté a énormément accru le bien rendu au monde par le Canal »[36].

La cérémonie sert en fait à affirmer la présence française dans une Égypte que les dirigeants français sentent leur échapper, en rappelant les fastes de l'inauguration du 17 novembre 1869.

Dans la Marine, les navires sont la figure de proue du rappel de la lutte contre l'Angleterre. Le romancier breton Georges Toudouze propose d'honorer le souvenir des marins par la construction de navires à la mémoire de *du Guesclin*, d'*Hervé de Portzmoguer*, de *Marant*, de Boucicaut, ou de l'amiral Prégent de Coëtivy. Encore après 1938, une proposition de l'amiral Darlan de baptiser deux navires *du Guesclin* et *Xaintrailles*, doit être censurée. Deux trois mâts sont appelés *Villebois* et *Marchand*[37]. Certains marins, invitent donc à entretenir une histoire anglophobe.

L'incident de Fachoda et la guerre des Boers viennent s'ajouter à la liste de lieux de mémoires, avec les figures de Marchand et de Villebois-Mareuil. Une épée d'honneur est offerte au capitaine Marchand par Marquet de Vasselot. Le pommeau est fait d'une statue égyptienne et de crocodiles, elle porte la mention de « Fashoda ». Une promotion de l'école militaire de Saint Cyr en 1898 prend le nom de Marchand, une autre propose de s'appeler « Transvaal » ; l'École de guerre a également l'intention de donner le nom de Villebois-Mareuil à une

---

[33] Significativement, il est également le sculpteur de la *Jeanne d'Arc* des Pyramides à Paris et d'un *Napoléon*.
[34] Carte postale de la statue décorée, dans P. Razoux, « Un siècle de relations militaires franco-britanniques», *R.H.A.,* 4e trimestre 2004, p.4-11, p.10. Cartes postales de l'inauguration, collection particulière.
[35] Selon son homologue, consul à Port-Saïd Summaripa, 21 novembre 1899, M.A.E. N.S. Égypte 20. Après la crise de Suez, le comité de résistance local égyptien la fait dynamiter le soir du 22 décembre 1956 devant une centaine de personnes. Elle est restaurée en 1987, et patiente dans un hangar.
[36] Rapport de l'attaché naval, 18 novembre 1897, S.H.M. BB7 53 2. Nous soulignons.
[37] Hervé de Portzmoguer, vainqueur de la flotte britannique en rade de Brest en 1512 ; de Marant, corsaire originaire de Lorient qui a passé quatre mois en détention sur les pontons de Chatham en 1797, et a pris l'*Iphigénie* aux Anglais ; de Boucicaut, diplomate tourangeau de la guerre de Cent Ans ; l'amiral Prégent de Coëtivy est conseiller et chambellan de Charles VII; Xaintrailles délivre Orléans avec Jeanne d'Arc, puis Louviers, Pontoise, Falaise, à la fin de la Guerre de Cent Ans.

autre promotion. Une statue de Villebois-Mareuil dressant la tête et prêt à dégainer rappelle son souvenir à Montaigu, en Vendée. Le général de Galliffet, pourtant anglophile, prononce un discours à l'occasion de sa mort, mais demande aux officiers de ne pas manifester[38]. Un hymne lui est consacré. Une partie de l'armée entend ainsi perpétuer les souvenirs anglophobes.

On compte encore aujourd'hui une cinquantaine de noms de rues à la gloire de ce héros éphémère. Les municipalités montrent ainsi leur sympathie pour le combat des Boers contre les Anglais. L'épisode de Fachoda, quoiqu'assez bref, laisse quelques traces. Le capitaine Marchand a sa rue à Nogent-sur-Marne, à Villejuif. La guerre des Boers, plus longue, imprègne encore plus durablement les mémoires. Une quarantaine de villes donnent le nom de Villebois-Mareuil à une rue. Les grandes villes ont leur rue : Paris, Lyon, Nantes. A Paris, une rue est ouverte à son nom en 1900 dans le XVIe arrondissement, puis déplacée encore en 1905 dans le XVIIe arrondissement, des quartiers pourtant plus bourgeois que populaires, et ce, même après la réception réussie du roi Édouard VII à Paris. La banlieue parisienne, ouvrière ou bourgeoise, est largement acquise à la cause du soldat : Aubervilliers, Bois Colombes, Gennevilliers, Ézanville, Cormeilles en Parisis, Le Vésinet, Villemomble, Asnières, Neuilly sur Marne, Sucy en Brie, Vincennes, Saint-Maur-des-Fossés, ont leur rue Villebois-Mareuil. De nombreuses villes moyennes participent aussi de ce mouvement. Il y en a davantage dans l'Ouest (Rennes, Grez en Bouère, Cholet, Concarneau, Saint-Malo, Montaigu, La Roche-sur-Yon, Ruffec, Bourges, Blois), pays d'origine de Villebois, mais l'Est n'est pas en reste (Raismes, Beauvais, Woignarue, dans la Somme, Saint-Quentin, Reims, Nancy, Lunéville…)[39]. Le président Kruger a aussi droit à ses rues à Courbevoie, Asnières, Villeneuve-Saint-Georges, Saint-Maur-des-Fossés, ainsi qu'à Lyon et Chalon sur Saône. Amiens, Nantes, Nice, Limoges, Cognac, Houilles, Eaubonne, Romilly-sur-Seine, dans le Tarn, ont leur rue des Boers. La topographie permet ainsi de mesurer la participation des élites municipales à cette vague d'anglophobie populaire généralisée, principalement au nord de la France. Dans le Sud, plus éloigné du Royaume-Uni, les références au conflit sont pratiquement absentes. Seules Nice, Port-de-Bouc et Graulhet, dans le Tarn, se distinguent. Les lieux éphémères sont aussi concernés. Le pavillon du Transvaal de l'Exposition universelle de 1900 attire rapidement de nombreux curieux et doit fermer un temps, parce qu'il est couvert de graffitis hostiles au Royaume-Uni[40]. Tous ces élans étaient-ils nécessairement anglophobes ? Non, si l'on en juge par la construction d'un mémorial pour le cheval de Villebois-Mareuil à Latimer, au nord-ouest de Londres, qui prouve que l'attitude pro-boer

---

[38] *J.O.R.F.,* 11 avril 1900 ; R. Macnab, *The French colonel Villebois-Mareuil and the Boers*, Le Cap, Oxford University Press, 1975, 270 p., p.224.
[39] Ce nombre est relativement important si nous le rapprochons de celui des autres noms de rues de personnages célèbres, dont Daniel Milo a dressé l'inventaire pour les préfectures. Sur 95 préfectures, le nom le plus représenté est celui de Victor Hugo (81 fois). Parmi les autres, nous relevons celui de Jeanne d'Arc (63), d'Austerlitz (11), de Napoléon (10). Cf. D. Milo, « Les noms de rues », in P. Nora dir., *Les Lieux de mémoire, op.cit.*, t.II, p.1887-1918, p.1911.
[40] L'Exposition universelle de Paris de 1900 attire 51 millions de visiteurs.

ne recouvre pas exactement l'anglophobie. Le culte de Villebois-Mareuil n'est donc pas essentiellement anglophobe, mais sert, en France, de cristallisation des sentiments anglophobes, de prétexte pour critiquer Albion, et laisser exploser sa colère.

L'anglophobie est donc ancrée sur le territoire français pour des raisons politiques. Les dirigeants préfèrent parfois suivre l'anglophobie de leurs administrés. Cent ans après la Révolution française, la géographie de l'anglophobie révèle de forts contrastes : les régions côtières envoient toujours des députés soucieux de défendre leurs intérêts contre le Royaume-Uni, mais le spectre s'élargit désormais aux villes. De nombreuses manifestations, des monuments symboliques entretiennent une mémoire anglophobe au quotidien.

Chapitre 3. Idées et influence des groupes de pression anglophobes

Les anglophobes forment une minorité. Ils ne forment pas un groupe suffisamment cohérent pour constituer un « parti politique » au sens moderne du terme. On ne relève d'ailleurs pas de « parti anglophobe » autoproclamé pendant la période. Il est à noter qu'on ne relève pendant la période, mais une seule « ligue antibritannique », dans l'entre-deux-guerres, puis sous Vichy, où elle signe des affiches contre Albion. Aucun parti politique constitué ne revendique l'anglophobie comme thème central ; même l'Action française, et la droite extrême souvent anglophobe, axent peu leur propagande sur le Royaume-Uni. En revanche, les anglophobes forment bien un courant de pensée partageant les mêmes valeurs et tentant de peser sur l'action politique. Ils vivent entre autres dans le souvenir de Napoléon, dont l'image fédère les attitudes politiques, et aspirent à développer la puissance française, pour mieux contrebalancer l'hégémonie britannique. Souvent catholiques, ils s'opposent également à un Royaume-Uni qui incarne la modernité. Certains d'entre eux parviennent à des postes de responsabilité.

I. Une idéologie protéiforme fondée sur des stéréotypes négatifs

L'anglophobie apparaît non comme la simple projection d'un préjugé sur une situation donnée, mais comme une réponse à une angoisse psychologique dans l'analyse des causes d'une déconvenue. L'anglophobie est une manière de justifier *a posteriori* les échecs dans l'histoire de France. Elle n'est pas circonstancielle, mais bien *systématique*, servant de cause commune à l'ensemble des événements malheureux. En creux, les dirigeants définissent une auto-image d'eux mêmes comme généreux, désintéressés et respectueux du droit.

A. La générosité contre l'égoïsme britannique

L'un des traits de caractère distinctifs que les observateurs français s'accordent à attribuer aux Britanniques est le culte de l'intérêt. Les deux nations se sont déjà opposées pour des raisons commerciales. Chez les adversaires de l'Angleterre, l'idée a tôt germé d'attaquer l'île en visant son commerce. Le blocus continental reste un des moments forts de cette guerre commerciale au XIXe siècle. Napoléon justifie cette opposition en expliquant l'attitude britannique par la sauvegarde d'intérêts commerciaux, à courte vue selon lui. L'Angleterre passe pour une nation de « boutiquiers ». Cette vision imprègne longtemps les rapports des observateurs français. Un accord entre la France et l'Angleterre ne saurait être motivé que par des raisons commerciales : « ce qui semble primer et dicter les actes, c'est l'intérêt commercial seul »[1]. La

---
[1] Rapport d'Amade, 1er août 1903, S.H.A.T. 7N 1230.

Première Guerre mondiale est un révélateur des oppositions entre Alliés : les Américains se battent en idéalistes, les Anglais en commerçants ou boutiquiers[2]. Le préjugé d'Américains eux aussi commerçants n'a pas encore franchi l'Atlantique. C'est alors le Royaume-Uni qui l'incarne le mieux. Cette vision est une présentation négative de la place encore prépondérante, quoique déclinante du commerce britannique, de 25 à 15%.

Cette attitude est le plus souvent accusée sous le terme d' « égoïsme ». Les négociateurs les plus avisés tiennent compte de ce trait de caractère, bien qu'ils ne l'approuvent pas. Plutôt que de s'y heurter, ils décident de faire leur cette conception, de partir du point de vue anglais, en défendant les intérêts du pays. Ils parlent aux Britanniques le langage qu'ils sont censés comprendre, celui de l'intérêt matériel et objectif de la nation. C'est alors, qu'ils rencontrent une oreille attentive. Les négociateurs vont ainsi tenter de montrer que le rapprochement avec la France n'est pas contraire, mais va bien dans le sens de leurs intérêts bien compris. Or, selon Foch, les Anglais poursuivent leur intérêt, mais ne le comprennent pas toujours[3]. Foch souhaiterait ainsi que les Anglais se rendent compte, au moment des conversations militaires des années 1910, de l'intérêt d'une alliance avec la France face à l'Allemagne.

Même l'historien et philosophe anglophile Élie Halévy ne peut s'empêcher d'attribuer ce trait de caractère aux Britanniques. Ainsi son étude sur l'utilitarisme réduit-elle la doctrine de John Stuart Mill à la poursuite d'un intérêt personnel, alors même que le but visé est celui du plus grand nombre. La sélection de passages choisis prouve la projection d'un trait de caractère prédéterminé sur l'objet de la recherche. Ailleurs, il exprime sa conception de l'Anglais non comme un marchand, mais comme un « pirate », un « aventurier » ou un « soldat »[4]. Cette vision de l'Anglais fait apparaître en creux une autoreprésentation du Français comme attaché au droit, généreux, capable de concessions, diplomate.

La politique étrangère britannique doit se défendre face à cette accusation récurrente d'égoïsme diplomatique. Un des principes fondateurs poursuivis par les diplomates britanniques depuis William Gladstone consiste à répudier explicitement des « selfish aims » au profit de « common aims », accomplis par le concert des nations européennes. C'est le troisième pilier de l'édifice diplomatique gladstonien, depuis novembre 1879 au moins. Ce changement semble cependant avoir eu peu de répercussions sur la perception de la politique britannique par les dirigeants français. Les images de l'autre accusent un certain retard.

---

[2] A. Kaspi, *Le Temps des Américains. Le concours américain à la France en 1917-1918*, Paris, Publications de la Sorbonne, 1976, 375p., p.296 ; voir aussi à ce sujet J.-C. Jauffret dir., *Les Armes et la toge*, Montpellier, Arceaux, 1997, 703p.
[3] P.E. Prestwich, *French Attitudes...op. cit.*
[4] F. Vergara, « Une critique importante d'Élie Halévy », *Philosophy*, C.U.P., janvier 1998, vol 7, n°283 ; F. Crouzet, « Élie Halévy and Anglo-French Relations, 1898-1905 », in P. Chassaigne éd., *Anglo-French Relations...*, p.69-79, p.69.

B. Le désintéressement contre le matérialisme

La presse populaire vulgarise le thème du matérialisme britannique. Le capitalisme anglo-saxon est accusé de mettre le monde en couple réglé. Dans *l'Assiette au Beurre* d'octobre 1902, le caricaturiste Emmanuel Barcet, dénonce la collusion des intérêts britanniques et américains dans l'affaire de Panama : « L'Angleterre contemporaine a adoré l'argent ». Ce culte est censé avoir supplanté tous les autres. En France, les quelques rares contacts de la population française avec les Britanniques confortent ce stéréotype. La sociologie des Anglais fortunés résidant en France renforce cette idée. Ils n'occupent que rarement des emplois salariés, et donnent ainsi l'impression de vivre de leur rente[5]. Pendant la Première Guerre mondiale, l'arrivée massive de soldats anglais ne change guère la donne, car les poilus envient des *tommies* mieux traités et mieux payés. Il faut attendre les conséquences de la crise de 1929 au Royaume-Uni pour cette idée décline, mais elle perdure, au point que, selon deux officiers britanniques, l'amiral Albert Wonham, qui a pris part aux Dardanelles, et le major Harter, tous deux envoyés en France en mission d'observation, on a cessé de croire en France que « l'ouvrier anglais vit grassement à suivre les matchs de football et les courses, grâce à de généreux secours de chômage », mais qu'on se fait encore des illusions sur l'aisance des Britanniques[6]. Cette vieille image d'une Angleterre opulente, se transmet depuis le Moyen Âge et la Révolution française, et reste présente, même au moment où la tendance s'inverse provisoirement dans les années d'après-guerre au profit de la France, que le Royaume-Uni compte davantage de chômeurs et dispose de moins de réserves.

C. Le droit international contre la force

Aux yeux des dirigeants français, les Britanniques n'hésitent pas à recourir à la manière forte. Pendant la guerre des Boers, les brutalités des soldats sont dénoncées comme des pratiques générales. Le consul de France à Pretoria est catégorique : « Partout où les Anglais ont passé, ils se sont conduits avec une brutalité et une sauvagerie inouïe. » *A contrario*, les dirigeants français seraient les champions du droit, tandis que leurs homologues nieraient leur propre législation :

> « L'autorité militaire anglaise semble, d'ailleurs, partir de ce principe que la proclamation de la loi martiale suspend *ipso facto* l'effet de toutes les lois, même des lois anglaises, et que par conséquent le pays et la population sont à la merci de l'animosité, des caprices, de l'arbitraire et de l'ignorance absolue de toute notion du droit des officiers [...] »[7]

---

[5] R. Schor, *L'Opinion publique et les étrangers*, Publications de la Sorbonne, 1987, p.146.
[6] Rapport du commissariat spécial du 5 novembre 1927, A.N. F7 13450.
[7] Télégramme du consul général de France à Prétoria, 10 octobre 1900 et lettre du consul à Prétoria du 26 août 1900, M.A.E. N.S. T.O 17.

Cette brutalité est constatée dans les autres colonies. L'occupation en Égypte est présentée comme un pur acte de brutalité, au mépris du droit. Selon le sérieux *Journal des débats*, lu par les dirigeants, « tous les jours, [les soldats britanniques] mettent brutalement en pratique la théorie qui leur est chère de l'inégalité des races »[8]. A Malte, le chef de bataillon Delacroix, chargé d'un rapport, épouse les mêmes conceptions :

> « Chacune de leurs paroles [celles des indigènes] laisse voir combien ils regrettent la naïveté de leurs ancêtres de 1800 qui ont à jamais compromis leur indépendance en se livrant à une domination essentiellement égoïste et brutale, qui, en se présentant en protecteur ne tarda pas à se conduire en véritable conquérant »[9]

Leur ténacité, face aux difficultés, peut cependant être admirée. Il semble que l'humeur des Britanniques soit presque paradoxale. « Plus ils sont malheureux, plus ils manifestent d'espérances »[10]. Dans l'entre-deux-guerres, les dirigeants français sont persuadés de défendre une cause juste, malgré l'occupation de la Ruhr, alors que le Royaume-Uni ferait usage de la force. Dès 1920, le Quai d'Orsay, énumérant la série de divergences avec les dirigeants britanniques, dénoncent une politique brutale en Roumanie[11]. Mais c'est surtout avec Mers el-Kébir qu'éclate cette idée de la force. L'épisode révèle une tendance profonde des dirigeants britanniques selon leurs homologues français. La bonne connaissance de la société britannique fait prédire au journaliste français André Géraud, seul parmi les observateurs, une méthode probablement brutale des Britanniques pour s'emparer de la flotte française[12]. A cela s'ajoutent des facteurs personnels. Les relations entre les diplomates se compliquent de susceptibilités. Lloyd George et Briand éprouvent une assez forte inimitié[13]. Ceci peut expliquer en partie l'échec de la Conférence de Cannes en 1922. L'attitude des dirigeants français se construit donc au travers de couples d'oppositions historiques, politiques, et psychologiques.

II. Raisons profondes de l'anglophobie

A. La droite nationaliste entre germanophobie et anglophobie

La France et le Royaume-Uni, les deux grandes démocraties européennes, participent de la montée des nationalismes à la fin du XIXe siècle, comme les autres démocraties et empires autoritaires. En France, le retour de l'anglophobie

---

[8] « Lettre d'Egypte », *Journal des débats* du 9 mars 1900, cité dans le rapport du capitaine de Labry à la suite d'un voyage en Egypte, S.H.M. BB7 19. souligné par l'auteur.
[9] Rapport manuscrit du chef de bataillon Delacroix du 10 juillet 1900, S.H.M. BB7 54.
[10] Lettre de Paul à Jules Cambon, 27 janvier 1900, M.A.E. P.A.A.P. Cambon 42.
[11] Rapport sous direction Europe, « Divergence de vues avec l'Angleterre », 10 juin 1920, M.A.E. Z Europe G.B. 45.
[12] Télégramme de l'ambassadeur à Washington, le comte de Saint-Quentin, du 29 juin 1940, M.A.E. Papiers 1940 Charles-Roux 44.
[13] Selon l'article du journaliste Thiebault-Sisson, *Revue*, 29 novembre 1921, MAE Z Europe GB 47.

remonte au bombardement d'Alexandrie en 1882. La plupart des dirigeants français de l'époque se démarque des milieux nationalistes. Ils ne partagent donc pas directement l'expression brute d'anglophobie de ces derniers. Même chez les nationalistes, l'anglophobie n'est qu'une composante parmi d'autres du mouvement. L'Angleterre est considérée comme décadente, dégénérescente, et comparée à l'Allemagne, selon l'académicien orléaniste, le comte d'Haussonville[14]. Les mouvements nationalistes puisent ailleurs leur force. La référence à l'Anglais, notamment par l'évocation du mythe de Jeanne d'Arc, est présente dans les discours, mais n'est pas aussi essentielle pour le nationalisme français que par le passé[15].

L'Entente cordiale cause un divorce profond dans la droite nationaliste française. Le paysage politique nationaliste comporte ainsi deux droites en France, l'une indifférente, ou au mieux capable de surmonter ses réticences vis-à-vis de l'Angleterre, pour pouvoir faire face au danger quotidien, présent, à l'Allemagne, l'autre au contraire plus germanophile, pour laquelle la guerre de 1870 n'est qu'épisodique au regard de la grande Histoire. Le député nationaliste des Charentes et leader boulangiste, Paul Déroulède, et la municipalité parisienne, où figurent pourtant de nombreux nationalistes, à l'issue des élections municipales de 1900, se rangent derrière les dirigeants[16]. Déroulède, après avoir été l'un des plus virulents à critiquer Clemenceau, estime que le rapprochement avec le Royaume-Uni est une bonne chose pour la France[17]. Léon Daudet, journaliste et écrivain nationaliste, partage cet avis, il croit à la possibilité d'un rapprochement franco-anglais[18].

Cette attitude est également une forme d'émancipation de la prétendue tutelle britannique. Les nationalistes sont enclins à dénoncer régulièrement les élites françaises, subjuguées par le Royaume-Uni. Charles de Polignac signe un livre à succès, *La France vassale de l'Angleterre* en 1894. Pour Flourens, Édouard VII continue à se comporter en roi d'Angleterre et de France, selon une vieille prétention historique. Dans les années trente, au moment où se répand l'expression de « gouvernante anglaise » en France, le ministre des Affaires étrangères, Georges Bonnet, accuse Churchill de se prendre pour le « Premier ministre d'Angleterre…et de France »[19]. Cette accusation fait écho à la querelle historique que les rois d'Angleterre ont soutenu jusqu'à Napoléon, en

---

[14] *Écho de Paris*, 26 août 1911, cité par P.E. Prestwich, *French Attitudes…op. cit.*
[15] M. Winock dir., *Nationalisme, antisémitisme et fascisme en France*, Paris, Seuil, 1990, 446 p. ; E. Weber, *L'Action française*, Paris, Stock, 1964, 649p.
[16] B. Joly, *Déroulède l'inventeur du nationalisme*, Paris, Perrin, 1998, 440 p.
[17] J. Jaurès, « M. Clemenceau et M. Déroulède », *L'Humanité*, 1er août 1905.
[18] Cité par A. Manwaring, *La Perfide Albion dans l'imaginaire français au XXe siècle*, mémoire d'Institut d'Études politiques d'Aix-en-Provence sous la dir. de M. le Pr. J.C. Ricci, 1995, p.38.
[19] G. Bonnet, *Le Quai d'Orsay sous trois républiques*, Paris, 1961, p.218 ; cf. F. Bédarida, « La gouvernante anglaise », in J. Bourdin et R. Rémond dir., *Édouard Daladier chef de gouvernement : avril 1938-septembre 1939*, Paris, F.N.S.P., 1977, 319p., p.228-242 ; F. Crouzet, « L'Entente cordiale, réalités et mythes d'un siècle de relations franco-britanniques », *Études anglaises,* t.57, 2004/3, p.310-320.

conservant le titre de roi de France. Les anglophobes lisent la politique britannique à travers cette prétention historique sur le territoire français. L'anglophobie prolonge donc un ancien fantasme britannique, en l'interprétant désormais comme un désir contemporain de domination mondiale.

B. La défense du catholicisme dans les colonies

L'anglophobie comporte une part importance d'antiprotestantisme. Certains catholiques sont anglophobes par catholicisme et héritent d'un vieil antiprotestantisme des XVIe et XVIIe siècles plus profond. L'écrivain royaliste Charles Maurras définit le protestantisme comme l'un des quatre piliers de l'« anti-France ». Pour l'écrivain nationaliste Maurice Barrès, député de Paris en 1906, les missionnaires forment le bras armé de la République. Les menées nationalistes s'attaquent à l'Angleterre par haine des protestants, mais aussi du libre-échange et du parlementarisme[20].

La rivalité entre les deux religions est ravivée dans le cadre de la compétition coloniale, car le front missionnaire entre protestantisme et catholicisme n'est pas stabilisé. Les missions protestantes et catholiques se trouvent en concurrence sur tous les points du globe en litige. L'affaire Pritchard, en 1843, a marqué les esprits[21]. Des pasteurs anglais, menés par Pritchard, s'installent tôt à Tahiti. Pritchard fait chasser les missionnaires catholiques par la Reine Pomaré IV. Ces derniers sont rétablis par une escadre française, et l'amiral Dupetit-Thouars impose un protectorat. Devant les réactions hostiles de l'opinion britannique, le ministre des Affaires étrangères, François Guizot, exprime ses regrets et accorde une indemnité aux Britanniques, à l'été 1844[22]. L'activité des missions prospère également dans un contexte de renouveau religieux. Après Tahiti, Madagascar aiguise les convoitises des deux puissances coloniales. Les missions religieuses préparent le terrain à des opérations militaires plus violentes. La *London Missionary Society*, fondée en 1818, est bien implantée dans l'île. Les Britanniques tiennent aussi à pouvoir commercer des matières textiles, mais ils se heurtent au protectionnisme français. Le baron de Courcel demande à Lord Salisbury d'abandonner Madagascar pour éviter que la question religieuse ne complique les relations entre les deux pays[23]. A Haïti, Jules Caplain, cofondateur de l'Action française, accuse les missionnaires anglo-saxons de décatholiciser la population[24]. Les

---

[20] Article du comte d'Aunay, « Les relations de la France avec l'Angleterre », *Figaro* mars 1901, P.R.O. F.O. 27 3533. Le comte d'Aunay, Charles Le Peletier a été secrétaire d'ambassade à Londres, puis sénateur de la Nièvre.

[21] P. Darriulat, « L'affaire Pritchard, un paroxysme de l'anglophobie française ? », in S. Aprile et F. Bensimon dir., *La France et l'Angleterre…op.cit.*, p.219-235.

[22] Pour l'opposition républicaine, à la différence des dirigeants, « c'est la guerre […] L'humanité entière applaudira au châtiment de ces marchands qui croient que le genre humain n'a été créé, ne se développe que pour offrir de nouveaux moyens d'exploitation à leur insatiable cupidité », selon *La Réforme*, 3 août 1844. Les principaux thèmes de l'anglophobie (perfidie, cupidité, arrogance sont en place).

[23] Dépêche de Courcel à Hanotaux, 18 janvier 1897, M.A.E., NS G.B. 11.

[24] J. Caplain, *La France en Haïti*, Paris, Levé, 1904, 83p.

anglophobes prennent la défense du catholicisme. C'est le cas, par exemple, de l'ancien ministre des Affaires étrangères et directeur des Cultes Flourens, qui consacre de longs passages aux intrigues protestantes dans les colonies[25].

Cette rivalité se complique dans les années vingt par l'émergence d'un nouvel acteur, l'Allemagne, considérée comme majoritairement protestante. Les pasteurs de l'*United Free Church*, Église dissidente, prennent la défense de leurs frères allemands, considérés comme des victimes du traité de Versailles et de l'occupation alliée. Les associations religieuses, anglicanes ou puritaines, relaient complaisamment la propagande allemande[26]. L'anglophobie devient de plus en plus une réaction à ce qui est perçu comme le succès de valeurs protestantes modernes.

C. La parenté de l'anglophobie avec l'antisémitisme

L'écrivain Heinrich Mann rappelle, en juin 1933, juste après l'accession d'Hitler à la Chancellerie, qu'« avant 1914, l'Angleterre était haïe de beaucoup d'Allemands, exactement de la même façon que les juifs le sont aujourd'hui, parce qu'on les accusait, eux aussi, d'avoir volé à l'Allemagne sa place au soleil. »[27]. Est-ce aussi le cas en France? L'antisémitisme a été analysé sur la longue durée pour dégager les motivations religieuses et sociales de l'antisémitisme français. La faillite de l'Union générale en janvier 1882 et la grande dépression, jusque vers 1900, suscitent un fort regain d'antisémitisme, dont témoignent de nombreuses publications comme la *Libre Parole* d'Édouard Drumont, des manifestations, et qui culmine lors de l'affaire Dreyfus. Or, ces crises sont contemporaines des grandes manifestations anglophobes : l'affaire Dreyfus, la crise française des années trente, puis le régime de Vichy sont des périodes de regain antisémite *et* anglophobe. L'anglophobie et l'antisémitisme s'enracinent dans un terreau commun, jusqu'à se confondre. Un historien, entre autres, a affirmé d'emblée la superposition de deux figures, le juif et l'étranger, dans la conscience française[28], mais pas l'identification du juif et de l'Anglais.

Des faits concrets facilitent l'amalgame. Bien que le nombre total de juifs en Angleterre n'excède pas 160000, les préjugés raciaux, la concentration de juifs à Whitechapel, où ils représentent jusqu'à 15% de la population[29], et dans l'*East End* londonien, l'importance des activités financières de banquiers ou financiers juifs à la City de Londres, l'influence européenne de grandes familles juives, comme les Rothschilds, au Royaume-Uni, mais aussi en France, amènent certains anglophobes à rejeter le juif et l'Anglais dans une même haine de l'autre[30]. Selon cette présentation, les intérêts juifs et anglais sont alliés contre ceux de la France.

---

[25] *La France conquise, Édouard VII et Clemenceau*, Paris, Garnier, 1906, 180p.
[26] Comte de Saint-Aulaire, *Confessions...op.cit.*, p.660-663.
[27] H. Mann, Paris, juin 1933, cité par Stibbe p.1.
[28] Z. Sternhell, *Maurice Barrès et le nationalisme français*, Paris, F.N.S.P., 1972, 395p., p.235 sq.
[29] P. Chassaigne, « Les répercussions de l'Affaire Dreyfus sur la xénophobie britannique », *Revue de la Bibliothèque nationale de France*, n°2, été 1994, p.19-28, p.24.
[30] R. Bergot, *De l'Origine sémitique des Anglais*, Paris, Librairie antisémite, 1903, 65p.

De fait, antisémites et anglophobes se retrouvent dans une même dénonciation des puissances d'argent, du capitalisme, de l'usure, du matérialisme, de l'égoïsme, et une défense de la France catholique, mais la connexion entre les deux phobies n'est pas immédiate. Elle se renforce lors du scandale de Panama, pendant l'affaire Dreyfus et la guerre des Boers. Marthin-Chagny, rédacteur au ministère de la Guerre, invite en 1895 à s'interroger sur la parenté entre Anglais et juifs, puis forge l'union sémantique de la « sémitique Albion »[31], à la différence du théoricien antisémite Alphonse Toussenel[32]. Les anglophobes et antisémites dénoncent un même esprit de lucre responsable de la guerre des Boers. Leur porte-parole, Edmond Archdeacon, déjà antisémite et hostile aux francs-maçons, anglophobe véhément dans ses interventions à la Chambre des députés condamne la guerre « sémitique inqualifiable du Transvaal » lors de la discussion des accords de l'Entente cordiale[33], imputant la responsabilité de la guerre aux financiers et chercheurs d'or avides de profits. Pour un certain nombre de députés, l'Entente cordiale prouve la convergence d'intérêts entre juifs et Anglais[34].

Dans un article du *Newcastle Daily Journal*, intitulé « Le Premier ministre et l'Allemagne. La question des réparations », le journaliste Richard Mitchell dénonce le courant inféodé à la finance internationale qui mine la politique anglaise. Ces propos sont repris par le consul de France à Newcastle, Georges Pigeonneau[35]. Le gouvernement de Vichy encourage la dénonciation des deux groupes, sans pour autant les confondre. L'antisémitisme vient à la charge des Anglais, il justifie l'anglophobie. Sur la célèbre affiche de Vichy qui substitue aux institutions croulantes de la IIIe République, celles, neuves, de la Révolution nationale, on peut lire la dénonciation du socialisme, des juifs, des francs-maçons et des politiciens. Mais on peut également reconstituer, quoique morcelée, les ruines d'une probable *anglo*-philie, que le régime se propose officiellement de dénoncer, comme pratique faible et suiviste, non d'ailleurs pour lui substituer l'anglophobie, mais bien des vertus nationales[36]. Cette interprétation est confirmée par d'autres caricatures, où l'on voit notamment Churchill en personne sortir de la vieille bâtisse ruinée de la République française bras dessus bras dessous avec Rothschild et un franc-maçon. La

---

[31] L. Martin, *L'Anglais est-il un juif ?*, Paris, Savine, 1899, 399p. Id. *La sémitique Albion, (mœurs anglaises)*, Paris, Jouve, 1898, 390p.

[32] A. Toussenel, *Les Juifs, rois de l'époque : histoire de la féodalité financière*, Paris, Librairie de l'École sociétaire, 1845, 342p. cf. C. Crossley., "Anglophobia and anti-Semitism: the case of Alphonse Toussenel (1803-1885)", *Modern & Contemporary France*, vol. 12, n°4, novembre 2004, p.459-472.

[33] *J.O.R.F.*, 3 novembre 1904. Pour son antisémitisme revendiqué, cf. Combeau et P. Nivet, Histoire politique de Paris. Une histoire locale et nationale, Paris, P.U.F., 2000, p.39.

[34] Théo-Doedalus, *L'Angleterre juive. Israël chez John Bull, études sur l'histoire et la progressive influence des fils d'Israël dans la société, le négoce, la politique, l'armée, les lettres, les finances et les moeurs britanniques*, Bruxelles, Larcier, 1913, 384p.

[35] Dépêche du consul à Newcastle, Pigeonneau, 14 juillet 1923, M.A.E. Z Europe G.B. 53.

[36] Affiche de R. Vachet, *Révolution nationale*, probablement 1942. cf. S. Marchetti, *Affiches 1939-1945, Images d'une certaine France*, Paris, France Loisirs, 1982, p.84.

propagande vichyste accuse les Rothschilds de s'être enrichis sur le dos de la République française dans l'entre-deux-guerres[37]. Les caricatures françaises confondent davantage les juifs et les Anglais. La collaboration renforce donc l'identification entre juif et Anglais[38]. Après-guerre, rétrospectivement, l'anglophobie a été tellement exaltée par les collaborationnistes qu'elle apparaît « aussi indécente que » l'antisémitisme[39].

L'opposition aux Anglais revêt des formes similaires. Sur le modèle de la souscription des antidreyfusards lancée par la *Libre Parole* pour la veuve du colonel Henry pendant l'Affaire Dreyfus, une souscription plus modeste mais tout aussi politique est ouverte par *l'Intransigeant* pour offrir une épée au général boer Cronjé, qu'Henri Rochefort remet au président Krüger, le 27 novembre 1900. L'Anglais occupe la place du juif, sans que le juif ait tout à fait disparu. Pour autant, anglophobie et antisémitisme se recoupent, mais ne se confondent pas. Dans les études sur l'antisémitisme, il n'est guère fait allusion aux Anglais[40]. Comme en Allemagne, l'antisémitisme est plus fréquent, plus puissant, plus violent que l'anglophobie. En fait, les Anglais étaient bien haïs, mais pas pour les mêmes raisons, ni de la même façon. L'Anglais est l'ennemi extérieur, tandis que le juif est davantage considéré comme ennemi de l'intérieur. Tous deux sont perçus comme des menaces pour l'ordre ancien dont les anglophobes sont nostalgiques.

III. Un courant anglophobe qui doit beaucoup au souvenir de Napoléon

A. La nostalgie de Napoléon imprègne une minorité de dirigeants

Les anglophobes sont d'autant plus virulents qu'ils sont peu nombreux. Ils forment autant de cas particuliers, mais reprennent les mêmes idées, tout au long de la période, pour peser sur les décisions. C'est ainsi, du moins qu'ils sont perçus par les dirigeants. Relayant le constat de Lavisse, les économistes décrivent ainsi le rôle politique de ce groupe, et l'attitude de Delcassé face à lui :

> « M. Delcassé s'est montré à bon droit sévère pour ce parti qui va, dit-il, partant en guerre contre telle ou telle puissance, avec tel ou tel allié dont il nous reprocherait demain comme une trahison d'avoir accepté ou recherché le concours, attribuant à l'étranger des projets hostiles et, par ses outrages, prenant à tâche de les justifier ; triomphant enfin, quand de pauvres cerveaux, égarés par ces excitations, se laissent emporter à des actes par où ils croient marquer la noblesse et la générosité de leurs sentiments, alors qu'ils ne réussissent qu'à montrer leur mauvais goût et un oubli déplorable des devoirs

---

[37] Comité d'éclaircissement sur les relations franco-anglaises, *Paroles dorées de Mr. Churchill adressées à la Nation française*, B.N.F. Estampes, Qe-345 (38)-4.
[38] *Bolchévisme et ploutocratie anglo-saxonne*, Paris, Nouvelles Études françaises, 23p. cf. D. Rossignol, *op. cit.*
[39] A. Grosser, *La IVe République et sa politique extérieure*, Paris, A. Colin, 1972, p.15.
[40] Voir l'histoire complète de l'antisémitisme européen dans L. Poliakov, *Histoire de l'antisémitisme*. t.IV, « L'Europe suicidaire », Paris, Calmann-Lévy, 1977, 364p.

de l'hospitalité. Comme Tartufe prenait le masque de la vertu, ce parti prend le masque du patriotisme. Mais pas plus que Tartufe, il ne parviendra à ses fins, et ni le Parlement ni le gouvernement ne permettront qu'une minorité infime engage contre son gré, contre ses intérêts, une grande nation. »[41].

Les anglophobes se rassemblent autour d'un embryon d'idéologie, fortement imprégnée par une conception passéiste de l'histoire. Napoléon constitue un thème fédérateur essentiel de leurs écrits et de leurs discours, et ils entretiennent sa légende[42]. Selon cette vision de l'histoire, le Royaume-Uni, par essence belliqueux, cherche la ruine de la France. La référence à Napoléon finit par dénoter une ligne anglophobe, et par former le socle commun des nostalgiques.

Pour notre période, parmi les membres du Quai d'Orsay, trois ministres seulement ont une réputation d'anglophobie par leur politique d'hostilité au Royaume-Uni. Est-elle justifiée ? Le ministre des Affaires étrangères Gabriel Hanotaux, historien prolifique de la période napoléonienne, membre de l'Académie française, conserve une certaine anglophobie. Il fait preuve d'une bonne volonté germanophile : il décore l'ambassadeur allemand, le comte Münster en janvier 1898 ; il met en sourdine les aspects diplomatiques de l'affaire Dreyfus, qui implique l'ambassade d'Allemagne à Paris. Jaurès ne le qualifie pas ouvertement d' « anglophobe », mais dénonce, le 13 novembre 1898, sa « politique sournoisement *anti-anglaise* », une accusation répandue dont il doit souvent se défendre[43]. Même le président du Conseil Maurice Rouvier n'est pas aussi anglophobe que le veut Henri Cambon. Le 21 décembre 1905, il déclare que l'alliance anglaise est indispensable, et qu'il autorise Paul Cambon à reprendre les pourparlers secrets. L'année suivante, il parvient à une unité de vue avec le Royaume-Uni lors de la Conférence d'Algésiras. On en est donc souvent réduit à dépendre de discours et de jugements extérieurs sur le personnel politique. Pour la période de Vichy, l'écrivain et avocat Jean Albert-Sorel pense que le ministre des Affaires étrangères lui-même, Paul Baudouin, a cédé au thème de la guerre anglaise dans ses discours : les Anglais n'ont envoyé que deux cent mille hommes, ont rembarqué les quatre cinquièmes de leurs troupes et ont bombardé les villes françaises[44]. Ces derniers arguments impressionnent les hésitants, les timorés, les attentistes. Ceux qui, avant la guerre déjà, font profession d'anglophobie s'empressent de les adopter, mais ils sont peu nombreux parmi les dirigeants. L'anglophobie relève parfois de la réputation, voire de l'accusation, et telle déclaration ne peut suffire pour parler d'anglophobie.

---

[41] « Chronique », *Journal des économistes*, t.42, n°1, avril 1900, p.147.
[42] N. Petiteau, *Napoléon, de la mythologie à l'histoire*, Paris, Seuil, 1999, réed. 2004, 458p.
[43] cité par C.-R. Ageron, *France coloniale ou parti colonial ?*, Paris, P.U.F., 1978, 302 p., p.182-183 et suiv. Jaurès a déjà employé l'adjectif de « sournois » dans un article de la *Dépêche de Toulouse*, 9 novembre 1898. Nous soulignons.
[44] J. Albert-Sorel, *Histoire de France et d'Angleterre : la rivalité, l'entente, l'alliance*, Amsterdam, Les Éditions françaises d'Amsterdam, 1950, 569p.

Rares sont ceux qui assument et profèrent ouvertement leur anglophobie. L'ancien ministre des Affaires étrangères Flourens se distingue par une explosion d'anglophobie, mais bien après sa sortie de charge, contre le Quai d'Orsay, devenu dans sa bouche « notre *Foreign Office* », instrument de la politique du

> « colosse aux pieds d'argile, qui pèse sur les nations trop crédules par le bluff, par l'arrogance, par la rapine, par l'insatiable rapacité, qui, déjà, enserre le globe comme une pieuvre gigantesque et suce sa moelle par les innombrables tentacules de son commerce »[45].

Le thème de la guerre faite au profit de l'Angleterre connaît un succès durable. Au moment de la Première Guerre mondiale, les anglophobes prétendent qu'Albion veut entraîner la France dans une guerre contre l'Allemagne, qui fait obstacle à son commerce. Le journaliste Yves Guyot rapporte l'intervention du député Henry Michel, pour qui la diplomatie britannique ne saurait souffrir longtemps l'existence du port de Hambourg[46].

Parmi le personnel diplomatique de carrière, dont le rôle a été récemment réévalué[47], on compte quelques anglophobes notoires, qui n'hésitent pas à faire connaître leur position, malgré la réserve que leur impose leur fonction. A l'administration centrale, Alfred Chilhaud Dumaine, sous-directeur pour l'Europe du Nord, est ouvertement anglophobe[48]. Même parmi les moins anglophobes en poste dans les représentations diplomatiques lors du *Trafalgar Day*, il leur est difficile d'accepter de se joindre aux cérémonies d'octobre 1905. Les consuls en contact direct avec le Royaume-Uni en reviennent avec une mauvaise image. Le consul général au Caire, Georges Cogordan, dénonce la « duplicité » de Kitchener, « célébrée sous le nom de diplomatie »[49]. René Millet, ancien résident général en Tunisie de 1894 à 1900, mais n'ayant jamais obtenu d'ambassade et retiré depuis 1902, un des successeurs malheureux de Paul Cambon, à la carrière très semblable, prend nettement ses distances avec l'Entente cordiale. Alcide Ébray est également un diplomate à la carrière atypique. Il commence comme rédacteur diplomatique au *Journal des Débats* à la *Revue politique et parlementaire*, et au *Mémorial* diplomatique. Nommé par Delcassé consul général de France à New York de 1905 1907, il devient ministre-résident en Bolivie. La crise marocaine le convainc entre-temps de l'incompatibilité entre le régime parlementaire et le rétablissement du prestige de la France. Il démissionne en 1907, et publie un pamphlet, *La France qui meurt*, dans lequel il estime que l'Entente fait de la France le soldat de

---

[45] E. Flourens, *op.cit.*, p.7.
[46] Intervention du député Henry Michel à la Chambre, *J.O.R.F.*, 19 novembre 1906, reprise par Y. Guyot, *Le Commerce et les commerçants*, Paris, Doin, 1909, 535p., p.75.
[47] P.P. Vallet, *The Origins...op.cit.*
[48] M.B. Hayne, *The French Foreign Office and the Origins of the First World War, 1898-1914*, Oxford, Clarendon, 1993, 328p., p.74.
[49] Lettre du consul général de France en Égypte Georges Cogordan, 21 novembre 1898, M.A.E. N.S. Afrique AG 18-19.

l'Angleterre sur le continent[50]. Il s'oppose ainsi aux amis de Clemenceau. On retrouve dans toutes ces accusations une même mise en cause de la politique diplomatique française jugée trop dépendante du Royaume-Uni. Anatole de Monzie, ministre des Travaux publics, et conseiller diplomatique, considère que les anglophiles du Quai – Alexis Léger, Rochat, directeur-adjoint des affaires politiques, Henri Hoppenot, sous-directeur d'Europe - font obstacle au rapprochement avec l'Italie. Jacques Guérard, qui travaille auprès de Paul Baudouin est hostile aux Anglais. L'administration compte donc des personnalités anglophobes plus nombreuses, mais elles ont souvent un rôle secondaire. Mieux, elles n'expriment toute leur anglophobie qu'à la sortie de leur charge. L'anglophobie est souvent un discours de frustration, formulé en dehors des sphères de décision.

C'est finalement à la Chambre des députés que toutes ces prises de position individuelles convergent en une même caisse de résonance, à certains moments. Les quatre cinquièmes des débats coloniaux à la Chambre des députés du 13 novembre 1893 au 29 mars 1902 portent sur le Royaume-Uni[51]. A la Chambre des députés, comme au Sénat, une dizaine d'élus interviennent contre le Royaume-Uni, soit pour défendre leurs administrés, soit par conviction personnelle. Certains députés sont fortement anglophobes et dénoncent l'Entente cordiale. Le député Archdeacon est un bonapartiste impérialiste. D'origine irlandaise, né à Paris le 24 décembre 1864, Edmond Archdeacon est agent de change, et administrateur de plusieurs sociétés. Sa fortune lui permet de diffuser ses idées en finançant des journaux bonapartistes, comme *Le Drapeau*. Il appartient à la Société de géographie de Paris, mais surtout à la Ligue de Défense contre la Franc-maçonnerie. En 1902, il se lance en politique et parvient à remporter, à force de dépenses, le siège de député du premier arrondissement de Paris. Lors de la campagne, il se revendique hautement comme nationaliste et antisémite. Il renvoie l'Allemagne et l'Angleterre dos-à-dos. Un de ses amis, Jules Lemaître, lâche ainsi que Delcassé, « qu'on savait déjà allemand, est désormais aussi anglais ». L'Angleterre n'est qu'une nouvelle forme de domination extérieure, contraire aux intérêts nationaux. Le souvenir de Fachoda apparaît, mais il s'inscrit dans la longue série des reculades françaises. Il n'est qu'un signe confirmatif de la décadence française depuis la défaite de 1870. Archdeacon a également voté contre la loi de 1905. Il meurt prématurément en 1906. Il y a bien anglophobie, hostilité à la politique anglaise, mais elle n'est pas exclusive. L'anglophobie, n'est qu'une passion parmi d'autres, aussi forte que la germanophobie, sur le plan extérieur, et secondaire par rapport à l'antisémitisme et aux questions intérieures.

Outre ces anglophobes notoires, d'autres parlementaires nationalistes affichent publiquement leur désaccord face à l'évolution des relations diplomatiques. A la suite de l'affaire de Fachoda, Firmin Faure, député de la Seine, dénonce les Anglais comme des ennemis, le 22 décembre 1898, renouant

---
[50] R. Millet, *Notre politique extérieure de 1898 à 1905*, p.66 ; A. Ébray, *La France qui meurt*, Paris, Société française d'imprimerie et de la librairie, 1910, 380p., p.39.
[51] M. Brisson, *Quand les Français...op.cit.*, p.158.

avec le thème de l'ennemi héréditaire. Le député nationaliste mais anticolonialiste de l'Eure, Camille Fouquet, doute ironiquement du modèle de bonne foi anglais. En janvier 1902, pendant la guerre des Boers, Denys Cochin, député catholique du VIIIe arrondissement de Paris, juge les haines contre l'Angleterre « méritées ». Georges Berry, également député nationaliste catholique parisien, faisant du président Kruger l'incarnation de son combat des petits contre les gros, dépeint les ressources du Transvaal comme « un or rouge de sang »[52]. Le comte Léon Baudry d'Asson, député de la Vendée, le député bonapartiste de la Charente Gustave Cunéo d'Ornano[53], lui font écho. La guerre des Boers permet provisoirement à ces points de vue de se rejoindre dans le cadre de comités. Le sénateur du Cher, Louis Pauliat, ancien secrétaire de la Commission sur Madagascar, et auteur d'un ouvrage sur ce sujet dès 1884, préside le Comité pour l'indépendance des Boers, co-présidé par les sénateurs Guérin et Alfred Rambaud, historien et sénateur du Doubs, soutenu par le sénateur du Tarn et ancien ministre de la Marine Édouard Barbey, et par Pierre Richard, député nationaliste de la Seine. Après la conclusion de l'Entente cordiale, Lucien Millevoye, député de la Seine, continue à tempêter contre l'Angleterre. Émile Massard, directeur de *La Patrie* est le seul conseiller municipal parisien à se distinguer en ne prenant pas part à la visite amicale des conseillers municipaux parisiens à Londres, le 20 octobre 1905[54]. L'ensemble de ces députés finit par former, par ses interventions répétées, un groupe de pression, qui tente d'influer sur la définition de la politique extérieure par le gouvernement. Même certains anglophiles n'hésitent pas à critiquer la politique britannique. Jean Dubief, député de la Saône-et-Loire, rapporteur du budget des Affaires étrangères en 1902, tout en critiquant la « poursuite âpre et inhumaine du profit » pendant la guerre des Boers, se démarque nettement des anglophobes sur le plan de la politique européenne. Sa raison lui fait choisir le Royaume-Uni : « les conflits que les Français anglophobes se plaisent à prévoir, que l'habileté de notre diplomatie a dénoncé déjà heureusement en ce qui nous concerne, l'intérêt de la Russie et de l'Angleterre à vivre en paix, saura les écarter »[55]. La Première Guerre mondiale semble cependant renverser la tendance. Les Chambres de l'immédiat après-guerre sont assez hostiles au Royaume-Uni, et défendent une conception étroite de l'intérêt national[56]. Les députés de la chambre bleu horizon sont plutôt réservés. Ce courant ne parvient cependant pas à peser durablement sur la politique extérieure, il la juge plutôt qu'il n'influe sur elle.

Parmi les dirigeants, davantage encore que les députés, les marins ont la réputation d'être majoritairement anglophobes. A cause des succès historiques

---

[52] Séance à la Chambre, *J.O.R.F.*, 20 janvier 1902.
[53] Gustave Cunéo d'Ornano est l'auteur d'un ouvrage sur Napoléon intitulé *La République de Napoléon*, Paris, Ollendorf, 1894, 636p.
[54] Voir P. Barral, « La Patrie », J.F. Sirinelli dir., *Histoire des droites en France*, t.III, « Sensibilités », Paris, Gallimard, 1992, p.109-115.
[55] Séance à la Chambre, *J.O.R.F.* 6 juillet 1901, P.R.O. F.O. 27 3538.
[56] E. Halévy, « L'opinion anglaise et la France », *Revue politique et parlementaire*, 10 octobre 1923, p.354-371.

et de l'importance de la *British Navy*, certains marins français, non tous, nourrissent en effet un complexe d'infériorité, et jalousent la Marine britannique. Malgré une attitude modérée lors de la crise de Fachoda, il se trouve quelques cas de marins dont l'anglophobie notoire a des répercussions sur la période. La jeune École avec des auteurs comme Vignot, Fontin, anciens secrétaires de l'amiral Aube, Laubeuf, publie beaucoup, mais ses idées ne sont pas nécessairement reprises par l'état-major. Lors des négociations navales de 1911-1912, le vice-amiral Paul Auvert, membre de l'état-major de la Marine, fait obstacle aux conversations navales, ce qui lui vaut d'être rappelé à l'ordre par son ministre Delcassé[57]. Dans l'entre-deux-guerres, les incidents sont peu nombreux, mais quelques marins restent sur leur réserve. Le plus anglophobe, l'amiral de Laborde, se dit lui-même « anglophage », mangeur d'Anglais[58]. A un rang inférieur, le quartier-maître Pierre Béarn remonte à Versailles et dresse un lourd bilan : « Depuis le traité de Versailles, les Anglais ont été nos pires ennemis […] Ils ont saboté notre monnaie, ils ont acheté nos journaux et nos députés […] afin que la France devienne un satellite de l'Angleterre. »[59]. Les anglophobes sont donc amers, mais en somme peu nombreux à s'exprimer. Ils sont divisés sur la réponse à apporter à l'hégémonie maritime britannique, et le moyen de se venger de quelques humiliations passées. L'exemple napoléonien invite la plupart à la prudence : « si Napoléon n'a pas pu l'exécuter [le projet de débarquement] il y a 100 ans, qui donc oserait la tenter aujourd'hui? ». Les marins en restent au stade de l'incantation, quand ils s'expriment. Une minorité plus hardie croit au contraire une revanche possible. Demigny propose d'actualiser le rêve d'invasion avec les moyens nouveaux de la Deuxième Révolution industrielle, la vitesse des cuirassés et l'apparition des sous-marins[60]. Les plus anglophobes, jusqu'à Vichy, n'ont que peu de responsabilités. En-dehors d'une tentative avec la Jeune École, les anglophobes ne forment pas un groupe cohérent.

Parmi les militaires, le culte de Napoléon reste important pendant toute la période, jusqu'à la Seconde Guerre mondiale, mais il ne débouche pas nécessairement sur de l'anglophobie[61]. Ils se contentent, comme les marins de critiquer éventuellement les négociations ou les accords. Le lieutenant-colonel

---

[57] Mémorandum postérieur de Saint Seine de 1937, S.H.M. SS ES 10, cité par P. Halpern, *The Mediterranean naval situation, 1908-1914*, Cambridge, H.U.P., 1971, 415p., p.86 sq.

[58] P. Lasterle, « La tragique parenthèse de Mers el-Kébir », *Relations internationales*, n°117, printemps 2004, p.71-86, p.72.

[59] P. Béarn, *De Dunkerque*, p.161.

[60] A. Demigny, *La Faillite de la marine, étude critique maritime et militaire*, Paris, Berger-Levrault, 1899, 151 p.

[61] Pourtant, rétrospectivement, Maurice Agulhon, estime que, lors de l'appel du 18 juin 1940, de Gaulle s'efforce de surmonter la « *tradition d'anglophobie* si puissante dans le nationalisme français ». S'il y avait bien une tradition de références historiques négatives, notamment la mémoire de Napoléon, il ne nous semble pas au regard du petit nombre de cas rencontré que l'anglophobie constitue une tradition des militaires. Cf. *La République op.cit.*, t.II, p.74.

Peroz dénonce ainsi, outre l'abandon de Fachoda, celui du Sokoto[62]. En fait, la dégradation de la situation internationale n'a pas nécessairement de répercussions sur les relations entre les deux pays. Les critiques contre le Royaume-Uni sont régulières, mais ponctuelles. Le général Voruz, ancien attaché à Londres de 1929 à 1936, quoiqu'à la tête de la mission française auprès de la B.E.F., n'est pas nécessairement critique pendant sa période à Londres, mais le devient fortement au moment du déclenchement des hostilités, regrettant que la France se soit trompée en combattant aux côtés des Anglais[63].

En revanche, la propagande de Vichy reprend beaucoup plus violemment et de manière systématique le thème napoléonien. Une affiche reproduit une citation du *Mémorial de Sainte-Hélène* :

> « Je me suis livré librement et de mon choix à l'Angleterre parce que je croyais à ses lois, à sa morale publique. Je me suis cruellement trompé. Toutefois, il est un ciel vengeur et tôt ou tard vous porterez les peines d'un attentat que les hommes vous reprochent déjà »[64]

La propagande de Vichy recourt à la figure de Napoléon pour raviver le désir de vengeance contre les Britanniques.

B. La diffusion de la nostalgie napoléonienne

Il faut surtout distinguer les expressions de cette anglophobie de l'écho amplifié qui leur est donné dans la presse, et donne à croire que l'anglophobie est généralisée. L'anglophobie est avant tout un phénomène journalistique, où elle a libre cours. Si l'anglophobie est limitée, les dirigeants partagent un souvenir nostalgique de Napoléon, qui leur donne une image négative du Royaume-Uni, et les incline à adopter des positions hostiles. Lorsque Paul Cambon recense les « anglophobes » notoires en 1912, il ne cite que Gabriel Hanotaux et les académiciens, comme Frédéric Masson, historien, auteur de nombreux ouvrages qui prolongent la légende napoléonienne, dont l'un consacré aux brûlots anglais, où furent internés des corsaires français au large de Portsmouth, épisode déjà traité par certains manuels d'histoire[65]. La guerre napoléonienne reste jusqu'en 1914 l'étalon de toute confrontation. Driant fait figurer à la fin de la *Guerre fatale*, une gravure représentant Napoléon, qui contemple, dans les cieux, satisfait, les bras croisés, le travail accompli d'un soldat français terrassant le lion britannique. En 1903, il laisse l'Empereur s'échapper de Sainte-Hélène[66]. Driant n'abdique pas toute anglophobie après 1904. Lorsqu'il republie son œuvre, en 1908, sous le titre de *Guerre sous-marine*, il laisse échapper dans la nouvelle préface une remarque très critique contre l'Entente cordiale, dénoncée comme une tromperie. Déjà, dans ses

---

[62] « Entente cordiale et délimitation », *Dépêche coloniale*, 18 janvier 1903, M.A.E. N.S. Afrique occidentale 17. Le quotidien ne tire cependant qu'à 8000 exemplaires en 1913.
[63] F. Delpla, *Les Papiers secrets du général Doumenc 1939-1940*, p.143. La B.E.F. est la *British Expeditionary Force*.
[64] Affiche Napoléon, vers 1940 ?, collection du centre d'études et musée Edmond Michelet.
[65] C. Normand, *Cours d'histoire*, Paris, Colin, 1901, p.117.
[66] E.C. Driant, *Évasion d'Empereur*, Paris, Delagrave, 1904, 238p.

ouvrages antérieurs, l'Anglais est bien l'ennemi à combattre. Il ne s'agit pas de haine pure et simple contre la race anglaise, contre laquelle il nourrit certaines préventions, mais plutôt d'une lutte contre l' « hyperpuissance » britannique[67]. *La Guerre fatale* se conclut par l'imposition d'un traité, censé punir l'*hybris* des nationalistes britanniques. Sur le plan territorial, l'Empire britannique est redistribué. Malte est donnée à l'Italie par exemple. Danrit hérite donc certes de la légende napoléonienne, mais aussi de l'idée d'arbitrage international. Frédéric Lemaître a également beaucoup écrit sur Napoléon. Toute guerre future est encore marquée de l'empreinte napoléonienne et teintée d'anglophobie. Georges Lacour-Gayet développe une vision de l'histoire maritime très critique contre les Anglais. Il signe d'ailleurs également un ouvrage sur Napoléon. Toutefois, il se distingue des versions de Masson, et l'expérience de la Première Guerre mondiale modère fortement ses jugements, au point qu'il dresse un portrait plutôt élogieux du Royaume-Uni pendant la guerre[68]. Un des principaux détracteurs de Keynes, l'historien nationaliste influent, proche de l'Action française, Jacques Bainville, écrit aussi un *Napoléon*. Napoléon n'est pas seulement un glorieux combattant ou un bon administrateur, il reste un martyr par le traitement qu'il subit de la part de son geôlier Hudson Lowe à Sainte-Hélène[69].

De nombreux publicistes prennent en revanche la relève des milieux dirigeants et donnent un fort écho aux thèses anglophobes. Certains sont des anglophobes convaincus. Le martyr des Boers réincarne le martyr napoléonien. Les Français peuvent ainsi s'identifier aux Boers. En effet, par sa situation géographique, l'île de Sainte-Hélène devient à nouveau le refuge de prisonniers boers. Ces derniers se rendent sur le tombeau de Napoléon[70]. Une carte postale montre Kruger et Napoléon s'éloignant vers le soleil couchant à Sainte-Hélène gardée par un soldat britannique. L'Entente cordiale est d'abord mal accueillie, car elle heurte la mémoire de l'Empereur. Le caricaturiste anglophobe Orens représente le *Napoléon en Mars pacificateur* de Canova assistant en spectateur ulcéré au passage d'Édouard VII au pied de la colonne Vendôme. Un aigle sur son épaule, il domine, le poing serré la nouvelle génération d'hommes politiques indignes de son temps et lance avec regret : « Ah ! Si j'étais de ce

---

[67] De manière plus critique encore, mais avec la volonté d'équilibre dont témoigne l'emploi du terme par le ministre des Affaires étrangères Hubert Védrine (*Face à l'hyperpuissance*, Paris, Fayard, 2003). Notons que le préfixe hyper a conduit à une interprétation négative du terme aux États-Unis.

[68] G. Lacour-Gayet, *Napoléon, sa vie, son œuvre, son temps*, Paris, Hachette, 1921, 588p. ; *Trois actions de guerre de la marine britannique : les Falkland, le Jutland, Zeebruge-Ostende*, conférence faite à la Sorbonne au nom de l'Effort de la France et de ses alliés, manifestation en l'honneur de l'Empire britannique, "Empire day", le 24 mai 1918, Paris, éditions de la Revue politique et littéraire, 1918, 29p.

[69] J. Bainville, *Napoléon*, Fayard, 1931, 593p., p.559.

[70] Anonyme, « Sainte-Hélène », *L'Éclair*, 31 août 1900, P.P. BA 1551. cf. aussi *La Patrie*, 23 mai 1900 : « [...] Sûrement les Boers sont mieux traités à Sainte-Hélène que les Français à Jersey », M.A.E. N.S. G.B. 12.

monde »[71]. Le monde de Napoléon est-il mort ? Du moins, l'anglophobie napoléonienne s'affaiblit face au danger allemand, et Orens se retrouve isolé devant le déferlement de la modernité de l'Entente cordiale. Parmi les caricaturistes, Orens dénonce l'Entente au nom de la fidélité à Napoléon. On ne naît pas toujours anglophobe, parfois on le devient. Le cas paradoxal de Robert Stephen Briffault est exemplaire de ce retournement[72]. Né en 1876 à Nice d'une mère britannique, Robert Briffault, baptisé au Royaume-Uni, titulaire de la *Military Cross* pour ses hauts faits pendant la Première Guerre mondiale, passe de la médecine à l'étude approfondie de l'histoire, se convertit progressivement à une anglophobie viscérale, à laquelle il laisse libre cours sous Vichy. Le journaliste Henri Béraud est l'auteur d'un article au titre tellement violent, qu'il est souvent cité comme représentatif de l'anglophobie française des années trente[73]. Les anglophobes les plus notoires sont aussi les plus marginaux, éloignés des centres de décision. Aucun de ces anglophobes notoires n'exerce de responsabilité, mais une sorte de magistère sur l'opinion publique. Pour Samuel Osgood, cette influence ne se limite pas aux nationalistes et gagne tous les milieux, y compris donc celui des dirigeants[74]. La presse la plus anglophobe tire à de nombreux exemplaires : *Gringoire* à 350000, et jusqu'à 6500000 en 1936, *Candide* à 250000, *Je suis partout* à 100000, mais elle ne fait pas de la haine de l'Anglais son thème central. En fait, ces cas spectaculaires restent relativement distincts des milieux dirigeants, pendant notre période, et ce n'est vraiment qu'après la défaite que Vichy remet au goût du jour la mémoire de Napoléon. Une affiche fait clairement écho à cette série de dessins : Napoléon, de dos, fait face à un dragon noir portant le blason britannique sur sa poitrine et une couronne, surmontée de l'étoile de David, avec cette invitation : « LA France EST LE BASTION AVANCÉ DE L'EUROPE : *DÉFENDS-LA !* »[75]. La référence à Napoléon révèle la nostalgie d'un âge révolu, mais aussi le souci de venger l'Empereur.

Quelle est en somme l'influence du courant anglophobe ainsi dégagé ? Elle reste assez faible. La notion de parti ne peut en effet s'appliquer aux anglophobes que de l'extérieur. Ces derniers ne forment que rarement un groupe de pression influent et cohérent. C'est plutôt en tant que personnalités individuelles qu'ils peuvent prendre des décisions délibérément hostiles au Royaume-Uni. La plupart des sources dont nous disposons est cependant

---

[71] *Burin satirique* n°3, 1903, cité par Bruno de Perthuis, *Les relations franco-britanniques au début du siècle. Estampes sur cartes postales*, Hervas, 1987, 31p.
[72] G. Millat, « Honnie soit Albion ! " Rhapsodie anglophobe " »de Robert Briffault, in G. Millat dir., *Angleterre ou Albion, entre fascination et répulsion. De l'Exposition universelle au Dôme du Millénaire : 1851-2000*, Lille, Université de Lille III, 2006, p.39-54.
[73] Article d'H. Béraud, publié sous le titre *Faut-il réduire l'Angleterre en esclavage?*, Paris, Éditions de France, 1935, 55p. Il paraît la première fois le 11 octobre 1935, et reparaît le 1er août 1940.
[74] S.M. Osgood, « Le mythe de la " perfide Albion " en France 1919-1940 », *Cahiers d'histoire*, n°20, Grenoble, Allier, 1975, p.5-20.
[75] Affiche de Vichy, illustrant J. Guiffan, *op. cit.*

postérieure à des prises de responsabilité de leurs auteurs. Elles témoignent davantage d'une frustration, que d'un projet réalisable.

DEUXIÈME PARTIE

L'imaginaire anglophobe
Moments et lieux de fixation de l'anglophobie

Parmi les causes qui expliquent le succès de l'anglophobie auprès de l'opinion publique française, l'expansion coloniale constitue un facteur privilégié. L'anglophobie répond à la constitution de l'Empire britannique, devenu rapidement une puissance hégémonique au détriment de l'Empire français. Au-delà des simples préjugés, la crainte des Britanniques alimente tout un imaginaire anglophobe, qui a sa propre histoire et sa propre géographie, par rapport à une histoire jugée « officielle ». Les différentes colonies françaises, anciennes ou plus récentes, du Pacifique à la Méditerranée, deviennent autant d'abcès de fixation qui s'ajoutent dans la mémoire coloniale pour constituer le patrimoine historique et géographique des anglophobes. Durant la période, l'anglophobie n'est pas toujours aussi intense, elle se développe à partir de crises violentes, de Fachoda à Mers el-Kébir. Ces deux dimensions, spatiales et temporelles, forment le cadre d'un système anglophobe, que les dirigeants français ne partagent pas toujours, mais dont ils doivent tenir compte dans leurs décisions.

Chapitre 4. Anglophobie et hégémonie britannique

L'anglophobie contemporaine suit la courbe de l'expansion coloniale britannique. Le contentieux colonial avec le Royaume-Uni constitue la une source de frustration pour les anglophobes tout au long de la période. Du coup, l'anglophobie est souvent réduite à l'expression de la jalousie française, de la nostalgie d'un plus grand empire. En fait, pour les dirigeants, elle consiste surtout à contester l'hégémonie britannique, qui se manifeste tant par l'étendue des possessions que par la maîtrise du réseau mondial de communication. Face à cette domination, les dirigeants français cherchent du moins à promouvoir un modèle propre de colonisation, à même de concurrencer le modèle britannique.

I. La rivalité des impérialismes français et britanniques en 1898

A. Le *containment* de l'impérialisme britannique

Sur le plan international, le dernier quart du XIXe siècle est marqué par le choc des impérialismes. Les empires deviennent affaire de prestige. L'anglophobie contemporaine s'épanouit dans ce contexte de tensions internationales, car elle repose sur une contestation de l'hégémonie britannique. La rivalité coloniale n'est pas une simple réaction à des initiatives étrangères, mais elle incite à agir et devient un principe moteur de la conquête coloniale française comme britannique. Dès 1882, une partie de la classe politique anglaise brandit la menace française en Égypte pour surmonter les réticences[1]. Puis, dans les années 1890, le gouvernement britannique agit initialement sous la menace de la pénétration française en Afrique de l'Ouest. La concurrence coloniale de la France provoque une émulation. Souvent présentée comme une fin en soi dans les discours, la conquête coloniale britannique s'inscrit en fait dans le cadre d'une concurrence implicite mais effective avec les « Latins » - Français, Italiens et Espagnols. Le secrétaire d'État aux Colonies, Joseph Chamberlain, appartenant à l'aile unioniste du parti libéral, se fait le principal défenseur de cette politique de prestige, qui culmine avec la guerre des Boers. Il se targue ainsi d'être à la tête d'un ensemble « qu'aucun empire au monde ne pourra jamais surpasser en grandeur, en population, en richesses ou en variété des ressources », après Auguste, Alexandre ou Charles Quint[2]. De fait, en 1914, l'empire colonial britannique est le plus important au monde, avec quatre cents millions d'habitants, soit quatre fois plus que l'empire, et quarante huit millions de km², contre dix pour l'empire français. L'empire colonial français, même en expansion, reste loin derrière. Or, les dirigeants britanniques semblent vouloir étendre cet empire aux quatre coins du monde. Le « panbritannisme » n'est pas

---

[1] K. Robbins *The Eclipse of a Great Power, Modern Britain 1870-1992*, Londres et New York, Longman, 1983, reed. 1994, 474p., p.19.
[2] H.C.G. Matthew, *The Liberal Imperialists: The Ideas and Politics of a Post-Gladstonian Elite*, Oxford, Oxford University Press (O.U.P.), 1973, 331p.

qu'« un patriotisme élargi » selon Lord Rosebery, ancien Premier ministre et chef du parti libéral, mais c'est un processus d'expansion continu. Après la crise de Fachoda, le général Legrand-Girarde, sous-chef d'État-major, relevant les déclarations de Joseph Chamberlain et du Premier ministre et chef de la diplomatie, Lord Salisbury, ne voit aucune raison pour que ce mouvement d'expansion ne cesse. L'idée d'impérialisme britannique est plus qu'une idée, c'est une force mécanique, la

> « manifestation de la Poussée de la Race anglo-saxonne. Il reste à déterminer dans quel sens, avec quelle intensité croissante et vers quel but agiront ces forces, dont les points d'application sont répandus sur tout le globe et qui cherchent aujourd'hui à définir leur résultante. [...] Jusqu'au XVIIe siècle, le Roi d'Angleterre n'était que Roi d'Angleterre et d'Irlande : il se donnait aussi pour la forme et par tradition le titre de Roi de France. Aux XVIIe et XVIIIe siècle commença le développement colonial de l'Angleterre [...] Il appartient à Édouard VII en montant sur le trône d'ajouter aux titres de ses prédécesseurs celui de "Roi de tous les dominions anglais au-delà des mers" qui donne à la Couronne le rôle considérable et nouveau de servir de lien fédératif à toutes les parties de l'Empire ». Le cérémonial du couronnement « a pu en être archaïque, et même paradoxal au milieu des idées du jour, le but qu'il poursuit en créant l'unité fédérale, le grand trust des énergies anglo-saxonnes, est essentiellement moderne »[3].

L'impérialisme semble ainsi gagner des adeptes. Le cri de ralliement « Toute l'Afrique » poussé par Cecil Rhodes[4], magnat du diamant et Premier ministre du Cap depuis 1890, Lord Rosebery, secrétaire au *Foreign Office* de 1892 à 1894, puis Premier ministre, et Joseph Chamberlain, est alors écouté avec « moins de scepticisme » non seulement par les sujets de sa Majesté britannique mais aussi par le monde tout entier[5]. Un « courant irrésistible » entraîne le public anglais « vers l'Impérialisme à la suite du Secrétaire d'État pour les Colonies », Joseph Chamberlain :

> « Un courant irrésistible entraîne, à la suite du Secrétaire d'État pour les Colonies, le public anglais tout entier vers l'Impérialisme. Ce rêve d'hégémonie flatte les aspirations dominatrices du peuple anglais et fait vivre M. Chamberlain aux dépens de celui qui l'écoute.[...] Il était nécessaire de bien définir ce sentiment public en Angleterre, qui est bien au-dessus de tout esprit de parti : il fallait le définir pour éviter de se méprendre sur les forces que l'opposition peut mettre en œuvre [...] Il fallait le définir aussi, au point de vue militaire, car c'est à cause de lui seul, et peut être aussi à cause de l'Europe attentive, que la guerre se poursuit[…]Les courants et contre-courants qui l'agitent [l'opinion] règnent surtout à la surface. Au dessous d'eux, et bien près

---

[3] Dépêche de l'attaché militaire d'Amade du 17 août 1902, S.H.A.T. 7N 1220.
[4] Cecil Rhodes est le fondateur de la *British South Africa Company* en 1887, et l'administrateur, depuis 1889, de la Rhodésie, à laquelle il donne son nom.
[5] Dépêche de l'attaché militaire, le colonel du Pontavice de Heussy, 21 janvier 1899, S.H.A.T. 7N 1219.

de cette surface à peine ridée, la masse de la nation docile par tempérament et par orgueil national, suit le Cabinet actuel dans les voies de l'Impérialisme [...] »[6]

Les dirigeants français ont donc l'impression de faire face à un courant continu d'expansion, une idéologie dangereuse, qu'ils perçoivent comme une menace. Ce sentiment de fuite en avant est renforcé par la nomination de Kitchener comme gouverneur au Soudan, et par la guerre des Boers. Paul Cambon s'inquiète de cette « rage impérialiste », qui « tourne toutes les têtes » britanniques[7]. Les anglophobes sont plus pessimistes. Jean Legrand, ancien élève de Polytechnique, officier de Marine démissionnaire, s'attend à un coup de force, il pense que les officiers anglais feront tout leur possible « pour nous écraser au moment qu'Albion jugera favorable »[8]. Ces craintes françaises sont d'ailleurs en partie partagées par certains Britanniques en désaccord avec Joseph Chamberlain, qui, « s'il n'avait pas à faire la guerre aux Boers, l'aurait faite aux Français », en 1899, selon le député libéral Charles Dilke[9]. Les critiques britanniques sont peu nombreuses. Le journaliste et économiste John Hobson, correspondant du *Manchester Guardian* pendant la guerre des Boers, n'y voit la source d'un intérêt économique que pour les seuls exportateurs de capitaux, et dénonce le militarisme : « L'impérialisme se traduit aujourd'hui par le militarisme, demain par des guerres ruineuses »[10]. Il n'a cependant guère d'influence sur les dirigeants. C'est plutôt de lui-même que le courant impérialiste s'essouffle, à travers la figure de Joseph Chamberlain, affecté par la guerre des Boers.

Les dirigeants français trouvent la parade pour contenir cette expansion en copiant l'adversaire. L'expression de « plus grande France », reprise aujourd'hui par l'historiographie, est une copie de l'anglais « greater Britain »[11]. L'impérialisme de prestige du ministre des Colonies de 1896 à 1898, André Lebon, est comparable à celui de Joseph Chamberlain[12]. En fait, André Lebon définit un impérialisme plus concurrentiel, courant derrière le Royaume-Uni, là où Chamberlain développe un impérialisme absolu, sûr de lui-même, qui ignore ou feint d'ignorer la concurrence. La France prétend contester ce monopole

---

[6] Rapport d'Amade, 26 novembre 1901, S.H.A.T. 7N 1220.
[7] Lettre à Paul d'Estournelles de Constant, 28 octobre 1899, P. Cambon, *Correspondance*, Paris, Grasset, 1940, vol. II, p.30, cité par L. Villate, *op. cit.*, p.237.
[8] J. Legrand, *La Leçon de Fachoda*, p.329.
[9] Constat dressé par C. Dilke, auteur de *Greater Britain: a record of travel in English-speaking countries during 1866 and 1867*, Londres, Macmillan, 1868, 2 vol. L'auteur y defend un nécessaire agrandissement de la « britannité ».
[10] "Imperialism...implies militarism now and ruinous wars in the near future", J.A. Hobson, *Imperialism: a study*, Londres, Nisbet, 1902, 400p.
[11] « Plus Grande-Bretagne », Fraser Mackenzie, *Les relations de l'Angleterre et de la France d'après le vocabulaire*, 2 vol., t.1, « Anglicismes français », Genève, Droz, 1939, 352p. ; G.N. Sanderson, *England, Europe and the Upper Nile 1882-1899*, Edimbourg, Edinburgh University Press, 1965, 456p. ; pour la reprise de l'expression cf. D. Lejeune, *La France des débuts de la IIIe République*, Paris, Colin, 1994, p.144.
[12] T. Pakenham, *The Scramble for Africa 1876-1912*, Londres, Weidenfeld, 1991, 738p., p.511.

colonial, comme l'exprime le secrétaire du Comité de l'Afrique française, Robert de Caix:

> « [Les Britanniques] restent foncièrement un peuple à religion nationale, dont les intérêts sont de droit divin, et ils considèrent aisément toute concurrence qui les gêne, comme impie […] On trouve des expressions audacieuses de cette prétention au monopole colonial, jusque dans le langage de leur diplomatie »[13]

Il s'agit de s'inspirer de l'attitude des voisins, au nom de l'égalité de droits à coloniser. Faute de quoi, « nous perdrons la faculté, et jusqu'au droit d'exister », selon André Lebon[14]. Il s'agit d'une lutte darwinienne. Il en tire la conclusion qu'il faut une politique de fermeté. Là où le ministre des Affaires étrangères Gabriel Hanotaux réfrène les missions lancées, à l'été 1896, André Lebon pousse au contraire de l'avant. La rivalité est un prétexte commode au développement de l'impérialisme.

B. L'enjeu permanent du contrôle des ressources

La puissance britannique dépend des ressources minières, notamment en charbon ou en houille. Celles-ci, déjà à la base de la Deuxième Révolution industrielle, sont même exportées vers des pays plus déficitaires comme la France. Le Conseil supérieur de la Marine en compte donc cinq en 1900, dont Dakar, au Sénégal, et Diego Suarez, à Madagascar, davantage utiles dans le cas d'un conflit franco-britannique. Mais la France reste durablement dépendante en matière d'approvisionnement énergétique. Entre 1896 et 1906, elle double la valeur de ses importations de houille en provenance du Royaume-Uni, passant de 72 à 172 millions de francs[15]. A l'étranger, elle est tout aussi dépendante. Fin février 1899, la France se voit refuser un dépôt de charbon à Mascate par le Royaume-Uni. Au moment de la crise de Fachoda, la France ne manque pas seulement d'hommes, mais de ressources et de relais.

Le conflit se durcit avec le développement de l'exploitation de pétrole comme ressource énergétique, après la Première Guerre mondiale et la découverte de réserves importantes au Proche-Orient en 1927. Le démantèlement de l'Empire ottoman et l'attribution de mandats par la S.D.N. attise les convoitises. Les Britanniques tiennent à la région de Mossoul, sur le Tigre, pour ses réserves, qui échoit dans un premier temps à l'armée française. Le gouvernement britannique renonce à un premier accord sur les pétroles entre le sénateur Henry Bérenger et le Premier Lord de l'Amirauté Walter Long, conclu entre le 7 avril 1919 et le 16 mai 1919[16]. La question reste pendante jusqu'au traité de San Remo d'avril 1920, qui accorde à la France la part de la *Deutsche Bank* dans la *Turkish Petroleum Company*. Raymond Poincaré

---

[13] R. de Caix, *Fachoda. La France et l'Angleterre,* Paris, librairie africaine et coloniale,1899, 321 p., p.306. Il contribue à l'établissement des protectorats français en Syrie et au Liban.
[14] A. Lebon, *La Politique de la France en Afrique 1896-1898*, Paris, Plon, 1901, 319 p., p.10.
[15] *Annuaire statistique de la France*, t.XVII, XXIII et XXVII.
[16] Lettre de Fleuriau, 1er août 1919, M.A.E. P.A.A.P. Fleuriau 1.

soutient la Compagnie française des pétroles en 1924, fer de lance de la pénétration française au Moyen-Orient.

Malgré le rapprochement forcé des années trente, l'absence d'accord global et les rivalités liées à l'exploitation pèsent sur la stratégie des deux pays. La fourniture de pétrole ne paraît pas essentielle aux yeux des dirigeants britanniques, qui disposent d'une armée de terre plus réduite. Les demandes d'informations sur ce sujet émanant de l'ambassade de France restent sans réponse[17]. Cette négligence initiale pointe une carence fondamentale du dispositif, qui éclate en pleine offensive allemande, en mai 1940. Les officiers en subissent les conséquences sur le terrain[18]. Le pétrole reste au contraire un sujet de dispute. Après l'attaque de Mers el-Kébir, le seul grand plan de représailles anonyme trouvé sur le bureau du général Huntzinger par la Commission allemande d'armistice prévoit d'avancer de 200 à 300km vers Mossoul et de reprendre aux Britanniques le contrôle partiel de l'*Irak Petroleum Company*[19]. Même douteuse, l'information semble confirmer l'existence d'une lutte franco-britannique continue, voire fantasmée pour le contrôle des réserves pétrolières, que la guerre ne bouleverse pas. La logique de compétition économique et coloniale prime sur la stratégie interalliée d'approvisionnement.

C. Le retard français en matière de communications

Les agences de presse britanniques sont en position de contrôler l'information. La guerre des Boers met cette domination en évidence. En mai 1900, la délivrance de la ville sud-africaine de Mafeking, assiégée par les Boers, est transmise quasi instantanément, suscitant un grand enthousiasme populaire[20]. Inversement, l'agence Reuter colporte les rumeurs de guerre et entretient les passions jusqu'en Australie[21]. Les Français ressentent difficilement cette dépendance. Ils suspectent l'authenticité des informations ainsi transmises. Maurice Ordinaire, député du Doubs et ancien chef de cabinet du ministre des Colonies Delcassé, s'amuse, en mars 1901 : « Les câbles ont tous, si l'on peut dire, l'accent anglais. »[22]. L'agence française Havas doit se démarquer et dépenser jusqu'à 100000 francs pour assurer son indépendance[23]. Les dirigeants français ont conscience d'une infériorité qui leur fait soupçonner l'information qui passe par ces canaux.

---

[17] Note de Massigli, 25 avril 1938, M.A.E. P.A.A.P. Massigli 16.

[18] La première division cuirassée, venant de Charleroi, tombe en panne d'essence le 15 mai 1940. cf. J.B. Duroselle, *Politique étrangère...op.cit.*, p.176.

[19] Rapport allemand du 17 juillet 1940, OKW 1347, cité par R.O. Paxton, *L'Armée de Vichy. Le corps des officiers français 1940-1944*, Paris, Taillandier, 1966, rééd. 2004, 586p., p.91. et *La France de Vichy,* Paris, Seuil, 1973, 380p., p.66.

[20] K. Robbins, *The British Isles : 1901-1951*, Oxford, O.U.P., 2002, 285p., p.16.

[21] Une vingtaine d'article dénonce l'anglophobie française entre 1896 et 1900 dans la presse australienne. Ex. :"French Anglophobia", *The West Australian*, 23 novembre 1899.

[22] « La question des câbles sous-marins », *Armée et marine*, n°13, 31 mars 1901, p.233-235.

[23] A. Nalbach, ""The Software of Empire": Telegraphic News Agencies and Imperial Publicity, 1865-1914", in J.F. Codell éd., *Imperial Co-Histories. National Identities and the British national and colonial press,* Londres, Fairleigh Dickinson University Press, 2003, 328p., p.81.

Avec le développement des moyens modernes de communication, les deux pays se livrent aussi une bataille pour relier les colonies aux métropoles, et, au-delà, pour s'assurer la maîtrise des communications et des informations mondiales. Les Britanniques conservent une longueur d'avance, notamment en matière de câbles sous-marins. Or, ces liaisons sont d'une importance stratégique. En cas de conflit, elles font l'objet d'un plan de prévention spécial. Lors de la crise de Fachoda, en novembre 1898, l'*Eastern Telegraph* fait rappeler ses employés pour qu'ils soient prêts à intervenir pour réparer les câbles éventuellement détruits par les Français[24]. Après le coup d'Agadir tenté par l'Allemagne au Maroc, en 1911, le C.I.D. recommande de couper les câbles à Bathurst, en Gambie, mais abandonne ces mesures préventives[25]. Le ministre des Colonies informe de l'interception d'un télégramme de la Direction des câbles anglais qui demande de veiller aux réparations éventuelles des câbles à Haïphong, en Indochine[26]. En revanche, la question de la protection éventuelle des câbles de Terre-Neuve n'est jamais résolue par le C.I.D., qui examine la question à au moins deux reprises entre sa mise en place, en décembre 1902, et 1914[27].

Les dirigeants français promeuvent les compagnies nationales capables de rivaliser avec le Royaume-Uni. Eugène Étienne, avant de devenir président du groupe colonial en 1892, travaille d'abord aux Messageries maritimes, dans les années 1860-1870, où il doit côtoyer quotidiennement les Britanniques. En 1895, André Lebon, ministre du Commerce, met en avant cette bataille avec les Britanniques pour les communications pour justifier la prolongation de la concession des Messageries maritimes[28]. Cette course à la maîtrise des réseaux de communications, et des flux d'informations s'étend à la moindre nouveauté. Début 1903, dans le cadre de la rivalité franco-anglaise au Maroc, l'Angleterre tente d'installer une station de Transmission Sans Fil au cap Spartel, près de Tanger, face à Gibraltar, mais la France encourage le sultan à résister à cette demande[29].

---

[24] Lettre du préfet de Marseille, 3 novembre 1898, M.A.E. N.S. Grande-Bretagne (G.B.) 33.
[25] Le Comité de Défense impériale est mis sur pied en 1902. Compte-rendu de la réunion du 11 décembre 1911, P.R.O. CAB. 16/14. Bathurst constituera en effet une des cibles envisagées par Laval le 10 décembre 1940. cf. J.B. Duroselle, *Politique étrangère de la France...op.cit.*, p.349.
[26] Lettre du ministre des Colonies au ministre des Affaires étrangères, 4 novembre 1898, M.A.E. N.S. G.B. 33.
[27] Compte-rendu des réunions du C.I.D., P.R.O. CAB. 8/2/206M, cité par P.M. Kennedy, « La stratégie de l'empire britannique et son réseau de câbles sous-marins 1870-1914 », *Stratégie et diplomatie, 1870-1945,* Paris, Economica, 1988, 362p., p.41-78, p.68.
[28] Déclaration du ministre du Commerce des Postes et des Télégraphes à la Chambre des députés, 30 mars 1895, *Journal officiel,* cité par M.-F. Berneron-Couvenhes, « La concession des services maritimes postaux au XIXe siècle », *Revue économique,* vol.58, janvier 2007, p.259 à 276.
[29] P. Guillen, « Les accords coloniaux franco-anglais de 1904 », *Revue d'Histoire diplomatique*, n°82, octobre-novembre 1968, p.340-341.

II. L'anglophobie coloniale ou la promotion d'un contre-modèle français de colonisation

A. Une meilleure administration coloniale britannique...

De fait, le Royaume-Uni est donc à l'époque à la tête du premier empire colonial. L'absence de troubles importants, hormis la révolte des Cipayes de 1857-1858[30], les profits économiques qu'en tire la métropole, la glorification de l'empire par la Reine Victoria qui porte le titre d'Impératrice des Indes depuis 1876, contribuent à en faire un modèle aux yeux des Français.

Les libéraux français défendent dans les revues le modèle britannique de colonisation, qui laisse plus de place à la « liberté d'entreprendre »[31]. Le groupe colonial de l'Assemblée nationale, constitué d'une centaine de députés, et assez influent de 1892 à 1906, finit par le citer en exemple, lors des débats publics[32]. Delcassé, jouant sur le sentiment ambigu des coloniaux face au Royaume-Uni, invite ses collègues à suivre le modèle britannique : « Voyez ce que fait le pays qu'on cite comme le pays colonisateur par excellence »[33]. Le ministre des Colonies, André Lebon, invite les Français à s'inspirer de la philosophie qu'il considère comme nietzschéenne, fondée sur l'usage de la force et la conscience de sa supériorité, des voisins britanniques. Dans les colonies, sur le terrain, les Anglais donnent des cours de colonialisme. Lorsque Paul Cambon accepte le poste de ministre résident en Tunisie, il comprend qu'on attend de lui une « attitude anglaise » pour succéder à Roustan[34]. Dès son entrée en fonction, il expose à Lord Salisbury la différence entre les deux modes d'administration français, plus administratif, et britannique, laissant davantage d'autonomie[35]. Lors de la crise de Fachoda, les journaux britanniques souhaitent infliger une leçon de colonisation à une France complexée. Cette leçon d'humilité est aussi une leçon de méthode, de stratégie de conquête et d'administration. En Chine, dans le contexte du *break-up of China*[36], les deux pays se disputent le Shandong en 1898. Dans la province du Yunnan, les Anglais donnent encore « une leçon »

---

[30] Les contingents musulmans et hindous de l'armée britannique se rebellent contre des atteintes répétées à leur croyance, dont la composition des cartouches. Des mutineries éclatent le 10 mai 1857, près de Delhi. La paix est rétablie en juillet 1858. La répression fait plusieurs centaines de milliers de victimes.
[31] A.F. de Fonpertuis, « La Politique coloniale du Royaume-Uni », *Revue des Économistes*, septembre 1887. Il est l'auteur de plusieurs articles sur la population britannique et indienne dans *La Revue scientifique de la France et de l'étranger*, de 1871 à 1883.
[32] C. Andrew et A.S. Kanya-Forstner, *The Groupe colonial in the French Chamber of Deputies, 1892-1932*, The Historical Journal, vol. 17, n°4, décembre 1974, p.837-866.
[33] Intervention de T. Delcassé, *J.O.R.F.,* Débats à la Chambre des députés, 2 mars 1895.
[34] Lettre de Paul à Anna Cambon, 15 février 1882, M.A.E. P.A.A.P. 42, cité par L. Villate, *op. cit.*, p.68.
[35] J.A.S. Grenville, *Lord Salisbury and Foreign policy. The Close of the Nineteenth Century*, Londres, Athlone, rééd. 1970, 451p.
[36] Démantèlement de la Chine entre puissances coloniales au XIXe siècle.

aux Français, selon Paul Cambon. Leur honneur est en jeu puisqu'ils ont laissé la rébellion s'organiser dans une ville dont la police leur est confiée. Ils prient les trois autres puissances de les laisser faire et agissent « isolément »[37]. La bonne administration britannique suscite l'admiration au moins autant que la jalousie des dirigeants français.

B....mais moins « humaine » que la française ?

La colonisation britannique est réputée pacifique, minimisant les heurts sanglants avec la population locale, les soulèvements, les campagnes de pacification. Dans un contexte de concurrence coloniale, les dirigeants français s'y opposent sur le plan des principes, comme sur celui des pratiques, pour convaincre les colonisés comme les Français du bien-fondé de leur action. Ils se posent en contre-modèle, défendent l'humanité de leur conception qu'ils présentent comme désintéressée par opposition à la cupidité britannique. Le président du groupe colonial, Étienne, assure même que la colonisation pacifique des Français l'emporterait si l'Angleterre ne s'y opposait par les armes : les Français gagnent en autorité grâce à leurs procédés « humains et généreux »[38]. Ils promeuvent aussi un modèle propre d'administration coloniale, qu'ils opposent au Royaume-Uni. Le psychologue Alfred Fouillée justifie cette politique :

> « Tandis que nous Français, nous essayons d'imposer aux indigènes à la fois le bien-être matériel et le progrès moral, de façon à les rendre plus semblables à nous et à en faire des "Français de couleur", les Anglais n'entreprennent point de réformer l'existence de leurs sujets. La politique de la race impériale est faite d'une hauteur dédaigneuse. A-t-elle le souci de la voirie, de l'hygiène, le souci de protéger le paysan et l'ouvrier ? Le gouvernement songe de prime abord à réduire l'indigène à l'état de sujet. »[39]

Le contraste des deux mondes forme un tableau saisissant. Les failles de l'Empire britannique sont exploitées et systématiquement opposées au modèle français. Aux Indes, le joyau de l'Empire, la persistance de famines, qui touchent cinq millions de personnes en 1896-1897, puis soixante millions en 1900, donne l'occasion de dénoncer une société coloniale hypocrite et inégalitaire[40]. Au lendemain de la Première Guerre mondiale, l'écrivain et diplomate Paul Claudel, qui a été consul en Chine de 1894 à 1906, à Shangaï, à Han-Kéou, à Pékin, à Tien-Tsin, puis à Fou-Tchéou, effectue une tournée en Indochine. Alors que l'Égypte connaît des troubles nationalistes, et que les articles du journaliste Valentine Chirol dressent un sombre tableau de la situation aux Indes dans le *Times*, l'écrivain-diplomate force le contraste entre

---

[37] Lettre de P. Cambon à Delcassé, 23 novembre 1899, M.A.E. P.A.A.P. Delcassé 3.
[38] E. Étienne, *Questions diplomatiques et coloniales*, 15 septembre 1898, p.74.
[39] A. Fouillée, *Esquisse psychologique des peuples européens*, Paris, Alcan, 1903, 550p., p.239.
[40] « La famine aux Indes », *Le Petit Journal* n°325 du 7 février 1897 et celui du 4 février 1900 ; *La Vie illustrée* n°77 du 6 avril 1900 ; dans le numéro spécial du *Rire* du 23 novembre 1899, le caricaturiste Léon Willette représente un officier et sa femme en touristes flegmatiques, photographiant ces Indiens faméliques.

deux mondes : « On arrive à Saïgon et il n'y a plus rien. On dirait que l'on franchit les frontières d'un royaume de paix où tous les bruits de l'extérieur viennent expirer […] ». L'administration n'est point, comme aux Indes, une « tyrannie bienfaisante exercée par une oligarchie de race blanche », pointant ici l'omnipotence du vice-roi Rufus Isaacs, qui emprisonne Gandhi en 1922[41].

Les témoignages des diplomates cherchent à prouver que la colonisation française est davantage acceptée. Selon un marin de passage en Polynésie en 1900, le roi de Wallis, petit archipel du Pacifique découvert par les Britanniques, mais sous protectorat français depuis 1886, déteste les Anglais, « marchands uniques avec lesquels il peut avoir une fréquentation ; et dans son esprit les Français sont des Chefs qui ne s'occupent point de commerce »[42]. Le voyage efficace d'André Lebon au Sénégal et au Soudan, en 1896-1897, où il préconise un régime de concessions, lui vaut de nombreuses louanges de la part des milieux d'affaires[43]. Cette idée est bien ancrée dans les mentalités françaises pendant toute la période. La propagande vichyste reprend le thème de l'exploitation coloniale des indigènes par les Britanniques, qui serait plus poussée qu'en France. Sur une caricature défile un indigène pour chaque continent, l'Indien apportant le caoutchouc, l'Arabe le pétrole, l'Égyptien le coton, au service de l'Empire britannique[44]. La bonne conscience colonisatrice trouve donc un fondement dans son opposition permanente avec le contre-modèle britannique, censé être plus intéressé.

Si les anglophobes mettent en exergue la supériorité des colonies françaises, les premières fissures des empires obligent cependant à se montrer un peu plus solidaires entre eux, et rapprochent les deux pays. Déjà, à la Belle Époque, les anticolonialistes, effrayés par les violences, contestent la supériorité du modèle français, mais ils sont minoritaires. Pendant la guerre des Boers, alors que le Royaume-Uni est très critiqué, un conseiller municipal, Colley, remet cette idée en doute au Conseil municipal de Paris : «N'avons nous pas agi comme eux, au Tonkin, à Madagascar, n'avons-nous pas commis les mêmes atrocités ?», soulevant des protestations des autres membres. Son collègue Henri Alpy répond : « Nous allions porter la civilisation ; les Anglais la combattre »[45]. Ces doutes sur la supériorité du modèle français sont renforcés par les massacres et tueries perpétrés par les armées pendant la Première Guerre mondiale. Les différences entre les deux empires s'estompent. Un rapprochement s'opère face à l'Allemagne, obligeant les deux empires coloniaux à faire preuve de complémentarité, exprimée lors des manifestations publiques. L'exposition franco-britannique de 1908 comporte une section coloniale importante. Un élan de solidarité inspire au maréchal Lyautey le projet d'associer les Anglais à la

---

[41] P. Claudel, « Mon voyage en Indochine », *Revue du Pacifique*, mai 1922, in *Œuvres complètes*, t.IV, Paris, Gallimard, 1952, p.333-344.
[42] « Les îles Wallis et Futuna », 14 août 1900, Papiers Roché, Service Historique de la Marine (S.H.M.) 50 GG2.
[43] A. Lebon, *Voyage au Sénégal et au Soudan de M. André Lebon, Ministre des Colonies*, Saint-Louis, Imp. générale du gouvernement, 1897, 219 p.
[44] *Paroles dorées...op.cit.*
[45] *Bulletin municipal officiel de la ville de Paris*, 6 novembre 1900, P.P. BA 1551.

grande Exposition coloniale de mai 1931 dont il dirige l'organisation, après le succès de la *British Empire Exhibition* de 1924. Il se rend à Londres, en décembre 1928, et juillet 1929, mais échoue à rallier les Britanniques. La différence de conception, de sentiments, d'administration l'emporte sur les points communs. Lyautey doit se contenter de faire visiter l'exposition à la duchesse et au duc d'York[46]. Parmi les millions de visiteurs étrangers, au moins cent mille Britanniques se rendent sur le site du bois de Vincennes, en bordure de Paris, afin d'y admirer les reconstitutions de villages coloniaux[47]. Les colonies constituent donc un facteur de rivalité durable, dont les anglophobes prennent prétexte pendant la période pour critiquer le Royaume-Uni en général.

III. Le « ralliement » des coloniaux à l'Entente cordiale

La rivalité coloniale, amplifiée par la presse et la littérature, constitue une pierre d'achoppement entre les deux pays. Des groupes de pression font obstacle au rapprochement. Le parti colonial informel qui agit à l'époque se distingue notamment par ses critiques de la politique britannique. Depuis 1893, il se compose des 129 députés du « groupe colonial » de la Chambre des députés, dirigé par Étienne, du groupe colonial du Sénat, derrière le député de la Seine-Inférieure Jules Siegfried, des quatre mille membres du Comité de l'Afrique française, et de l'Union coloniale française de Joseph Chailley, également fondateur de l'Institut colonial international. Delcassé, ministre des Colonies, et proche des milieux coloniaux, doit tenir compte de ces pressions.

Or, la priorité de l'opposition à l'Allemagne, la fin progressive du *scramble*, de la compétition coloniale en Afrique, et la nécessité de définir un *modus vivendi*, au tournant du siècle, changent radicalement les positions des coloniaux. Après le grand Ralliement des catholiques à la République dix ans auparavant, les parlementaires coloniaux se rallient eux aussi à un compromis rationnel et républicain avec le Royaume-Uni en politique extérieure. Le groupe colonial prend des positions modérées, et surtout de plus en plus anglophiles. Son leader, Étienne, incarne bien ce retournement, il adopte progressivement une attitude anglophile, notamment à partir de sa visite à Londres, en juillet 1903, en marge de celle du président Loubet. Pour lui, le différend colonial n'est qu'une simple rivalité, qui peut être surmonté par la délimitation de frontières dans le cadre d'un accord global, non une source d'anglophobie. De même, le prince Auguste d'Arenberg prend désormais part aux cérémonies de l'Entente Cordiale, notamment au dîner à l'ambassade britannique du 2 mai 1903, lors de la visite du Roi en France. Charles Jonnart, son successeur, proconsul en Algérie de 1898 à 1911, reçoit cordialement Édouard VII à Alger, en 1907. Il ne cherche pas à lui opposer un modèle colonial français, mais plutôt

---

[46] C.R. Ageron, « L'Exposition coloniale de 1931. Mythe républicain ou mythe impérial ? », in P. Nora dir., *Les Lieux de mémoire, op. cit.*, t.I, p.493-515, p.498 et 512-513.

[47] 800000 touristes britanniques se sont rendus en France l'année précédente, et 175000 en particulier à l'Exposition de 1937. 15% des huit millions de visiteurs de l'exposition, soit 1,2 million étaient étrangers. Cf. P. Gerbod, *Voyages au pays des mangeurs de grenouilles, op. cit.*, p.154.

à partager des valeurs communes de civilisation. Les personnalités les plus importantes du groupe colonial se rallient à un compromis avec le Royaume-Uni. Paradoxalement, ce sont donc les coloniaux, les plus au fait des questions coloniales, qui deviennent finalement moins anglophobes. Inversement, il subsiste des anglophobes virulents, qui mettent en avant les colonies comme raison de leur anglophobie, mais s'en servent surtout comme prétexte pour développer leur haine.

Les colonies sont donc une source de compétition mondiale entre la France et le Royaume-Uni dans la conquête des territoires, puis de rivalité coloniale pour leur mise en valeur. Les dirigeants s'impliquent dans cette rivalité coloniale, et défendent un modèle propre de colonisation. Il apparaît cependant que cette rivalité coloniale n'est pas synonyme d'anglophobie virulente, à l'image du groupe de pression colonial, qui a conscience de cette rivalité, défend étroitement les intérêts français, mais se convertit pour cette raison à l'idée d'un accord nécessaire. Les colonies servent donc davantage de prétexte à des anglophobes plus virulents, qui y trouvent la matière d'une revendication contre le Royaume-Uni, voire d'une critique de la politique officielle de la France, en-dehors des cercles dirigeants.

Chapitre 5. Les anglophobes redessinent la carte du monde

Si de nombreux dirigeants tiennent à l'Alsace-Moselle depuis 1870, les anglophobes sont davantage préoccupés par les nombreux territoires de l'empire colonial français menacés par le développement de l'Empire britannique, et essaient d'imposer cette priorité sur l'agenda gouvernemental. L'anglophobie est un catalyseur de la colonisation. L'expansion coloniale démultiplie les points de contacts entre les deux empires, qui deviennent autant de points de crispation. Les anglophobes redessinent la carte du monde, en faisant de chaque territoire un argument supplémentaire de lutte contre le Royaume-Uni. Chaque parcelle de territoire, chaque nouvelle frontière fait l'objet d'un nouveau contentieux. L'Afrique constitue le nœud territorial des disputes franco-britanniques, qui concernent un vaste ensemble, mais le moindre petit rivage lointain, comme les côtes de Terre-Neuve, devient également une question d'honneur national. Dans ce contexte, les cartes deviennent un enjeu national, elles sont reproduites dans les manuels scolaires, sur les murs des écoles, dans les publications nationalistes, et s'échouent sur la table des diplomates. Si nous étudions leurs frontières, et délimitons l'ensemble des points de frictions importants, nous en comptons ainsi une trentaine en 1901[1]. Les contentieux se sont multipliés, les dirigeants ont laissé faire les explorateurs, jusqu'à ce que la promiscuité soit intenable. Au regard du nombre de ces points de tension, le voisinage entre Français et Anglais font plutôt bon voisinage, et les heurts violents sont rares et localisés. Les militaires s'opposent sur le terrain, sans toutefois tirer de coup de feu. Dans le Dahomey, à l'été 1896, des troupes anglaises bloquent l'avancée française. Des rixes éclatent localement, comme entre marins français et britanniques, dans le grand port japonais de Nagasaki, en mars 1901[2]. Après des querelles sur la possession de l'île, les conflits qui surgissent à Madagascar, à partir de 1897, n'ont rien que de très banal dans le cadre d'une lutte pour la possession d'un territoire et ne doivent pas être surinterprétés[3].

La démultiplication des fronts constitue surtout autant de problèmes à régler pour les diplomates. Face à l'ensemble de ces questions épineuses, les diplomates sont partagés entre deux méthodes. André Lebon, ministre des Colonies, se prononce pour un partage clair en Afrique centrale, dans le cadre d'un traité global unique. Il oppose le mélange « étrange » de la convention de 1890 au règlement précis du 21 mars 1899, qui permet à la France d'obtenir l'Ouadaï, le Kanem et le Borkou, au Tchad[4]. Face à l'ampleur d'un traité

---

[1] Édito du *Figaro*, « France et Angleterre », 15 juin 1901, P.R.O. F.O. 27 3535. Monson dénonce la politique éditoriale du *Figaro*, qui consiste à récupérer un lectorat perdu lors de l'affaire Dreyfus par des articles anglophobes.
[2] Dépêche de Monson, mars 1901, P.R.O. F.O. 27 3535.
[3] Les nombreux incidents rapportés dans le dossier M.A.E. N.S. Madagascar 13 concernent surtout des contentieux juridiques ou administratifs.
[4] A. Lebon, *La Politique de la France en Afrique op.cit.*, p.48.

unique, Monson, par méfiance des idées trop générales, suggère, au contraire, un règlement des points litigieux, dès 1902, mais au cas par cas. Il craint qu'un seul obstacle ne fasse s'effondrer un traité plus général[5]. L'idée d'un troc plus général l'emporte dans la conception finale qui préside à la signature de l'Entente cordiale. Les territoires coloniaux deviennent des parties de la solution diplomatique.

I. La défense crispée des positions françaises

A. Madagascar toujours sur la défensive

L'Océan Indien est dominé par le Royaume-Uni, il devient un « lac anglais », selon le journal de voyages plutôt patriote *A travers le monde*, à l'image de la Méditerranée. Une carte fait figurer les « développements de la puissance britannique », et les présente comme une expansion continue, en de nombreux points, et dangereuse[6]. Depuis des décennies, la France et l'Angleterre se livrent une lutte d'influence très vive à Madagascar. L'Angleterre soutient les efforts de la monarchie mérina pour unifier l'île. La France s'y oppose car elle possède Sainte-Marie et Nossi-Bé, et veut exercer un protectorat sur le Nord-Ouest de l'île. La rivalité entre missionnaires, pionniers de la colonisation, avive le conflit pour la possession de l'île. Dans la presse, on rapporte que « dans beaucoup de villages, aux environs de Tananarive, les populations attendent les Français comme des libérateurs. La présence d'officiers anglais est signalée parmi les Hovas. »[7]. La guerre sainte est supposée être attisée par les Anglais, les éventuelles déconvenues leur sont attribuées.

En France, un Comité de Madagascar comprenant une quinzaine de députés, dont Auguste d'Arenberg, Charles Le Myre de Vilers, député de la Cochinchine de 1889 à 1902, Jules Charles-Roux, député des Bouches-du-Rhône de 1889 à 1898, Paul d'Estournelles de Constant, ancien sous-directeur adjoint au Quai d'Orsay, en mission à Londres entre 1890 et 1894, et député de la Sarthe depuis 1895, Jean-Louis de Lanessan, ancien gouverneur général de l'Indochine, pousse à l'annexion de l'île depuis 1895[8]. Certains s'opposent à cette entreprise, dont Camille Pelletan, député des Bouches-du-Rhône. Paul Cambon approuve le refus d'Hanotaux de « céder à l'ineptie » des nationalistes qui veulent Madagascar à tout prix, bien qu'il juge en privé « excellent » le traité de protectorat du 1er octobre 1895, signé avec la reine Ranavalo III. Paul Cambon opte pour une approche réaliste et modérée :

> « Il faudrait préparer l'opinion à l'abandon de notre système d'étroite protection […] Que ferions-nous si les Anglais surchauffés par Joseph

---

[5] Dépêche de Monson, 20 janvier 1902, P.R.O. F.O. 27 3576.
[6] « Le développement de la puissance anglaise dans le bassin de l'Océan Indien », *A travers le monde*, 1905, p.25. L'auteur de l'article conclut : « L'Océan Indien est, ou deviendra, un lac anglais ».
[7] Supplément illustré du *Petit journal*, 14 avril 1895, n°323.
[8] C.R. Ageron, *France coloniale ou parti colonial ?*, Paris, P.U.F., 1978, 302 p., p.122-124.

Chamberlain et Lord Rosebery nous déclaraient qu'ils ne reconnaissent pas notre annexion? - la guerre »[9].

Cette crainte permanente d'une conquête non assurée et d'un coup anglais pour la récupérer est relayée par le ministère de la Guerre[10].

Alors que Madagascar n'est plus un sujet de préoccupation pendant l'entre-deux-guerres, elle le redevient avec la question du ralliement des colonies à Vichy ou à la France libre. La propagande sous Vichy met à nouveau en avant les menaces qui pèsent sur Madagascar, objet de la convoitise britannique. La prise de Diego Suarez, au nord de l'île, par les Britanniques, à partir du 5 mai 1942, est critiquée par les vichystes, comme par les gaullistes. Une première affiche de Williams Pera est relayée par une diffusion massive, à un million d'exemplaires, de dépliants de l'Imprimerie générale de publicité[11].

B. Un troc inégal au Maroc

A partir de 1902, l'idée d'un troc entre l'Égypte et le Maroc fait son chemin. Les termes de l'accord de 1904 sont équivalents de ceux qui concernent l'Égypte. Le Royaume-Uni déclare qu'« il n'entravera pas l'action de la France », sous réserve que cette action laissera intacts les droits dont, « en vertu des Traités, Conventions, et usages, la Grande-Bretagne jouit au Maroc, y compris le droit de cabotage entre les ports Marocains dont bénéficient les navires Anglais depuis 1901». Afin d'assurer le libre passage du Détroit de Gibraltar, les deux gouvernements conviennent de ne pas laisser élever des fortifications ou des ouvrages stratégiques quelconques sur la partie de la côte marocaine comprise entre Melilla et les « hauteurs qui dominent la rive droite du Sebou »[12]. Toutefois, cette disposition ne s'applique pas aux points actuellement occupés par l'Espagne sur la rive marocaine de la Méditerranée[13].

En France, la question marocaine prend bientôt le pas sur celle de l'Égypte aux yeux des anglophobes. Les plus anglophobes contestent cette idée. Pour eux, il ne s'agit pas vraiment d'un « troc ». Les positions française au Maroc et britannique en Égypte ne sont pas comparables. La position française au Maroc est loin d'être acquise. Hanotaux y maintient le statu quo par un renforcement de la mission militaire, un consulat projeté à Oujda, à la frontière avec l'Algérie, mais Il se heurte à une opposition sur le terrain, comme à la Chambre des députés. Le gouvernement doit réprimer une guerre civile en 1903.

Après la conclusion des accords de 1904, l'affaire n'est donc pas complètement réglée. Les Britanniques soulèvent régulièrement en particulier la

---

[9] Lettre de P. Cambon à Hanotaux, 6 novembre 1896, M.A.E. P.A.A.P. Hanotaux 19; lettre de P. à Virginie Cambon, 7 novembre 1895, cité par L. Villate, *op. cit.* p.172 ; lettre de P. Cambon à Delcassé, 21 janvier 1899, M.A.E. P.A.A.P. Delcassé 3.
[10] C. Andrew, *The Making of...op. cit.*, p.114.
[11] cf. D. Rossignol, *Histoire de la propagande en France de 1940 à 1944*, Paris, P.U.F., 1991, 351p.
[12] c'est-à-dire le djebel Tainest à 1834 mètres d'altitude, dans la chaîne du Rif.
[13] Articles n°2 et n°8 , *Déclaration franco-britannique concernant l'Égypte et le Maroc*, 8 avril 1904.

question de Tanger, à cause de sa situation à l'embouchure du détroit de Gibraltar, souhaitant son internationalisation plutôt qu'une occupation française. Dès janvier 1896, une filiale du Comptoir d'Escompte s'y est implantée. En juillet 1902, Paul Cambon fait glisser sa discussion avec Lord Lansdowne sur le Maroc et propose une internationalisation de Tanger. Cette idée est encore reprise après-guerre dans un mémorandum original du Premier ministre, David Lloyd George, qui relance l'idée l'internationalisation du port. Les fonctionnaires du Quai d'Orsay ont cependant l'impression que l'Angleterre diffère délibérément le règlement de la question[14], jusqu'en 1923.

C. La Syrie, terre promise... pour les espions

La Syrie constitue le plus durable des contentieux.[15] En 1897, elle n'est pas acquise à la France. Lord Salisbury fait miroiter cette partie du monde aux dirigeants français comme un lieu possible où s'étendre. Pendant la Première Guerre mondiale, les troupes britanniques, qui comblent l'absence de troupes françaises, éveillent des suspicions par leur présence. Les militaires français, moins présents sur ce front, leur prêtent des intentions à long terme :

> « En Palestine, les Anglais agissaient avec leurs propres moyens et n'avaient besoin d'aucun concours. Loin de désirer le nôtre (donné d'ailleurs avec un très faible effectif), ils le subissaient plutôt, d'assez mauvaise grâce, pour ne pas contrarier nos vues sur la Syrie et pour maintenir en apparence l'unité morale de l'alliance »[16]

En août 1915, François-Georges Picot, ancien consul général à Beyrouth, est nommé à l'ambassade de Londres. Le 3 janvier 1916, la France obtient le principe d'un grand Liban, garanti par les accords Sykes-Picot, en mai.

En décembre 1918, un mois à peine après l'armistice, le président du Conseil, Clemenceau, est pressé de conclure une entente semblable sur la Syrie à Londres. Dans l'imaginaire collectif, la Syrie devient un lieu important de crispation et d'identification et remplace l'Égypte. Les dirigeants y mettent un certain honneur. Le développement de l'exploitation de pétrole rehausse l'intérêt stratégique de la région et exacerbe les tensions. Lors de la Conférence de la Paix, le Premier ministre David Lloyd George se montre d'abord très conciliant, lançant non sans emphase, que l'Entente vaut « dix Syries ». Clemenceau proteste aussi de son désir de sauver l'Entente, mais avance, dans le même style, la défense « des intérêts et des traditions séculaires ». Lorsqu'il revient à la charge pour dénoncer le retard que les troupes britanniques du maréchal Allenby mettent à quitter le mandat français, ou le tracé de la frontière

---

[14] J.P. Selsam, *The Attempts to form an Anglo-French Alliance 1919-1924*, Ph.D., Université de Pennsylvanie, 1936, 85p., p.30 ; note de la Direction des Affaires politiques et commerciales, 10 juin 1920, MAE Z Europe GB 45.

[15] C'est déjà contre l'avis de la France qu'une coalition anglo-turque chasse le pacha égyptien de Syrie en octobre 1840, cf. P. Chassaigne, *La Grande-Bretagne et le monde de 1815 à nos jours*, Paris, Armand Colin, 2003, 320p, p.31.

[16] « Les coalitions maritimes. Exemple de la coalition de 1914-1918 », conférence donnée par le vice-amiral Castex à l'I.H.E.D.N., 7 décembre 1937, I.H.E.D.N., -2, p.28.

entre mandats britanniques et français, David Lloyd George, blessé, se défend de manquer à sa parole, et demande des excuses. En vain[17].

De fait, la France obtient un mandat de la Société des Nations (S.D.N.). En 1920, le ministre des Affaires étrangères, Alexandre Millerand, croit pouvoir affirmer au Haut-Commissaire du gouvernement français au Levant, le général Henri Gouraud, que « l'hypothèque anglaise sur le mandat syrien est définitivement et entièrement levée ». Le secrétaire du Quai d'Orsay, Philippe Berthelot, plus indépendant, l'avertit au contraire que

> « le gouvernement anglais n'est pas décidé à [...] faire une politique ne tenant aucun compte de notre situation en Syrie ; c'est déjà beaucoup et s'il abandonne Feycal, ce sera très bien »[18].

Le retour de la Paix ne lève pas l'ambiguïté qui pèse sur le mandat syrien. Aux yeux des anglophobes suspicieux, il ne s'agit que d'un mandat, non d'une colonie, et l'établissement de la France n'est pas ferme : ce ne sont que « des mots, des mots, des mots »[19], soupire-t-il en parodiant Hamlet.

La question resurgit pendant la Seconde Guerre mondiale. En mai 1941, Rachid Ali est en fuite et l'insurrection matée, les Allemands et les Italiens retournent en Grèce, mais le chef du gouvernement français, l'amiral Darlan, met des aéroports en Syrie à disposition de la *Luftwaffe*. Le 8 juin, les Britanniques déclenchent l'opération *Exporter*. L'entrée des Britanniques en Syrie réveille l'anglophobie de de Gaulle, qui y voit immédiatement un « nouveau Fachoda ». Il accuse l'ambassadeur britannique d'avoir insulté la France et trahi l'Occident, et le Royaume-Uni de vouloir saisir l'occasion de l'affaiblissement de la France pour mettre enfin un terme à la rivalité que les deux pays se livrent depuis une soixantaine d'années dans la région. Il est convaincu que les incidents sont montés par les Anglais pour chasser les Français du Levant[20]. Il conteste l'extension du *leadership* britannique à l'occasion de la convention de Saint-Jean d'Acre passée avec les représentants du régime de Vichy. Churchill va trop loin en l'interprétant comme le signe du caractère foncier de l'anglophobie du général de Gaulle[21]. Churchill considère

---

[17] Lettre de Fleuriau du 1er août 1919, M.A.E., P.A.A.P. Fleuriau 1.
[18] Dépêche d'Alexandre Millerand au général Gouraud, 23 juillet 1920, M.A.E. Levant-Syrie 31, cité par M.R. Mouton, *op.cit.* ; lettre de Philippe Berthelot à Fleuriau, 31 octobre 1920, M.A.E. P.A.A.P. Fleuriau 3.
[19] P.E. Prestwich, *French Attitudes...op. cit.*
[20] M.N. Mickelsen, "Other Fashoda: The Anglo-Free French Conflict over the Levant, May-September 1941", *Revue française d'histoire d'Outre-Mer*, LXIII, 230, 1976; C. de Gaulle, « L'Orient », *Mémoires de Guerre*, t.I, p.145-180.; A. Duff Cooper, *Old Men forget. The Autobiography of Duff Cooper*, Londres, Rupert Hart-Davis, 1953, 399p., p.254. Duff Cooper a par ailleurs l'estime du Général.
[21] La situation provoque encore une explication assez vive au moment où les deux personnages se retrouvent dans une France libérée, mais il ressort un désir d'entente, plutôt qu'un parti pris hostile, comme le montrent leurs propos postérieurs:
_De Gaulle : « Pour la Syrie et le Liban, nous voulons leur indépendance réelle. Nous agissons comme vous avez fait en Irak et en Égypte. Nous ne pensons pas que notre influence dominante au Levant soit de nature à vous nuire. Nous ne faisons rien et nous ne ferons rien contre vous en

de Gaulle parfois comme un obstacle, il doit aussi tenir compte de l'anglophobie de l'opinion, prompte à se réveiller. Il reconnaît, en décembre 1943, que « tous les arguments et les moyens de pression utilisés par les populations du Levant contre les Français pourraient un jour se retourner contre nous », et il s'y tient jusqu'à la fin de la guerre[22]. Il ne s'agit donc pas d'une pathologie personnelle, mais de la manière dont la Syrie devient un territoire mythique de crispation nationale, jusqu'à l'évacuation du 1er avril 1946.

II. La remise en cause des positions britanniques

A. La concurrence géopolitique en Méditerranée

La Méditerranée constitue un enjeu pour les dirigeants des deux pays. Les Français ont une façade méditerranéenne et la base navale de Toulon, et protègent les liens avec leurs colonies de la rive méridionale. Les Britanniques raisonnent à une échelle mondiale, où les liaisons méditerranéennes permettent l'accès aux Indes par le canal de Suez. Avec Gibraltar et la prise de contrôle de l'Égypte, ils contrôlent désormais les accès au bassin. Les dirigeants français voient d'un œil critique l'installation durable des Britanniques dans le bassin méditerranéen : « La Méditerranée nous restait, les Anglais l'ont prise »[23], résume amèrement un diplomate. Le cas de Malte traduit bien ce sentiment de dépossession des marins français. Le petit archipel vaut moins par sa superficie, que par son histoire - Les Britanniques l'acquièrent en 1800 après une occupation par Bonaparte - et par sa situation au cœur de la Méditerranée. Danrit, anagramme du capitaine-écrivain Driant, séjourne et prend des clichés pour composer sa fiction guerrière monumentale intitulée *La Guerre fatale*. Le

---

Irak, en Palestine et en Égypte. <u>Nous sommes d'ailleurs déjà arrivés à des accords sur les questions orientales en 1904 puis en 1916.</u> Au surplus, nous n'avons pas l'intention d'annexer la Syrie et le Liban »
_Churchill : « <u>Les grands empires coloniaux ont naturellement beaucoup de conceptions communes.</u> Il est plus facile aux Russes ou aux Américains de prêcher le désintéressement »
_De Gaulle : « Évidemment. C'est pourquoi nous devons éviter de nous disputer à propos de querelles accessoires »
_Churchill : « Je vous assure que nous n'avons pas le désir de prendre votre place en Syrie ou au Liban »
_De Gaulle : « Pourquoi donc insistez-vous tellement pour que nous renoncions au commandement des troupes spéciales ? Nous en avons besoin pour le maintien de l'ordre dont nous sommes responsables »
_Bidault : « Nous ne prêtons pas aux Anglais le noir dessein de nous supplanter au Levant. Mais nos représentants locaux croient parfois que les vôtres s'accommoderaient volontiers de notre élimination pure et simple »
_Churchill : « A la Conférence de la Paix, j'appuierai vos demandes concernant la Syrie et le Liban. Pas, toutefois, au point de recommencer la guerre. », Compte-rendu du 11 novembre 1944, M.A.E. P.A.A.P. Massigli 53.
[22] F. Kersaudy, *op. cit.,* p.345. Edward Spears n'en tient pas compte, mais son successeur, Terence Shone en prend acte pour ménager les relations franco-britanniques à l'avenir.
[23] Citation du marquis de Noailles après 1882 par M. Baumont, *L'Essor industriel et l'impérialisme colonial (1878-1904),* Paris, P.U.F., 3e éd. 1965, 628 p., p.273.

roman commence précisément à Malte. A la fin, Malte revient généreusement à l'Italie, non à la France, qui n'a pas de prétentions sur l'île. Cette issue tend à montrer que la France n'a pas d'intérêts privés à défendre, mais que l'anglophobie n'est qu'une révolte légitime contre un ordre du monde trop déséquilibré.

B. La nostalgie française de l'Égypte

Conformément à la stratégie de Bismarck, la France se détourne pour un temps de l'Alsace-Moselle et se préoccupe des questions coloniales. L'Égypte empoisonne ainsi les relations franco-britanniques pendant au moins une quinzaine d'années à partir de 1880. En juin 1882, une révolte antieuropéenne éclate à Alexandrie. Alors que les Britanniques interviennent et débarquent en septembre, la Chambre des députés française refuse de les suivre, dès juillet. Au Royaume-Uni, Lord Alfred Milner, de retour d'Égypte en 1892, après trois ans passés au Caire comme sous-secrétaire aux Finances, prétend que ce sont les Français qui ont poussé les Anglais en Égypte, puis les y ont laissés[24]. En fait, le contrôleur général britannique, Auckland Colvin, et, le consul britannique, Edward Malet, qui prétexte une menace de dictature, poussent depuis longtemps à l'intervention. La France craint d'être entraînée en Égypte malgré elle, alors qu'elle est occupée en Tunisie. Clemenceau s'inquiète aussi de la menace allemande en Europe. En 1880, le Royaume-Uni domine l'économie égyptienne, puisqu'il représente 80% des exportations et 44% de ses importations. Le Premier ministre William Gladstone a un intérêt personnel dans ces affaires. 37% des ses actions sont investis dans la bourse égyptienne, puis revendus en 1884[25]. Cette perte alimente après-coup une nouvelle polémique franco-britannique. Les nationalistes, qui ne sont pas intervenus à la Chambre, y trouvent un nouveau grief contre le Royaume-Uni et fustigent l'inaction de la France. En 1882, le publiciste Alfred Bourguet prétend que c'est par « pusillanimité » que la France a refusé de s'associer au bombardement d'Alexandrie. Les dirigeants relaient ce sentiment, Léon Gambetta fait grief au ministre des Affaires étrangères Charles de Freycinet de son manque de courage et d'avoir perdu le patrimoine de la France[26].

Les Français conservent cependant un point d'appui important en Égypte, avec la Compagnie de Suez, qui a été le fer de lance de la pénétration française sous le Second Empire. Ses administrateurs, dans la lignée des saint-simoniens et du traité de libre-échange Cobden-Chevalier entre la France et le Royaume-Uni, sont plutôt anglophiles. Selon Maurice Hankey, membre du C.I.D. à partir de 1908, les hommes d'affaires français de la Compagnie du Canal de Suez

---

[24] Lord A. Milner, *England in Egypt*, Londres, Arnold, 1892, p.416.
[25] P.J. Cain et A.G. Hopkins, *British Imperialism, 1688-1990*, 2 vol., Londres, Longman, 1993, rééd. 2002, 739p., p.366-369.; A.G. Hopkins, "The Victorians in Africa. A Reconsideration of the Occupation of Egypt, 1882", *Journal of African History*, n°27, 1986, p. 363-391, p.379.; *Gladstone Diary*, cité par P.J.Cain et A.G. Hopkins, *British Imperialism. Innovation and expansion 1688-1914*, Londres, Longman, 1993, 504p., p.364-365.
[26] A. Bourguet, *La France et l'Angleterre en Égypte*, Paris, Plon, 1897, 287p. ; .P. Deschanel, *Gambetta*, Paris, Hachette, 1920, p.281.

approuvent la politique de Joseph Chamberlain[27]. Maîtres d'œuvre du Canal, les Français conservent une position économique prépondérante en finançant la dette égyptienne s'élève à £103 millions[28]. Les diplomates entendent défendre les intérêts économiques des porteurs de la dette.

Au fond, les dirigeants français n'acceptent pas de voir ce territoire leur échapper, mais n'ont pas de projet alternatif. En 1891, Paul Cambon, un des plus actifs, recommande de « faire sentir aux Anglais par une action continue » la volonté du gouvernement français. En 1894, depuis la Tunisie, il dénonce la politique française qui manque de « coup d'œil » et d'« à propos »[29]. Selon lui, les rapports sur le projet britannique de relier les colonies du Cap au Caire suivant un axe Nord-Sud continu s'entassent depuis 1884, mais ne sont pas suivis d'effet. Il craint que le Khédive égyptien ne s'entende sur « le dos » de la France avec les Anglais. Il n'est pas entendu. Les dirigeants français accumulent donc un retard important, qui s'accroît, et devient de plus en plus une source de regret de ne pas être intervenu plus tôt, attisé par les critiques contre l'expansion britannique.

Dans cette perspective, les dirigeants français savent se servir de l'anglophobie populaire. La sensibilité de l'opinion française à la question égyptienne, aiguisée par l'incident de Fachoda, dissuade les diplomates d'aborder frontalement la question sans de sérieuses garanties. Ce n'est qu'à partir de la guerre des Boers que le ministre des Affaires étrangères, Delcassé, croit pouvoir profiter de la faiblesse britannique en Afrique australe pour demander le respect de la convention internationale de Constantinople sur la neutralisation du canal de Suez de 1888[30]. Les Britanniques souhaitant conserver leurs positions, ils proposent un « troc » entre le Maroc et l'Égypte. Or, pour l'opinion française, il subsiste longtemps dans la question égyptienne une part de sentimentalité échappant à tout troc. Encore à la fin juillet 1903, alors que les négociations avancent entre les deux gouvernements, à la suite de l'échange de visites officielles, Lord Lansdowne soupçonne son interlocuteur, Paul Cambon, d'exclure volontairement la question égyptienne des négociations. En août, il reconnaît avoir sous-estimé le point auquel l'esprit français est sensible à la question égyptienne[31]. Les archives du Quai d'Orsay[32] lui donnent raison. Paul Cambon se justifie en effet d'avoir laissé Lord Lansdowne aborder la question. Une note marginale de Delcassé montre d'ailleurs que l'ambassadeur s'est avancé, sur ce point, dans une direction qui recueille pleinement l'accord du ministre des Affaires étrangères. Les diplomates redoutent d'autant d'aborder cette question, qu'ils ne voient pas de contreparties susceptibles de compenser la reconnaissance de la perte définitive

---

[27] S.W. Roskill, *Hankey, man of secrets*, Londres, Collins, 3 vol, 1970-1974., t.I, p.389.

[28] 2,585 milliards de francs. (soit 8,8 milliards).

[29] Dépêche de Paul Cambon à A. Ribot, 16 novembre 1891, M.A.E. P.A.A.P. Cambon 42. ; lettre de Paul Cambon à V. Cambon, 16 avril 1894.

[30] P. Venier, « Théophile Delcassé... », *op. cit.*, p.50.

[31] Lettre de Lansdowne, 29 juillet 1903, P.R.O. F.O. 3616 ; Dépêche de Lansdowne, 5 août 1903, P.R.O. F.O. 27 3617.

[32] Cf. en particulier lettre de Paul Cambon, 31 juillet 1903, M.A.E. N.S. G.B. 14.

de l'Égypte. Ce n'est donc pas tant par anglophobie, que par volonté de sauver la face en présentant un marché valable à l'opinion publique française, qu'ils tardent à aborder la question égyptienne. L'anglophobie populaire exerce une pression permanente sur les négociations diplomatiques.

L'épisode de Fachoda est habituellement abordé comme la confrontation inéluctable et paroxystique de projets opposés d'expansion coloniale. Le 14 juillet 1903, le journal hollandais *Nieuwe Rotterdamsche Courant* croit pouvoir affirmer, sur la base de l'histoire récente et plus ancienne, que les deux nations sont devenues « irréconciliables »[33]. Avec le recul, ces épisodes de tension peuvent être vus au contraire comme une crise nécessaire pour expurger les différends, et ouvrir une franche négociation, avec l'Entente cordiale comme pierre angulaire. Si cette dernière prend, dès sa signature, une signification qui la dépasse, il faut revenir à une analyse littérale des accords pour s'apercevoir que l'Entente est plutôt un apaisement du passif colonial :

> « Le Gouvernement de Sa Majesté Britannique déclare qu'il n'a pas l'intention de changer l'état politique de l'Égypte. De son côté, le Gouvernement de la République Française déclare qu'il n'entravera pas l'action de l'Angleterre dans ce pays en demandant qu'un terme soit fixé à l'occupation Britannique ou de toute autre manière, et qu'il donne son adhésion au projet de Décret Khédivial[…], et qui contient les garanties jugées nécessaires pour la sauvegarde des intérêts des porteurs de la caisse de la Dette égyptienne, ouverte depuis mai 1876, mais à la condition qu'après sa mise en vigueur aucune modification n'y pourra être introduite sans l'assentiment des Puissances Signataires de la Convention de Londres de 1885 ».

L'Entente cordiale n'est pas une alliance *ex nihilo*, mais le règlement de nombreux contentieux coloniaux, qui, s'étant accumulés à la fin du XIXe siècle, finissent par rendre la situation intenable pour les deux puissances coloniales. Elle doit donc être analysée dans la longue durée de la stabilisation de l'impérialisme colonial. Pour l'Égypte, l'annexe de l'accord de 1904 libère un million de livres égyptiennes[34].

Ce règlement financier est complété par l'amorce d'une politique culturelle. Lors de la crise de Fachoda, *l'Illustration* publie une photo du capitaine Jean-Baptiste Marchand, chef de l'expédition dans le Bahr el-Gazal, au pied du sphinx du Caire, non pas comme un touriste, mais comme un héritier de l'égyptologie française de Napoléon, et des égyptologues Jean-François Champollion et Auguste Mariette[35]. Après 1882, l'égyptologie reste un terrain de prédilection pour les chercheurs français. En 1904, ils dédient une statue à Auguste Mariette, ancien directeur des travaux d'Antiquité. D'après les termes du traité de l'Entente cordiale, la France perd son rôle financier, mais conserve un rôle administratif et culturel. L'article un, consacré à l'Égypte, précise que

---

[33] *Nieuwe Rotterdamsche Courant*, 14 juillet 1903, cité dans la dépêche du légat de France aux Pays-Bas, 17 septembre 1903, M.A.E. N.S. G.B. 14.
[34] R. Owen, *Lord Cromer…op.cit.*, p.324.
[35] Photo-souvenir de *L'Illustration*, 26 novembre 1898.

« la Direction Générale des Antiquités en Égypte continuera d'être, comme par le passé, confiée à un savant Français. Les écoles françaises en Égypte continueront à jouir de la même liberté que par le passé. »[36].

La sous-direction est cependant attribuée à un Britannique. Cette direction bicéphale perpétue la rivalité militaire sur le plan culturel, point fort de la présence française en Égypte. Un combat durable se prolonge sur ce front. Quand naît l'Association France-Grande-Bretagne, elle s'installe symboliquement dans les locaux de la Compagnie de Suez, rue d'Astorg, à Paris, pour montrer le rôle que la France entend encore jouer. Sur place, les relations entre diplomates sont plutôt bonnes, mais se tendent parfois. Au quotidien, Lord Cromer qualifie de « cordiales » ses relations avec la France[37]. D'autres diplomates sont moins conciliants, comme Georges Cogordan, en poste en Égypte jusqu'à son décès, en 1904, qui est assez antibritannique[38]. Le successeur de Lord Cromer au poste de consul général en Égypte, Eldon Gorst, trouve les Français « difficiles »[39]. Encore dans l'entre-deux-guerres, le *Foreign Office* peine à persuader les fonctionnaires en poste en Égypte de ne pas combattre la culture française, mais bien la culture italienne et allemande, ce qui est difficile, tant la rivalité culturelle perdure[40]. En France, la question égyptienne alimente une anglophobie financière, mais surtout sentimentale, nostalgique de l'expédition de Napoléon.

C. Redessiner les cartes en Afrique centrale

L'Afrique est le terrain le plus récent du *scramble* colonial. L'opposition franco-britannique se constitue à partir des années 1880 et prend la forme d'une lutte géopolitique, que traduit l'abondance de cartes de l'Afrique publiées à l'époque. Paul Cambon en présente une de l'Égypte dès 1894 au sultan pour dénoncer les empiètements anglais[41]. Le Haut-Niger fait l'objet d'une délimitation territoriale partielle. Le 14 juin 1898, malgré les suspicions de Gabriel Hanotaux, les deux gouvernements français et britannique signent une convention qui délimite les frontières en Afrique occidentale. On ne peut donc parler ni d'anglophobie rédhibitoire, ni de règlement, mais bien d'un *modus vivendi*. Celui-ci ne résiste guère aux tentations de nouvelles conquêtes, qui sont autant de points de fixation et de griefs nouveaux contre l'Angleterre. Une carte accompagnant un article du comte de Couronnel, à propos du *Blue Book* publiée par le gouvernement britannique sur

---

[36] Article 1, Déclaration concernant le Maroc et l'Égypte.
[37] Lord Cromer, février 1880, cité par P. Piettre, *La France devant l'opinion publique anglaise de 1864 à 1880 : un regard vigilant sur un peuple étonnant*, thèse sous la dir. de M. le Pr. J.P. Poussou, Université de Paris I Panthéon-Sorbonne, 16 novembre 2001, p.254.
[38] Lettre de P. Cambon à Henri Cambon, 25 mars 1904, *Correspondance*, p.68.
[39] Z.S. Steiner, *Britain and the Origins of the First World War*, Londres, Macmillan, 1ère éd. 1977, 3e éd, 2003, 305p., p.45.
[40] Lettre du département égyptien du Foreign Office, 2 avril 1940, P.R.O. F.O. 371 24298.
[41] Lettre de Cambon à Hanotaux, 3 juin 1894, M.A.E. P.A.A.P. Hanotaux 19.

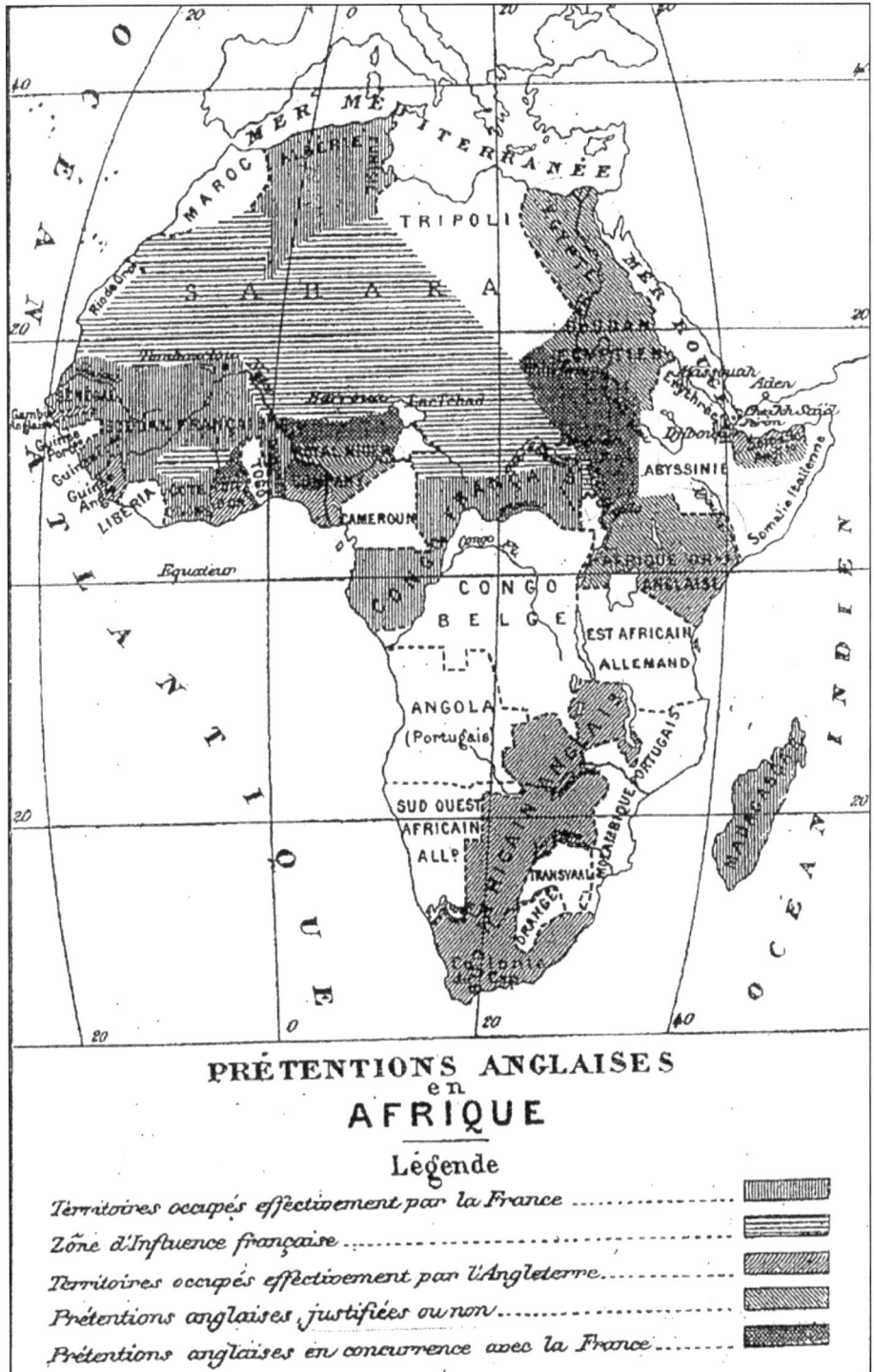

Fachoda, dénonce les « prétentions anglaises » en Afrique : la vallée du Nil, une partie de l'Afrique orientale et du Niger sont considérées comme de simples « prétentions » anglaises, « justifiées ou non ». Ces prétentions s'opposent à une occupation juridique « effective » dans le Sud-Africain, au sud du Niger, en Côte d'Or, en Guinée, en Gambie[42].

Couronnel en conteste la légalité de l'occupation britannique. Sur cette carte, le Soudan apparaît comme plus proche d'une zone d'occupation française effective au Congo, et d'une vaste zone d'influence au Tchad, que d'une zone britannique, le Royaume-Uni revendiquant une zone orientale floue. L'auteur de l'article joue du retard britannique pour passer sous silence l'armée du général Kitchener. Delcassé dénonce encore l'instinct de domination britannique en Afrique pendant la guerre des Boers[43]. L'Afrique reste un contentieux durable. Après la Première Guerre mondiale, l'octroi des mandats des colonies allemandes par la S.D.N. relance rapidement les disputes. Parmi les griefs contre l'Angleterre, le Quai d'Orsay se plaint qu'elle occupe la zone française au Togo-Cameroun[44]. L'opposition britannique n'est levée qu'après l'engagement par la France de respecter les décisions de la S.D.N.

III. Les territoires lointains de l'Amérique à l'Asie

A. La question épineuse de Terre-Neuve

Le petit territoire de Terre-Neuve cristallise les tensions[45]. Les Britanniques ont une vision stratégique de l'endroit. Ils le considèrent comme partie intégrante de leur Empire. Pour la France, la question est économique. La présence d'un vaste banc de poissons au sud de ces îles suscite la convoitise des deux nations. A Saint-Malo, les pêcheurs de morue suivent les grands explorateurs, dès le début du XVIe siècle. Selon l'historien de la Marine plutôt anglophobe, Georges Lacour-Gayet, « le débat séculaire entre la France et l'Angleterre sur la pêche à Terre-Neuve [est] bien antérieur au traité d'Utrecht »[46]. Les villes bretonnes du littoral septentrional, comme Saint-

---

[42] Comte de Couronnel, « Le *Blue Book* du gouvernement anglais sur Fachoda », *Questions diplomatiques et coloniales (Q.D.C.)*, 15 octobre 1898, p.203-208. Le comte est ancien secrétaire de l'ambassade de France à Londres. La presse exagère les prétentions françaises. La carte de « la mission Marchand et l'Angleterre » du *Supplément illustré du Petit Journal* du 9 octobre repousse les territoires anglais au nord du Darfour et du Kordofan, à quelques trois cents kilomètres au nord de Fachoda ; celle de l'accord d territorial du 9 avril 1899 entérine un retrait de plusieurs centaines de kilomètres vers l'Ouest.
[43] Intervention de Delcassé au Sénat, 3 avril 1900, citée en exergue de M. Brisson, *1900. Quand les Français détestaient les Anglais*, Biarritz, Atlantica, 2001, 194p., p.9.
[44] Note de la Direction des affaires politiques et commerciales, 10 juin 1920, M.A.E. Z Europe G.B. 45.
[45] Le territoire de Terre-Neuve est aujourd'hui partagé entre deux aires d'influence culturelle, à l'image du Canada proche : l'une anglaise, majoritaire, l'autre, française, minoritaire. Ce bilinguisme hérité traduit la concurrence que se sont livrés les deux nations pour la maîtrise de ce carrefour maritime et commercial de l'Atlantique Nord.
[46] C'est-à-dire au 11 avril 1713, selon G. Lacour-Gayet, *La Marine militaire de la France sous les règnes de Louis XIII et de Louis XIV*, Paris, Champion, 1911, t.I, 268p.

Brieuc, Saint-Malo, Dinan, Paimpol avec d'autres, comme Dunkerque, fournissent le gros des pêcheurs, qui y vont pour deux pêches, une première fois pour vendre leur morue et pêcher la boëtte en juin-juillet, une seconde fois en s'en servant comme appât[47]. L'enjeu, mineur, pour les marins français est de préserver leurs droits de pêche, de hareng, capelan, et encornet, qui constituent la boëtte[48]. Avec la constitution des empires coloniaux, la question de Terre Neuve se pose de nouveau. Le ministère de la Marine commande une étude qui rappelle que

> « [l]ors du traité d'Utrecht en 1713, à l'époque où Louis XIV fut forcé d'*abandonner* à l'Angleterre ses possessions de Terre-Neuve, il fit cette concession sous la réserve expresse que le droit exclusif de pêcher [...] appartiendrait à la France [...] »[49].

L'idée d'une concession douloureuse est fortement ancrée. Au début du vingtième siècle, le problème devient « sentimental». Après Fachoda, consacré par les accords de 1899, il s'agit d'endiguer une perte de prestige. La Marine prépare sa défense. L'amiral de Cuverville, originaire des côtes d'Armor et sénateur du Finistère depuis 1901[50], déjà inquiet pour les intérêts français dans le monde et au Canada[51], soulève la question à la Chambre des députés au début des négociations avec l'Angleterre, en mars 1902[52]. Si ce marin représente les populations côtières, il fait entendre ici son souci nationaliste de ne pas concéder de recul supplémentaire. Cette question secondaire constitue manque de faire achopper la conclusion même du traité. En janvier 1904 encore, Terre-Neuve « fait problème », selon le directeur politique du Quai, Maurice Paléologue[53].

Le partage de 1904 s'établit dans des conditions historiques sur lesquelles un colloque a fait récemment le point[54]. Cette convention a pour objet de mettre fin, à l'amiable, aux difficultés survenues entre les deux puissances à Terre-Neuve. La France renonce au régime du *French shore*. Cependant, elle conserve pour ses ressortissants, sur un pied d'égalité avec les sujets britanniques, le droit de pêche dans les eaux territoriales sur la partie de la côte de Terre-Neuve comprise entre le cap Saint-Jean et le cap Raye, en passant par le nord, pendant

---

[47] *La Dépêche coloniale*, n°17, 15 septembre 1904. A Saint-Malo, une salle entière du musée historique de la ville est consacrée à Terre-Neuve. Voir aussi une exposition de photo Anita Conti, photographe : Pêcheurs français sur les Grands Bancs de Terre-Neuve ».

[48] Seuls ces droits de pêche et de séchage sur toute la côte septentrionale de l'île, depuis le cap de Bona Vista à l'est jusqu'au lieu appelé Pointe-Riche à l'ouest, ont été sauvés par l'article 13 du traité d'Utrecht.

[49] « Études maritimes », « La question de Terre-Neuve », entre 1895 et 1900, S.H.M. BB8 1901. Nous soulignons.

[50] G. Salkin-Laparra, *Marins et diplomates. Les attachés navals 1860-1914*, Vincennes, S.H.M., 1990, 500p.

[51] *Bulletin de la Société des études coloniales et maritimes,* 1892.

[52] Débat à la Chambre des députés, 20 mars 1902, *J.O.R.F.,* P.R.O. F.O. 27 3577.

[53] Note du 6 janvier 1904, G.-M. Paléologue, *Un grand Tournant dans la politique mondiale 1904-1906*, Paris, Plon, 1934, 459 p.

[54] Colloque « Terre-Neuve et l'Entente cordiale », Terre-Neuve, 16-20 septembre 2004.

la saison habituelle de pêche. Les citoyens français se livrant à la pêche ou à la préparation du poisson sur le *Treaty shore*, qui seraient obligés de renoncer à leur industrie sont indemnisés. Le gouvernement britannique s'engage à accorder à la France des compensations territoriales en Afrique occidentale et équatoriale pour l'abandon de son privilège sur l'île de Terre-Neuve [55]. La convention est ratifiée par les Français le 25 mai 1904 et l'échange des ratifications a lieu à Londres le 8 décembre suivant. Pour vaincre les « oppositions », Delcassé met en avant une lettre du secrétaire au *Foreign Office* Lord Lansdowne du 3 août garantissant les droits des pêcheurs français[56].

Elle provoque cependant le mécontentement durable des pêcheurs bretons. Pour l'amiral de Cuverville, qui se fait leur éloquent porte-parole, « Ce n'est pas là l'Entente cordiale », soutenu dans sa dénonciation du non-respect de l'esprit du traité, par le sénateur de Loire-Inférieure, le vice-amiral de la Jaille. Le lieutenant-colonel et député de l'Ille-et-Vilaine, Halgouet et le général Jacquey, député des Landes, votent contre les accords franco-britanniques lors de leur ratification parlementaire, en novembre 1904[57]. Après l'Entente cordiale, Terre-Neuve suscite encore des rancœurs d'autant qu'au Royaume-Uni, le territoire constitue l'un des piliers intégré à l'imposant mémorial à la Reine Victoria, inauguré en 1911, et qui fait face à Buckingham Palace.

B. Une conquête plus consensuelle au Moyen et en Extrême-Orient

D'autres lieux lointains ouvrent l'appétit colonial, mais font finalement l'objet d'un compromis régional. La question du Siam manque d'occasionner une guerre entre les deux pays en 1893[58]. Paul Doumer, gouverneur de l'Indochine de 1896 à 1902, forme le Comité de l'Asie française, en 1901, dont la direction est confiée à Étienne, et organise une campagne de presse, des banquets, aidé par le ministre des Colonies Guillain, afin de promouvoir la colonisation française dans cette région[59]. Les attachés partagent la conviction répandue chez les observateurs proches des Anglais que ce genre d'activisme est payant face à un activisme britannique permanent, mais Delcassé tente au contraire de contenir les tendances impérialistes de Doumer[60]. Au Yunnan, les Anglais renoncent à contrer les Français par la voie du vice-roi en 1901. L'attaché militaire y voit l'effet d'une baisse de ferveur nationaliste, mais aussi

---

[55] Instrument de ratification britannique de la convention du 8 avril 1904 relative à Terre-Neuve et à l'Afrique occidentale et centrale, Londres, 15 novembre 1904.
[56] Lettre de P. Cambon, 10 janvier 1905, M.A.E. N.S. G.B. 19.
[57] Interventions au Sénat, *J.O.R.F.*, 7 décembre 1904, P.R.O. F.O. 27 3668 ; *Ibid.*, 8 et 10 novembre 1904, conservé dans M.A.E. P.A.A.P. Cambon 63.
[58] N. J. Brailey, "Anglo-French Rivalry over Siam and the Treaties of April 1904", in P. Chassaigne et alius éd., *Anglo-French Relations…*, p.56-68.
[59] M. Brugière, « Le chemin de fer du Yunnan. Paul Doumer et la politique d'intervention française en Chine (1899-1902) », *Revue d'histoire diplomatique*, juillet-septembre 1963, p. 23-61, 129-162 et 252-278
[60] E. Halévy, « Les origines de l'Entente 1902-1903 », *La Revue de Paris*, n°10, 15 mai 1924, p.293-319.

des efforts du gouvernement français[61]. Dans le Golfe persique, les deux nations convoitent assez tôt des points d'appui[62]. L'ensemble de ces contentieux n'a pas la dimension symbolique des précédents, mais ils sont considérés comme autant d'enjeux par les anglophobes. Les dirigeants doivent définir une politique de défense des possessions coloniales sans subir l'agenda anglophobe.

Les cartes illustrent les nouveaux enjeux territoriaux issus de la colonisation. Les tracés reflètent un attachement sentimental à des territoires par lesquels les anglophobes tentent d'imposer leur vision, finissant par se poser en uniques défenseurs des colonies françaises. La rivalité avec le Royaume-Uni est un facteur décisif de la colonisation. Les dirigeants doivent donc éviter de subir les pressions anglophobes. Un des moyens pour apaiser ces conflits est d'offrir une autre vision du monde, plus pragmatique, moins subjective. Les diplomates délimitent plutôt les frontières pied à pied, et songent moins à défendre des territoires entiers qu'à délimiter des frontières précises. Les dirigeants doivent donc d'abord se garder de ne pas s'attacher aux conquêtes coloniales et à la charge affective qui leur est associée.

---

[61] Dépêche de d'Amade, 14 décembre 1901, S.H.A.T. 7N 1247.
[62] M. Al Azzawi, *La Rivalité franco-britannique dans le golfe arabe (1793-1882)*, doctorat d'État sous la dir. de M. le Pr. J.L. Miège, Université d'Aix-Marseille 1, 1985, 3 vol., 1167p.

Chapitre 6. Les anglophobes refont l'histoire contemporaine

Les anglophobes ont une vision pessimiste, fataliste et cyclique de l'histoire qu'ils tentent d'imposer à chaque nouvel événement. Tout au long de la période, de 1898 à 1940, entre les deux grandes crises de Fachoda et de la guerre des Boers, d'une part, et celle de 1940 et de Mers el-Kébir, d'autre part, les différends incidents alimentent la légende anglophobe française. Les querelles coloniales alimentent les protestations d'anglophobie populaire, auxquelles l'Entente cordiale n'apporte qu'une réponse partielle. Si la Première Guerre mondiale marque une pause de cette hostilité, les débats sur le règlement de la Paix excitent de nouveau les passions. Enfin, la crise des années trente, et surtout la Deuxième Guerre mondiale, font culminer l'anglophobie. Chacune de ces crises met à rude épreuve la capacité du dirigeant à ne pas se laisser gagner lui-même par l'anglophobie. Les dirigeants ne restent pas toujours insensibles à cette agitation, mais ils n'expriment leur anglophobie qu'épisodiquement et ils essaient plutôt de contenir les différentes poussées anglophobes.

I. Les dirigeants face aux crises initiales de Fachoda et de la guerre des Boers (1898-1902)

A. L'attitude des dirigeants face à la crise de Fachoda

Dans l'imaginaire anglophobe, l'histoire franco-britannique obéit à un cycle de vengeances réciproques qui s'articule autour d'une série d'évènements prétextes, où la France et le Royaume-Uni exploitent tour à tour les faiblesses de l'autre : procès Wilde[1], affaire Dreyfus, Fachoda, guerre des Boers. La presse britannique voit dans l'« Affaire » une occasion de rendre la pareille à la presse parisienne, qui s'est étendue sur l'affaire Oscar Wilde. Le *Times* manifeste rapidement un intérêt pour l'affaire Dreyfus. En 1896, puis 1898, les Anglais prennent le parti de Dreyfus ; le 10 septembre 1899, une manifestation en faveur de Dreyfus rassemble cinquante mille Londoniens à Hyde Park[2]. L'amiral John Fisher échafaude même un plan pour faire évader le capitaine Dreyfus et le ramener en France, afin d'alimenter une guerre civile[3]. En France, les antidreyfusards y voient la preuve de la collusion naturelle entre juifs et anglais. Certains antidreyfusards prétendent que la campagne antirévisionniste est financée par de l'argent anglais[4].

---

[1] Oscar Wilde est condamné à deux ans de travaux forcés pour homosexualité en 1895 en vertu du *Criminal Law Amendment Act* de 1885. Le procès est rapporté, entre autres, par *la Lanterne*, *l'Écho de Paris*.
[2] M. Cornick, « The Dreyfus Affair and Britain », *Franco-British studies*, n°22, automne 1996, p.57-82.
[3] P. Chassaigne, *La Grande-Bretagne et le monde...op.cit.*, p.40.
[4] L.Villate, *Paul et Jules Cambon, Deux Acteurs de la diplomatie française (1843-1935)*, thèse sous la dir. du Pr. P. Milza, I.E.P. Paris, 3 vol., 1999, p.521.

Dans ce contexte, l'exploitation par la presse française de la guerre des Boers répond au traitement de l'affaire Dreyfus par la presse britannique. C'est l'idée du journal satirique *Le Grelot*, en décembre 1899, où Victoria, un an après avoir chassé Marianne à Fachoda, se fait chasser à son tour du Transvaal par le président Kruger[5]. La guerre des Boers apparaît comme une revanche sur l'Affaire Dreyfus, illustrée par la fête donnée le 15 décembre 1899 aux Folies-Marigny en l'honneur du ministre de la Guerre accusé par Zola en janvier 1898, le général Mercier. Les vagues d'opinion populaires française et britannique s'alimentent mutuellement.

L'historiographie britannique rappelle la déclaration du sous-secrétaire au *Foreign Office*, Edward Grey, du 28 mars 1895, qui met en garde le gouvernement français contre toute intrusion, qui serait considérée comme un acte « inamical ». Dans les milieux militaires et coloniaux quelques uns contestent cette déclaration. Le ministre français des Affaires étrangères réplique précisément que la courtoisie ne saurait tolérer les ordres, une idée récurrente des dirigeants français. Selon des confidences de l'explorateur Louis Binger faites au général Legrand-Girarde, Gabriel Hanotaux aurait obtenu une garantie contraire à cette déclaration l'année précédente. Il reste que la diplomatie française pêche par l'absence de prise de position officielle pendant toute la période, renforçant l'impression britannique qu'elle profite de ce que le rival a le dos tourné pour avancer ses pions.

Les dirigeants français violent-ils *délibérément* une position britannique par anglophobie? Depuis la prise d'Alexandrie par les Britanniques en 1882, la situation juridique en Égypte reste floue. Les Britanniques y ont pris pied plus tôt, mais le sud reste une zone incertaine. Le gouverneur britannique Gordon est tué en territoire soudanais en 1885. Du coup, l'administration « effective » du territoire requise est le critère retenu par le Congrès de Berlin, et les Britanniques cherchent à combler ce manque par des mises en garde verbales. La déclaration de Grey montre que les Anglais ont négligé cette région. En juin 1898, face à la progression française, Lord Salisbury suggère en dernier recours de considérer le Soudan comme un État indépendant pour empêcher toute intrusion[6]. L'hostilité à l'Angleterre n'est pas une cause avérée de Fachoda.

Dans le groupe colonial, les « Soudanais » poussent à avancer au maximum en Afrique, mais est-ce bien par anglophobie ? En France, l'objectif de Fachoda est explicitement évoqué devant l'explorateur Parfait-Louis Monteil, qui a déjà parcouru le Sénégal et le Niger[7]. Le 13 juillet 1894, le ministre des Colonies, Delcassé, envoie la mission Monteil, mais c'est Léon Bourgeois, devenu ministre des Affaires étrangères, qui lance la mission Marchand. Le 23 juin 1896, l'idée d'une mission pour Fachoda est adoptée. Le 25, le capitaine Marchand part pour l'Afrique. Le 8 décembre, les crédits sont votés par 477 voix contre 18. Les services secrets britanniques finissent par savoir que le

---

[5] « Comparaison », couverture du *Grelot* n°1499 du 31 décembre 1899.
[6] Télégramme de Lord Salisbury à Lord Cromer du 3 juin 1898, P.R.O. F.O. 78 5050.
[7] M. Michel, *La Mission Marchand 1895-1899*, Paris, Mouton, réédé. 1972, 290p. ; P. L. Monteil, *Souvenirs vécus. Quelques feuillets d'histoire coloniale*, Paris, 1924, 158p., p.66-67.

capitaine Marchand se dirige vers Fachoda[8]. Il ne s'agit ni d'un « bluff », ni d'un « dessein » prémédité de la part d'Hanotaux[9] : le ministre des Affaires étrangères ne bluffe pas, mais tente quelque chose dont il ne sait pas très bien où cela le mènera. Le capitaine Marchand ne pousse pas sa mission au bout par « anglophobie ». Plusieurs lettres d'amis adressées à Marchand révèlent une orientation nettement plus antibritannique à partir de 1896 dans le cadre d'une rivalité coloniale classique. Toutefois, la mission Marchand n'a rien à voir avec la mission Voulet-Chanoine, par exemple, qui a violé le territoire britannique et commis des exactions au Tchad. Marchand considère les Anglais d'abord comme des rivaux coloniaux. Il n'est pas en confrontation frontale avec eux.

La multiplication des points de friction entraîne des risques directs de heurts. Dès 1897, Lord Salisbury avertit des risques de heurts dans l'actuel Nigéria. En avril, le cas de Boussa a déjà donné lieu à une confirmation du colonialisme par une occupation effective, comme voulue par le Congrès de Berlin. Les Français ont construit un fort d'Arenberg en 1895, qu'ils ont abandonné en 1897. De fait, les colonisateurs se livrent à une course-poursuite pour tracer la frontière entre Bénin et Nigéria. L'explorateur-colonel Willcocks rencontre le premier drapeau français à Kaiama, et plante le sien à Kanikoko. Le 5 mai, un sous-officier français publie un livre en deux volumes sur les droits de la France dans le Borgou, au nord du Bénin ; les deux officiers finissent par sympathiser[10], mais Willcocks n'en poursuit pas moins le Français à Kichi : c'est l'occupation effective qui fait droit. Il s'agit donc bien d'une compétition, d'une course-poursuite. En juin 1898, la situation entre les deux pays est donc tendue, mais semble stabilisée[11]. La compétition coloniale provoque nécessairement certains heurts, certaines rancœurs, et peut nourrir une certaine animosité ; mais elle ne débouche pas sur une anglophobie viscérale.

La probabilité d'un conflit est-elle donc exagérée ? L'attaché naval à Londres, Hilaire Fiéron, sortant de son rôle, avertit plusieurs fois des intentions belliqueuses du Royaume-Uni : «Il peut se faire qu'il y ait une <u>démonstration</u> », prévient-il le 20 février 1898. Quoiqu'il grossisse peut-être le danger de basculement du Premier ministre Lord Salisbury, une minorité active au sein du Cabinet est prête à engager le combat. L'attaché militaire, le colonel du Pontavice, qui se montre plus sceptique sur la possibilité d'un conflit, recueille

---

[8] H. L. Wesseling, *Certain Ideas of France: essays on French history and civilization*, Londres, Greenwood, 2002, 205p., p.143.
[9] Le terme de « bluff », employé dans T. Pakenham, *The Scramble for Africa...op.cit.*, p.504, supposerait une stratégie de poker délibéré que rien ne vient attester sinon la volonté banale des colons d'être les premiers sur place. Les dirigeants n'ont pas cherché à mentir sur leurs effectifs. ; M. Baumont, *op. cit.*, p.175 emploie le terme de « dessein », mais cela suppose inversement un projet conscient et très cohérent, là où l'exploration coloniale est plus empirique.
[10] Sur tout ceci, cf. entre autres les lettres de Paul Bourdarie, 22 août 1896 et lettre de Judet, 28 août 1896, Archives nationales (A.N.) 231 Mi 6, Papiers Marchand.
[11] S.C. Ukpabi, "The Anglo-French Rivalry in Borgu: A Study of Military Imperialism", *African Studies Review*, vol. 14, n°3, décembre 1971, p. 447-461.

les confidences de Sir Charles Dilke sur un acte d'inimitié en préparation[12]. Les deux pays épient le moindre signe, les observateurs sont d'autant enclins à les interpréter négativement qu'ils manquent d'information. Les agences de presse se chargent de combler les lacunes du renseignement, alimentant les polémiques, jusqu'au bout du monde, où les rumeurs de guerre parviennent rapidement. Il faut montrer une singulière force de caractère pour résister à la pression médiatique. En Nouvelle-Zélande, le consul de France à Wellington pense que le ministère de la Défense britannique cherche simplement à voir ses moyens augmenter, car, les dirigeants, comme le haut personnel des banques ou du grand commerce, n'est absolument pas belliqueux[13]. Le danger peut ainsi être délibérément exagéré par les élites elles-mêmes, c'est un moyen pour l'armée d'obtenir des crédits, en France comme au Royaume-Uni.

Sur le terrain, à Fachoda, les Britanniques arrivent donc en retard, mais en nombre, tandis que les Français poursuivent une course aux clochers, sans moyens pour la mission Marchand. La Marine française n'est guère capable de soutenir un conflit en Méditerranée. Dès le 11 juillet, au lendemain de son arrivée, le capitaine Marchand est conscient du caractère audacieux de son entreprise, mais il considère la venue probable des Anglais avec sérénité, sûr de son droit et de ses forces, ce en quoi il se trompe. Il place sa confiance dans les neuf officiers et cent trente hommes de sa mission, ainsi que dans les renforts du capitaine Germain, venant de l'Ouest, de cinquante hommes en fait, et de l'explorateur de Bonchamps, venant de l'Est. Fin août, il sous-estime encore les Anglais, qu'il évalue à 500-600 hommes révoltés, et ignore les effectifs très supérieurs que Kitchener a demandé dès décembre 1897, soit vingt six mille hommes, dont seulement quarante huit sont morts à Omdurman[14]. De plus, il ne craint pas tant Kitchener que les Derviches. Or, le 25 août, il parvient à repousser victorieusement une attaque de plus d'un millier d'entre eux grâce à la supériorité technique du fusil Lebel. Cette victoire lui donne une confiance tragique. En amont, le capitaine Marchand est privé de toute information fiable.

En aval, les diplomates au Caire, à Djibouti, ou à Paris, sont tout autant tributaires de l'étranger pour s'informer. La question des communications, étudiée par les publications récentes, est déterminante : le Royaume-Uni avait la maîtrise des moyens de communications. Sans doute une partie de la querelle est-elle purement rhétorique[15]. Déjà, lors du débat contemporain sur la compagnie des Messageries maritimes, André Lebon fait preuve de réalisme en dressant le portrait d'une Angleterre maîtresse des communications. C'est un thème récurrent des observateurs de l'époque. Pendant la guerre des Boers, le

---

[12] Dépêche de l'attaché naval Hilaire Fiéron au ministre de la Marine. 20 février 1898, BB4 1750 1 ; Rapport de l'attaché militaire, colonel du Pontavice, 12 mars 1898, M.A.E., N.S. G.B. 11 et C. Andrew, op. cit.
[13] Dépêche du consul de France à Wellington, 7 novembre 1898, M.A.E. N.S. G.B. 33.
[14] R. Marx, La Grande-Bretagne et le monde au XXe siècle, Paris, Masson, 1986, 239 p. et T Pakenham, op. cit.
[15] Selon le journal satirique allemand, Kladerradatsch, 30 octobre 1898.

lieutenant-colonel d'Amade a bien du mal à faire valoir ses rapports contre un gouvernement anglais, « maître de l'Information à travers le monde »[16].

Cet arrière-plan permet de mieux comprendre les enjeux et l'issue de la crise de Fachoda vue par les dirigeants. L'argument avancé par le capitaine Marchand et souvent sous-estimé n'est pas l'honneur personnel, mais bien la « République ». Or, l'entrevue entre Kitchener et le capitaine Marchand n'est rapportée qu'en termes de rapport de force militaire. Delcassé est d'autant plus prompt à ordonner le retrait du capitaine Marchand que la difficulté de communiquer directement avec lui rend délicates les tergiversations. Le ministère des Affaires étrangères français est arrivé à cette situation paradoxale de dépendre des Britanniques pour transmettre les ordres à Marchand. Dans ces circonstances, il est difficile au ministre de transmettre un ordre de guerre. En outre, le service du chiffre du Quai d'Orsay commet des erreurs. Le ministre croit avoir évité une crise à cause d'un faux déchiffrement en septembre 1898, qui lui a laissé croire que les Britanniques étaient prêts à une guerre mais avaient renoncé[17]. Le temps d'attente propre à l'acheminement des ordres, trois mois, ne permet absolument pas de réagir rapidement. La lettre du capitaine Marchand, envoyée par deux itinéraires différents, le 10 juillet 1898, n'est pas encore parvenue au ministère début octobre. Du coup, c'est le règne des rumeurs, inspirées par les Britanniques. Dès le 11 juillet, Marchand s'en plaint. Il dissuade sa femme Louise de prêter attention à d'éventuelles nouvelles. Le 30 août, il lui déconseille de lire les « canards », fausses histoires attribuées aux Anglais[18].

L'attitude des dirigeants britanniques n'apaisent guère les dirigeants français. Le Premier ministre adopte une attitude ambiguë.

> « Lord Salisbury travaille beaucoup à aplanir le terrain en vue d'une bonne entente avec la France... Il est appuyé par la Cour dans ses efforts pour rétablir des relations amicales avec la France. […] D'un autre côté, Lord Salisbury possède une villa à Beaulieu, en France, et à mesure qu'il vieillit, il éprouve de plus en plus le besoin de passer l'hiver dans ce climat doux qui convient bien à son état de santé. Il a donc un intérêt personnel à rétablir de bonnes relations avec la France »[19].

Début octobre, il se montre assez ouvert[20]. Il veut avant tout gagner du temps, « laisser les passions anglaises s'apaiser, se canaliser »[21]. Dans une lettre de la Reine Victoria, il apparaît contre la guerre[22]. Outre une invasion française, le Royaume-Uni peut en effet craindre une activation de l'alliance russe, en

---

[16] Rapport d'Amade, 26 novembre 1901, S.H.A.T. 7N 1220.
[17] D.P. Nickles, *Under the Wire. How the Telegraph changed Diplomacy*, Harvard, H.U.P., 2003, 265p., p.165.
[18] Reproduit dans général Mangin, « Lettres de la mission Marchand. 1895-1899 », *La Revue des deux mondes*, 15 septembre 1931, p.241-283.
[19] Dépêche de l'attaché militaire du Pontavice, 24 novembre 1898, S.H.A.T. 7N 1229.
[20] 4 octobre 1898, S.H.M. BB4 1750 1.
[21] Lettre de Courcel à Delcassé, 29 octobre 1898, M.A.E. P.A.A.P. Delcassé 4.
[22] Lettre de Victoria à Salisbury, 30 octobre 1898, dans T. Pakenham, *op. cit.*, p.552 sq.

vigueur depuis 1891. Si ses propos semblent prêter à l'apaisement, il reste parfaitement ferme sur le fond. Les archives de la Marine britannique montrent comment cette fermeté se traduit sur le terrain sans l'ombre d'un doute. Lord Salisbury mobilise la flotte, quoique non convaincu[23] : une dizaine de cuirassés, des canonnières, des torpilleurs et des contre-torpilleurs, soit une partie des garde-côtes du Royaume-Uni[24]. Tous les navires sont regroupés par secteurs, parés à l'attaque. En réponse, la flotte de la Méditerranée sort de Toulon. A mesure que l'année 1898 avance, et que la crise de Fachoda s'aggrave, les dirigeants britanniques se montrent moins conciliants. Une certaine condescendance britannique, tirée du rapport de force militaire, atteint un sommet avec la lettre du professeur de français à l'Université d'Édimbourg, qui se fait connaître par des ouvrages sur les questions internationales, Charles Saroléa, par laquelle il demande au gouvernement français d'abandonner toute velléité de résistance et de plutôt dépenser son argent dans la constitution d'une bibliothèque digne pour le département de français de l'Université d'Edinburgh en guise de compensation symbolique ! Paul Cambon attend en vain une réponse à ses ouvertures[25].

Loin de constituer un front unanimement anglophobe, les marins français sont partagés. Si certains poussent à l'attaque au nom de la doctrine ou de l'honneur, la majorité d'entre eux s'oppose à des entreprises irréfléchies. Lors de la séance du Conseil Supérieur de la Marine du 11 janvier 1899 portant sur Fachoda, ils sont divisés. Le ministre de la Marine, Édouard Lockroy, croit une guerre possible. L'amiral René Daveluy, théoricien maritime, pourtant assez anglophobe, reconnaît que la France aurait perdu son empire colonial en cas d'intervention navale au moment de la crise de Fachoda. Léonce Abeille, capitaine de frégate et sous-directeur de l'École supérieure de Marine, récuse la mégalomanie navale de certains. Jean-Louis de Lanessan, député du Rhône, analyse rétrospectivement l'anglophobie superficielle de ses compatriotes comme l'expression d'une ignorance sur les capacités navales réelles de la France. L'amiral Dégouy, théoricien de la guerre navale et offensive, conclut : « Une fois de plus nous n'avions pas su nous donner la marine de notre politique ». Les marins au contact direct avec les Anglais sont également divisés. Les archives des médecins qui suivent les marins dans leur périple permettent de se rendre compte d'une impression plutôt favorable. Le médecin général du service de santé des colonies, le docteur Albert Clarac, laisse ainsi un témoignage, en 1898, dans lequel il exprime son admiration pour la sagesse de Delcassé. Les « officiers français » ne sont donc pas tous devenus d' « irréductibles anglophobes »[26].

---

[23] A. Viallate, *J. Chamberlain*, Paris, Alcan, 1899, 154p.
[24] Dépêche de du Pontavice au ministre de la Guerre, Freycinet, 21 janvier 1899, S.H.A.T. 7N 1219-2.
[25] Dépêche de Paul Cambon, 22 décembre 1898, M.A.E. N.S. G.B. 11.
[26] De Lanessan, « Les relations de la France et de l'Angleterre », *Questions maritimes et coloniales*, n°49, 11 mars 1899, P.R.O., F.O. 3456 ; amiral Dégouy, « Les relations anglo-françaises de 1815 à 1934 », *Revue politique et parlementaire*, n°479, octobre 1934, p.121 ; A. Clarac, *Mémoires d'un médecin de la Marine et des colonies, 1854-1934*, Vincennes, S.H.M.,

En revanche, la presse française alimente au contraire la polémique et entretient ses lecteurs dans l'ignorance du rapport de force militaire défavorable à la France. Elle béatifie le capitaine Marchand, dont le portrait apparaît en médaillon, telle une icône, au milieu de celui de ses compagnons dans *le Soleil*, qui tire à 40000 exemplaires[27]. De même, le *Petit Parisien* dépeint l'arrivée héroïque du capitaine Baratier, dans son numéro du 6 novembre 1898. Il est salué en héros sur les quais de la gare. *La Dépêche coloniale* en appelle à la guerre[28]. Les journaux britanniques ne sont pas en reste, le *Daily Mail* leur fait notamment écho, en appelant à « se défendre » contre la France.

Les diplomates ne se laissent pas porter par ce courant, mais gardent leur sang-froid. Comme la crise se prolonge, ils cèdent le 5 novembre, plus lucides que bien des militaires sur l'infériorité maritime de la France. D'ailleurs, la crise ouvre des solutions. L'Entente cordiale prend sa source dans ce nœud conflictuel. Delcassé explique ainsi à son ambassadeur :

> « Je ne prétends pas cependant invoquer le droit du premier occupant pour nous maintenir en dépit de tout même contre notre propre intérêt à Fachoda.[...] Ne semble-t-il pas <u>au contraire</u> que, si les dispositions du gouvernement anglais sont bien celles dont témoignait le langage tenu mercredi dernier [le 28 septembre] à M. Geoffray par Lord Salisbury, la situation même devant laquelle nous nous trouvons puisse servir de <u>point de départ</u> à un échange amical de vues entre les deux Cabinets, et, par suite, à une entente destinée à compléter les arrangements qui ont déjà déterminé les sphères d'influence des deux pays dans la région du Tchad ? »[29]

A l'anglophobie à court terme de la presse, il oppose une vision plus réaliste des rapports entre les deux pays.

La crise de Fachoda a donc deux conséquences majeures à long terme : une prise de conscience du retard de l'armement naval, et une volonté d'anticiper de nouveaux conflits. Paul Cambon suggère à Delcassé que le seul moyen d'éviter une guerre est de prendre toutes les dispositions qu'exige l'éventualité d'une lutte par les armes[30].

> « A mon avis, le discours de M. Chamberlain n'est pas fait pour nous déplaire, car avec l'intempérance de langage qui l'a toujours caractérisé, cet homme politique nous découvre là le but vers lequel sa politique tend depuis qu'il est aux affaires.[...]en tête de l'opposition nous trouvons Lord Rosebery l'homme d'Angleterre peut-être le plus hostile à la France et que tout le monde ici considère comme désireux d'arriver à un conflit avec nous.[...]Je me permettrai toutefois d'exprimer à Votre Excellence l'opinion que le seul moyen d'éviter

---

1994, 273p., p.75 sq. ; F. Kersaudy pense que l'épisode soulève une vague générale d'anglophobie partagée par la Marine. F. Kersaudy, *op. cit.*, p.33.
[27] Illustrations du *Soleil*, dimanche 9 octobre 1898.
[28] T. Pakenham, *op cit.*, p.553.
[29] Télégramme très confidentiel de Delcassé à Courcel, 4 octobre 1898, M.A.E. P.A.A.P. Delcassé 13.
[30] Dépêche du chargé d'affaires à Londres, Geoffray, à propos du discours de Chamberlain à Manchester, 16 novembre 1898, M.A.E. N.S. G.B. 11.

une guerre est de prendre sans forfanterie mais sans les dissimuler, toutes les dispositions qu'exige l'éventualité d'une lutte par les armes »

L'attaché militaire corrobore les propos du diplomate : « plus nous serons préparés moins les Anglais chercheront à nous attaquer »[31]. L'incident de Fachoda sert donc la cause des militaires, qui peuvent ainsi demander de nouveaux crédits.

B. La Guerre des Boers : la crise d'anglophobie de moins en moins voilée

Cette guerre est pourtant décisive du point de vue de l'anglophobie. Il est frappant de voir comment les célébrations de l'Entente cordiale, puis la mémoire des deux guerres mondiales l'ont escamotée. Pourtant, elle joue un rôle de premier plan dans la formation de l'Entente cordiale. En 1885-1886, la découverte de gisements d'or au Transvaal suscite la convoitise des aventuriers, puis des gouvernements. Le gouvernement britannique se montre le plus actif. La guerre des Boers s'inscrit en effet dans un contexte d'expansion coloniale. Au contraire, la France n'a que peu d'intérêts au Transvaal, sinon une lointaine affinité avec des protestants réfugiés après la révocation de l'Édit de Nantes en 1685. L'attirance pour ces minerais entretient le cliché largement répandu de l'âpreté au gain britannique. Ce sont les mines du Transvaal qui ont attiré « l'insatiable ambition des lords anglais » selon Étienne[32]. Les dirigeants sont assez convaincus par les intérêts financiers et matériels que le Royaume-Uni cherche à tirer de la guerre.

Dès le début de la guerre, déclenchée pour défendre les intérêts de la minorité anglophone, les opérations soulèvent de vives protestations internationales contre la disproportion des forces[33]. En France, une majorité de l'opinion publique prend parti pour les Boers. Cette « boerophilie » s'explique grandement par son antithèse, l'anglophobie : elle lui confère ses lettres de noblesses. Plus importante que Fachoda, concurrencée par l'affaire Dreyfus, la guerre des Boers devient le prétexte idéal dont s'emparent ceux qui dénoncent Albion depuis longtemps. Dès le début de la guerre, l'attaché naval s'attend, à la lecture des journaux, à une « espèce de *regain anglophobe* »[34]. Son pronostic est confirmé. Les dirigeants sont eux-mêmes gagnés par ce courant d'anglophobie. A la Chambre, les députés critiquent sévèrement la politique britannique. Le 21 janvier 1902, lors de la discussion du budget des Affaires étrangères, un membre de l'ambassade britannique qui assiste à la séance rapporte que l'« ensemble » des députés est hostile à l'Angleterre, et qu'ils citent à l'appui de leur vote des exemples de cruauté britannique. Parmi ces députés, on compte de nombreux nationalistes, traditionnellement hostiles au Royaume-Uni. D'autres, issus de la droite, mais aussi de la gauche, les rejoignent à mesure que la guerre progresse. Les députés Georges Berry, député monarchiste de la Seine, Clovis

---

[31] Dépêche de du Pontavice, 13 janvier 1899, S.H.A.T. 7N 1219-2.
[32] Article du *Figaro*, cité par l'attaché naval, 8 novembre 1899, S.H.M. BB7 53 2.
[33] U. Kröll, *Die internationale Buren-Agitation 1899-1902*, Münster, Regensberg, 1973,478p.; K. Wilson, *The International Impact of the Boer War*, Chesham, Acumen, 2001, 214p.
[34] Selon l'attaché naval, dépêche du 8 novembre 1899, S.H.M. BB7 53 2. Nous soulignons.

Hugues, ancien communard, et l'abbé Lemire, démocrate chrétien et social, interpellent Delcassé sur la question des camps de reconcentration au Transvaal. Même le député socialiste Gustave Rouanet, mu par des considérations plus humanistes, compare le sort des Boers avec le massacre des Arméniens dans l'Empire ottoman, rejoignant le camp des critiques de la politique britannique.

Des comités *ad hoc* extraparlementaires se forment pour fédérer ces protestations et leur donner du poids. Il n'y a pas de parti anglophobe, mais diverses ligues servent à diffuser ces critiques. Elles recrutent dans les milieux nationalistes influents, proches des dirigeants. Le Comité français pour les Républiques d'Afrique du Sud du 24 octobre 1899 nomme comme président le colonel Monteil et comme présidents honoraires des antidreyfusards comme les académiciens François Coppée et Jules Lemaître, Émile de Marcère, sénateur modéré du Nord, le journaliste nationaliste Henri de Rochefort et le journaliste antisémite Édouard Drumont. Il compte parmi ses membres la comtesse de Martel, qui exerce une influence sur les dirigeants par le biais de son salon, comme Juliette Adam, et M. Thiébaud[35]. Le Comité pour l'indépendance des Boers revendique le chiffre élevé de 237000 sympathisants au total[36]. La structuration du comité emprunte beaucoup à la Ligue de la Patrie française, créée l'année précédente, et il ne se contente pas, de demander la fin des hostilités, mais aspire en outre à fédérer les nationalistes. La guerre des Boers fournit l'occasion d'une revanche sur les Britanniques et sur Dreyfus.

Les anglophobes français livrent une guerre par procuration au Royaume-Uni : une guerre de mots par la presse ; le thème de la guérilla devient un thème populaire ; une guerre par armements interposés, car les Boers ont des canons du Creusot ; une guerre par le biais de volontaires d'un petit contingent de Français qui prend part aux combats.

La couverture de presse est plutôt sérieuse, mais de nombreuses caricatures fleurissent rapidement, davantage dans les journaux que dans les revues. Les journaux nationalistes, comme *L'Autorité* et *La Patrie*, publient des récits aberrants, « follement antibritanniques ». Dans le corpus présenté non limité ni exhaustif de 380 dessins de *l'Illustration* et du *Monde illustré*, Anne-Claude Ambroise-Rendu ne note que 2% de caricatures critiques. Les numéros de *l'Illustration* du 6 janvier, du 17 novembre 1900, et du 12 octobre 1901, laissent passer des caricatures critiques, même si le ton global est plutôt retenu. Même des hebdomadaires comme *l'Illustration* n'échappent pas à une caricature de la guerre. Le dessin de la faucheuse paru dans *le Monde illustré* du 29 décembre 1900 inspire les dessins de Jean Veber dans *l'Assiette au Beurre* qui reprend séparément la faucheuse en couverture et Albion régnant sur l'empire des morts

---

[35] Juliette Adam a longtemps ouvert ses portes aux héritiers radicaux de Gambetta, mais a pris des positions de plus en plus nationalistes en s'éloignant des milieux dirigeants. En avril 1898, elle dénonce l'inhumanité des Anglo-Saxons dans *La Nouvelle Revue*, juin 1898, p.133-140.

[36] Selon l'estimation haute et avantageuse de *L'Eclair* du 21 octobre 1900, P.P. BA 1551. L'appel initial de la Patrie française paru dans *Le Soleil* du 31 décembre 1899 ne recueille que quarante mille signatures.

dans une veine plus critique[37]. Le *Monde illustré* dénonce un crime. La caricature entend contester la présentation de la guerre comme la simple réponse à une agression boer sur les populations britanniques. *L'Assiette au Beurre* procède à une redéfinition du vocabulaire, remettant en cause l'exécution de Britanniques présentée comme un « crime », l'exécution des Boers comme un « châtiment ». L'attitude des Anglais avec la population civile est également dénoncée au quotidien. Le mois suivant, *L'Illustration* présente des photos censées prouver des pratiques brutales des soldats qui infligent l'humiliation d'un pillage à une habitation boer : des affaires jonchent le sol, des meubles ont été sortis et restent bancals, un homme inspecte un livre et se demande s'il va le garder, un autre saisit une grille, un soldat anglais s'amuse à jouer sur un piano, sous le regard sombre d'une femme et le regard distant de trois enfants. Ces reportages subjectifs témoignent sans conteste d'une forte volonté des journalistes de colporter des témoignages anglophobes. Outre la barbarie, ces derniers révèlent aussi l'aspect purement lucratif de cette aventure coloniale, qui sert des intérêts privés. Les intérêts financiers personnels de Joseph Chamberlain dans la cordite sont montrés en épingle. Une caricature célèbre, intitulée « Business is business », reprise dans *le Rire*, dénonce le marketing militaire, en étiquetant l'habit du soldat britannique comme autant de marchandises vendues à l'État par les industries britanniques[38].

Face à la virulence de certaines caricatures, les dirigeants britanniques contre-attaquent en stigmatisant la réaction française, or celle ci est loin d'être isolée. En Europe, aux États-Unis, l'attitude britannique est condamnée. La guerre montre l'isolement diplomatique britannique. Cette guerre a joué un rôle décisif. Les conséquences non territoriales, mais psychologiques, financières et diplomatiques de la guerre des Boers ont renforcé considérablement la recherche d'alliés fiables par le Royaume-Uni. La guerre a coûté 217 millions de livres[39], les dépenses annuelles atteignant un pic de 146 millions de livres, jamais franchi jusqu'en 1914.

Les dirigeants face aux manifestations populaires d'anglophobie

Pendant la guerre des Boers, des manifestations anglophobes se tiennent dans de nombreuses villes en France. On porte des chapeaux à la Boer. A Paris, rue Montmartre, la police disperse cinquante étudiants hostiles à l'Angleterre, début février 1900. Un autre incident éclate à Saint-Malo.

> « Hier soir, le vapeur *Victoria*, de la Compagnie London and South-Western, est entré dans le port de Saint-Malo avec ses pavois, à l'occasion de la délivrance de Ladysmith. Au moment où il venait se ranger au quai Saint-Louis, les promeneurs se sont amassés et ont crié : "A bas les Anglais ! Vivent

---

[37] L. Lacroix et P. Veber, *L'œuvre lithographié de Jean Veber illustré de cent planches hors-texte*, Paris, Floury, 1931, 278p.
[38] *Le Monde illustré*, 29 décembre 1900 ; *L'Assiette au beurre*, n°26 du 28 septembre 1901 ; *L'Illustration*, 19 octobre 1901 ; Le Rire n°315, 17 novembre 1900.
[39] 5,5 milliards de francs (soit 18,7 milliards) selon F.C. Mougel, *Histoire du Royaume-Uni au XXe siècle,* Paris, P.U.F., 1996, 600p., p.51.

les Boers !"". L'effervescence s'est propagée en ville et, ce matin, le drapeau boer flottait sur la porte de Dinan, en signe de protestation. Dès que le capitaine du *Victoria* eut constaté l'effet produit par sa manifestation, il fit rentrer ses pavois. » [40]

Des manifestations anglophobes ont lieu dans les rues. Les manifestants vouent un culte important aux héros de la guerre du Transvaal. Le 7 mars 1902, lorsque le commandant boer Delarey fait prisonnier Lord Methuen à Tweebosch, il est célébré comme un héros, en France comme en Allemagne. Réciproquement, au Royaume-Uni, des manifestations dégénèrent, mais les manifestants se tournent essentiellement contre la France, stigmatisant l'anglophobie française. Des vitrines de magasins français sont brisées et pillées à Jersey[41]. L'Allemagne n'est que peu la cible de ces représailles.

Face à ces manifestations, des autorités locales ne se contentent pas d'observer un prudent devoir de réserve, mais elles se démarquent de cette agitation. A Paris, le préfet doit interdire la représentation de *Charles VI*, de Fromental Halévy et Casimir Delavigne, qui avait déjà mis à mal les relations franco-britanniques à sa création en 1843, et pourrait raviver les souvenirs de la guerre de Cent Ans et servir de prétexte à une manifestation antibritannique. Le président du Conseil Waldeck-Rousseau intervient en personne pour interdire les affichages hostiles sur les boulevards parisiens. A Bordeaux, par exemple, les autorités locales font de la prévention, le préfet dissuade ainsi un conférencier d'intervenir sur les Boers ; elles contrôlent l'image publique de la ville et contredisent la presse. Les manifestants sont discrédités et leur action minorée par les magistrats bordelais, décrits comme « quelques jeunes gens désapprouvés certainement par toute la population bordelaise ». A Lyon, le préfet prend des mesures pour protéger le consulat anglais[42]. Le préfet et le maire présentent même des excuses officielles au consulat britannique. Enfin, une manifestation à Rochefort est réprimée en mars 1900, une autre à Bordeaux, en décembre 1901. Le préfet de Rochefort prend des mesures pour que l'incident au cours duquel un ouvrier a décroché un pavois britannique ne se reproduise plus. Ces manifestations ne font pas toujours l'unanimité. Des « antinationalistes », dont on ne sait pas s'ils sont organisés, s'y opposent, sans doute davantage par hostilité à l'expression de nationalisme que par anglophilie[43].

Des manifestations populaires antibritanniques, plus sporadiques, se reproduisent néanmoins dans les années trente. Dans un contexte de crise économique, de réarmement et de défiance du couple franco-britannique, de nombreux écrits anglophobes paraissent, surtout à partir de 1935. On s'en prend au portrait du prince de Galles. Les autorités françaises doivent à nouveau

---

[40] « On mande de Saint-Malo au *Figaro* », *Le Figaro*, Revue de presse du 4 mars 1900, S.H.M. BB7 53 1.
[41] *L'Éclair* du 23 mai 1900.
[42] Lettre de Le Roux 17 mars 1900, M.A.E. N.S. G.B. 12.
[43] *Le Petit journal*, n°477, 7 janvier 1900.

intervenir pour faire stationner des agents devant l'ambassade[44]. Dans les deux cas, les dirigeants tentent de contenir les poussées d'anglophobie.

L'Exposition universelle de Paris de 1900 se tient dans un contexte de tension franco-britannique

C'est dans ce contexte agité que se tient l'Exposition Universelle de Paris en 1900. Elle perpétue la rivalité des grandes expositions du XIXe siècle, en voulant dépasser toutes les autres. 83 exposants s'espacent sur 112 hectares. 50 millions de visiteurs découvrent les merveilles des différents pavillons. Parmi ceux-ci, des touristes britanniques se risquent à franchir la Manche. Ainsi, un groupe important de 1700 ouvriers venus de Lever, dans la banlieue de Bolton, au nord-est de Manchester, visite l'Exposition[45]. L'Exposition attire de nombreuses catégories socioprofessionnelles. Les fastes déployés, bien étudiés par l'historiographie[46], ne peuvent faire oublier le contexte bilatéral qui pèse sur ses réjouissances. Les dirigeants français craignent que l'exposition ne soit qu'une parenthèse entre deux guerres, la guerre des Boers et une guerre contre la France. Pendant l'Exposition universelle de Paris de 1900, les militaires craignent que l'Angleterre, dès la fin de la guerre des Boers, ne lance une attaque contre les ports français, pour se venger d'un concurrent aigri. L'Exposition universelle aggrave le contentieux. Les Britanniques sont critiqués pour la guerre des Boers, tandis que les impérialistes britanniques demandent en retour le boycott de l'Exposition de 1900 en France, suscitant les craintes de l'attaché naval français[47]. Le prince de Galles visite le chantier en mars 1898, mais doit renoncer à inaugurer l'exposition, à laquelle il ne se rend qu'en juin 1900[48]. La section britannique des machines de guerre est présentée comme « sauvage ». Les photos montrent un garde permanent à l'entrée. A l'inverse, le pavillon du Transvaal doit être fermé, sans doute aussi parce que victime de son succès. Il se couvre d'inscriptions antibritanniques, des « inscriptions particulièrement dures pour l'Angleterre et pour son ministre Chamberlain »[49], auxquelles s'ajoutent des souscriptions, des signatures sur un registre, des fleurs et des couronnes sur le buste du président Kruger. La police surveille le pavillon pendant la dernière quinzaine d'octobre 1900. Des agents du préfet de police Lépine copient les inscriptions, les envoient à la préfecture, puis au ministère.

---

[44] M. Cornick, *"Faut-il réduire l'Angleterre en esclavage?* French anglophobia in 1935", *Franco-British Studies*, n°14, automne 1992, p.3-17, p.12.

[45] *Le Figaro*, 27 mai 1900, P.P. BA 122.

[46] L. Aimone et C. Olmo, *Les Expositions universelles 1851-1900*, Paris, Belin, 1993, 317p.

[47] Selon l'édito « Anglophobie française » de *La petite République,* 30 novembre 1899, cité dans une dépêche de l'attaché naval du 30 novembre 1899, S.H.M. BB7 53 2. L'attaché invite à la prudence : Déjà, les Impérialistes et les Jingoïstes demandent le boycott de l'exposition de 1900[...]On ne doit pas oublier en fait que 40% de nos exportations vont en Angleterre, que nos stations y recrutent la plupart de leur clientèle[...]Le bon-sens des deux peuples se remettra de ces dangereuses tentatives ».

[48] Articles du *Gaulois*, 19 mai 1900, et de *La Paix*, 11 juin 1900, Dossier « Puissances étrangères à l'exposition. L'Angleterre », P.P. BA 122.

[49] *Le Petit journal*, n°488, 25 mars 1900 ; *L'Écho de Paris*, 4 novembre 1900.

Le secrétaire de Pierson, consul général du Transvaal à Paris, s'oppose à ce qu'on efface les inscriptions. *L'Écho de Paris*, organe officielle de la Ligue de la Patrie française, dans son édition du 4 novembre 1900, dénonce une intervention gouvernementale qu'il assimile à une censure. Pour *L'Intransigeant* du 5 novembre, « le gouvernement se couvre de honte en se courbant servilement devant les désirs de l'Angleterre ». Il rappelle que Delcassé est accusé d'avoir été acheté par l'« or anglais ». *Le Figaro* et *Le Matin* du 5 novembre contestent cette version[50]. Les dirigeants ont néanmoins réagi en fermant le pavillon. L'Exposition universelle est donc déviée de son sujet pour servir d'exutoire à certaines protestations. Ces incidents accroissent les tensions avec les Britanniques. Parmi les dirigeants, certains craignent une attaque britannique dès la fermeture de l'exposition.

Un volontariat anglophobe ?

Les dirigeants doivent faire face à de nombreuses formes de protestation. Les pétitions pour les Boers sont nombreuses. Elles émanent de toutes les catégories socioprofessionnelles. Les militaires à la retraite, plutôt que d'active, ces derniers étant tenus à un devoir de réserve, y figurent en bonne part : Émile Marin ; Émile Carbon, retraité ; l'Italien Ernest Volfri ; Jean Léon, retraité ; le comte Verzi, marin italien ; le lieutenant Lange de Ferrières ; la veuve du capitaine au long cours José Borgès d'Andradaine. Il est difficile de dire dans quelle mesure ces pétitions sont antibritanniques ou simplement pro-boers.

La question du volontariat international a été récemment relancée dans le cadre des études sur la nation armée. Le volontariat de la guerre des Boers est très particulier. L'engagement est exceptionnel, ponctuel, limité, et les motivations sont distinctes. On y trouve une lointaine querelle avec l'Angleterre, mais aussi un désir de justice et d'aventures. Les volontaires internationaux sont 3000 au plus, les volontaires français à partir pour le Transvaal sont peu nombreux. Beaucoup, comme l'auteur de romans d'anticipation anglophobes Driant, caressent le rêve de rejoindre Villebois, mais ne franchissent pas le pas décisif qui consiste à se rendre sur place. Ils ne sont qu'une petite trentaine à s'embarquer de Marseille sur le *Yang Tse* le 29 janvier 1900. Un vapeur des Chargeurs réunis passe par Lisbonne le 18 mars. Il y a donc un contraste entre leur tapage et leur petit nombre. Les volontaires affichent leur boerophilie, et des convictions plus ouvertement anglophobes. Tous se réfèrent à leur modèle : de Villebois-Mareuil. La réalité est bien différente et montre un soldat dépassé par son mythe, l'anglophobie s'alimentant de ses hauts faits, quitte à les déformer. Les études qui lui ont été consacrées montrent qu'il n'est pas anglophobe, mais anglophile, du moins avant la guerre des Boers[51]. Il s'engage au Transvaal par idéal, défendant le petit

---

[50] *L'Intransigeant, Le Figaro, Le Matin*, 5 novembre 1900, P.P. BA 122.
[51] R. MacNab, *The French Colonel : Villebois-Mareuil and the Boers, 1899-1900*, Oxford, O.U.P., 1975, 270p.; B. Lugan, *Le La Fayette de l'Afrique du Sud*, Monaco, Editions du Rocher, 1990, 325p. ; A. Keaney, *Le Lion et le sanglier: deux héros de la guerre des Boers*, Paris, France-Empire, 1991, 294p.

peuple boer. Anciens militaires, affranchis de l'obligation de silence assignée à la « grande muette », les volontaires qui s'engagent après lui laissent quelques témoignages écrits, comme le lieutenant-colonel Frocard et le capitaine Painvain[52]. *L'Appel aux Français* du Comité des anciens combattants du Transvaal signé par onze militaires - Bernicat, Castanier, Metteler, Rameau, Raimbault, Dauquair, Touvenant, le physicien Pierre Auger, Rabec, G'Sell et de Roth - illustre bien cette critique *a posteriori*. Ce n'est qu'à partir de la signature du texte que les Anglais sont considérés comme des ennemis : « Nous, Français, considérons à partir d'aujourd'hui les Anglais comme nos ennemis ». L'extrémisme est d'autant plus fort qu'il est rétrospectif, les signataires prônant même d'apposer l'écriteau « Entrée interdite aux Anglais » sur la devanture des magasins. Les anglophobes y expriment leur opposition au monopole commercial et maritime du Royaume-Uni, opérant ainsi leur jonction avec les idées de certains marins, contre l'exploitation économique, l'esprit de lucre et la spéculation, la barbarie, et même la séduction de « nos filles ». Villebois-Mareuil n'est donc pas anglophobe *a priori*, mais devient un symbole, après sa mort, et presque malgré lui, des manifestations antibritanniques ; l'anglophobie ne préexiste pas à la guerre, mais revit à cette occasion. Paul Cambon assiste à cette « explosion d'anglophobie » autour du personnage[53], qui le dépasse largement.

Droit international contre mitrailleuses et camps de concentration

Sur la « une » du *Monde illustré*, pas particulièrement anglophobe en temps normal, la faucheuse se retrousse les manches, clôturant le XIXe siècle dans le sang. Cette « dernière page du siècle » est ternie par la guerre des Boers. Les Britanniques portent, selon les caricaturistes, la responsabilité historique d'ensanglanter le XIXe siècle, en contradiction avec l'aspiration de contemporains qui célèbrent les progrès de l'humanité, de la science et de la paix.

Les premières mitrailleuses, aboutissement des recherches de la Deuxième Révolution industrielle, apparaissent vers 1870. Les Britanniques généralisent leur usage, dès avant la guerre des Boers, s'attirant les foudres des anglophobes, pour le caractère meurtrier de ces nouveaux appareils. Les conférences de La Haye de 1899 et 1907 donnent une nouvelle base juridique à ces accusations. Une déclaration annexe de la conférence de 1899 s'oppose à « l'emploi des balles » dum-dum. Dans l'affaire de Madagascar, le député de la Réunion de Mahy, ancien ministre de la Marine et du Commerce, dénonce les nouvelles armes, comme les mitrailleuses anglaises Maxim. L'utilisation de nouvelles munitions, comme les balles explosives dum-dum, est montrée du doigt[54]. Les

---

[52] Un certain Brissaud témoigne régulièrement de ses expéditions dans *l'Eclair* Cf. entre autres *L'Eclair*, du 19 octobre 1900, et du 24 novembre 1900, P.P. BA 1551.
[53] Lettre à Jules, 8 avril 1900. P. Cambon juge sévèrement : « mais nous sommes si détraqués que nous ne pouvons nous tenir », *Correspondance...op.cit.*, t.II, p.46.
[54] Déclaration IV,3 concernant l'interdiction de l'emploi de balles qui s'épanouissent ou s'aplatissent facilement dans le corps humain, telles que les balles à enveloppe dure dont

caricaturistes s'en prennent à celui qu'ils présentent comme le boucher sanguinaire anglais, Joseph Chamberlain. Après les premiers revers britanniques, une carte postale présente la balle dum-dum comme un boomerang qui revient à Victoria. Les soldats britanniques sont censés n'avoir aucune humanité, n'avoir aucune pitié pour leurs ennemis, sacrifier de nombreuses victimes, pour nourrir ses projets impériaux. Dans *Clavel soldat*, Léon Werth rappelle les caricatures contre les Boers : « Une gravure représente des soldats ivres qui, dans une gare, frappent à coups de crosse des vieillards, des enfants et des femmes ». Les camps de concentration des femmes et enfants boers, que Sir Michael Hicks tente de défendre comme « humains », sont présentés comme le summum de l'inhumanité[55]. Au total, 26370 décèdent[56]. Ces pratiques créent le plus fort abcès de fixation, les charges les plus violentes. La livraison sur « les Camps de concentration au Transvaal » est mise en vente et traduite[57]. Cette émergence de la violence mécanique et industrielle est la première grande manifestation du fracas des armes avec les guerres balkaniques avant la Première Guerre mondiale. La violence des pratiques de guerre suscite en retour une violence symbolique des caricaturistes. Les leaders de la guerre des Boers, Joseph Chamberlain, Édouard VII, sont symboliquement pendus dans les caricatures. La violence de l'anglophobie est davantage rhétorique et picturale.

Les critiques sont donc largement le fait d'une presse populaire et de caricaturistes. La guerre des Boers, si elle révèle les limites de l'impérialisme britannique et de son « splendide isolement », montre aussi aux dirigeants français, à la différence des dirigeants allemands, l'importance de sauver les apparences diplomatiques, en intervenant dans les limites de la censure. Les élites locales sont, quant à elles, plus enclines à partager l'enthousiasme en faveur des Boers.

II. L'alliance ponctuelle de la Première Guerre mondiale

A. La Première Guerre mondiale, point culminant de l'Entente

L'historien Keith Wilson relève deux problèmes concernant l'opinion publique : d'abord, il faut établir qu'elle existe ; ensuite, qu'elle est favorable à l'Entente[58]. Pour le premier problème, le terme d'« opinion publique » ne

---

l'enveloppe ne couvrirait pas entièrement le noyau ou serait pourvue d'incisions, N. Quoc Dinh, *Droit international public*, Paris, L.G.D.J., 1999, p.926 ; le terme « dum-dum » vient du nom de l'arsenal britannique implanté dans une localité indienne, près de Calcutta, où ces balles taillées en croix de manière à provoquer une large déchirure sont fabriquées. Voir L. Boyer, « La Balle dum-dum », Paris, 1899.
[55] S.H.A.T. 7N 1220.
[56] Selon l'Anglo-Boer War Museum de Bloemfontein.
http://www.anglo-boer.co.za/concentration.html
A l'époque, le supplément illustré du *Petit Journal* du 12 janvier 1902 ne donne le chiffre que de 14000.
[57] Dépêche du consul de France à Amsterdam, 4 octobre 1901, M.A.E. N.S. G.B. 13.
[58] K.M. Wilson, "The making and putative implementation of a British foreign policy of gesture,

convient, en sciences politiques, que lorsqu'il émane d'un groupe qui s'en considère suffisamment distinct pour ne pas la connaître, et suffisamment dépendant pour tenir compte de ce qu'il croit être sa conviction. Dès le départ, le terme n'est donc pas un constat objectif de l'état de l'opinion tel que seul un suffrage grandeur nature peut le restituer, mais bien un moyen pour nos milieux dirigeants de tenir compte d'un facteur décisionnel majeur. Pour eux, l'opinion publique est une réalité. Les dépêches et les lettres de l'époque en sont pleines. Fictive ou non, la *perception* d'une opinion publique a pesé dans la prise de décision par les dirigeants français ou britanniques. Or, l'opinion publique allemande et l'opinion française avaient bien au moins quelque chose en commun, à la veille de la Première Guerre mondiale : l'anglophobie.

Quant au second problème, Keith Wilson cite très majoritairement le secrétaire au *Foreign Office* Grey. Or, il existe d'autres personnages, au rôle décisif, pas nécessairement francophiles, qui partagent l'opinion de Grey. C'est le cas, par exemple, de l'amiral John Fisher. Il faut cependant reconnaître que l'idée d'entrée en guerre au côté de la France soulève bien des réserves, y compris chez les dirigeants. L'idée de paix devient de plus en plus incompatible avec l'Entente. Comment le pacifisme alimente-t-il une espèce de francophobie ?

Le pacifisme séduit de nombreux Britanniques. Dans la lignée des projets d'arbitrage, les Britanniques militent dans des associations internationales pacifistes, et sont présents au Congrès de La Haye de 1899. Contredit par la guerre des Boers pendant un temps, le pacifisme est relancé par l'Entente cordiale. Initialement, c'est l'idée d'Entente qui est porteuse de paix entre le Royaume-Uni et la France. Les dirigeants la présentent systématiquement comme un facteur de paix et de stabilité en Europe. Le Premier ministre, Arthur Balfour, rappelle l'histoire, le député John Morley associe Entente et paix[59]. La paix armée qui s'impose aux chancelleries à partir de 1905 marque une rupture profonde. Alors qu'en France, le pacifisme invite plutôt à l'internationalisme, il incite les Britanniques à la neutralité. En 1914, comme dans les années 1920 et les années 1930, les pacifistes s'opposent à l'idée de préparer la guerre pour maintenir la paix et ignorent la menace allemande. Les courants pacifistes deviennent assez hostiles à l'idée de guerre et à l'Entente cordiale. Ils rejettent les préparatifs de coopération militaire avec la France, voire dénoncent cette dernière comme belliqueuse, plutôt que l'Allemagne de Guillaume II. Le succès des manifestations pacifistes au Royaume-Uni explique pour beaucoup les réticences à entrer en guerre aux côtés de la France en 1914. Une partie « non négligeable » de l'opinion publique britannique est globalement pacifiste[60]. Ce

---

December 1905 to August 1914: the Anglo-French Entente revisited", *Canadian Journal of History/Annales canadiennes d'histoire* XXXI, août 1996, p. 227-255.

[59] Discours reproduit par *The Observer*, et résumé dans la dépêche de l'ambassadeur à Londres au ministre des Affaires étrangères à Londres du 19 octobre 1905, M.A.E. N.S. G.B. 19.

[60] J.F.V. Keiger, "Britain's « union sacrée » in 1914", in J.J. Becker et S. Audouin-Rouzeau dir, *Les Sociétés européennes et la guerre de 1914-1918*, Paris, Publications de l'Université de Nanterre, 1990, p.39-52.

pacifisme « sentimental », qui inquiète les diplomates français à Londres, comme Aimé de Fleuriau, concerne aussi les dirigeants britanniques, comme Grey. Outre cette sentimentalité, des intérêts économiques poussent à la non-intervention pour des raisons beaucoup plus matérielles. En 1914, *The Economist*, porte-parole des intérêts financiers, et des grandes fortunes comme Rothschild aspirent à la neutralité pour ne pas menacer les paiements allemands[61]. Les dirigeants français voient donc d'un œil de plus en plus critique le développement de ce sentiment, y compris parmi leurs homologues britanniques.

Pour autant, l'opinion publique britannique est-elle férocement pacifiste, et donc hostile à la France? En août 1914, la déclaration de guerre de l'Allemagne, la violation du territoire belge, alors que les troupes françaises restent ostensiblement en deçà des frontières, rejettent la responsabilité de l'agression sur Guillaume II. Dès lors, les Britanniques se résignent progressivement à une guerre imposée et se montrent plus favorables à la France. Dans son ensemble, l'opinion publique britannique est en faveur de la France, se hasarde à affirmer l'attaché naval de Lostende[62]. Des manifestations attestent d'un retournement tardif de l'opinion en faveur de la France début août. Fleuriau insiste sur la loyauté des officiers britanniques, qui lui envoient des messages spontanés. L'ensemble de ces témoignages, sans doute parfois exagérés, indiquent que l'entrée en guerre n'est pas le « coup d'État » d'une minorité francophile contre une majorité francophobe.

Une alliance de fait

Malgré le manque de préparation à des opérations interalliées, la Première Guerre mondiale se passe sans crise majeure entre Alliés. A la Conférence de Londres du 9 juin 1916, le Premier ministre Herbert Asquith n'exagère pas tant en affirmant que « l'expérience a démontré que plus nous prenons conseil les uns des autres, mieux nous nous comprenons. Depuis le début de la guerre, il n'y a pas eu entre nous l'ombre d'un malentendu ». Côté français, Clemenceau, qui sympathise avec le général Ivor Maxse, lui fait écho un an plus tard : « Français et Anglais ont lutté bravement et loyalement les uns contre les autres aussi bien sur terre que sur mer. Les deux peuples aujourd'hui sont tout à l'action de solidarité, d'amitié ». S'il faut faire la part de la propagande de guerre et de la censure de ces déclarations, il se trouve qu'il n'y a pas eu de crise majeure, surtout d'anglophobie, pendant le conflit.

Certes, des frictions peuvent apparaître entre chefs, des susceptibilités être éveillées, mais il n'y a rien là que de très normal, au regard du nombre, de l'importance, du caractère inédit des opérations conjointes. Ce qui frappe, ce ne sont donc pas les désaccords ponctuels ou le manque de coordination, mais la façon dont sont interprétés les échecs *a posteriori*. Loin d'être un ferment d'unité, les différentes offensives de la Première Guerre mondiale nourrissent des rancunes, virant, ponctuellement, en France, à l'anglophobie. L'historien Jean-Baptiste Duroselle affirme, avec sévérité, que l'on pourrait écrire des

---

[61] Longue dépêche rétrospective de Fleuriau, 22 décembre 1914, M.A.E. P.A.A.P. Fleuriau 1.
[62] Dépêche de Lostende, 2 janvier 1906, S.H.M. SS ES 10.

volumes entiers sur les nombreux désaccords entre les armées française et britannique, jusqu'à l'adoption du commandement unique en 1918[63]. Le manque de coopération aurait été « la règle ». De fait, le colonel Huguet, officier de liaison, considère que l'armée britannique n'existe plus et n'est plus d'aucun secours dès septembre 1914[64]. Lors de l'assaut des Dardanelles, en mars 1915, Paul Cambon reproche à Kitchener un manque de clarté sur ses objectifs. Côté britannique, les critiques ne sont pas en reste. La B.E.F. est surprise par la retraite française initiale du général Lanzerac. Sir John French, commandant l'armée britannique en France, soupçonne ce dernier de l'avoir abandonné. Kitchener doit se déplacer en France pour lui intimer l'ordre de coopérer avec son homologue, le général Joffre. A Ypres, en avril, les Français « fuient » devant les attaques au gaz allemandes, selon les Canadiens. Lors de la Conférence anglo-française de Londres du 12 mars 1917, ils se plaignent du ton condescendant du général Nivelle avec Douglas Haig, successeur de French à la tête de l'armée britannique depuis décembre 1915. Les Français présents, dont Alexandre Ribot, ministre des Finances, le maréchal Lyautey, ministre de la Guerre, l'ambassadeur Paul Cambon, ou l'attaché militaire La Panouse en conviennent d'ailleurs. Du coup, Haig se défie des renforts envoyés par le général Pétain et commandés par le général Anthoine pour l'offensive des Flandres[65]. Les Britanniques ne comprennent pas non plus que certaines offensives françaises s'arrêtent soudainement. Les ministres n'apprennent leur déclenchement qu'après coup[66]. Les deux armées n'ont pas appris à communiquer correctement, elles n'agissent pas toujours au même rythme.

Sur le fond, ce sont surtout des problèmes de commandement qui opposent les deux armées. Les offensives soucient davantage les Britanniques, obligés de suivre les Français, que l'inverse. Les Britanniques reprochent à l'état-major français d'être trop peu économe du sang de ses soldats. Ils répugnent à exécuter certaines manœuvres. Douglas Haig finit par accepter la demande du général Pétain d'étendre le front anglais le 19 octobre 1917[67]. L'historien britannique Niall Ferguson rejette la responsabilité des offensives prématurées sur les Français[68]. En fait, la primauté de l'offensive est partagée par les deux

---

[63] J.-B. Duroselle, « Les Ententes cordiales », De Guillaume le conquérant au Marché commun, Paris, Albin Michel, 1979.

[64] B. Bond, The Victorian Army and the Staff College 1854-1914, Londres, Eyre Methuen, 1972, 350p., p.313.

[65] L. Freedman éd., Military interventions in European conflicts, Oxford, Blackwell, 1994, 195p., p.150.

[66] Journal du colonel C. Grant, 7 août 1918, P.R.O. W.O. 106 1456; K. Jeffery, Field Marshall Sir Henry Wilson. A Political Soldier, Oxford, O.U.P., 2006, 344p., p.48; réunion du Comité des Premiers Ministres des Dominions, août 1918, P.R.O. CAB. 23 44A IWC29A.

[67] G. Pedroncini, Le Haut commandement, la conduite de la guerre, mai 1917-novembre 1918, thèse sous la dir. de M. le Pr. P. Renouvin, Université de Lille III, 1971, 3 vol., 1918p.

[68] N. Ferguson, op. cit., p.304-305. Pourtant, John French est également relevé de son commandement après son échec de Loos, et Douglas Haig porte la responsabilité d'offensives en 1916.

armées, ce n'est pas elle qui oppose les commandements, mais bien leur défaut de communication et des concurrences classiques de pouvoir.

Des progrès sont d'ailleurs accomplis et permettent d'aboutir au commandement unique, à la Conférence de Doullens, tardivement, le 26 mars 1918. Les deux armées ont donc bien connu des dissensions, mais on peut se demander s'il n'est pas inhérent à toute opération interarmée non préparée, sur une durée aussi longue, plutôt que dû à des suspicions mutuelles. Aucune explosion d'anglophobie n'a lieu sur le moment. Au contraire, les ouvrages publiés scellent sur le moment une « entente littéraire », qui relaie la propagande alliée[69]. Ainsi, même le général Anthoine, qui n'est « pas particulièrement anglophile », parvient à coopérer étroitement tant avec Haig qu'avec Gough[70] lors des offensives de 1917.

De même, sur le plan économique, les deux alliés parviennent à une série d'accords. Au moment où la situation devient critique, l'Entente se resserre. Malgré les divergences, la Commission financière franco-anglaise voit le jour en octobre 1916. L'alliance économique peut ainsi se comparer à l'Entente militaire. Le Chancelier de l'Échiquier, Andrew Bonar Law, et le ministre des Finances, Alexandre Ribot, jouent le rôle exercé par des chefs militaires « dont la *parfaite entente* déjoue la manœuvre de l'adversaire. », selon l'analogie établie plus tard par l'amiral Raoul Castex, premier directeur du Centre des Hautes études de défense nationale[71]. Avec le temps, les emprunts montent, la pression fiscale croît et les relations se détériorent. Des bruits courent, qui alimentent la suspicion. Les deux pays n'auraient pas cherché à harmoniser leurs politiques économiques[72]. Au sein de la Commission financière, on raconte que les Anglais augmentent leur part de subsides au détriment des Français[73].

B. 1919-1923. Un retour à la Paix compromis par les polémiques franco-britanniques

Après la guerre, vient le temps de règlements de compte. Il reste frappant de voir à quel point l'historiographie de la Première Guerre mondiale reste nationale, chaque pays a vécu sa guerre, à quelques kilomètres de distance. C'est au point qu'il n'est même pas fait mention de l'Allié principal, qui disparaît sous le poids des victimes et tragédies nationales. Les observateurs

---

[69] J. Ramsden, " "French people have a peculiar facility for being misrepresented": British Perceptions of France at War, 1914-1918", in A. Capet éd., *Britain, France and the Entente cordiale…op.cit.*, p.8-27.
[70] R.K. Hanks, art. « Anthoine », in S.C. Tucker, *The Encyclopedia of World War I,* Santa Barbara, ABC Clio, 2005, p.105.
[71] « Les coalitions maritimes. Exemple de la coalition de 1914-1918 », conférence du 7 décembre 1937, par le vice-amiral Castex, I.H.E.D.N. –2, 7 décembre 1937. Nous soulignons.
[72] M. Horn, « Alexandre Ribot et la coopération financière anglo-française, 1914-1917 », *Guerres mondiales et conflits contemporains*, n°180, 1995, p.7-28.
[73] Lettre du banquier Octave Homberg, président de la Commission des Echanges, à Fleuriau, 7 octobre 1917, M.A.E. P.A.A.P. Fleuriau 3. Homberg est un ancien agent financier aux Etats-Unis. Il dénonce progressivement la mainmise américaine sur la finance mondiale.

français sont choqués, en particulier, par le fait que, dans *Outline of History*, publié en 1920, le romancier Herbert George Wells, certes déjà sceptique avant la Première Guerre mondiale, passe le rôle de l'armée française sous silence, voire la traite en ennemie, alors même qu'il analyse le nationalisme scolaire comme responsable de la guerre et souhaite élaborer un manuel qui dépasse le cadre national[74]. De même, en France, les romans de guerre comme *Le Feu, journal d'une escouade* d'Henri Barbusse ou *Les Croix de Bois* de Roland Dorgelès se préoccupent d'abord des poilus.

Un débat plus polémique porte aussi sur l'effort de guerre britannique. Pendant la Première Guerre mondiale, Paul Cambon recommande aux généraux Foch et Joffre un journaliste chargé, à la manière du *Times*, de vanter les mérites de l'armée française, et ainsi de peser davantage dans les négociations futures. Les Britanniques retiennent leurs propres combats, comme la bataille de la Somme, dont le premier engagement se solde par la perte de quelques 60000 *tommies*, le 1er juillet 1916, et qui marque profondément les esprits britanniques. Faute de correspondants et de traducteurs bien disposés, ces souvenirs restent nationaux et franchissent difficilement la Manche. Dès la fin de la guerre, les mémoires respectives entrent en concurrence pour déterminer la part de chacun à la victoire. Le lieutenant-général Henry Wilson, commandant la B.E.F., soupçonne Clemenceau de ne l'utiliser qu'à ses propres fins. Les Britanniques estiment avoir sauvé les Français, qui n'auraient pu l'emporter seuls, et qu'ils sont venus sauver, alors qu'ils auraient pu rester neutres. Cette polémique se poursuit après-guerre. L'ingratitude de la France est d'autant plus incompréhensible pour l'opinion britannique. C'est ce sentiment que continue d'exploiter David Lloyd George, sorti de charge et redevenu simple homme politique. Il tente de faire valoir sa différence en attaquant la politique étrangère du Cabinet conservateur. Les 19 février et 2 août 1923, il lui reproche de ne pas être assez ferme avec la France[75]. Le 9 mai, devant une assemblée de presbytériens réunie au *City Temple*, il accuse publiquement la France d'ingratitude, en demandant, « ne serait-ce qu'un mot de remerciement pour l'Empire britannique », quelques jours après les critiques du secrétaire au *Foreign Office*, Lord George Curzon.

Certains Français estiment avoir porté seuls le poids de la guerre. Les soldats ont l'idée que le « sort de la guerre ne repose que sur eux-mêmes » et prennent ombrage des Alliés. Le rôle des Britanniques lors de la bataille d'Amiens en 1918 est sous-estimé. Le 6 avril, le capitaine Desagneaux rapporte que les Anglais ont lâché, et que « ce sont encore nos troupes qui ont sauvé la situation »[76]. L'ambassadeur britannique rapporte des accusations selon lesquelles le Royaume-Uni veut tirer profit de cette guerre. Il dénonce de nombreuses interférences françaises en mai visant à être en position de force

---

[74] *Outline of history, being a Plain History of Life and Mankind* cite par le général Huguet, *L'Intervention...op. cit.*, p.237 sq.
[75] P. Rowland, *Lloyd George*, Londres, Barry et Jenkins, 1975, 872p., p.596-598.
[76] H. Desagneaux, *Journal de guerre 14-18*, Paris, Denoel, 1971, 294p.

lors des négociations[77]. Poincaré ne veut pas que la gloire de la victoire revienne aux seuls Britanniques. Quelques années après, c'est l'Angleterre qui a la mémoire courte: « elle oublie trop aisément que notre défaite éventuelle l'aurait mise à la merci de l'Allemagne. Ses soldats sont partout »[78]. Béraud admet que les Anglais ont combattu en France, mais pas avec les Français. De plus, on prétend qu'ils ont moins combattu : « ce n'est pas notre faute si nos pères nous avaient dit et répété combien de soldats français avaient péri en 1914-1918, comparés aux morts anglo-saxons »[79]. Ces extrapolations s'appuient sur la proportion plus forte de décès dans la population active française (10,5%) que dans la population britannique (5,1%)[80]. Les États-Unis laissent une image parfois plus marquante, alors qu'à ce compte ils ont subi des pertes considérablement moins importantes (0,2% de la population active). Chaque armée finit par défendre ses engagements comme autant de batailles personnelles. Pour de Gaulle, les Britanniques n'étaient pas à la bataille de la Marne, malgré la présence de Sir John French ; en 1918, ils se sont dispersés trop hâtivement[81]. L'appui britannique est passé sous silence. Seuls quelques journaux tentent de surmonter ces différences. Des publications françaises rendent honneur aux Britanniques : l'Association France-Grande-Bretagne aide notamment à la publication de l'ouvrage de Georges Bertin sur l'effort de guerre britannique en 1923[82]. Le *Daily Herald* de décembre 1939, alors que la Deuxième Guerre mondiale a éclaté, reconnaît une plus grande contribution française à la guerre[83]. Il est trop tard pour peser sur les opinions publiques des deux pays et les convaincre de la nécessité d'une alliance franco-britannique.

Keynes et le « diktat » de Versailles.

Les Conséquences économiques de la Paix, publiées en décembre 1919, est le grand ouvrage qui ouvre une polémique durable entre les deux pays. Le livre connaît un fort succès : il se vend à cent mille exemplaires dans le monde en six mois. En France, l'ouvrage reçoit un mauvais accueil. Il est interprété comme la marque d'un égoïsme national, d'un repli sur l'Empire britannique. En 1919, selon André Siegfried, fils de Jules Siegfried, l'Angleterre, restée orgueilleuse, fait tout pour se désolidariser de l'Europe. Une page devenue célèbre montre le

---

[77] C.E. Calwell, *Wilson*, vol. 2, p.99; *Army Council* à Lord A. Milner, 15 mai 1918, Lloyd George Papers F/38/3/38, House of Lords Record Office.
[78] G. Clemenceau, *Grandeurs et misères d'une Victoire*, Paris, Plon, 1930, p.346-348.
[79] D. Leca, *La Rupture de 1940*, Paris, Fayard, 1978, 353p., p.89.
[80] P. Chassaigne, *La Grande-Bretagne et le monde...op.cit.*, p.150. Le Royaume-Uni compte 723000 morts et 1,5 million de blessés et de mutilés de guerre. La France compte 1,35 million de victimes et 1,1 million d'invalides.
[81] Propos rapporté par le général * Billotte à F Kersaudy, 5 avril 1979.
[82] G.E. Bertin, *L'Effort britannique de 1914 à 1918,* Paris, Association France-Grande-Bretagne, 32p., 1923.
[83] T. Imlay, "From Villain to Partner: British Labour Party Leaders, France and International Policy during the Phoney War, 1939-1940", *Journal of contemporary history*, vol. 38, n°4, octobre 2003, p.579-596.

Royaume-Uni solidaire de son Empire[84]. La Première Guerre mondiale semble renforcer les liens entre la métropole et ses colonies, et distendre ceux de l'Entente. Le livre est cité en exemple d'une attitude hostile à la France.

Keynes est le principal représentant britannique au Conseil économique suprême. Il démissionne de la délégation britannique le 25 juin 1919. Il confie en privé à Margot Asquith son mépris pour David Lloyd George[85]. S'il semble avoir discuté avec David Lloyd George, mais peu influé sur lui, ses relations avec Clemenceau sont encore plus distantes. Toutes ses descriptions sont assez lointaines. Il n'a pas non plus visité les champs de bataille. Il rédige son œuvre depuis Charleston en trois mois. Il s'en prend aux dirigeants britanniques, américains, mais surtout français, notamment Poincaré et Clemenceau. Son compte-rendu des conversations est à charge :

> « La réponse de la France, envoyée sans consulter ses alliés, ne choque pas seulement par son manque de tact et de style. Il manque même au petit et malfaisant personnage de Poincaré la prévenance sinistre du vieil hibou gris Clemenceau. On se sent dans une sombre caverne, proche d'un point qu'aucun homme ne peut supporter, proche du cauchemar. La France demande ses bons ainsi que ses cessions – pour arracher le Cœur de l'Allemagne et en extirper le moindre ducat dans le même temps ; l'envie, la peur, le désir de revanche, se faisant concurrence, jusqu'à finir dans une sorte de nihilisme »[86].

D'autres témoins, moins connus, mais plus précis, comme Paul Mantoux, qui participe aux négociations, contestent sa version des faits.

> « Dans la petite bibliothèque au rez-de-chaussée où se faisait, jour après jour, le travail des Quatre, les choses se passaient tout autrement. Il n'y avait pas place pour beaucoup de personnes à la fois, et Clemenceau [...] n'avait rien d'une momie royale et maléfique. »[87]

La critique keynésienne de Clemenceau, qui s'est imposée comme un des grands moments de son œuvre. La vision keynésienne est partagée, entretenue par l'image de détermination que certains délégués français se plaisent à donner. D'autres dirigeants britanniques estiment que les diplomates français n'écoutent qu'eux-mêmes, et ont des préjugés raciaux contre les Allemands. A la fin du mois d'août 1922 encore, en réponse au discours de Pétain à Bar-le-Duc évoquant la saisie de « gages productifs », Keynes, de passage à Hambourg, estime que les dirigeants français « bluffent » par leur intransigeance[88]. Le

---

[84] *Le Figaro* du 26 septembre 1947.
[85] C. Clifford, *The Asquiths*, Londres, John Murray, 2002, 528p., p.450.
[86] "The French reply, sent without consultation with her allies, offends against more important things than tact or style. The small, malignant figure of Poincaré lacks even the grim, ingratiating quality of the old grey owl Clemenceau. One feels oneself in a black cavern, narrowing to a point through which nothing human can creep, nightmare narrowness. France demands her bonds and her forfeits too - to cut out Germany's heart and to extract the utmost ducat at the same time; greed and fear and revenge, overreaching one another, until they end in a sort of nihilism", *The Nation and Athenaeum*, 12 mai 1923, *Collected writings*, XVIII, p.138.
[87] P. Mantoux, *Les Délibérations du Conseil des Quatre 24 mars-28 juin 1919*, Paris, Centre national de la Recherche scientifique (C.N.R.S.), 1955, 2 vol., 523 et 579p.
[88] J.M. Keynes, *Collected writings*, XVIII, p.18-26, cite par N. Ferguson, *op. cit.*, p.405.

député travailliste Arthur Ponsonby critique la politique du gouvernement français qui agit dans l'ombre.

> « Nous ne voulons pas continuer à descendre la pente sur laquelle la politique française nous a fait glisser depuis le traité de Versailles. Nous tenons au maintien de l'Entente, mais nous ne tenons pas moins à la sauvegarde de nos droits et de notre liberté. »,

affirme Lord Curzon, à l'Albert Hall, devant la grande association conservatrice de la *Primrose League* dont il est le Grand maître, le 4 mai 1923[89]. Le ministre des Affaires étrangères de l'Afrique du Sud, Jan Smuts, ancien membre du Cabinet de guerre britannique, critique la « paix française »[90]. Keynes partage ce point de vue[91]. Soutenu par le groupe de Bloomsbury, cercle d'artistes et d'écrivains constitué vers 1905 en réaction à l'ordre moral victorien, comme Virginia Woolf, il a une image négative de la France[92]. Les ministres de Clemenceau font à dessein des propositions extrêmes pour obtenir un compromis, et Clemenceau fait mine d'impartialité en les acceptant. S'il est certain que la position de la France au lendemain de la Première Guerre mondiale, et l'attitude de Clemenceau en particulier, n'invitent guère à faire des concessions, les propositions françaises sont moins arbitraires que la perception keynésienne le laisse entendre.

Cette vision est dominante chez les élites britanniques. Ramsay MacDonald juge que l'inflexibilité d'André Tardieu, proche conseiller de Clemenceau, lors des négociations de Versailles, ferait le lit du nazisme[93]. De nombreux historiens confirment après-coup la « folie » du Traité[94]. Pour le biographe de Keynes Skidelski, l'exercice d'histoire rétrospective n'est pas trop périlleux. L'application de Versailles conduirait directement à Hitler. Comment expliquer alors le faible score du *Nationalsozialistische Deutsche Arbeiterpartei* (N.S.D.A.P.) en 1928, multiplié par 6 en l'espace de 2 ans ? Pourquoi l'Autriche, beaucoup plus durement amputée, ne tombe qu'en 1938, sous un coup de force allemand ? L'empathie biographique ne permet pas de traiter sérieusement la question.

Les sources sur l'attitude française divergent pourtant. La même vision de Clemenceau en incarnation autoritaire de la Révolution conduit Keynes à voir l'exercice d'un pouvoir arbitraire, quand Churchill est séduit par l'enthousiasme et le lyrisme des positions du Tigre, cette incarnation de la France, issue « tout

---

[89] Télégramme de Poincaré, 5 mai 1923, M.A.E. Z Europe G.B. 52. La ligue compte alors 500000 membres environ.
[90] M.F. Boemeke, G.D. Feldman et E. Glaser dir., *The Treaty of Versailles. A Reassessment after 75 years*, Cambridge, C.U.P., 1998, 674p., p.578.
[91] J.M. Keynes, *The Economic Consequences of the Peace*, Londres, Macmillan, 1919, 279p., p.25.
[92] Les idées sur la France de ce groupe aurait ainsi un décalage de cinquante ans, selon C. Campos, "English stereotypes of the French", *Franco-British Studies*, n°27, 1999, p.39-54
[93] P.M.H. Bell, *France and Britain...op.cit.*, p.178.
[94] G.F. Kennan, *The Fateful Alliance: France, Russia, and the Coming of the First World War*, Pantheon, 1984, 304p.

droit de la Révolution française à son plus sublime moment »[95]. Il est ainsi possible de soutenir une vision exactement inverse de l'histoire, comme de Gaulle, lorsque Churchill mentionne finalement la Ruhr et la Sarre comme zones à bombarder, et qu'il constate, amer, après coup : « Il est vrai que les Allemands ont beaucoup utilisé la Sarre depuis que nous avons eu l'infortune de lui rendre les mines qui nous appartenaient en vertu du traité de Versailles »[96]. Keynes est victime des préjugés qu'il dénonce chez Clemenceau. Le problème est que cette vision faussée répondant davantage à la tradition britannique de *balance of power*, s'est imposée, et a beaucoup contribué à renforcer le révisionnisme allemand et le sentiment de l'injustice[97]. Versailles constitue donc le point d'achoppement des deux visions de l'entre-deux-guerres, dont l'antagonisme est entretenu par la propagande allemande[98]. On ne peut guère parler d'anglophobie aiguë, mais plutôt d'une anglophobie chronique, dans la mesure où c'est un ensemble de griefs qu'accumulent progressivement les dirigeants français et que la réaction française est lente à venir.

La bataille des chiffres. L'offensive keynésienne.

C'est au nom d'une certaine conception de l'histoire et de la géographie que Keynes juge la France[99]. Selon lui, les pertes françaises sont minimes. L'armée allemande n'a pas occupé plus de 10% du territoire français, dont elle n'a dévasté que 4%. Seuls Reims et Saint-Quentin ont été entièrement détruits[100]. Il évalue les pertes immobilières à 6,2 milliards de francs[101]. Pour le Premier ministre, la France n'est pas non plus la seule à souffrir : les deux millions de chômeurs britanniques coûtent deux millions de livres sterling par semaine.

Keynes prend la défense de l'Allemagne, dont il estime que les capacités de paiement en liquide sont faibles, entre £ 250 et 350 millions, et qu'elle peut payer au mieux deux milliards. Le montant des réparations devrait être de deux cents millions de livres. Il lui semble « évident » que l'Allemagne ne peut fournir quarante millions de tonnes de charbon aux Alliés. La France ne doit recevoir que vingt millions de tonnes, le cas échéant. Keynes s'oppose à la dévaluation, ou au contrôle des prix, qui dissuaderait la production allemande[102]. Or, contrairement aux pronostics pessimistes de Keynes, des banquiers Karl Melchior ou Max Warburg, l'économie allemande croît, et les

---

[95] W.S. Churchill, *Great contemporaries*, p.236. La détermination de Clemenceau fascine Churchill.
[96] 11 novembre 1944, M.A.E. P.A.A.P. Massigli 53.
[97] "British policy did much to reinforce German revisionism and sense of injustice", selon S Marks, in M.F. Boemeke éd., *op. cit.*, p.367.
[98] J.F.V. Keiger, *Raymond Poincaré*, Cambridge, C.U.P., 1997, 413p., p.193-201.
[99] Keynes estime de même, par exemple, que la Haute Silésie n'a « jamais » fait partie de la Pologne historique.
[100] J.M. Keynes, *The Economic Consequences of ...op.cit.*, p.77-78. et p.116.
[101] £ 195 millions en 1919.
[102] J.M. Keynes, *op. cit.*, p.85.et p.224. Soit un montant total des réparations proposées d'environ 8,5 milliards de francs en 1919.

putschs sont le fait non des bolchéviques, mais des conservateurs[103]. La « vision tunnel » des besoins de l'Allemagne pour sa reconstruction[104], alors même que l'Allemagne est le moins affaibli des belligérants[105], heurte des dirigeants français préoccupés par leur sécurité. Le réquisitoire leur semble injustifié. Keynes critique les clauses arbitraires du traité. Il cite la confiscation de la flotte marchande, non la guerre sous-marine à outrance ; la confiscation des possessions d'outre-mer, peu nombreuses, par rapport aux capitaux français perdus en Russie ; la confiscation des biens en Alsace-Moselle, non le tribut de guerre de Bismarck, ni les plus values industrielles qu'a tiré l'Allemagne de l'Alsace, ni la destruction du potentiel économique dans les régions françaises par inondation ou incendie ; la construction des chemins de fer alsaciens, non les destructions de toutes les lignes du quart nord-est de la France. De plus, la République de Weimar, dont Gustav Stresemann conduit une politique de double-jeu, recourt à la falsification. L'Allemagne n'élève pas ses taux à hauteur du traité, reconnaît la commission Dawes[106]. Les diagnostics britanniques et français divergent profondément.

L'attitude française serait arc-boutée sur des positions draconiennes, selon une vieille image de la France d'avant 1870. Or, en ce qui concerne la flotte qui l'intéresse au premier chef, l'Amirauté défend un règlement draconien. Foch admet seulement l'interdiction de sous-marins allemands, et se contente du confinement de la flotte dans la Baltique, et de la prise de position des Alliés sur l'île d'Helgoland, en mer du Nord, objet de dispute entre le Royaume-Uni et l'Allemagne en 1890, et au port de Cuxhaven, à l'embouchure de l'Elbe[107]. L'amiral David Beatty, commandant en chef de la *Grand Fleet*, successeur de la *Home Fleet* dans sa protection des eaux territoriales britanniques, et Eric Geddes, Premier Lord de l'Amirauté, se montrent très durs, dès le 1er novembre 1918, avant la signature de l'armistice. De même, dans le domaine économique, les demandes du ministre de la Reconstruction industrielle, Louis Loucheur, sont modérées[108]. C'est David Lloyd George, plutôt qu'une supposée vengeance française, qui empêche un compromis[109]. Il n'y a pas de « clause de culpabilité »[110]. L'Empereur allemand Guillaume II n'est pas même inquiété, et

---

[103] N. Ferguson, "The balance of Payments Question: Versailles and After", in M.F. Boemeke éd.., *op. cit.*, p.410.
[104] B. Kent, *The Spoils of War*, et Paul Vincent, *The Politics of Hunger: The Allied Blockade of Germany, 1915-1 91 9*, Athens, Ohio, 1985.
[105] S.A. Schuker, *The End of French Predominance in Europe: The Financial Crisis of 1924 and the Adoption of the Dawes Plan*, 1976.
[106] G. Feldman, *The Great Disorder: Politics, Economics, and Society in the German Inflation*, 1914-1924. Oxford, O.U.P., 1993, 1011p., p.484-485.; S. Marks, in M.F. Boemeke éd., *op. cit.*, p.361.
[107] D. French, « Had we known… », in *The Treaty of Versailles*, p.84.
[108] M. Trachtenberg, *Reparation in World Politics: France and European Economic Diplomacy, 1916-1923*, New York, Columbia University Press, 1980, 423p.
[109] C. Seymour, *The Intimate papers of colonel House*, 4 vol., Boston, 1926-1928.
[110] A. Lentin, *Lloyd George, Woodrow Wilson and the Guilt of Germany*, Leicester, Leicester University Press, 1984, 193p. Id., *Lloyd George and the lost Peace: From Versailles to Hitler, 1919-1940,* Londres, Palgrave, 2001. mais cette thèse est contestée par S. Hughes, *Contemporary*

termine ses jours en exil. Selon Keynes lui-même, la situation est comparable à celle de la victoire de la Prusse sur la France en 1870 : « Quand l'Allemagne a battu la France, elle a fait payer la France. C'est le principe qu'elle a elle-même établi...et c'est le principe selon lequel nous devrions procéder – que l'Allemagne doit payer le coût de la guerre dans la mesure de ses capacités. »[111]. Son mémorandum de Fontainebleau du 25 mars 1919, élaboré avec Montagu Norman, gouverneur de la Banque d'Angleterre, et Henry Wilson, voue les réparations à une disparition dès la prochaine génération, et s'oppose au souhait du président Wilson d'établir un montant précis. Les 15 et 16 mai 1920, à Lympne, Alexandre Millerand ne parvient pas à convaincre David Lloyd George de la priorité des réparations françaises[112].

Selon le mot célèbre du ministre des Finances Louis-Lucien Klotz, « l'Allemagne paiera ». Bien des Français, face aux dettes, pensent trouver dans l'Allemagne la seule solution. Klotz donne ainsi l'impression de satisfaire un désir de vengeance. En fait, il n'a pas eu non plus l'influence qu'on lui a prêtée, selon l'historien William Keylor. Nombreux sont ceux, Américains ou Britanniques, qui soulignent au contraire les limites des capacités de paiement allemandes. Les banques américaines se font le relais de ces protestations. L'Allemagne a d'ailleurs payé une partie en août 1921, que d'aucuns jugent élevée[113]. Pour le banquier américain J.P. Morgan, une Allemagne faible ne peut payer. Le montant des réparations est perçu par les Britanniques comme un retour à une politique française autoritaire. Pourtant, 132 milliards de marks-or est le montant approximatif recommandé par les délégués américains eux-mêmes, et arrêté en avril 1921, correspondant à deux ans et demi de revenu national. La moitié de la somme est payable en bons[114]. Lorsque le moratoire Hoover est décidé, l'Allemagne n'en a payé que 22, dont neuf seulement à la France, soit six fois moins que prévus, ou encore cinq mois de revenu national de 1920, alors même que celui-ci a augmenté[115], sur onze ans. Par opposition, la France s'était acquittée intégralement de trois mois de revenu national en seulement deux ans, entre 1871 et 1873. La République de Weimar a donc été près de 3,5 fois plus lente que la France de Thiers.

Le manque anxiogène d'un traité de garantie franco-britannique

A partir du 14 mars 1919, David Lloyd George et le lieutenant-général Henry Wilson offrent une promesse d'alliance contre l'indépendance de la Rive gauche du Rhin. A force d'insister, Clemenceau obtient du président Wilson le

---

Europe: A History, Prentice, 1991, p.123.

[111] "When Germany defeated France she made France pay. That is the principle which she herself has established...and that is the principle we should proceed upon—that Germany must pay the costs of the war up to the limit of her capacity to do so.", J.M. Keynes, *op. cit.*, p. 139-140.

[112] A. Orde, *British policy and European reconstruction after the First World War,* Cambridge, C.U.P. 1990, 357p. p.99

[113] G. D. Feldman, in M.F. Boemeke éd., *op. cit.*, p.446-447.

[114] W. R. Keylor, "Versailles and International Diplomacy", in M.F. Boemeke éd., *op. cit.*, p.469-505.

[115] H. Bonin, *Histoire économique de la France depuis 1880*, Paris, Masson, 1988, p.50.

20 avril, puis de David Lloyd George le surlendemain, la reconnaissance des clauses du chapitre 14 sur les garanties. L'article 428 prévoit une occupation de la Rhénanie pendant 15 ans « comme garantie d'exécution » du Traité. Le président Wilson ne présente pas cependant le traité de garantie en même temps que le traité d'assistance. Or, l'article 2 subordonne l'application du traité à la signature par les États-Unis[116]. Le retrait américain, marqué par le refus du Sénat, hypothèque donc les garanties franco-britanniques.

Le débat reste franco-britannique. En juillet 1921, Churchill rappelle que la France a renoncé à revendiquer des positions stratégiques fortes le long du Rhin, comme ses maréchaux lui conseillaient de le faire.

> « Nous lui avons promis que si elle renonçait à ces positions stratégiques, l'Angleterre et l'Amérique viendraient l'appuyer en cas de nécessité […]. Mais il faut reconnaître qu'en raison de la défection de l'Amérique, le traité a été pratiquement invalidé, et que la France s'est retrouvée sans garantie anglo-américaine ni frontière stratégique sur le Rhin. De ce fait, une crainte profonde s'est installée au cœur des Français, et cela est bien compréhensible […] Si un moyen se présentait d'apaiser cette crainte, je crois que nous devrions le prendre très soigneusement en considération. »[117]

Selon le mémorandum du 28 décembre 1921 de David Lloyd George, les Français ne demandent pas moins de quatre fois un traité de garantie en 1921. Le 21 décembre 1921, le marquis de Saint-Aulaire, ambassadeur français à Londres, suggère de définir une politique commune et d'éliminer les principales sources de conflits entre les deux pays dans un *livre jaune*. Les Britanniques demandent en contrepartie que la France aille plus loin en matière de désarmement. A la Conférence de Cannes, en janvier 1922, aucun accord n'est conclu. L'attaché militaire La Panouse est en mesure de confirmer que l'état-major général britannique n'avait pas eu connaissance du projet de traité de garantie soumis à Briand à la Conférence de Cannes, ni du projet de traité similaire anglo-belge. Pour David Lloyd George, le Traité concernant la France « était bien un élément de marchandage » diplomatique, mais non envisagé réellement[118]. Le mémo original de David Lloyd George prévoit comme condition l'abandon des sous-marins, un statut international à Tanger, l'absence de soutien aux Turcs. Briand dissuade Lord Riddell, député et représentant du Royaume-Uni à une dizaine de conférences après-guerre, de le publier[119]. Poincaré ne parvient pas à relancer l'initiative en mai 1922. A partir de 1924, le secrétaire au *Foreign Office*, Austen Chamberlain, reprend l'idée d'un traité de garantie, mais celle-ci est désapprouvée notamment par son ambassadeur en Allemagne, Lord d'Abernon, comme risquant d'exclure une Allemagne renaissante.

---

[116] A. Tardieu, *The Truth about the Treaty*, p.177, cité par J.P. Selsam, *op.cit.*, p.4-17.
[117] M. Gilbert, *W. Churchill*, vol. 4, p.608.
[118] Lettre de La Panouse, 20 janvier 1922, S.H.A.T. 7N 2794.
[119] J.P. Selsam, *op. cit.*, p.26 et p.30-31.

Les dettes françaises, sources de contentieux économique et financier
La guerre a inversé le rapport entre Alliés. Les États-Unis ont prêté deux milliards de livres au total[120]. En Europe, le Royaume-Uni a emprunté 842 millions de livres aux États-Unis et fourni entre 1,74 et 1, 825 milliard, dont 568 millions à la Russie et 416 à la France[121]. La France a emprunté un milliard de livres et en a prêté 355 millions. Face à l'importance de ces dettes multilatérales, les Britanniques recommandent d'abord leur neutralisation. Keynes recommande leur abandon pur et simple. Le mémorandum de Lord Curzon reprend cette idée. Pour les dirigeants français, la question des dettes reste liée à celle des réparations. En décembre 1921, après la signature des accords de Wiesbaden avec l'Allemagne, permettant des paiements en nature, le ministre des Régions libérées, Louis Loucheur, propose une réduction des réparations allemandes contre une annulation de la dette française au Royaume-Uni, mais les États-Unis ne répondent pas. Les Britanniques décident alors de se faire rembourser. Le 1er août 1922, la note Balfour signifie aux dirigeants français que le Cabinet britannique n'est plus prêt à se montrer aussi généreux envers la France, dans la mesure où il doit aussi beaucoup aux États-Unis ; le 11 août, une deuxième note précise que la France doit 12 milliards au Royaume-Uni et 15 milliards de reichsmark aux États-Unis. Les dirigeants français accusent les Britanniques de faire prévaloir les intérêts de la City[122]. Dans un article de l'*Écho national* du 3 août 1922, André Tardieu conteste ce revirement britannique. En avril 1923, Loucheur se rend à Londres, où il rencontre David Lloyd George, Philip Lloyd-Greame, président du *Board of Trade*, Lord Derby, ancien ambassadeur en France, le Premier ministre Stanley Baldwin, et le leader conservateur Bonar Law. Il tente de réduire la dette allemande à 40 milliards, dont 32 pour la France, mais ne propose rien pour le Royaume-Uni ; devant les réactions d'indignation britanniques, il élève la dette allemande à 50 milliards, dont 10 pour le Royaume-Uni. Le *Daily Telegraph* du 5 avril publie les faits, discréditant l'initiative[123].

La question des dettes s'ajoute à l'occupation de la Ruhr, et envenime les relations diplomatiques franco-britanniques. A un courrier acerbe de Lord Curzon du 11 août 1923 répond une lettre ferme de Poincaré, le 20 août. Lord Robert Cecil, fils de Lord Salisbury, demande à la S.D.N., qu'il contribue à mettre sur pied, de s'emparer du problème. Il envoie des lettres les 8, 10, 12 et 15 septembre dans ce sens. Lorsque la résistance cesse en Allemagne, le 22 octobre 1923, Stanley Baldwin accuse Poincaré d'avoir « menti ». Le 7

---
[120] J. M. Keynes, *op. cit.*, p.245-246.
[121] Le Royaume-Uni perd au total 2,4 milliards de marks-or contre 16,8 milliards de marks-or pour la France dans la seule Russie cf. K. Hardach, *First World War,...op.cit.,* p.289.
[122] Mémo de J. Seydoux, 14 juillet 1922, directeur des relations commerciales du Quai d'Orsay, MAE, PAAP Seydoux, cité par A. Williams, "Why don't the French do think tanks ? France faces up to the Anglo-Saxon sperpowers, 1918-1921", *Review of international Studies*, vol.34, 2008, p.53-68.
[123] D. Artaud, *la Question des dettes interalliées et la reconstruction de l'Europe 1917-1929*, thèse sous la dir. de J.B. Duroselle, Université de Paris I Panthéon-Sorbonne, 1976, 2 vol., 999p.

novembre 1923, Eyre Crowe, sous-secrétaire permanent au *Foreign Office*, dénonce à Saint-Aulaire la « folie de la politique française » et explique que « le gouvernement anglais ne peut plus avoir aucune confiance dans le gouvernement français »[124].

La situation s'apaise à partir de 1924, après le retrait français de la Ruhr, mais reste délicate. Le 16 septembre 1925, Churchill, alors chancelier de l'Échiquier, tente de justifier ses mesures budgétaires, la hausse des impôts et le retour à l'étalon-or, en rappelant au club conservateur de Birmingham qu'il faut tenir compte du montant des dettes, mais aussi des circonstances dans lesquelles elles ont été contractées[125]. Le taux de change devient défavorable au Royaume-Uni. Le 12 juillet 1926, dans un contexte de chute du franc, il s'accorde avec le ministre des Finances, Joseph Caillaux, sur un montant de la dette française de 801,5 millions de livres, sur 62 annuités[126]. Poincaré dévalue le franc d'un cinquième. En février 1928, le gouverneur de la Banque de France, Émile Moreau, a ainsi l'impression de prendre sa revanche sur l'impérialisme de la Banque d'Angleterre[127] Le journaliste Richard Wallhead prend la défense des couches laborieuses britanniques. Dans un article du *Daily Herald* du 18 avril 1929, il ne voit pas de raisons pour lesquelles le Royaume-Uni devrait payer 37 millions de livres par an aux États-Unis, tandis qu'il ne recevra que 20 millions de ses débiteurs. La Chambre des députés française ne ratifie l'accord que le 21 juillet 1929[128]. Pendant toutes les années vingt, la question des dettes constitue un grief des Britanniques contre les Français.

C. La crise de 1929 : frustrations économiques et francophobie

La question des dettes de guerre est relancée par les difficultés financières, le déficit britannique de la balance des paiements, conséquence de la crise économique de 1929. John Harry Jones, professeur d'économie à l'Université de Leeds, de 1919 à 1946, établit une corrélation entre baisse de la livre sterling et politique aimable avec la France[129]. Keynes reconnaît que « nous devons notre survie, la Banque d'Angleterre en particulier, à la Banque de France », mais d'importantes quantités d'or passent à Paris fin 1930. Le 18 septembre 1931, le président du Conseil Pierre Laval fait consentir par la Banque de France un prêt de trois milliards de francs à son homologue, geste insuffisant cependant pour sauver la livre, qui est dévaluée trois jours plus tard. Cette crise provoque au Royaume-Uni une rancœur contre la France. Le duc de Connaught renonce à son séjour habituel sur la Côte d'Azur[130]. Le gouverneur Montagu

---

[124] Télégramme de Saint-Aulaire du 7 novembre 1923, M.A.E. Z Europe RG.
[125] W.S. Churchill, *Complete speeches*, *op. cit.*, 4, p. 3767.
[126] Soit environ 155 milliards de francs, 22% de plus que le capital initial.
[127] Cité par R. Frank et R. Girault, *Turbulente Europe et nouveaux mondes. 1914-1941*, Paris, Masson, 1988, p.155.
[128] A. Turner, *The Cost of war. British Policy on French War Debts, 1918-1932*, Brighton, Sussex Academic Press, 1998, 328p.
[129] *Manchester Guardian*, 11 décembre 1931.
[130] Dépêche de Fleuriau à Aristide Briand, 17 décembre 1931, M.A.E. Z Europe G.B. 288.

Norman devient « tout à fait francophobe »[131]. Le 15 juillet 1931, les journaux britanniques font courir le bruit d'une attaque militaire française, sans fondement[132]. La crise économique contribue à l'éloignement des deux pays et au renforcement de l'anglophobie en France. Ce n'est qu'en 1936 qu'un intervenant à la conférence de Chatham House, l'économiste Denza, pose comme préalable de dévaluer le franc[133], ce que décide le gouvernement Blum un peu plus tard.

La Conférence de Londres. Un appeasement franco-britannique ?
Un débat agite les Britanniques sur l'attitude à adopter face à l'Allemagne. Depuis 1919, certains militent pour une politique de réconciliation. L'éditorialiste libéral et propriétaire du *Manchester Guardian*, Charles Prestwitch Scott, désapprouve une paix de violence, et plaide au contraire pour une paix d' « appeasement »[134]. L'article 8 du traité de paix de 1919 prescrit un désarmement international. Pour certains, la France obstrue toute politique de paix par un refus obstiné de désarmer : « persister dans le vieux système de protection revient à affaiblir les nouvelles garanties », selon un journaliste[135]. Dans les années trente, après l'arrivée d'Hitler au pouvoir, cette différence de perception de l'Allemagne persiste. En février et mars 1934, les conversations franco-britanniques achoppent sur la question du désarmement français et du réarmement allemand[136]. Samuel Hoare, secrétaire au *Foreign Office*, déclare, le 26 septembre 1935, que « l'élasticité est une partie de la sécurité »[137]. Côté français, quelques uns lui font écho. L'ancien président du Conseil, Pierre-Étienne Flandin, demande d'adapter la politique aux réalités, « à l'exemple de celles dont s'inspirent nos amis britanniques »[138], Pierre Laval est prêt à faire des concessions à l'Italie. La plupart des dirigeants ne comprend cependant pas l'insistance britannique sur le désarmement français.

Le problème de la demande française de sécurité tient précisément à ce que le traité de garantie n'a jamais vu le jour, et que certains pensent qu'il faut rester prudent. Le déclenchement de la crise économique, et l'accession d'Hitler au pouvoir en Allemagne rendent certains plus vigilants, y compris au Royaume-

---

[131] Dépêche de Fleuriau, 30 juillet 1931, M.A.E. Z Europe G.B. 288.

[132] *The political Diary of Hugh Dalton, 1918-40, 1945-60*, Londres, J. Cape, 1986, 737p., 16, 17 et 19 juillet 1931, cité par R. Boyce, ""Breaking the Bank": the Great Crisis in Franco-British Relations between the Wars", in P. Chassaigne éd., *Anglo-French Relations...op.cit.*, p.80-93.

[133] F. Kupferman, *Laval 1883-1945*, Paris, Balland, 1987, 570p., p.96. ; J.P. Cointet, *Laval*, Paris, Fayard, 1993, 586p., p.107-108 ; J. Kayser, "France and the international situation", discours du 19 mai 1936 à Chatham House, *International Affairs*, vol. 15, n°4, juillet-août 1936, p.520.

[134] 10 mai 1919 ; voir E. Goldstein, "Great Britain : The Home Front", in M.F. Boemeke éd., *op. cit.*, p.147-166.

[135] "to persist in the old system of protection is to weaken the force of the new collectives guarantees", « Peace and Defenses », *Manchester Guardian*, 23 janvier 1931.

[136] M. Vaïsse, *Sécurité d'abord. La politique française en matière de désarmement, 9 décembre 1930-17 avril 1934*, 5 vol., 1980, 1627 p., Paris, Pédone, 1981, 683p.

[137] A. Reussner, *Les Conversations...op.cit.*

[138] Débats à la Chambre, *J.O.R.F.*, 19 novembre 1937, cité par A. Wolfers, *Britain and France between two wars*, New York, Brace and Company, 1940, 467p.

Uni. Churchill, bien renseigné, mais isolé, met en garde, depuis son banc de député conservateur, dès mars 1933, après l'arrivée d'Hitler au pouvoir, puis tout au long de l'année 1934, contre une politique de désarmement à contretemps face à une *Wehrmacht* qui passe de 300000 à 500000 soldats entre les deux dates[139]. Le 30 mai 1934, devant la Commission sur le désarmement, le secrétaire aux Affaires étrangères, Sir John Simon, demande de faire preuve de réalisme. Mais l'*appeasement* dessert les francophiles.

III. La « rupture » de la Deuxième Guerre mondiale ?

A. 1940 : le double divorce franco-britannique de Dunkerque et de Mers el-Kébir

Dans les années trente, les dirigeants doivent faire face à divers conflit, mais la crise majeure éclate en 1940. Avant même le régime de Vichy, la période troublée de la fin des années trente se traduit par un retour de l'anglophobie, qui ne gagne que lentement cependant les dirigeants français. Bonnet demande à Neville Chamberlain d'agir sur le champ par l'ouverture des conversations d'État-major. L'unité de commandement est une réalité en France depuis l'entrée en guerre. Des militaires et personnalités britanniques se rendent à nouveau en France : Churchill y effectue de nombreuses visites ; le duc George de Kent, frère du roi, arrive à Brest le 2 mai 1940[140]. Toutefois, dès le 4 septembre 1939, le chef de l'état-major impérial, le général Ironside, signifie catégoriquement son refus de la subordination de l'armée britannique à l'armée française au Levant, où Weygand commande les opérations. Il suit une « stratégie impériale », selon laquelle Suez est au « centre de l'Empire britannique »[141]. Il semble que ce sont à nouveau les déconvenues internationales et les déboires militaires qui causent une lassitude et un mécontentement assez fort chez les dirigeants français. La retraite de Finlande provoque un certain dégoût chez Édouard Daladier, ministre de la Défense, qui gagne d'autres dirigeants. Selon une note diplomatique, Londres esquive ses « engagements ». Alexander Cadogan, sous-secrétaire d'État au Foreign Office, identifie la même chanson qu'en 1920-1924[142]. C'est donc à nouveau un moyen commode de rejeter sur Londres la responsabilité des échecs en Finlande. Pour

---

[139] Voir F. Kersaudy, *Churchill et de Gaulle...op. cit.,* p.29.
[140] Lettre du préfet, 30 avril 1940, Dossier « Visite du duc de Kent », Archives départementales (A.D.) du Finistère, 1 M 322.
[141] D. Kelly et R. MacLeod, *The Ironside Diaries, 1937-1940*, Londres, Constable; 1962, 434p., p.105.
[142] Note sur la question finlandaise, rédigée vers le 9 mars 2007, P.A.A.P. Daladier 3; D. Dilks éd., *The Diaries of Sir Alexander Cadogan, 1938-1945*, Londres, Cassell, 1971, 881p., p.262. François Bédarida évoque un « climat d'anglophobie latente » - même parmi des éléments jusque-là très fidèles à l'alliance anglaise – dont le développement progressif explique non seulement les méfiances de mars et d'avril sur la Norvège et le Caucase mais, plus encore, bien des prises de position de mai à juillet 1940 » cf. F. Bédarida, *La Stratégie secrète de la drôle de guerre. Le Conseil suprême interallié septembre 1939-avril 1940*, Paris, C.N.R.S. et F.N.S.P., 1979, 573p., p.281-282.

Londres, il s'agit une nouvelle fois pour les Français de se disculper. Sur le front occidental, Ironside se demande si le généralissime Maurice Gamelin a bien un plan d'attaque. La coopération mondiale atteint donc vite ses limites, diminuée par des suspicions.

Le déclenchement des opérations militaires, qui tournent rapidement assez mal, marque une rupture intellectuelle et stratégique, rupture politique, rupture diplomatique et surtout affective entre les dirigeants français et britanniques[143]. L'unité de commandement, ainsi que la coopération militaire ne permettent pas de surmonter la défiance qui s'installe. Face à la dégradation de la situation, les Britanniques perdent tôt confiance dans l'armée française. Cadogan écrit dans son *Journal* en date du 17 mai que les soldats français ne se battent pas[144]. Le 20 mai, le ministre de l'Économie de Guerre, Hugh Dalton, rapporte un témoignage concordant selon lequel le Premier Lord de l'Amirauté, Albert Alexander, estime que les Français sont parfaitement inutiles, et que la Première Armée est « nulle »[145]. Ces impressions négatives amènent à chercher des solutions de repli. L'idée d'un rembarquement émerge, côté britannique, dès le 18 mai. Elle est communiquée au général Georges Blanchard, commandant la Première Armée. En réalité, si les armées disposent d'informations variables[146], les communications interalliées ont été négligées, et restent aussi mauvaises que pendant la Première Guerre mondiale. Même Churchill et le général John Dill ne savent pas où en est le général Gort, commandant les troupes britanniques en France, jusqu'au 24 mai[147]. Ce déficit de communication fait le lit de l'anglophobie.

Pour les militaires français, l'épisode du rembarquement des corps d'armée alliés à Dunkerque devient, en effet, le symbole de la traîtrise. Le 26 mai, les Britanniques avertissent les Français de la possibilité d'un retrait, mais gardent leurs intentions secrètes le lendemain. Weygand se plaint de ne pas en être directement informé. Ce n'est donc pas la quantité de soldats britanniques rembarqués, deux fois plus nombreux que les Français, que l'absence de concertation qui alimente « l'anglophobie » de Weygand. Ce dernier dénonce le refus de la B.E.F. de se battre, retournant la critique formulée précédemment par Cadogan[148]. Le 28 mai, jour de la capitulation belge, le général Blanchard n'arrive pas à joindre le général Gort. Les militaires français ont l'impression que les Anglais embarquent au plus vite, sans se soucier d'eux. Le 29 mai, les

---

[143] R. Frank, *La Hantise du déclin...op.cit.*
[144] Notes des 17 et 19 mai 1940, A. Cadogan, *The Diaries of Sir Alexander Cadogan, ...op.cit.*
[145] *The political Diary of Hugh Dalton...op.cit.*, 20 mai 1940, cité par P.M.H. Bell, *A certain eventuality*, p.20.
[146] Selon l'historien Nicholas Atkin, la marine française manquait seulement de moyens, pas d'informations N. Atkin, *The forgotten French: Exiles in the British Isles 1940-1944*, Manchester, Manchester University Press (M.U.P.), 2003, 304p., p.94.
[147] J.C. Cairns, "Great Britain and the fall of France. A Study in allied disunity", *The Journal of Modern History*, décembre 1955, vol 27, n°4, p.365-409, p.371.
[148] J. Jackson, *France. The Dark Years 1940-1944*, Oxford, O.U.P., 2001, 660p., p.119 parle de l'« anglophobie » de Weygand. ; J.B. Duroselle, *Politique étrangère...op.cit*, p.364.

Anglais laissent deux divisions sur le sol français[149]. Le 30 mai, Blanchard suppose que les Anglais exécutent indépendamment une manœuvre prévue de longue date, baptisée Dynamo. Cinq divisions françaises sont prises au piège à Lille pour ralentir l'avancée allemande. Environ 35000 soldats français restants sont fait prisonniers par les Allemands[150]. Cette impression est renforcée chez les militaires par le fait que ni Blanchard, ni le général Fagalde, ni l'amiral Abrial, chargé de la défense des côtes septentrionales, ne croient possible une opération de rembarquement. Les préjugés ont donc pris le pas sur un bilan objectif des pertes, reflet de l'engagement des armées. Les militaires sont d'autant plus réceptifs, et prompts à critiquer les Britanniques, qu'ils se défient initialement d'eux. Ils ne sont pas cependant anglophobes dès le début, mais certains le deviennent à cause de leur interprétation des événements.

Côté britannique, Gort perd tôt confiance en l'Allié, sans doute dès le 18 mai[151]. Cadogan se demande, le 2 juin, si les Britanniques ne devraient pas « donner un jeton » à leur Allié, mais déclare, le 4, contre l'avis de Churchill, que l'envoi d'avions est inutile[152]. Selon le major général Doumenc, chargé de l'organisation générale pour tous les théâtres terrestres, sous l'autorité de Gamelin, Churchill lui aurait fait ses adieux personnels le 12 juin[153]. Ces témoignages confirment que les Britanniques considéraient la situation comme perdue, et n'ont pas soutenu les dirigeants français. Les Britanniques font-ils primer des considérations de « pur intérêt national », comme le croient volontiers les dirigeants anglophobes?[154] En tous cas, Churchill n'a pas décidé d'emblée un rembarquement[155], mais s'est démis seulement progressivement de ses illusions de francophile

Certains militaires français se montrent plus nuancés, et se laissent moins guidés par leurs préjugés que par les faits. Cette attitude n'est pas toujours due à une différence de caractère, mais tient aussi au recul pris par rapport à la situation et à la connaissance de diverses informations. Ils savent que la B.E.F. s'implique dans la bataille. L'armée française perd 100000 hommes pendant la campagne de France, quand la B.E.F. perd 68111 hommes, décédés, blessés ou prisonniers[156]. Pendant l'opération, le 30 mai, le *War Office* insiste pour que Français et Anglais soient embarqués « en nombre égal». L'amiral commandant l'opération, l'amiral Bertram Ramsay, renvoie des *destroyers* pour sauver des

---

[149] anglophobie « gratuite » de Doumenc selon F. Delpla, *op. cit.*, Paris, Orban, 1991, 526 p., cf. p.285.
[150] N. Atkin, *op. cit.*, p.94.
[151] Après la défaite seulement, l'amiral Abrial fera la tournée des villes françaises pour exposer sa "vérité sur Dunkerque", Synthèse des rapports des préfets de la zone libre pour le mois de juillet 1942 publié sous la dir. de M.O. Baruch et S. Martens, http://www.ihtp.cnrs.fr/prefets/
[152] P.M.H. Bell, *op. cit.*, p.23.
[153] F. Delpla éd., *op. cit.*
[154] P.M.H. Bell, *A certain eventuality*, Famborough, Hants, Saxon house, 1974, 320p., p.20.
[155] R. Lamb, *Churchill as War Leader*, New York, Carroll and Graf, 1993, 400p., p.340.
[156] M. Hanna, B. Gordon dir., *Historical Dictionary of World War II France*, Londres, Aldwych, 1998, p.49.

vies jusqu'à la dernière nuit de l'opération[157]. Au total, 338226 soldats sont rembarqués[158]. 28000 Britanniques non indispensables sont évacués par avance, puis 186587 Anglais et 123095 Français les rejoignent[159]. Les Britanniques mettent tous leurs avions en jeu pour couvrir le repli maritime. Le général Ironside critique même Arthur Greenwood, membre travailliste du Cabinet de guerre pour avoir parlé de ces « foutus »[160] alliés à propos des Français, alors que le Royaume-Uni ne s'est pas doté d'une armée. La réalité semble donc assez différente des impressions vécues par les militaires. De Gaulle s'inscrit dans cette lignée de militaires reconnaissants. Comment expliquer sinon que l'argument principal de son appel du 18 juin repose sur « l'Empire britannique qui tient la mer et continue la lutte » ?

B. Les causes de la non-coopération aérienne franco-britannique

Trois chefs tombent d'accord pour estimer qu'un renfort de chasseurs n'aurait pu éviter d'être surclassé par l'aviation ennemie. « Envoyer les escadrilles, ce n'était pas sauver la France, mais perdre pour l'Angleterre toute possibilité de poursuivre la lutte. »[161]. De nombreux dirigeants estiment qu'il est trop tard. En réalité, ce défaut n'est pas lié à une aviation dépassée par les événements, mais par une impréparation et une incapacité à faire front commun, *avant* les événements.

Côté français, l'armement a été négligé. En outre, la coopération aérienne entre les responsables des deux pays a été quasiment nulle. Déjà, des différends opposent la France au Royaume-Uni en matière d'aviation commerciale[162]. La France estime que les échanges sont inégaux, et demande l'application de la réciprocité en matière de services d'aviation commerciale. C'est en matière militaire que la coopération fait le plus défaut. En 1937, Churchill suggère au président du Conseil, Blum, de revoir l'aviation française[163], mais son conseil n'est pas parfaitement suivi. De plus, le protectionnisme français empêche la fourniture rapide de matériel britannique et américain à la France. L'entreprise Rolls Royce se voit obligée de réclamer un quatrième versement pour le paiement de ses moteurs, qui n'a pas été réglé[164]. Les commandes étrangères tardent et ne sont pas toujours honorées. Les réflexes nationaux ralentissent l'effort de guerre. Il s'agit moins d'anglophobie commerciale que de protectionnisme traditionnel, particulièrement incongru en temps de guerre. Le 10 mai, les Français disposent de six cents avions.

---

[157] Article de G. Boulleteau, *Carrefour*, 6 janvier 1945.
[158] R. Mayne, « Un Parlement, une armée, un gouvernement, un drapeau ? L'espoir d'une union franco-britannique en 1940 », in G. Radice et alius dir., *op. cit.*, p.139.
[159] R. Balbaud, *L'Entente à l'épreuve*, Londres, O.U.P., 1944, 86p., p.24-25.
[160] "bloody gallant Allies", note d'Ironside du 17 mai 1940, in D. Kelly et R. MacLeod, *The Ironside Diaries...op.cit.*
[161] R. Balbaud, *L'Entente à l'épreuve...op.cit.*, p.43-49.
[162] Memento du 25 janvier 1938, M.A.E. P.A.A.P. Massigli 16.
[163] F. Kersaudy, *op. cit.*, p.32.
[164] Dépêche de l'attaché de l'Air, 15 novembre 1939, Service historique de l'Armée de l'Air (S.H.A.A.), 2B82.

Les armées françaises et britanniques n'ont pas tiré les leçons de la Première Guerre mondiale en matière d'opérations conjointes. Elles restent profondément nationales. Les états-majors conçoivent une stratégie de collaboration armée plus poussée que précédemment, mais sans véritablement changer les doctrines militaires respectives. L'Armée de l'Air britannique se fixe comme mission exclusive la défense du territoire métropolitain. Cette conception se retrouve surtout dans les choix de matériel militaire opérés dans les années trente. Les mille six cents chasseurs à court rayon d'action fabriqués au Royaume-Uni ne sont pas conçus pour intervenir en France depuis le Royaume-Uni[165]. Pour le directeur de la planification au ministère de l'Air, John Slessor, c'est la raison profonde de l'échec de la coopération aérienne franco-britannique de 1940. Le matériel britannique à court rayon d'action reflète une conception insulaire de la défense nationale, et ne se prête pas à des opérations interalliées. Il regrette que

> « notre obsession naturelle et légitime d'un coup de poing contre ce pays nous ait contraint à nous concentrer sur un type de chasseur et une organisation statique de défense par avions de chasse aux dépens de notre capacité à prêter assistance facilement contre une attaque coup de poing d'une autre sorte contre la France, qui, en cas de succès, ne serait que la première étape d'un coup de poing contre l'Angleterre »[166].

Les neuf cents bombardiers britanniques sont prévus pour attaquer la Ruhr, le cœur de la production industrielle et militaire allemande. Cette conception est largement partagée par la presse et les dirigeants britanniques. Le directeur de *The Observer*, James Garvin, redevenu hostile à la France depuis 1919, plaide pour ne pas dégarnir le territoire afin de disposer d'une supériorité aérienne totale au-dessus du Royaume-Uni[167]. L'*Air Marshal* Hugh Dowding se refuse à dégarnir les îles britanniques[168]. D'où une série de malentendus dès 1938[169]. Churchill se démarque longtemps de cette attitude. La montée de l'Allemagne l'a rendu plus vigilant. Dès le 14 mars 1933, Churchill rappelle que la contrepartie d'un désarmement aérien français est un secours britannique à la France : « Est-ce qu'en cas de guerre vous vous engageriez à ce que notre pays se porte à son secours ? »[170]. En 1939, il promet donc de jeter toutes ses forces armées dans la bataille de France.

---

[165] Rapport du 1er janvier 1939 sur l'armée de l'Air en Grande-Bretagne, S.H.A.A. 2B82.
[166] It is unfortunate that our quite natural and proper obsession with the danger of a *"knock-out blow"* against this country has forced us to concentrate on a type of fighter and a static fighter defense organization at the expense of our capacity to assist easily in resistance to [sic] a knock-out blow of a different kind against France, which, if successful, would only be a first stage of a knock-out blow against England.", Slessor au air command Donald, 6 avril 1939, Air 20/220, cité par H. Montgomery Hyde, *British Air Policy between the Wars. 1918-1939*, Londres, Heinemann, 1976, 539p., p.484.
[167] Cité dans la dépêche de l'attaché militaire Lelong, 3 décembre 1939, S.H.A.T. 7N 2818.
[168] H. Montgomery Hyde, *British Air Policy between the Wars. 1918-1939*, Londres, Heinemann, 1976, 539p.
[169] J.B. Duroselle, *Politique étrangère...op.cit.,* p.33.
[170] Débats à la Chambre du 14 mars 1933, House of Commons, http://www.portcullis.parliament.uk/DServe/dserve.exe?dsqIni=Dserve.ini&dsqApp=Archive&ds

Les quelques plans élaborés sont totalement insuffisants pour répondre aux besoins stratégiques. Le député libéral Edward Clement Davies en appelle à une union formée autour de principes concrets et précis, mais l'accord n'est que la prolongation de la politique d'avant-guerre. Il prévoit des échanges de matériel, une complémentarité entre bombardiers britanniques et chasseurs français, un échange d'officiers. Selon le *New York Times*, le principe d'un commandement unique est adopté: commandement français sur terre, britannique sur mer et dans les airs[171]. L'éditorialiste de *The Fighting Forces* déplore en décembre 1939 que les forces armées françaises et britanniques ne soient pas restées unies en temps de paix, entre 1919 et 1939. Le *Daily Mail* se félicite de l'unité de commandement dès le début des opérations[172]. En réalité, hormis l'armée de terre, et encore, chaque arme consent mal à se placer sous les ordres de l'autre. Sur terre, ce n'est qu'après le déclenchement des opérations que Pétain propose à Edward Spears et au major Archdale, officiers de liaison avec les armées françaises du Nord, de placer l'armée sous le commandement de Gort. Ce geste tardif est interprété par Edward Spears, représentant de Churchill en France, comme le signe non d'une entente, mais d'une volonté perfide de se désengager[173]. La méfiance prévaut, et cette défiance rend Spears antipathique au lieutenant-colonel Paul de Villelume, directeur du cabinet militaire du président du Conseil Paul Reynaud, sans pour autant que cette antipathie soit systématique[174]. Dans le domaine aérien, les dirigeants ne font que de timides efforts de coopération. L'*Air Marshal* Barratt se rend en France, du 18-20 avril 1939[175]. En mai, les conversations aboutissent à un accord sur l'envoi d'un *squadron* de vingt chasseurs.

Pendant la drôle de guerre, les 8 et 9 septembre, l'*Air Component* de la Royal Air Force (R.A.F.) dispose de quatre *squadrons* de Hurricane, soit quatre-vingt chasseurs. Suite à la demande de chasseurs et de canons de D.C.A.[176] par le général Gamelin du 16 septembre, l'*Air Marshal* Cyril Newall, chef d'état-major aérien, et le commodore Slessor se rendent à Paris les 20 et 21 septembre. Neville Chamberlain répond au président du Conseil, Daladier, le 3 octobre 1939, que l'Allemagne peut vouloir concentrer ses attaques aériennes sur le Royaume-Uni et qu'il lui faut donc garder des appareils. Français et Britanniques sont en outre dans l'ignorance de leurs moyens réciproques. Lorsque l'*Air Marshal* Cyril Newall propose l'échange de plans de guerre avec

---

qCmd=Show.tcl&dsqDb=Catalog&dsqPos=150&dsqSearch=%28RefNo=%27276%27%29HC/O F/S5/276, col. 1819.

[171] Lord D. Davies, *The Anglo-French alliance. A reprint of an article from the November 1938 issue of the Contemporary Review*, Londres, The New Commonwealth, 1939, 12p.

[172] Dépêche de Lelong, 11 décembre 1939, S.H.A.T. 7N 2818.

[173] E. Spears, *Assignment to Catastrophe*, 2 vol., Londres, Heinemann, 1954, 332 et 333p., t.I, p.236.

[174] Note du 31 mai 1940, P. de Villelume, *Journal d'une défaite : 23 août 1939-16 juin 1940*, Paris, Fayard, 1976, 478p.

[175] M. Dockrill, *British Establishment Perspectives on France, 1936-1940*, Basingstoke, Macmillan, 1999, 212p., p.122 sq.

[176] Défense contre les aéronefs.

l'aviation française pour ne pas être entraîné dans des opérations risquées, le général Gort juge cela inopportun[177]. Il limite le nombre de soldats composant la B.E.F[178].

Cette conception se trouve tôt renforcée pendant les opérations. Cyril Newall se voit demander des avions en France, mais répond : « Je dois cependant garder un minimum pour la défense de l'Angleterre qui est le cœur de l'Empire. Je ne me place pas d'ailleurs à un point de vue égoïstement anglais, mais à celui de nos intérêts communs. Votre cause est la nôtre et réciproquement ». Le problème vient du fait que ces intérêts communs n'ont pas été préalablement définis. Pour Cyril Newall, la perte de la campagne de France est la part du feu. Placé devant le dilemme posé par le lieutenant-colonel Wiedemann-Goiran, en mission auprès du ministère de l'Air britannique, perdre la bataille et garder ses forces armées, ou accepter d'augmenter sa vulnérabilité pour se mettre en situation de l'emporter- il se dit incompétent pour répondre[179].

Les militaires ne résolvent pas pour autant la principale question soulevée en France par Daladier, dans une lettre à Neville Chamberlain du 1er octobre 1939. Selon lui, l'aviation est le « véritable péril ». Il demande une importante D.C.A. Il ne faut pas que l'on puisse dire que « c'est la guerre de l'Angleterre ». Chamberlain tient cependant à défendre son territoire, en cas de défaite française. Seuls trente deux avions sont envoyés[180]. Un autre chiffre nous est donné après-guerre, à l'heure des comptes. L'annulation des débits d'aviation porte sur huit groupes de chasse, un groupe de bombardement léger, deux groupes de bombardements lourds[181].

A mesure que les forces allemandes progressent, les Britanniques doutent en outre de plus en plus de la capacité des avions à arrêter les chars. Le 16 mai, le lieutenant-colonel Wiedemann-Goiran a une conversation avec Archibald Sinclair, secrétaire d'État pour l'Air, qui reconnaît : « Si *vraiment* la bataille devait être gagnée grâce à nos avions, ou perdue si ceux-ci faisaient défaut, je n'hésiterais pas à vous les envoyer »[182]. Pour Sinclair, comme pour Newall, la bataille de France est perdue avant la fin des hostilités. Même Churchill consent à nettoyer le ciel, mais pas à arrêter les colonnes de chars[183]. C'est que l'aviation britannique a subi un échec au-dessus de Maastricht le 11 mai, en perdant ses trente deux appareils. La R.A.F. perd quatre cents Hurricanes. Cependant, les six nouveaux *squadrons* de 120 chasseurs consentis après, à contrecœur, malgré des pronostics défavorables, reviennent à bon port. Le diagnostic sur leur engagement est donc plus mitigé que celui avancé par le commandement aérien britannique. Les militaires britanniques ne se rendent pas

---

[177] Minute du C.I.D., 12 septembre 1938, P.R.O. CAB 53 41.
[178] Note "Present policy in the light of recent developments", 2 décembre 1938, P.R.O. CAB 21/510/COS 811.
[179] Compte-rendu de Wiedemann-Goiran, 16 mai 1940, S.H.A.A., 1 D 37.
[180] J.B. Duroselle, *Politique étrangère…*, p.33-34.
[181] 14 septembre 1945, M.A.E. P.A.A.P. Massigli 53.
[182] Compte-rendu des conversations par la mission française auprès de l'Air ministry du lieutenant-colonel Wiedemann-Goiran, 16 mai 1940, SHAA 1 D 37. Nous soulignons.
[183] F. Kersaudy, *op. cit.*, p.45.

non plus toujours compte de la gravité de la situation en France, faute d'informations rapides et fiables. Ainsi, Archibald Sinclair, sur la foi d'une conversation téléphonique avec le général Georges, responsable du Nord-Est pendant la Seconde Guerre mondiale, ne paraît pas convaincu par la gravité de la situation militaire, le 15 mai encore.

Il faut cependant distinguer. Si le manque de chasseurs se fait cruellement sentir, il semble que les bombardiers aient suffi, mais n'aient pu être employés. En matière d'avions de chasse, l'aviation française demande des Spitfire le 15. Le maréchal Joubert, responsable de l'aviation française, plaide sa cause auprès de l'*Air Marshal* Barratt, qui en fait part au Cabinet britannique. Selon les rapports de la mission française, la réponse se fait attendre : « les demandes répétées faites auprès des différentes personnalités ont certainement ému le Gouvernement britannique, mais celui-ci ne prendra, sans doute, une décision, qu'après avis du maréchal Joubert ». Finalement, le Cabinet consent l'envoi de quatre escadrilles le 16 mai à 14h00[184]. Churchill obtient néanmoins l'envoi de six escadrilles supplémentaires. A ce moment, l'aviation française a perdu cinq cents chasseurs depuis le début. Il lui en reste cent cinquante, selon le général Gamelin[185]. Dès le 22 mai, trois cents avions britanniques sont retirés de la campagne[186]. Fin mai, début juin, il reste vingt-sept escadrilles pour défendre le Royaume-Uni[187]. « A ma demande pressante de transférer sur les terrains au sud de la Loire tout au moins une partie de l'aviation anglaise de coopération, M. Churchill fit une réponse formellement négative », début juin 1940[188]. Beaucoup reprochent ensuite aux Britanniques de se donner la part belle en en retenant que la « finest hour », et en laissant la responsabilité de la défaite proprement militaire aux Français. Peu estiment, comme Harold Nicolson, secrétaire privé du ministre de l'Information, que le peuple anglais reconnaît dès 1940 que la défaite française est aussi « sa défaite »[189].

Tous les dirigeants français ne sombrent pas dans l'anglophobie. Certains dirigeants français se montrent reconnaissants, malgré la défaite. Le 15 juin, un proche de de Gaulle conseille même au ministre britannique des Colonies Lloyd de garder l'aviation en Angleterre[190]. Barratt aborde la question des bombardiers avec le général d'aviation François d'Astier de la Vigerie, commandant une escadrille, le 14 mai[191]. Ce dernier lui dit avoir perdu 25% de ses bombardiers. Barratt parle de l'« esprit de sacrifice » des aviateurs anglais pendant la campagne de France, sa remarque concernant principalement les 200 bombardiers, « qu'ils n'ont [effectivement] jamais cessé de mettre à [...] disposition »[192]. Le *Bomber Command* n'a en effet refusé aucun bombardier.

---

[184] Rapports des 15 et 16 mai de la mission française auprès de l'Air Ministry, SHAA, 1 D 37.
[185] 11ᵉ réunion du Supreme War Council, 16 mai 1940, P.R.O. CAB 99/3.
[186] J. Gardiner, *Wartime Britain*, Londres, Headline, 2004, 658p.
[187] F. Kersaudy, *op. cit.*
[188] C. de Gaulle, *op. cit.*, t.I, p.48.
[189] *Carrefour*, 10 mars 1945.
[190] R. Mengin, *op. cit.*, p.87 sq.
[191] François est le frère d'Emmanuel, résistant fondateur du mouvement Libération Sud.
[192] R. Balbaud, *L'Entente à l'épreuve, op.cit.*, p.43.

Les militaires français ne tirent donc pas tous la même conclusion des déboires de la coopération militaire de 1940. Les militaires britanniques émettent un jugement sévère et durable sur l'aviation française.

C. Mers el-Kébir : une indignation durable, mais des représailles limitées

Mers el-Kébir n'est pas suivi d'une explosion d'anglophobie ; c'est plutôt l'inverse. Les acteurs principaux du drame se sont déjà rencontrés en temps de paix et en gardent un bon souvenir. Du 8 au 16 novembre 1930, Marcel Gensoul fait escale à la base navale britannique de Malte. En 1938, l'équipage du *Dunkerque* salue les souverains britanniques à leur arrivée à Boulogne-sur-Mer pour leur visite officielle. Du 25 au 30 mai 1939, le *Dunkerque* et le *Strasbourg*, font escale à Liverpool, avant de se rendre à Édimbourg en juin. Le *Dunkerque* participe à des opérations communes, le 14 juin. Le chef d'état-major de la Marine, l'amiral Darlan rencontre son homologue, le *First Sea Lord* Dudley Pound, à Portsmouth, le 8 août. Gensoul effectue une visite, à l'amiral Charles Forbes, commandant la *Home Fleet*, à la base navale de Rosyth, en juin 1939. Les marins conviennent d'une collaboration sur les tirs décalés des croiseurs. Du 11 au 30 décembre, l'amiral de l'Atlantique commande un groupe de bâtiments franco-anglais comprenant le *Dunkerque*, la *Gloire* et le *Revenge* chargé d'assurer, au profit de la Banque de France, le transport de cent tonnes d'or de Brest à Halifax à l'aller, et d'escorter le convoi de troupes canadiennes entre Halifax et la côte d'Irlande au retour. Au cours de la mission, les relations entre marins français et britanniques sont excellentes. La présence d'une équipe anglaise de transmission à bord du navire amiral facilite les communications. Gensoul ne tarit pas d'éloges dans son compte-rendu de mission, il reconnaît combien le contre-amiral Holland a été pour lui « tant à Halifax qu'à la mer, un collaborateur infiniment courtois, loyal et habile ». Il joint une copie du télégramme qu'il lui a adressé le 29 décembre, par lequel il lui souhaite un « voyage bon et réussi » et espère qu'ils auront l'occasion de se revoir. Le même jour, le contre-amiral Holland lui répond : « J'espère avoir le bonheur de vous servir à nouveau ». La répartition des rôles, à la différence de l'armée de l'Air, est parfaitement acceptée et n'éveille que peu de susceptibilités. Les relations de Gensoul avec les marins de Sa Majesté sont donc au beau fixe à l'hiver 1939-40[193]. Le contre-amiral Holland est même décoré de la Légion d'honneur, selon un procédé usuel à la Belle Époque. L'ensemble de ces manifestations ne permet donc pas de conclure à une anglophobie préexistante chez les marins, mais au contraire à l'existence de relations courtoises.

La défaite sur terre et l'armistice, signée le 22 juin 1940, bouleversent la donne de ces relations courtoises, et remet en question tous ces liens. Au titre de l'article 8,

---

[193] P. Lasterle, « Marcel Gensoul (1880-1973), un amiral dans la tourmente », *Revue historique des armées*, n°219, 2000, p.71-91.

« La flotte de guerre française – à l'exception de celle qui est laissée à la disposition du gouvernement français pour la sauvegarde de ses intérêts dans l'empire colonial – sera rassemblée dans des ports à déterminer et devra être démobilisée et désarmée sous le contrôle respectif de l'Allemagne ou de l'Italie. La désignation de ces ports sera faite d'après les ports d'attache des navires en temps de paix. Le gouvernement allemand déclare solennellement au gouvernement français qu'il n'a pas l'intention d'utiliser pendant la guerre, à ses propres fins, la flotte de guerre française stationnée dans les ports sous contrôle allemand »

Ces termes confirment les inquiétudes britanniques. Dès le 11 juin, Maurice Hankey, devenu conseiller politique du gouvernement britannique, envisage que le *First Sea Lord* demande à son homologue français de couler sa flotte[194]. Le 25 juin 1940, le chef de la mission navale française à Londres, l'amiral Odend'hal, reçu par Lord Dudley Pound, fait une ultime tentative pour renouer les fils de la confiance, mais, parallèlement, le Cabinet de guerre prend la décision de neutraliser la Flotte dans les ports de la Manche, à Alexandrie et à Mers el-Kébir. Le 28 juin, la date de l'opération est fixée au 3 juillet. Malgré le survol d'Oran par des hydravions anglais, les 28 juin et 1er juillet, indice de la menace, Gensoul ne veut pas croire à un coup de force[195]. L'amiral James Somerville, commandant la force britannique en Méditerranée occidentale, est même salué, à son arrivée dans la rade, par l'officier de garde de *la Bretagne*, rapporte le commander Davies, ce qui montre l'existence, sinon d'une cordialité, du moins d'un respect, loin de l'image anglophobe projetée souvent *a posteriori* par les affiches publiées sous Vichy. Même en faisant la part des remords de l'amiral Somerville, de l'amiral Dudley North, commandant de Gibraltar, d'Holland ou de Churchill, il n'y a pas de preuves d'anglophobie notoire, en dehors de la fermeté affichée par Gensoul. En revanche, ce dernier fait preuve d'une rigidité certaine, par fierté nationale sans doute, mais mal à propos dans un contexte très tendu. Par ailleurs, il considère l'envoi d'un simple capitaine de vaisseau comme « une marque de désinvolture des Britanniques » à son égard. Il s'en plaint à son officier d'ordonnance, le lieutenant de vaisseau Dufay, ami personnel de Holland : « Aujourd'hui on me dépêche un capitaine de vaisseau [...], je ne désespère pas de m'entendre, un jour, demander audience par un simple quartier-maître timonier ». Vers huit heures, Gensoul délègue Dufay à sa rencontre. Entre-temps, l'amiral est informé du message adressé par le *Foxhound* à la flotte l'invitant à se ranger aux côtés de la *Royal Navy* et l'avertissant que l'escadre britannique est au large pour l'accueillir. Mécontent que l'amiral Somerville veuille saper son autorité en s'adressant directement, par signaux, aux équipages, Gensoul enjoint au destroyer d'appareiller. Vers 9h15, il prend connaissance de la mise en demeure britannique, qui « offre » plusieurs alternatives : rallier la *Royal Navy* ; appareiller vers un port britannique avec équipages réduits et sous contrôle anglais ; ou conduire les

---

[194] Note du 11 juin 1940, P.R.O. F.O. 371 24338, cité par S.W. Roskill, *Hankey...op. cit.*, t.III, p.477.
[195] P. Lasterle, *op. cit.*

bâtiments aux Antilles ou aux États-Unis avec équipages réduits et sous contrôle anglais, afin d'y être désarmés. Si aucune des trois *fair offers* n'est acceptée, l'amiral devra saborder ses propres navires. A défaut, dans un délai de six heures, ils seront coulés. A ce moment précis, un élément majeur commande l'attitude de l'amiral français. Il considère l'ultimatum comme une « simple tentative d'intimidation ». Les Anglais n'oseront pas aller jusqu'au bout, « surtout s'ils se heurtent à une attitude résolue et à une concentration de force ». Cette sous-estimation est-elle due à une anglophobie viscérale ? Ou bien, au regard des relations cordiales nouées depuis quelques années, n'est-ce pas l'inverse : Gensoul ne croit pas que ses collègues tireront ? Dans l'attente de renforts et face à ce qu'il croit être du « bluff », il s'attache à montrer sa résolution à ne rien concéder sous la menace. Ainsi, il ne transmet pas à ses supérieurs l'ensemble des propositions britanniques ; il les considère avec mépris comme des faux choix, le terme de « propositions » étant sous sa plume entre guillemets, car, pour lui, il n'a pas le choix ; pourtant, il rejette d'emblée le fait de rejoindre la flotte britannique comme un non choix, cette proposition ne méritant pas d'être examinée plus avant. Il s'enferme donc dans le cadre déjà restreint et impératif des Britanniques. C'est qu'il semble refuser *a priori* que les Britanniques fixent seuls les règles de la négociation. Il se mêle donc deux éléments : fierté nationale, mais aussi confiance dans des alliés forgée depuis quelques années.

Les récits du bref combat insistent sur sa rapidité et le font débuter avec le tir de salves britanniques qui fait rapidement mouche, à 17h53 heure française, faisant mille trois cents morts côté français. L'ensemble du dispositif britannique limite de fait le choix de la marine française[196]. A cela s'ajoute que la marine anglaise n'a pas laissé de personnel de sabordement après les opérations. De fait, au moment où la marine britannique prend la décision de tirer, nombre d'options sont exclues et contribuent à alourdir la pression qui pèse sur Gensoul.

L'attaque a un retentissement immédiat. Au Royaume-Uni, Churchill tente pour justifier l'affaire en pensant à Danton en 1793 : « Les rois coalisés nous menacent, et nous déposons à leur pied en gage de bataille la tête d'un roi » Ainsi, Churchill va chercher un modèle aux pires heures de la Révolution française, celles qui ont tant été citées au point d'en devenir la quintessence des polémistes outre-Manche, pour revendiquer cette violence. Une partie des dirigeants britanniques craint un effet contre-productif par un réveil de l'anglophobie[197].

En fait, la réaction française n'est pas « violente », mais au contraire limitée au regard du caractère brutal de l'opération. Vichy y trouve surtout prétexte à

---

[196] En fait, parallèlement aux négociations, la flotte britannique a déjà pris place depuis midi à 14 km de la rade. Puis, alors que les négociations se poursuivent, comme le note Gensoul, des appareils britanniques *Swordfish* renforcent le dispositif en mouillant des mines dans la rade vers 13h00, puis à nouveau deux vers 14h45.

[197] R. Mengin, *de Gaulle à Londres*, *op.cit.*, p.87. Selon l'historien Roskill, l'emploi de la force n'est cependant pas nécessaire.

alimenter une propagande anglophobe, davantage qu'il ne prend des mesures concrètes. Le Conseil des ministres se réunit le lendemain matin. Dans le bureau du président du Conseil, le maréchal Pétain, Paul Baudouin, trouve Pierre Laval, vice-président du Conseil, et l'amiral Darlan, commandant en chef des forces maritimes, qui prétend avoir été « trahi » par ses « frères d'armes». Ce dernier présente une liste de représailles à ordonner, et donne des ordres de vengeance, non exécutés par l'amiral Godfroy, qui commande la force « X » à Alexandrie. L'ordre de l'amiral Le Luc, chef d'état-major de la Marine, de considérer tout navire britannique comme ennemi est également annulé, parce que difficilement tenable. Weygand met ses troupes sur la défensive au Liban et en Afrique Occidentale française (A.O.F.), mais ce ne sont que des projets de représailles immédiates en cas d'attaques[198]. Un bombardement symbolique du port de Gibraltar a lieu dans la nuit du 4 au 5. Trois Curtis français attaquent et endommagent un avion britannique du 228e *squadron*. L'aviation britannique revendique à tort deux Curtis touchés[199]. A Toulon, les marins du *Strasbourg*, rescapé de l'attaque, s'en prennent aux vitrines de magasins britanniques, comme l'*English Bank* et l'*Orient Line*, mais les débordements ne sont pas encouragés et des renforts policiers sont dépêchés sur place[200]. L'engagement se limite à ces heurts. Ces rétorsions modestes ne sont-elles dues qu'aux moyens limités de Vichy, comme l'explique le secrétaire d'État à la Marine, l'amiral Gabriel Auphan, partisan d'une grande fermeté à l'encontre des Anglo-Saxons, au Conseil des ministres du 15 septembre 1942? Paul Baudouin met en avant son rôle de modérateur, en affirmant intervenir pour éviter le pire. « C'est la guerre avec l'Angleterre », objecte-t-il. Il demande de réfléchir à la catastrophe que cela constituerait : « Je sens le maréchal [Pétain] gêné, puis hésitant »[201]. En réalité, sa propre attitude est hésitante : il recule devant des représailles, mais ne se prive pas de critiquer violemment le Royaume-Uni, à la fois par sentiment personnel et pour satisfaire l'opinion publique. Le secrétaire général du ministère des Affaires étrangères, François Charles-Roux, minimise un incident de parcours. Les navires français ne peuvent plus s'attaquer qu'à des bateaux à vingt milles nautiques. Le gouvernement semble aussi reculer devant la perspective d'un front ouvert avec les Britanniques. L'aviation, les sous-marins, les navires ne répliquent quasiment pas.

Le bombardement place les Français de Londres dans une situation délicate. On craint un déchaînement d'anglophobie après le bombardement de Mers el-Kébir. Depuis Londres, les soldats français rembarqués sont choqués. Loin de se tromper d'ennemi cependant, de Gaulle, prenant la parole au nom des Français de l'étranger le 8 juillet, fait la part de l'indignation et du combat plus

---

[198] R.O. Paxton, *L'Armée de Vichy...op.cit.*, p.90.
[199] « Les hydravions Short Sutherland au combat », *Avions*, n°144, 03-04/2005, p.39-47, p.40.
[200] Rapport du commissaire de police de La Ciotat, 5 juillet 1940, M.A.E. Vichy G.B. 336.
[201] P. Baudouin, *Neuf mois au gouvernement, avril-décembre 1940*, Paris, Table Ronde, 1948, p.231-232. Selon lui, Albert Lebrun ne peut pas y croire, et Darlan n'est plus le même homme, au lendemain de l'attaque. Son témoignage, paru ultérieurement, est néanmoins sujet à caution dans la mesure où il tente de se disculper de toute collaboration.

général qui se livre, fidèle en cela à son appel du 18 juin, confiant dans la victoire à long terme des Alliés.

> « le drame de Mers el-Kébir, par les procédés des Anglais, par la façon dont ils s'en *glorifiaient*, je jugeai que le salut de la France était au-dessus de tout, même du sort de ses navires, et que le devoir consistait toujours à poursuivre le combat [...] Mais c'était, dans nos espoirs, un terrible coup de hache. Le recrutement des volontaires s'en ressentit immédiatement. Beaucoup de ceux, militaires, ou civils, qui s'apprêtaient à nous rejoindre, tournèrent alors les talons. [...]Vichy, bien entendu, ne se fit pas faute d'exploiter à outrance l'événement. »[202]

La protestation française est verbale, une fois encore. L'anglophobie désigne, comme au moment de Fachoda, la vague de mécontentement suscitée par l'événement. Les dirigeants peuvent avoir l'impression que l'histoire se répète à leur défaveur. Cette impression est confirmée à l'étranger. Le journal yougoslave *Vreme* du 7 juillet 1940 fait ironiquement le parallèle historique entre Mers el-Kébir et la bataille de Fontenoy en 1745, car « Messieurs les Anglais » tirent les premiers[203]. Les déclarations d'indignations et les protestations envoyées à Londres éclatent. Le général Noguès, responsable de l'Afrique du Nord, et qui hésite à se rallier à Vichy, juge que les Allemands n'auraient pas agi avec plus de « perfidie ». Renouant avec le thème de la perfide Albion, il fait à nouveau passer le Royaume-Uni au rang d'ennemi héréditaire. L'amiral Darlan fait établir un album photo et un tableau pour diffuser les images des atrocités des bombardements. Le sergent Jean-Louis Gontier de Vassé en profite pour revenir sur l'accueil réservé aux soldats français lors du rembarquement de Dunkerque[204]. Il présente classiquement les soldats français comme dépourvus de prévention, et surpris du caractère mercantile des Britanniques. L'explosion d'anglophobie ne concerne cependant pas tous les milieux. Elle n'a pas provoqué la rupture diplomatique et la guerre. Le président Lebrun, le maréchal Pétain et le général Weygand approuvent une rupture des relations diplomatiques, pour marquer le coup. Le consul de France à Londres et le chef de la mission commerciale française, Paul Morand, sont rappelés. Le chargé d'affaires Roger Cambon démissionne le 9 juillet. Vichy prend cependant soin de maintenir les représentants français dans les dominions. L'échange d'informations par de simples chargés d'affaires est envisagé, entre Samuel Hoare et Renom de la Baume, puis François Piétri, ambassadeur à Madrid[205].

---

[202] C. de Gaulle, *op. cit.*, t.I, p.78. Nous soulignons.
[203] Cité dans la dépêche de l'ambassadeur en Yougoslavie Raymond Brugère du 8 juillet 1940, M.A.E. Vichy 336.
[204] J.L. Gontier de Vassé, *Ich komme soeben aus England! : Tagebuch des französischen Dünkirchen-kämpfers*, Berlin, Nibelungen-Verlag, 1941, 60p. Le livre est traduit et utilisé par la propagande allemande. Le témoignage du soldat apparaît sur des films de Vichy dès janvier 1941. Archives de l'Institut national de l'Audiovisuel (I.N.A.), 31 janvier 1941. cf. également M. Ophuls, *Le Chagrin et la pitié, Chronique d'une ville française sous l'Occupation*, 1969.
[205] J.P. Cointet, *Histoire de Vichy*, Paris, Perrin, 2003, 359p., p.169.

On retrouve ce débat à plusieurs niveaux. Dans les départements français, les avis de la presse locale sont partagés sur l'affaire de Mers el-Kébir. Dans le Gard, le *Républicain du Gard* reste modéré, par opposition au *Journal du Midi*, plus virulent[206]. L'importance de l'affaire tient donc autant au nombre de morts et à l'usage de la violence qu'à l'exploitation qui en est faite par la propagande de Vichy. Mers el-Kébir s'inscrit dans la droite ligne de la politique britannique depuis Fachoda. L'épisode y ressemble en bien des points. D'abord, il apparaît comme une reculade française, aggravée cette fois-ci par un lourd bilan humain. En outre, l'événement marque durablement les esprits[207]. Toutefois, il faut encore remarquer la disproportion entre les souvenirs de Fachoda et de Mers el-Kébir et l'importance réelle de l'anglophobie des dirigeants, qui s'avère bien moindre. Même sous Vichy, où les dirigeants sont *a priori* plus anglophobes, le fait est qu'ils ne parviennent pas à définir une vraie politique anglophobe unilatérale et cohérente en 1940. Sur l'ensemble de la période, malgré de nombreuses crises, les dirigeants français restent majoritairement anglophiles.

En somme, les crises d'anglophobie populaire sont très nombreuses, mais les dirigeants ouvertement anglophobes, ou pratiquant une politique délibérément hostile au Royaume-Uni, sont beaucoup plus rares. Même les plus anglophobes ne tirent pas toujours parti de ces crises, et se montrent plutôt prudents, évitant la guerre ouverte. En revanche, les discours, les écrits peuvent contenir des expressions anglophobes très critiques, mais ils ne sont pas nécessairement adressés directement aux Britanniques, plutôt à la politique suivie par le gouvernement en place en France. Ces critiques émanent souvent de personnalités qui sont en marge du pouvoir, et recherchent des justifications ou des explications à un échec.

---

[206] R. Zaretsky, *Nîmes at War, Religion, Politics and Public Opinion in the Gard, 1938-1944*, Penn State Press, 1995, p.67.

[207] Lors de la crise de Suez en 1956, à un moment de coopération militaire franco-britannique, un officier naval britannique s'étonne qu'un de ses homologues français lui rappelle encore l'épisode.

TROISIÈME PARTIE

Francophobie et anglophobie, deux passions complémentaires ?

Les relations franco-britanniques sont fortement symétriques, et les idées circulent d'une rive à l'autre de la Manche[1]. L'anglophobie n'est pas à sens unique, elle répond en partie à la francophobie des dirigeants britanniques, et, en retour, l'alimente. La francophobie britannique permet ainsi de justifier une haine réciproque. Le tropisme germanophile au Royaume-Uni corrobore l'accusation de perfidie ou de trahison britannique. Une différence importante sépare cependant la francophobie de l'anglophobie. Alors que cette dernière est plutôt marquée à droite de l'échiquier politique, et consiste en une réaction nationale, la francophobie est davantage portée par les courants situés à gauche, qui voient dans la France un pays militariste et impérialiste.

---

[1] J.P. Genêt et F.J. Ruggiu dir., *Les Idées passent-elles la Manche ? Savoirs, représentations, pratiques (France-Angleterre, X^e-XXe siècles)*, Paris, P.U.P.S., 2007, 399p.

Chapitre 7. L'anglophobie au miroir de la francophobie

L'anglophobie est loin d'être une spécificité française. A l'anglophobie des dirigeants français correspond la francophobie des dirigeants britanniques. Les deux courants s'épaulent mutuellement : l'anglophobie prend prétexte de la francophobie britannique et réciproquement. Au XIXe siècle, le duel franco-britannique sort du concert européen pour s'étendre aux aires d'influence mondiale. Cette mondialisation de la rivalité franco-britannique est partiellement théorisée en termes culturels de civilisation, voire de race. Les dirigeants français promeuvent la défense d'un monde latin, tandis que les dirigeants britanniques étendent la civilisation anglo-saxonne. Au Royaume-Uni, les francophobes forment même un groupe plus important dans les instances gouvernementales que les anglophobes français en France. Majoritaires, ils ne réussissent cependant pas toujours à imposer leur vue ; les francophiles, minoritaires, parviennent paradoxalement à peser davantage sur les prises de décision des dirigeants britanniques.

I. L'anglicisation du monde par les Anglo-Saxons menace la culture latine

Sous l'effet combiné de la montée du nationalisme et de la vogue des recherches à caractère scientifique, les théories raciales connaissent un succès politique en Europe dans le dernier quart du XIXe siècle. Au Royaume-Uni, les libéraux-impérialistes s'en servent pour justifier le fait colonial. William Forster, cofondateur et président de l'*Imperial Federation League*[1], et Benjamin Kidd, théorisent la supériorité des races anglo-saxonnes, qui donnent droit à coloniser. Cette conception est appliquée sur le terrain par des colonisateurs zélés, comme Cecil Rhodes, en Afrique, pour qui la race anglophone, qui englobe Britanniques, Américains, Australiens et Sud-Africains, a le droit de coloniser parce que c'est elle qui travaille le plus à promouvoir la liberté et à établir la justice et la paix sur le plus vaste espace possible. L'impérialisme britannique apparaît donc puissant, en droit comme en fait. En outre, il est popularisé par la presse et la littérature. Le *Daily Mail* publie ainsi un graphique illustrant l'ascension continue des Anglo-Saxons au cours du XIXe siècle, passant de 96 millions à 475 millions d'hommes sur un territoire passé de 8,75 millions de miles carrés à 15 millions de miles carrés. Les Latins arrivent seulement derrière, avec 255 millions d'hommes[2]. Les écrivains jouent un rôle semblable. Rudyard Kipling est comme Chamberlain un apôtre très écouté, il « flatte les aspirations d'hégémonie de la race anglaise et personnellement il est convaincu des hautes destinées de son pays »[3].

La latinité imprègne la vision britannique de la France. Certains lui prêtent des traits héroïques, chevaleresques, comme l'universitaire Charles Saroléa en

---

[1] association qui entend resserrer les liens entre la métropole britannique et ses colonies, de 1884 à 1893. Lord Rosebery en est un membre éminent.
[2] "Rise of the Anglo-Saxons in 500 years", *Daily Mail*, 6 décembre 1898, p.7.
[3] Dépêche de l'attaché militaire, 9 janvier 1902, S.H.A.T. 7N 1220.

novembre 1898 ; d'autres des traits faibles, féminins. Cette image des Français a des conséquences sur l'attitude des dirigeants britanniques, critiques face à l'inconstance des dirigeants français, et à l'instabilité ministérielle sous la IIIe République. A la Belle Époque, la Reine Victoria estime que cette instabilité est structurelle, liée au caractère corrompu et ignorant des Français[4]. Les dirigeants britanniques éprouvent le besoin de discuter avec des interlocuteurs stables, notamment en cas de mésententes. Lors des crises marocaines, la démission de Delcassé est perçue comme un signe de faiblesse, vision que Lansdowne pense partagée par la plupart des Britanniques[5]. De même, l'instabilité de l'entre-deux-guerres rend les dirigeants français peu fiables, et la défaite de 1940 explicable. Le front d'opposition entre Latins et Anglo-Saxons est donc bien fonctionnel, entretenu d'une part par les dirigeants français qui s'inquiètent de la formation d'un monde anglo-saxon, et cherchent une alternative géopolitique régionale, et par les dirigeants britanniques, d'autre part, pour lesquels la France reste un pays latin.

A l'exception de quelques théoriciens, les Français, ont davantage de mal à répondre à cette affirmation, à se concevoir comme une race. Pour faire face au contexte international, ils doivent réinventer dans l'urgence la notion de latinité[6]. Le clivage entre Anglo-Saxons et Latins recouvre une opposition de caractères, qui n'est pas nécessairement très tranchée. Pour le philosophe et sociologue anglophile Alfred Fouillée[7], ce sont deux interprétations d'un même individualisme qui gagne les sociétés des démocraties libérales contemporaines : l'individualisme latin non respectueux des règles s'oppose ainsi à l'individualisme positif anglo-saxon. Cette opposition n'exclut d'ailleurs pas l'admiration. Des dirigeants et des intellectuels comme Edmond Démolins, le journaliste Jacques Bardoux ou André Lebon, sont même ouvertement anglophiles, tout en ayant conscience des différences entre les deux tempéraments. Les Anglo-Saxons impressionnent aussi certains militaires qui fréquentent les Britanniques, comme l'attaché militaire au Royaume-Uni, qui, loin de voir dans le cérémonial du couronnement d'Édouard VII un rituel archaïque, admire l'idée moderne du « grand trust des énergies anglo-saxonnes »[8]. Alfred Fouillée nuance : « Si l'admiration ne s'impose pas à l'égard des Anglo-Saxons, l'hostilité n'est pas non plus admissible »[9]. Pourtant, l'isolement français après la défaite de 1870 contribue à faire voir le

---

[4] I. et R. Tombs, *op. cit.*, p.378.

[5] Lord Lansdowne à Reginald Lister, 10 juillet 1905, P.R.O. F.O. 800 127.

[6] A. Pitt, "A changing Anglo-Saxon myth : its development and function in French political thought, 1860-1914", *French history*, juin 2000, p.150-173.; J.F.V. Keiger, *France and the world...op.cit.*, p.160-185. Parmi les théoriciens raciaux, on compte notamment Georges Vacher de Lapouge et Jules Soury. Leur racisme s'exerce surtout à l'encontre des juifs. Cf. P. Milza, *Fascisme français*, Paris, Flammarion, 1987, p.81.

[7] époux de l'auteur du *Tour de France par deux enfants*, G. Bruno.

[8] Dépêche de d'Amade, 17 août 1902, S.H.A.T. 7N 1220.

[9] A. Fouillée, *Esquisse psychologique...op.cit.*, p.189-241.

rapprochement entre le Royaume-Uni et les États-Unis comme une menace[10]. Certains dénoncent l'avènement d'un monde anglo-saxon soudé par les mêmes valeurs, constitué du Royaume-Uni, des États-Unis et du *Commonwealth* naissants. Les caricaturistes moquent volontiers cette collusion des intérêts britanniques et américains. Un numéro du *Rire* montre ainsi le buste du président Théodore Roosevelt défendant la *pax americana*, soutenu par Albion à l'arrière-plan. Cette solidarité constitue une menace pour les intérêts français, voire latins. Les nationalistes agitent le spectre d'une domination mondiale des Anglo-Saxons, un complot. Les quelques anticolonialistes français qui n'y croient pas et critiquent les exactions coloniales au nom de l'humanité, comme à Madagascar, sont moqués comme des « humanitaires » qui font ainsi le jeu d'Albion[11].

Outre le rapprochement diplomatique entre Anglo-Saxons, d'autres points communs sont interprétés comme les preuves d'une collusion des intérêts. L'usage commun de l'anglais facilite la confusion. Pendant la Première Guerre mondiale, le général Foch ne fait d'ailleurs pas de différence entre Anglais et Américains[12]. La différence religieuse entre catholiques français et protestants anglo-saxons renforce cette différence des mentalités. Les catholiques français se méfient des protestants anglais. Réciproquement, aux yeux des Britanniques, l'importance du catholicisme ultramontain rapproche la France de Rome. Le cardinal Vaughan, évêque de Salford, puis de Westminster, place la France au premier rang des peuples de langue latine. Enfin, sur le plan des individus, de nombreux mariages ont lieu entre Américains et Britanniques, plus de cinq cents, entre 1864 et 1914, souvent parmi les dirigeants. Lord Curzon a ainsi épousé deux Américaines, ce qui contribue à expliquer des divergences de vue avec la France, voire une certaine hostilité.

Ce n'est que progressivement que les Français font à nouveau la différence entre Anglo-Saxons et que les États-Unis apparaissent comme une puissance autonome, avec ses intérêts propres. Élie Halévy perçoit tôt le poids dominant des États-Unis dans ce monde anglo-saxon :

> « Le jour où une fédération anglo-saxonne universelle serait fondée, l'Angleterre deviendrait une espèce de musée historique où les jeunes Américains, Australiens et Rhodésiens viendraient étudier, par simple curiosité, les origines de l'Américanisme »[13].

---

[10] « on comprend aisément que l'Anglo-saxon cesse d'être un barbare pittoresque et provincial, pour devenir le spectre terrifiant d'une communauté de sang, de coutumes et de langue dont la France serait exclue avant d'en être victime. », selon P. Roger, *L'Ennemi américain*, Paris, Seuil, 2002, 608p., p 231.

[11] H. Mager, *Comment faut-il organiser Madagascar ?*, 1893, cité par C.R. Ageron, *France coloniale ou Parti colonial ?*, Paris, P.U.F., 1978, 302 p., p.122-124. Henri Mager est géographe, membre du Conseil supérieur des Colonies, et critique la politique coloniale française à Tahiti en 1894.

[12] Selon son aide de camp, le commandant C. Bugnet, *En écoutant le maréchal Foch*, Paris, Grasset, 1929, 271p.

[13] Lettre d'É. Halévy à L.Halévy du 22 mai 1898, E. Halévy, *Correspondance (1891-1937)*, Paris, de Fallois, 1996, 803 p., p.251.

Le repli diplomatique américain de l'entre-deux-guerres distend la *special relationship*. Le Royaume-Uni appartient donc à un monde anglo-saxon différent, mais qui risque de connaître le même déclin que le continent européen. Pour autant, l'anti-américanisme, encore limité, ne diminue pas l'anglophobie avant 1945.

Au sens large, le terme d'« Anglo-Saxon » inclut l'Allemagne. Dans la conscience française, l'Anglais diffère de l'Allemand, dont on a l'expérience concrète de 1870. Au Royaume-Uni, au contraire, il ne fait aucun doute pour certains qu'il existe un lien de parenté entre les deux races, la seule question porte sur son degré. Cette théorie est relayée au niveau politique par les partisans britanniques d'une alliance avec Berlin. A peine le Kaiser parti du sol britannique, le 30 novembre 1899, Joseph Chamberlain, dans un discours prononcé devant des libéraux unionistes à Leicester, appelle à une entente de la race teutonne, les Allemands, avec les Anglo-Saxons britanniques et américains. Il estime qu' « au fond, le caractère de la race "teutonique" ne diffère que très légèrement du caractère de la race anglo-saxonne »[14]. Ce rapprochement ethnico-politique entre l'Allemagne et le Royaume-Uni est relatif, il ne prend sens que par opposition à la France. Pour les Britanniques - mais non pour les Italiens par exemple - la France appartient entièrement aux pays latins par opposition aux races saxonnes britanniques. L'Anglais rejette sur le Français sa part de latinité. Vers 1902, cette affinité est utilisée par des groupes d'intérêt britanniques ou allemands favorables au rapprochement anglo-allemand. A défaut d'alliance allemande, cette théorie trouve son application sur le terrain colonial. En 1914, un groupe d'universitaires et d'écrivains influents comprenant Thomas Strong, vice-chancelier d'Oxford, et John Hobson invoque des raisons « raciales » pour ne pas entrer en guerre contre une Allemagne civilisée. La francophobie des Anglais les empêche pendant longtemps de voir l'anglophobie des Allemands[15].

L'isolement diplomatique dont la France sort difficilement après la conclusion de l'alliance russe rend plus difficile à admettre ce rapprochement. Lors de la crise de Fachoda, le général Legrand-Girarde a du mal à dissimuler sa rancœur. Il dénonce l'arrogance des Anglo-Saxons, variante de l'orgueil d'Albion : « Ces Anglo-Saxons ont le triomphe *arrogant*, mais patience, l'avenir sera peut-être moins brillant pour eux. »[16]. Il aspire donc aussi non seulement à une revanche sur l'Allemagne, mais encore à une revanche sur le Royaume-Uni. Le pronostic s'avère erroné, mais sa formulation laisse à penser que beaucoup de nationalistes antidreyfusards revendiquent une véritable opposition culturelle à l'impérialisme britannique.

---

[14] "At bottom the character of the Teutonic race differs very slightly indeed from the character of the Anglo-Saxon race." cf. W. L. Langer, *The Diplomacy of imperialism, 1890-1902*, 2 vol., Knopf, 1935, 414 et 797 p., t.II, p.658-659.

[15] Dépêche de Léon Geoffray, ancien conseiller de Paul Cambon, en poste en Allemagne, 9 novembre 1905, M.A.E., NS Allemagne.

[16] général Legrand-Girarde, *Un Quart de siècle au service de la France. Carnets 1894-1918*, Paris, Presses littéraires de France, 1954, 647p., p.177. Nous soulignons.

Cette distinction se retrouve partiellement dans les négociations entre dirigeants français et britanniques. Pour atténuer ces différences, Paul Cambon change de méthode et de style. Plutôt que de se faire l'ambassadeur du monde latin, il épouse la mentalité britannique. Il n'hésite pas à doubler son ministre des Affaires étrangères, Delcassé, un méridional qui pêche, selon lui, par excès de latinité, et se montre « un peu ficelle », trop tortueux pour les négociateurs britanniques, au moment d'apporter un point final à l'Entente cordiale. L'ambassadeur redoute que Lord Lansdowne ne prenne ombrage de quelque maladresse[17] et préfère négocier à l'anglaise.

Sur le fond, Paul Cambon a sur la question une position très ferme en défendant le projet d'une union latine à partir des années 1880. A la même époque, cette idée connaît également un certain succès en Italie, par la voix du député socialiste italien Napoleone Colajanni, dont la thèse est connue et citée par Paul Cambon :

> « Il n'y a que l'union des forces latines qui puissent mettre une barrière à la rapacité insatiable de l'Angleterre, qui prétend dominer dans une mer qui ne lui appartient pas : seuls les *Latins* ont le droit de nommer la Méditerranée *Mare Nostrum* après les Romains »[18].

La latinité confère ainsi des droits à la fois géopolitiques et linguistiques. Paul Cambon soutient les premiers pas de l'Alliance française, le 21 juillet 1883, conçue pour « l'extension de l'influence de la France par la propagation de la langue »[19], facteur de rayonnement, par opposition aux autres langues, notamment à l'anglais, devenu langue de référence internationale depuis le traité d'Utrecht, et adopté par le milieu diplomatique au moment du traité de Versailles. Ce souci n'émane pas d'une réflexion spontanée, mais plutôt d'un réflexe défensif, face à un sentiment diffus de déclin consécutif à la défaite de 1870, et renforcé par la concurrence des autres puissances. Le projet culturel français s'accompagne d'une vision plus géopolitique de l'opposition entre Saxons et Latins. La langue latine doit être mise au service de la diplomatie latine[20]. Le projet d'union latine est donc assez élitiste. Déjà, en 1865, l'idée d'union latine a donné lieu à une union monétaire latine, entre la France, la Belgique, l'Italie et la Suisse ; depuis la création d'une Union des peuples latins, mais l'expérience s'est révélée peu concluante. En 1888, Paul Cambon soutient le projet d'union avec l'Espagne et l'Italie, face à l'Allemagne[21]. L'accord franco-italien du 10 juillet 1902 est interprété comme un pas dans cette

---

[17] Lettre de Paul à Henri Cambon, 3 avril 1904, cité par L. Villate, *La République des diplomates...op. cit.*, p. 248.
[18] Télégramme de Cambon du 23 juillet 1902, M.A.E. N.S. G.B. 45 ; N. Colajanni consacre un livre entier à la question : *Latins et Anglo-Saxons*, Paris, Alcan, 1905, 432p.
[19] Document de présentation de l'Alliance française, 1884, M.A.E. P.A.A.P. Cambon 42.
[20] F. Chaubet, *La Politique culturelle française et la diplomatie de la langue. L'Alliance française (1883-1940)*, Paris, L'Harmattan, 2006, 321p.
[21] L. Villate, *La République des diplomates...op. cit.*, p.138.

direction. Paul Cambon croit pouvoir fièrement constater l'avènement d'une union latine sous l'égide de la France[22].

La guerre met fin à ces espoirs. La période représente une victoire de fait du bloc anglo-saxon. Paul Cambon, désabusé, constate, après la marche sur Rome de Mussolini, la mort de cette union latine, dont la composante monétaire est balayée en 1927 par l'inflation d'après-guerre[23]. Pour la droite nationaliste, c'est un nouveau point de départ ; la notion de latinité est récupérée par pour s'opposer aux Anglo-Saxons[24]. Les ennemis de la politique française sont perçus comme étrangers au monde latin, qui s'élargit alors au Canada français, dans la revue *Latinité*. L'ambassadeur de France à Londres, Fleuriau, doit composer avec ce sentiment public[25]. Cette impression de domination anglo-saxonne des instances internationales est partagée par des militaires. Le général Réquin craint que les Anglo-saxons, ayant obtenu satisfaction sur leurs revendications navales à la Conférence de Washington, ne deviennent les arbitres entre la France et l'Allemagne[26]. La fréquence accrue du terme est contemporaine d'une perte d'influence française sur la scène internationale[27]. Dans les années trente, la latinité devient une sorte d'apaisement à la française avec l'Italie. Laval hésite longtemps entre le maintien de l'amitié britannique, dont le « secours immédiat » est une priorité, lors de son voyage de février 1935, et l'entente avec la « sœur latine » italienne. En marge, la droite nationaliste, à travers la constitution d'un front latin, de 1935 à 1940, pousse à défendre l'Italie fasciste contre les Anglo-Saxons. L'idée d'une union latine se renforce au moment de la défaite de 1940, lorsque l'ambassadeur de France au Vatican, Wladimir d'Ormesson, propose au pape un plan de paix comprenant la France, l'Italie, l'Espagne et le Portugal[28].

Les différences culturelles sont avancées pour expliquer les différends politiques. Ce sentiment d'un fossé culturel reparaît en période de crise. Au lendemain de la guerre, le monde latin, mené par la France, semble sortir victorieux, et en état d'imposer ses conditions. Face au danger d'expansionnisme français, l'ambassadeur britannique en France, Sir Charles Hardinge, pourtant francophile, suggère un *containment* systématique des races

---

[22] Lettre de Cambon à Delcassé, 23 juillet 1902, M.A.E. P.A.A.P. Delcassé 3.
[23] Lettre de Cambon à Delcassé, 30 décembre 1922, M.A.E. P.A.A.P. Delcassé 3.
[24] Le terme d'« Anglo-Saxon » se généralise à ce moment selon P.M.H. Bell, *France and Britain...op.cit.*, p.116.
[25] Lettre de Fleuriau, 12 mai 1919, M.A.E. P.A.A.P. Fleuriau 2.
[26] Mémento du général Réquin à Berthelot, 8 octobre 1929, S.H.M. 1BB2 191, cité par A. Webster, "Entente and Argument: Britain, France and Disarmament 1899-1934", in A. Capet éd., *Britain, France...op.cit.*, p.71.
[27] Un journaliste, Dupond-Durand, dénonce dans *L'Avenir* du 8 février 1929 l'exagération des « Anglo-Américains », et dénonce une invasion pacifique culturelle, A.N. F7 13450.
[28] La revue Le Front latin est dirigé par Philippe de Zara et Fernand Sorlot, directeur des éditions latines, et premier traducteur de *Mein Kampf* en France. cf. M. Lacroix, « Lien social, idéologie et cercles d'appartenance : le réseau " latin " des Québécois en France, 1923-1939 », *Études littéraires*, vol. 36, n 2, 2004, p. 51-70 ; A. Vitkine, *Mein Kampf, Histoire d'un livre*, Paris, Flammarion, 2009, 309p., p.115-130. Les remarques de R.O. Paxton, *La France de Vichy...op.cit.*, p.22 s'inscrivent dans cette continuité.

latines par les Anglo-Saxons, en janvier 1921. En public, la figure atypique de Lloyd George attise les tensions. Le 9 mai 1923, au *City Temple* de Londres, église non-conformiste, il s'exprime devant une communauté de presbytériens hostiles à la mentalité latine[29]. Il demande à la France « ne serait-ce qu'un mot de remerciement pour l'Empire » britannique, réactivant ainsi le front d'hostilité aux Latins, réputés ingrats, pour relancer sa carrière politique. En France, on explique volontiers cette hostilité par les origines galloises de Lloyd George. Cela évite d'avoir à se remettre en question.

Les discours prônant l'union des races sont plus rares et moins porteurs. Sur le plan économique, seule une exposition anglo-latine organisée à Londres en 1912, créatrice de liens « durables et pratiques » entre les communautés artistiques, industrielles et commerciales, semble lui donner raison. Des exposants français y présentent leurs articles, à l'image de la manufacture française des fourrures de Saint-Lô[30]. Le terme de latin semble ici avoir une connotation simplement exotique, à vocation commerciale. Sur le plan politique, Poincaré défend une union latine, mais les civilisations anglaise et latine peuvent être complémentaires[31].

II. Un jingoïsme tourné contre la France, prétexte pour les anglophobes.

Le terme de « jingoïsme » est popularisé par un artiste de café-concert, Hunt, qui le compose lors de la guerre russo-turque de 1877 pour Macdermott, le « lion comique » du *London Pavilion*[32]. Désignant au départ une attitude résolue, il finit par s'appliquer au nationalisme de masse des Britanniques en Europe et dans le monde. Le Royaume-Uni connaît un regain de jingoïsme lors de la guerre des Boers, en particulier au moment des premiers succès britanniques, après des débuts difficiles, comme la délivrance de Ladysmith, fin février 1900. C'est à ce moment que John Hobson en propose une définition générale : c'est le « patriotisme introverti par lequel l'amour de sa nation se transforme en haine d'une autre nation et dans la détermination de détruire les membres de cette autre nation »[33]. A l'origine, le jingoïsme ne se tourne pas contre la France, mais contre la Russie. L'exact équivalent de l'anglophobie française n'est pas la francophobie, mais la russophobie, relayée par la presse. En Russie, le Royaume-Uni se heurte à l'opposition des vieux Russes, des Moscovites, selon Édouard VII. Le comte Lamsdorff, ministre russe des Affaires étrangères, reconnaît l'existence de susceptibilités entre les deux pays[34]. La presse britannique attaque l'alliance franco-russe. En décembre 1896,

---

[29] Selon l'ambassadeur, dépêche de Saint-Aulaire, 12 mai 1923, M.A.E., Z Europe G.B. 52.
[30] *Exposition anglo-latine de Londres de 1912*, Paris, 1913, p.18. ; *La Manche. Numéro spécial, supplément de l'Illustration économique et financière*, 28 août 1926, 112p., p.36 ;
[31] « L'état présent des relations anglo-françaises », *La libre Belgique*, 29 août 1921.
[32] Xénophon, Anabase VII, 1 selon G. Poton, Revue maritime, juil-sept 1905 p.31-64, p.42.
[33] "That introverted patriotism whereby love of one's own nation is transformed into the hatred of another nation, and the fierce craving to destroy the individual members of that other nation", J.A. Hobson, The Psychology of Jingoism, Londres, Richards, 1901.
[34] Lettre de Cambon des 20 avril 1904 et, à la suite d'un entretien avec Edouard VII, le 21 avril 1904, M.A.E. N.S. G.B. 17. Selon Élie Halévy, l'anglophobie russe est aussi forte que

le *Standard* se fait l'écho de dissentiments entre les ambassades de Paris et de Saint-Pétersbourg - censées être alliées depuis 1891 - au moins autant par francophobie que par russophobie. Paul Cambon, pour qui l'alliance est raisonnable, mais contre nature, y voit une manœuvre habituelle aux correspondants britanniques[35]. Progressivement, la presse concentre ses attaques sur la France, rivale coloniale. Dans le cas franco-britannique, il s'agit davantage d'une rivalité permanente, historique, et coloniale, que d'une opposition géostratégique, culturelle ou raciale.

Numériquement, les jingos ne représentent qu'une minorité de la population britannique, et ne forment qu'un cercle restreint, mais parfois proche du pouvoir[36]. L'ambassadeur de Courcel pense cependant que leur nombre, et surtout leur influence sont sous-estimés[37]. Le jingoïsme est bien représenté dans les cercles militaires[38]. Le développement d'un nationalisme fort dans l'armée, semblable à celui de la France, se heurte cependant à des obstacles structurels. L'absence de conscription jusqu'en 1916, reprochée par les Français, préserve des excès du militarisme. Par exception, certains corps d'armée, dont les recrues sont enrôlées sur la base du volontariat, comme le prestigieux corps des volontaires de la Reine à Westminster, reçoit l'afflux de nombreux militaires chauvins : « le recrutement en est facilité par un chauvinisme très accentué, par le prestige de l'uniforme et par le goût national pour les exercices physiques »[39].

Mais la presse leur confère un écho supérieur. Le jingoïsme a ses organes attitrés: la *Saint-James Gazette*[40], le *Daily Mail,* ou le *Times*, dans une moindre mesure, jusqu'à la guerre des Boers. Ceux-ci ne sont d'ailleurs pas

---

l'anglophobie française. Cf. E. Halévy, « Les origines de l'Entente 1902-1903 », *La Revue de Paris*, n°10, 15 mai 1924, p.293-319.

[35] Lettre de Cambon à Hanotaux, 17 décembre 1896, M.A.E. P.A.A.P. Hanotaux 19.

[36] Discours de Paul d'Estournelles de Constant devant la corporation de Londres, 30 mars 1900, rapporté par une dépêche de Paul Cambon à Delcassé, n°95, 2 avril 1900, *Documents diplomatiques français* (D.D.F.) I 16.

[37] « Il est, en effet, malheureusement hors de doute que *ce sentiment d'hostilité à notre pays, s'il n'est partagé par la majorité de la nation anglaise, existe du moins dans une partie considérable du public et y est soigneusement entretenu par un certain nombre de politiciens.* A l'encontre de ce que l'on pouvait espérer, l'heureuse issue des négociations suivies ces derniers temps par les deux États n'a pas amené à une détente complète. Il est difficile d'assigner une raison à ce fait, mais on doit reconnaître qu'il existe. Il n'y a pour s'en rendre compte qu'à parcourir la presse : tous les journaux, sans distinction de parti, semblent chercher à se signaler par une malveillance et une mauvaise foi vraiment extraordinaires à notre endroit. Je ne parle pas de leur attitude au cours des incidents auxquels a donné lieu depuis plusieurs mois l'affaire Dreyfus ; elle a été inqualifiable. Mais dans des questions de tout autre ordre où la politique n'a rien à voir, telle par exemple le récent désastre de la « Bourgogne », il est impossible de s'imaginer le degré de malignité avec lequel toutes les feuilles publiques ont présenté le récit de ce malheur ». Lettre de Courcel, 9 août 1898, M.A.E. N.S. G.B. 11. Nous soulignons.

[38] Dépêche de l'attaché militaire, 1er octobre 1899, S.H.A.T. 7N 1219.

[39] « Le *Queen's Westminster Volunteers* », *Armée et marine*, février-mars 1904.

[40] Revue de presse de l'ambassade d'Allemagne, 27 décembre 1897, A.A. R5614. Les Allemands considèrent que la plupart des journaux, jingos ou pas, sont plus proches de la France que de l'Allemagne, et se plaignent d'une campagne de presse hostile, notamment dans le *Daily Mail*, l'*Evening News,* le *Globe*.

nécessairement bellicistes, mais toujours fermes et résolus à entrer en guerre le cas échéant, un peu plus belliqueux en somme que les Français résignés de 1914[41]. Après-guerre, dans les années vingt et trente, des vagues de francophobie atteignent l'opinion anglaise. A l'exception du *Daily Mail*, qui tire à 170000 exemplaires, ou du *Morning Post*, « non représentatif », selon l'ambassadeur français, la majorité des journaux britanniques condamnent la politique française sur la question de la Ruhr, puis après la crise économique de 1929[42]. En 1931, l'attaché militaire constate une dégradation de l'image de la France d'une année sur l'autre. De « médiocre », la situation devient franchement « mauvaise »[43]. Selon Hugh Dalton, le « virus francophobe » est répandu dans le Cabinet britannique, à la Chambre, à la City et dans la presse. Ces regains de francophobie sont donc récurrents et nombreux[44].

Par un effet de miroir, relayé par la presse, le jingoïsme relance l'anglophobie de l'opinion. Le jingo est perçu par les dirigeants français comme prétentieux, hautain, provocateur, autosatisfait, à défaut d'être agressif. Pour certains, il est prévisible : l'explosion de jingoïsme ne les surprend pas[45]. Explosif lors des crises de Fachoda et Ladysmith, il est toujours prêt à refaire surface[46]. En somme, il épouse un mouvement symétrique à celui de l'anglophobie. Pour d'autres, il est une manifestation disproportionnée d'orgueil national, bien supérieure à l'anglophobie. A la fin de le *Guerre fatale*, Danrit met en scène l'humiliation des Britanniques, « la foule des révoltés hurlant à la faim et entourant un gouvernement désarmé ; c'était tout ce qui restait de ces *jingoïstes orgueilleux et provocants* qui se flattaient de ne jamais voir l'étranger dans leurs murs. »[47]. Le jingoïsme est alors considéré comme une spécificité britannique, un signe d'*hybris*, d'excès, qui mérite un châtiment. Dans les deux cas, il semble justifier l'anglophobie comme une réponse nationale.

La francophobie britannique a donc ses causes propres, et n'est pas le symétrique exact de l'anglophobie française. Alors que l'anglophobie sert à conforter l'identité nationale française, les Britanniques sont davantage préoccupés par les Russes, et la francophobie joue moins un rôle définitoire pour l'identité britannique que par le passé, sous la Révolution. Ils ont davantage confiance en eux et dans l'Empire colonial. Toutefois, les deux courants suivent une évolution parallèle. Le jingoïsme, non son contenu, peut servir de justification aux anglophobes, qui se sentent désinhibés et légitimés par l'existence d'un courant également hostile outre-Manche. Les deux partis

---

[41] J.J. Becker, *Comment les Français sont entrés dans la guerre*, Paris, F.N.S.P., 1977, 637p.
[42] Dépêche de Saint-Aulaire, 17 juillet 1923, M.A.E. Z Europe G.B. 53 ; dépêche de Saint-Aulaire, 18 mai 1923, M.A.E. Z Europe 52.
[43] Rapport pour 1931, 11 janvier 1932, S.H.A.T. 7N 2799.
[44] Journal d'Hugh Dalton, 20 juillet 1931, L.S.E., Dalton Papers, I 14a 33-35.
[45] Selon le diplomate Abel Chevalley, auteur de « La poésie belliqueuse en Angleterre », *La Revue de Paris*, 1er décembre 1898.
[46] Lettre de Cambon à Delcassé, 12 décembre 1898, M.A.E. P.A.A.P. Delcassé 3.
[47] Danrit (capitaine, anagramme de E.A.C. Driant*), La Guerre fatale, les exploits d'un sous-marin*, Paris, Flammarion, 1903, 1192p, rééd. 1908., p.1088. Nous soulignons.

s'accusent mutuellement d'haïr le voisin. L'anglophobie y trouve une sorte de réconfort et de justification.

Chapitre 8. Les germanophiles britanniques

L'anglophobie française est une cause, mais aussi une conséquence de la francophobie britannique. La francophobie de certains dirigeants britanniques s'explique aussi par leur germanophilie. L'historien des relations germano-britanniques, Paul Kennedy, a reconstitué l'histoire d'une tendance germanophile, en remontant aux sources de l'*appeasement* des années trente. Cette politique ne serait plus que le prolongement de la conception britannique plus traditionnelle d'équilibre des pouvoirs, qui s'exerce une nouvelle fois contre la France, après Napoléon, à partir des années vingt. Les germanophiles plaident pour un rapprochement avec l'Allemagne, de préférence à la France. Ils prennent prétexte de l'anglophobie française pour exprimer leur francophobie. A la différence de leurs homologues français, ils parviennent à constituer un groupe important, de manière récurrente pendant la période, qui pèse sur les grandes décisions, ils l'emportent souvent sur les francophiles : entrée en guerre retardée en 1914, réduction progressive du montant des réparations allemandes de la Première Guerre mondiale, attitude conciliante face à Hitler. Réciproquement, les anglophobes voient dans leur attitude une confirmation du manque de fiabilité de la politique britannique, une trahison toujours possible de la part d'Albion.

I. La tentation britannique d'une alliance avec l'Allemagne à la Belle Époque

Dès 1870, des intellectuels, comme l'historien britannique Thomas Carlyle, prennent parti pour Bismarck[1]. Loin de s'affliger de la défaite française, il voit dans la victoire de l'Allemagne le signe le plus porteur d'espoir de son temps, un juste retour des choses, au regard des comportements odieux de la France, de François Ier à Napoléon à l'Allemagne :

> « Aucune nation n'a eu de si mauvais voisin que l'Allemagne avec la France pendant les quatre siècles écoulés ; mauvais dans tous les sens du terme, insolent, rapace, insatiable, jamais satisfait, perpétuellement agressif »[2]

Cette germanophilie est circonscrite à certains milieux, notamment libéraux, et encourage une bonne entente. A la suite de Carlyle, on compte de nombreux germanophiles dans les cercles influents, proches du pouvoir : les économistes socialistes et fabiens, Sidney et Beatrice Webb, les écrivains George Bernard Shaw, Harry Kessler, Thomas Hardy, le compositeur Edward Elgar[3]. La presse

---

[1] T. Carlyle est l'auteur d'une *Histoire de la Révolution française,* Londres, Fraser, 1865. Voir le commentaire de l'écrivain conservateur catholique Léon Bloy, « « L' Histoire de la Révolution française » de Carlyle », *Nouveaux propos d'un entrepreneur de démolition*, 20 mai 1874.
[2] "No nation had so bad a neighbour as Germany has had in France for the last 400 years; bad in all manners of ways; insolent, rapacious, insatiable, unappeasable, continually aggressive", extrait de lettre de Carlyle du 11 novembre 1870 à l'éditeur, *Times*, 18 novembre 1870.
[3] N. Ferguson, *op. cit.*, p.24. Edward Elgar est le compositeur des marches *Pump and Circumstance*. Harry Kessler a pourtant été partiellement éduqué en France, mais ses origines

encourage ce rapprochement avec l'Allemagne. En 1899, le journaliste W.T. Stead agite la menace du drapeau français flottant sur Westminster. En 1907, il fait partie des journalistes anglais pacifistes en bons termes avec l'Allemagne qui prennent part à des échanges entre les deux pays.

Au gouvernement, Arthur Balfour et Joseph Chamberlain insistent jusqu'en 1902 sur la communauté d'intérêts entre les deux pays. Dans son discours de Birmingham du 13 mai 1898, Joseph Chamberlain prône l'alliance des pays anglo-saxons. L'incident de Fachoda est exploité par le journal allemand plutôt anglophile *La Gazette de Cologne* pour relancer l'idée d'une entente anglo-allemande[4]. Les Premiers ministres successifs se démarquent de ces groupes de pression. Lord Salisbury doit résister à la majorité « naturellement germanophile » du Cabinet[5], et préfère s'informer directement auprès de l'ambassadeur en Allemagne, Sir Frank Lascelles, avant de prendre des décisions. Aussi, les deux pays ne parviennent qu'à signer des accords ponctuels : le 30 août 1898, ils concluent un arrangement sur les colonies portugaises, prévoyant de donner une partie de l'Angola et du Mozambique à l'Allemagne ; le 14 novembre 1899, sur Samoa, dans le Pacifique ; le 16 octobre 1900, sur la Chine.

Malgré l'Entente cordiale, les dirigeants français restent vigilants et inquiets face aux tentations germanophiles britanniques. Les diplomates français préfèreraient un engagement ferme. Jules Cambon, frère de Paul, et ambassadeur à Berlin, n'a pas de craintes pour l'Entente cordiale, mais il ne peut se « défaire du sentiment que, dans certains quartiers, l'Angleterre se rapproche beaucoup de l'Allemagne », notamment dans les rangs des partis libéral et travailliste[6]. Le journal satirique allemand *Kladerradatsch* dessine une parade en son honneur. Lors de la deuxième crise marocaine, C.P. Scott, du *Manchester Guardian,* reçoit une demande du chancelier Lord Loreburn pour écrire à Asquith, afin d'éviter de déclarer la guerre à l'Allemagne. Le journal estime que la priorité des relations internationales est de rétablir de relations saines avec l'Allemagne. Parmi les dirigeants, les libéraux n'éprouvent pas non plus de sentiments germanophobes[7]. En 1912, le secrétaire d'État à la Guerre, Richard Haldane, connu pour sa germanophilie, est envoyé en mission à Berlin. Quoiqu'il reconnaisse le caractère de « grands hommes »[8] à ses interlocuteurs, sa mission échoue par la fermeté des exigences allemandes. A défaut d'un accord avec l'Allemagne, les germanophiles tentent de retarder l'entrée en

---

allemandes l'emportent à l'approche de la Première Guerre mondiale.
[4] Article de la *Gazette de Cologne* du 18 novembre 1898, cité dans une dépêche de Lord Gough, 19 novembre 1898, P.R.O. F.O. 64 1439.
[5] Lettre de Salisbury au Roi Édouard VII, 13 mars 1901, papiers Salisbury.
[6] C. Andrew et P.P. Vallet, « L'Entente cordiale et la menace allemande », in G. Radice et alius dir., *op. cit.*, p.33.
[7] *Manchester Guardian*, 27 mai 1912.; "There is no feeling amongst Liberals here against Germany", D. Ayerst, *Guardian. Biography of a newspaper*, Londres, Collins, 1971, 702p., p.271.
[8] Discours prononcé à Leeds le 17 janvier 1913 évoqué par E D Morel, *La Genèse diplomatique de la guerre*, Paris, Clarté, 1920, 32p.

guerre britannique en 1914. Lloyd George pourrait faire une intervention publique, pour mettre en garde l'Allemagne, mais il se souvient que sa déclaration de 1911 a provoqué des incidents, qui ont failli mettre fin à l'Entente. Le libéral Lewis Harcourt, secrétaire d'État aux Colonies, germanophile, espère reprendre les négociations avec l'Allemagne. Comme pour l'anglophobie, la germanophilie est parfois moins nette, et reste affaire d'appréciation. Certains dirigeants évitent de prendre position publiquement. Reginald McKenna, Premier Lord de l'Amirauté, semble plutôt germanophile, mais pas selon Fleuriau[9]. Il n'empêche qu'il existe un fort courant germanophile, qui contribue à alimenter les suspicions françaises sur la fiabilité de l'allié britannique.

II. Une attitude plus compréhensive avec l'Allemagne qu'avec la France après le traité de Versailles

Le camp germanophile sort renforcé du Premier conflit mondial. Ce renversement est surprenant à bien des égards. Selon Churchill, les historiens ne pourront toujours pas croire, « dans un millier d'années », que « les Alliés victorieux se délivrèrent d'eux-mêmes de la vengeance sur l'ennemi qu'ils venaient de battre »[10]. Selon lui, cette politique va à contre-courant de l'histoire. D'un certain point de vue, il n'y a donc pas de tournant de la politique britannique après-guerre, mais plutôt une continuité avec l'avant-guerre. Des intérêts économiques, des affinités intellectuelles et une condamnation de la fermeté française poussent à la germanophilie. Les économistes keynésiens sont au premier rang de l'opposition à la France[11]. Selon Keynes, il faut que le Royaume-Uni évite de suivre Clemenceau, qui n'envisage pas d'autres politiques que l'intimidation face aux Allemands. En 1921, pour contrer cette politique, l'économiste tente de peser lui-même sur la politique anglaise en Haute-Silésie[12]. Il trouve des relais parmi les négociateurs, comme Jan Smuts, Karl Melchior, ou Sydney Waterlow, du département du *Foreign Office* sur l'Europe centrale, qui veut différer les échéances de paiement, et brandit la menace que le Royaume-Uni se retire de la Commission de réparation[13]. Quelques personnalités au Trésor et au 10 Downing street sont particulièrement germanophiles au Foreign Office, selon Eyre Crowe, diplomate responsable de la section de l'Ouest au *Foreign Office*, pourtant de mère allemande et marié à une Allemande.

---

[9] Sur tout ceci, voir la longue dépêche de Fleuriau, 22 décembre 1914, M.A.E. P.A.A.P. Fleuriau 1. Sur la germanophilie de McKenna, Loreburn, Harcourt et Lloyd George, voir Z. Steiner, *Britain and the Origins...op.cit.*, p.94.

[10] "A thousand years hence it will be incredible to historians that the victorious Allies delivered themselves over to the vengeance of the foe they had overcome", *Lettre* de Winston Churchill à Clementine, 10 janvier 1938.

[11] Dépêche de Saint-Aulaire du 10 juin 1923, M.A.E., Z Europe G.B. 52.

[12] J.M. Keynes, *op. cit.*, p.29 ; F. Crouzet, « Réactions françaises aux *Conséquences économiques de la Paix* de Keynes», *Revue d'histoire moderne et contemporaine*, t. XIX, janvier-mars 1972, p.19.

[13] M.F. Boemeke éd., *op. cit.*, p.568.

Lloyd George incarne à lui seul ce rapprochement avec l'Allemagne. Quoiqu'il se montre ferme lors de la deuxième crise marocaine, il joue plutôt l'apaisement avec l'Allemagne : les effectifs de l'armée allemande sont « essentiels, non seulement pour l'existence de l'empire allemand, mais pour la vie et l'indépendance de la nation elle-même, *entourée comme l'est l'Allemagne*, par d'autres nations dont chacune possède une armée aussi forte que la sienne propre », déclare-t-il dans une interview au *Daily Chronicle*[14]. Il reprend à son compte un thème majeur de la propagande allemande, celui d'un encerclement de l'Allemagne par des voisins aux intentions hostiles. Si la tradition d'*appeasement* est ancienne, il s'agit plutôt en l'occurrence d'une prise de position personnelle de Lloyd George, qui finalement persiste dans cette politique après-guerre envers et contre tout. Le ministre des Affaires étrangères de 1917 à 1920, Stéphen Pichon, tente d'attribuer cette attitude à ses origines « celtes » - galloises en fait. L'ambassadeur Paul Cambon ne pense pas autrement : « La spontanéité du caractère gallois permet à M. Lloyd George les volte faces les plus subites »[15]. Le rappel des origines est censé expliquer l'éloignement d'avec la France et le rapprochement avec l'Allemagne sur la base d'affinités ethnico-politiques. Pourtant, l'Allemagne n'a rien de celtique, en l'occurrence, et il semble que le ministre pense plutôt à des origines saxonnes communes.

Sur le plan culturel, les deux pays conservent certains liens. Les deux pays sont plutôt protestants face à une France catholique. Les pasteurs de la *Free Church*, Église non-conformiste particulièrement bien représentée en Écosse, éprouvent une solidarité pour l'Allemagne affaiblie. Les jeunesses des deux pays échangent davantage. En 1928 ont lieu des discussions entre les jeunesses britannique et allemande. *A Frank Discussion instigated by members of the younger Generation* témoigne des tentatives de rapprochement avec l'Allemagne, mais elles restent individuelles et limitées par rapport au poids de la guerre[16]. Les premières promotions allemandes de la fondation Cecil Rhodes, à Oxford, destinée à former les élites britanniques, allemandes et américaines, non françaises, par cinquante deux bourses, sont accueillies par le prince de Galles, futur Édouard VIII, le 6 juin 1929[17]. De son côté, l'agence Cook incite les touristes britanniques à se rendre davantage en Allemagne. Ces affinités culturelles trouvent des relais dans les plus hautes sphères de l'État. En 1925, le conseiller historique du *Foreign Office*, James Headlam-Morley, qui a participé à la Conférence de la Paix, et Lord d'Abernon militent activement pour un

---

[14] D. Lloyd George, article du *Daily Chronicle*, 1er janvier 1914. Nous soulignons.

[15] Dépêche de Paul Cambon, 11 mai 1920, M.A.E. Z Europe G.B. 45.

[16] R. Gardiner et H. Rocholl, *A Frank Discussion instigated by members of the younger Generation*, Londres, Williams et Norgate, 1928, 287p. cf. K. Robbins, Present and Past. *British Images of Germany in the First Half of the Twentieth Century and their Historical Legacy*, Wallstein, Göttingen, 1999, 52p., p.31.

[17] *National Zeitung*, cité par l'ambassadeur à Berlin André François-Poncet, dépêche du 22 janvier 1936, M.A.E. Z G.B. 177.

rapprochement anglo-allemand et voient dans le traité de Locarno une modération de celui de Versailles.

L'ensemble de ces liens explique le retard pris dans la conclusion d'un accord militaire franco-britannique. La minorité francophile et les diplomates français organisent la riposte. Edmund Morel, pourtant né à Paris, devient un des leaders des germanophiles. Auteur d'un article dans le *Daily News* contre « la nouvelle campagne germanophobe », le 31 mai 1912, il poursuit son activité après-guerre[18]. Il prend la défense d'une Allemagne affaiblie, victime de la guerre, en pleine Chambre, en août 1923, par solidarité. Il se compromet au point que Churchill, après sa récente défaite électorale, n'est pas loin de voir en lui un agent allemand. Le sénateur Jacques Bardoux suggère, en mai, de nommer Morel pour insoumission, en jouant sur ses origines françaises pour faire plaisir à Churchill[19]. Ces tentatives restent limitées devant l'élan de sympathie que rencontre l'Allemagne.

La crise économique des années trente, et le renforcement des totalitarismes ne remettent pas en cause cette tendance. Les magnats de la presse publient des articles continument francophobes. Le magnat de la presse Lord Rothermere, propriétaire de nombreux titres, du *Daily Mail*, du *Times*, de l'*Evening News*, sponsorise les chefs de parti opposé à l'Entente en 1928, monte l'*Anglo Foreign Newspaper* pour mettre la main sur des titres français en 1929 ; il favorise ensuite l'*appeasement*, appuie la défense nationale, et refuse la perspective d'une coopération aérienne avec la France et tient Hitler pour un « grand gentilhomme chrétien »[20]. L'élite des lecteurs du *Manchester Guardian* restent des « amis instinctifs et sentimentaux de la culture allemande »[21]. Après l'arrivée d'Hitler au pouvoir, l'*Anglo-German Club* est renommé club d'Abernon en 1934, du nom de l'ancien ambassadeur. En mars 1936, au moment de la réoccupation de la rive droite du Rhin, des députés expriment « de tous côtés…de la sympathie pour l'Allemagne »[22], selon Harold Nicolson. Même le Premier ministre britannique francophile, Anthony Eden, doit en tenir compte et conforte Flandin en le dissuadant d'intervenir contre l'Allemagne, le 7 mars[23].

---

[18] A.A. R 7269. Le *Daily News* sera le seul à critiquer le discours de Poincaré lors de la visite des souverains britanniques en France. cf Télégramme de Jules Cambon du 26 avril 1914, M.A.E. N.S. G.B. 22.

[19] Rapport de Bardoux, 16 mai 1923, M.A.E. Z Europe G.B. 52.

[20] Dépêche de Fleuriau à Briand, 17 octobre 1928, MAE Z Europe GB 59 ; l'éditorial du *Daily Mail* de Rothermere prétend que la nécessité de défense aérienne britannique prime sur constitution d'une armée de terre puissante selon une dépêche de Corbin, 21 novembre 1938, M.A.E. Z Europe G.B. 291-292.

[21] Selon E. Halévy, « L'opinion anglaise et la France », *op. cit.*, p.357.

[22] H. Nicolson, *Diary*, 10 mars 1936, t.I, p.249.

[23] Dépêche de l'ambassadeur de France à Londres, Charles Corbin, au ministre des Affaires étrangères, Pierre-Etienne Flandin, 17 mars 1936, *D.D.F.* II, 1, cité par J.B. Duroselle, *Politique étrangère…op.cit.*, p.173.

Ce n'est donc qu'à la fin de la période que, sous l'impulsion de Churchill, entre autres, une image négative de l'Allemagne s'impose durablement et perdure chez les dirigeants britanniques. Il a fallu les bombardements sur le sol britannique pour que la perception de ses effets, de ponctuelle en 1914-1915, devienne durable en 1940, et détermine la politique britannique. Le Commissaire aux Affaires étrangères de la France libre, puis ambassadeur à Londres, René Massigli, note en 1944 que « le récit des atrocités allemandes a produit, ici beaucoup d'effet »[24]. Pendant tout le premier XXe siècle, un courant germanophile parvient à éloigner les dirigeants des deux pays d'une alliance ferme et confortent les dirigeants français dans leur opposition au Royaume-Uni. Cette francophobie peut s'expliquer par plusieurs facteurs : des motifs matériels, des intérêts commerciaux ou financiers conduisent à une certaine clémence après la Première Guerre mondiale. Il faut aussi invoquer une tradition d'équilibre des puissances en Europe et des affinités culturelles, et la permanence d'une image du Royaume-Uni comme « impérialiste », à la suite de la Première Guerre mondiale. Les anglophobes tirent une partie de leur anglophobie de cette orientation de la politique britannique, qui fait croire à une entente avec l'Allemagne, et laisse la France isolée.

---

[24] Compte-rendu de Massigli, 1er octobre 1944, M.A.E. P.A.A.P. Massigli 53.

Chapitre 9. Anglophobie et francophobie de gauche

Comme l'a montré François Crouzet, l'anglophobie n'est pas nécessairement classée à droite. Quoique l'anglophobie soit plutôt une réaction conservatrice, nourrie de références historiques nationales, la gauche n'est cependant pas nécessairement anglophile. Outre la dimension nationale, l'anglophobie comporte une composante sociale et anticapitaliste. Les ouvriers eux-mêmes n'ont que peu d'occasions de côtoyer leurs homologues français et britanniques, à la différence des autres nationalités, aussi sont-ils peu enclins à l'anglophobie directe, sinon par méconnaissance de l'autre. Les dirigeants ouvriers sont même parfois anglophiles. Mais les théoriciens du socialisme, puis du communisme, impuissants à bâtir un courant internationaliste capable de surmonter les rivalités franco-britanniques, alimentent un discours anticapitaliste, qui vise, en France, le Royaume-Uni, et inversement. Quoiqu'un peu moins virulente pendant la période, le communisme lui donne un nouvel élan, à partir des Révolutions russes de 1917 et de la fondation du Parti communiste français (P.C.F.) en décembre 1920. Au Royaume-Uni, une francophobie de gauche perdure au cours de la période, qui éloigne les deux pays. La France est perçue comme militariste, puis impérialiste, après la Première Guerre mondiale. Les ouvriers et partis ouvriers, en marge du pouvoir, tentent d'influer sur le gouvernement. Ces forces politiques restent longtemps marginales.

I. Socialisme, communisme et anglophobie anticapitaliste

Les socialistes français ont leur tradition politique propre, mais ne s'interdisent pas de regarder outre-Manche. La condition ouvrière y est réputée meilleure, notamment à la fin du XIXe siècle, grâce à l'adoption de lois et de pratiques plus favorables. A la Chambre, le député socialiste Marcel Sembat ne rougit pas de citer les *Trade-Unions* anglais en exemple pour la journée de huit heures. Surtout, les observateurs français soulignent une capacité supérieure d'intégrer la classe ouvrière :

> « Ainsi l'aristocratie anglaise, avec son admirable instinct politique, a déjà entrepris de faire entrer dans les anciens cadres, d' "apprivoiser" pourrait-on dire, la force nouvelle que représente l'élément ouvrier »[1]

Les rapports peuvent même être cordiaux. Henry Mayers Hyndman, fondateur de la *Social Democratic Federation*, premier mouvement politique britannique à se réclamer du marxisme, félicite les socialistes français pour leurs résultats aux élections législatives de 1898 même décevants[2]. Les congrès offrent quelques occasions de rencontre. Jean Jaurès voient même dans les délégués britanniques des *Trade-Unions*, qui se sont rendus au Congrès de Paris, à la Bourse du Travail, en marge de l'Exposition universelle, en

---

[1] Lettre de Paul Cambon à Delcassé, 23 février 1905, M.A.E. N.S. G.B. 48.
[2] « The Triumph of the French Socialists in the Dreyfus Case », *Justice*, 10 septembre 1898, p.1. Hyndman fait plutôt exception par sa francophilie.

septembre 1900, les précurseurs de l'Entente cordiale[3]. Les *Trade-Unions* se rendent à nouveau en France pendant la Première Guerre mondiale pour tenter de résoudre les différends commerciaux. Une éphémère « maison commune » anglaise s'ouvre en 1913, pour perpétuer ces liens[4]. Les deux courants ne se fréquentent guère cependant. Conscients d'une communauté de problèmes, les partis de gauche français et britanniques peinent cependant à former une Internationale socialiste.

La Révolution russe, qui provoque la formation de partis communistes en France et au Royaume-Uni en 1920, sépare cependant un peu plus les gauches des deux côtés de la Manche[5]. Le P.C.F. devient celui de la dénonciation du capitalisme, dont le Royaume-Uni est l'incarnation. Dans les années vingt, il critique le règlement des dettes interalliées. *L'Humanité* refuse ces accords en dénonçant les « usuriers anglo-saxons »[6]. Au-delà, le P.C.F. dénonce le manque de loyauté britannique. Cette tension est accrue par les revirements diplomatiques de Moscou. L'abandon momentané de la stratégie « classe contre classe » permet un apaisement. La participation partielle au gouvernement dans le cadre du Front populaire en 1936 ne se traduit pas par une dégradation des relations entre les deux pays, mais au contraire par un rapprochement. En revanche, en 1939, après la signature du traité germano-soviétique, le secrétaire du P.C.F. dissous depuis le 26 septembre, Maurice Thorez, dresse un bilan sans concessions des relations franco-britanniques. Dans une interview du 4 novembre 1939 donnée au journal communiste britannique *The Daily Worker*, il dépeint vingt ans de tensions, et en rejette la responsabilité sur le Royaume-Uni, en énumérant les différentes marques d' « hostilité » britannique depuis la fin de la Première Guerre mondiale :

> « Même la France capitaliste, s'est toujours heurtée à l'hostilité de l'Angleterre. Celle-ci s'opposa, dit-il, à ce que les capitalistes français tirent avantage de leur victoire de 1918 ; elle soutint l'Allemagne chaque fois qu'elle prit des décisions contraires aux intérêts français ; elle demeura passive en présence de la remilitarisation de la Rhénanie ; elle agit contre la France en signant l'accord naval anglo-allemand et le *Gentleman's Agreement* avec l'Italie ; puis, ayant sacrifié la Tchécoslovaquie et l'Espagne au fascisme international, elle veut aujourd'hui se servir de la France pour sa lutte contre

---

[3] *Œuvres de Jean Jaurès. Pour la paix*, II, « La paix menacée 1903-1906 », éd. M. Bonnafous, Paris, Rieder, 1931, p.243-260, repris dans J.P. Rioux, *Jaurès. Rallumer tous les soleils*, Paris, Omnibus, 2006, p.612. Ils représentent alors deux millions d'adhérents, mais on les retrouve tout aussi bien en Allemagne, à Hambourg, après 1904.

[4] *La Voix du peuple*, 31 décembre 1913.

[5] A. Thorpe, "British Communists and Anglo-French Relations 1914-1945", in A. Capet éd., *Britain, France...op.cit.*, p.78-104.

[6] *L'Humanité*, 6 juillet 1926. Cette dénonciation de la politique extérieure se double d'une dénonciation du mur d'argent des deux cents familles, qui provoque la chute du Cartel des gauches.

Hitler et s'assurer l'hégémonie en Europe et dans le monde »[7]

Le parti communiste prend ainsi le relais des nationalistes anglophobes, sur le thème de la nation et de l'anticapitalisme.

Le sentiment de communion est plutôt rare. Les mouvements ouvriers s'ignorent malgré quelques échanges. En 1893, l'attaché naval croit pouvoir rapporter que le parti ouvrier déteste et méprise les Allemands et qu'il est entièrement sympathique à la France et l'aime sincèrement[8]. Certains élus français prennent la défense des classes laborieuses britanniques. Lors d'une proposition de vœu de la Ville de Paris de soutien aux Boers, un conseiller municipal invite à ne pas condamner les Britanniques en bloc : « Les soldats anglais qui succombent aux maladies et aux fatigues de la guerre sont eux aussi les victimes ; ils appartiennent au peuple anglais, qui est tyrannisé par le capitalisme anglais »[9]. Un député travailliste confie au diplomate Oliver Harvey, le 31 mars 1940, ses inquiétudes sur une possible alliance entre le Comité des Forges et la City[10]. Pour autant, la gauche n'est pas foncièrement anglophobe, elle est au mieux ponctuellement hostile, mais surtout différente, préoccupée par son propre développement idéologique national.

La gauche française a donc alimenté l'anglophobie par anticapitalisme, surtout depuis l'apparition du communisme. Aux yeux des courants ouvriers, le Royaume-Uni est moins un modèle, que l'incarnation d'un capitalisme de moins en moins aimé. Au Royaume-Uni, de l'Internationale manquée à la peur du rouge, la gauche britannique a entretenu la francophobie par pacifisme et antimilitarisme. Cette critique est néanmoins perçue en France comme une défiance, et renforce l'anglophobie. Les dirigeants français et britanniques des cabinets radicaux, socialistes ou travaillistes ne sont pas davantage parvenus à une alliance que leurs adversaires conservateurs.

II. Une gauche britannique hostile à l'impérialisme français

Sur l'essentiel, les deux partis socialistes et travaillistes ne cessent de s'éloigner. En 1914, les socialistes britanniques sont hostiles à toute intervention dans une guerre « européenne », comme les syndicats et les Églises. L'*Union of democratic control*, fondée par Morel à partir de 1914, et qui représente des organisations comptant jusqu'à 700000 membres, joue un rôle important dans cet éloignement. Son *Advisory Committee on International Questions* du Labour déconseille une alliance avec les réactionnaires et

---

[7] Interview de Thorez au *Daily Worker* du 4 novembre 1939, cité dans une dépêche de l'attaché militaire Lelong, S.H.A.T. 7N 2818, 5 novembre 1939. L'accord naval anglo-allemand de 1935 autorise l'Allemagne à se reconstituer une flotte équivalant à 35% de la flotte britannique.
[8] Rapport annuel de l'attaché naval à l'ambassade de France à Londres, 20 septembre 1893, S.H.M. BB7 16.
[9] Intervention du Conseiller municipal socialiste John Labusquière, *Bulletin municipal officiel de la ville de Paris*, 6 novembre 1900, P.P. BA 1551.
[10] F. Bédarida, *La Stratégie secrète de la drôle de guerre…op.cit.*, p.47.

militaristes français. L'Allemagne compte sur l'opposition des travaillistes à la guerre, mais aussi sur celle des radicaux et des Irlandais. En vain[11].

Le *Labour Leader* du 10 avril 1919 voit dans les réclamations françaises pendant les négociations sur le traité de Versailles le « révélateur du caractère militariste et impérialiste du gouvernement français »[12]. Les dirigeants français sont la classe « la plus militariste et la plus impérialiste d'Europe »[13]. Chez les dirigeants britanniques, la peur du rouge éloigne de la France. L'affaire de l'occupation de la Ruhr est la plus polémique. Les internationalistes britanniques, revenus à la parole, envoient des motions de désapprobation, et dépeignent un régime d'oppression, faisant ainsi le jeu de l'Allemagne. Il faut dire que le P.C.F. est aussi en pointe dans la critique de l'occupation française. Paradoxalement, cette critique rapproche un temps les deux courants à l'extrême gauche de l'échiquier politique. En août 1923, le communiste britannique Walton Newbold se rend à Paris pour tisser des liens avec le groupe parlementaire français[14].

Les critiques de la presse travailliste vont cependant au-delà, car l'impérialisme est perçu comme une tendance nationale plus forte en France, historiquement ancrée. Le *Daily News*, demande le retrait des troupes britanniques d'Allemagne[15]. Le *Daily Herald* invite les travailleurs du monde entier à protester contre les menaces de l'armée française. Les Français se comportent en « barbares » dans la Ruhr. Les troupes coloniales font ainsi l'objet du préjugé classique contre les instincts sexuels, accrédité par la propagande allemande. Le *Manchester Guardian* et le *Daily Chronicle* relaient leurs exactions et amplifie un incident à Essen, le 31 mars 1923. Le *Daily Herald* donne foi aux informations sur le cannibalisme des troupes africaines[16]. En 1925, encore, le journaliste travailliste Henry Noel Brailsford dénonce une volonté de domination française[17].

Les hommes politiques de gauche sont perméables à ces critiques. Lorsque le *Labour* accède pour la première fois au pouvoir, en 1924, le Premier ministre travailliste semble favorable à la France, pendant ses six premiers mois de gouvernement, pour des raisons de politique intérieure, puis change vite

---

[11] Dépêche du chargé d'affaires, Émile Daeschner à de Selves, 24 novembre 1911, *D.D.F.* III,1.

[12] "revelation of the militarist and imperialist character of the French Government"

[13] "The rulers of France [are] the most militarist and the most imperialist class in Europe", cité par K. Robbins, *The Abolition of War. The "Peace Movement in Britain", 1914-1919*, Cardiff, University Press, 1976, 255p., p.180. cf. R. Vickers, *The Labour Party and the world*, vol.1, Manchester, M.U.P., 2003, 240p.

[14] Premier député communiste, il propose déjà une analyse de l'Entente cordiale en termes d'impérialisme, où les intérêts français prévaudraient, W. Newbold, "Egypt and the Entente", *The Communist review*, août 1922, vol.III, n°1 ; il qualifie de même les agissements français en Ruhr d' « indignes », *ibid.*, mai 1923, vol. IV, n°1.

[15] S. Jeannesson, *Poincaré, la France et la Ruhr (1922-1924). Histoire d'une occupation*, Strasbourg, P.U.S., 1997, 432p., p.242.

[16] S. Jeannesson, *op cit*, p.173.

[17] T. Imlay, "From Villain to Partner: British Labour Party Leaders, France and International Policy during the Phoney War, 1939-1940", *op. cit.*

d'opinion. Le principal leader travailliste de l'entre-deux-guerres, Ramsay MacDonald, se rend régulièrement en France, en 1918, 1924, 1928, 1932, 1933 et 1940[18]. Ces nombreux voyages ne suffisent pas à tisser des liens d'amitié, ils peuvent au contraire conforter les préjugés. Selon lui, « pendant que l'Allemagne s'effondre, la France marchande ». Il se fixe bientôt comme objet de détruire l'esprit militariste de la France[19]. Le député travailliste Noel Noel-Buxton défend l'Allemagne. Philip Snowden, député travailliste pacifiste, délivre un discours enflammé contre la France : le traitement infligé à l'Allemagne en 1919 dépasse de loin celui infligé à la France par l'Allemagne en 1870[20]. Ces critiques ne sont pas seulement liées à l'occupation de la Ruhr, mais structurelles. En 1929, dans un contexte économique difficile, Snowden se prononce pour un budget hostile à la France[21]. Dans un entretien avec le député de Paris, Paul Reynaud, William Gillies, secrétaire aux relations extérieures du *Labour Party*, avec M. Paul Reynaud, explique que la France est l'enfant gâté de l'Europe, et que l'Allemagne a assez payé. Le socialisme britannique s'inscrit dans le courant antinapoléonien traditionnel[22].

Très peu de voix s'élèvent pour soutenir la politique française. L'anglophilie est contenue. Il existe bien des francophiles à gauche de l'échiquier politique. Il cite Edward Grey, John Simon, William Benn, député libéral et ancien élève du lycée Condorcet. Ces derniers sont cependant « terrorisés par les syndicats, les chapelles puritaines et les centres intellectuels hostiles »[23]. Même en faisant la part du conservatisme de Bardoux, ses remarques sur le poids écrasant des articles de presse, et le fait qu'au moins 75% de la population britannique désapprouve l'occupation de la Ruhr, confirment l'impopularité de la France. C'est une situation favorable pour les francophobes de s'exprimer.

Chez les dirigeants britanniques, la perception est quelque peu différente. Loin de rapprocher les deux pays, le communisme, avec la naissance du P.C.F. en 1920, plus actif en France, les éloigne. Les conservateurs britanniques craignent les excès d'une politique trop à gauche dans les années trente. Le développement du socialisme en France soulève des interrogations, surtout avec l'avènement du Front populaire, en 1936. Dans les cercles de réflexion proches

---

[18] Divers dossiers sur ses voyages en France, P.P. BA 2019.
[19] "To destroy the militarist spirit of France is my first object", MacDonald à J.A. Hobson, 2 mai 1924, J.A. Hobson papers, Brynmore Library, Université d'Hull, cité par K. Robbins, *The Abolition of War. The "Peace Movement in Britain", 1914-1919*, Cardiff, University Press, 1976, 255p., p.207.
[20] Dépêche de Saint-Aulaire du 17 février 1923, M.A.E. Z Europe G.B. 51.
[21] Dépêche de Fleuriau, 17 avril 1929, M.A.E. Z Europe G.B. 59.
[22] *Écho de Paris*, 24 mai 1929, A.N. F7 13450.
[23] Selon le rapport de Jacques Bardoux du 16 mai 1923, MAE Z Europe GB 52.

du pouvoir, les dirigeants craignent surtout le communisme[24]. Contenu au Royaume-Uni, il accède pour la première fois au pouvoir en France en 1936[25].

---

[24] Le *Daily Mail* titre, non sans exagération, « Communist sections in all French warship », le 7 octobre 1927, A.N. F7 13450.
[25] Lors d'une de ces réunions, Mrs. Harold Williams intervient contre le communisme et la Russie, cf. J. Kayser, "France and the international situation", discours du 19 mai 1936 à Chatham House, *International Affairs*, vol 15, n°4, juillet-août 1936, p.506-524., p.519.

QUATRIÈME PARTIE
L'élaboration d'une politique d'Entente cordiale

Le nombre de dirigeants ouvertement anglophobes est en fait limité. Surtout, leur capacité d'action est restreinte. Même sous Vichy, en 1940, les dirigeants anglophobes ne déclarent pas ouvertement la guerre au Royaume-Uni ni ne l'attaquent militairement, en représailles de Mers el-Kébir. Les deux pays évitent ainsi la guerre. Comment ? Si la contrainte allemande pèse fortement sur le choix des dirigeants, rien ne force *a priori* Français et Britanniques à s'entendre. Contrairement à une vision souvent répandue, l'Entente cordiale n'est ni naturelle, ni nécessaire. Cette dernière résulte des efforts conjoints des diplomates, des militaires, pour mener une politique de rapprochement. Les autres milieux, notamment la presse, et les milieux économiques accompagnent le mouvement. Si l'Entente franco-britannique pêche en termes militaires, le nombre considérable de liens personnels bâtis entre les dirigeants a été occulté. Certains dirigeants comprennent même l'importance de définir une propagande pour soutenir leur politique anglophile, à la Belle Époque, comme dans l'entre-deux-guerres. Cette tentative se solde par un bilan contrasté, mais moins négligeable que ce que l'on estime naturellement.

Chapitre 10. L'anglophobie française : une relation très « spéciale »

Les Britanniques – et ils ne sont pas les seuls – tendent à présenter l'anglophobie des dirigeants comme une singularité française, ce qui leur permet d'isoler ces derniers sur la scène internationale. En réalité, dans un contexte de montée des nationalismes, l'anglophobie dépasse largement le cadre français, et se retrouve aussi bien dans des pays qui ne sont pas en compétition coloniale avec le Royaume-Uni, que ce soit l'Allemagne ou les États-Unis, pour des raisons diverses, politiques ou commerciales. Si l'anglophobie n'est donc pas une exception française, elle offre cependant des traits singuliers en France, des griefs plus politiques et historiques, que commerciaux et économiques.

Depuis la Seconde Guerre mondiale, l'historiographie réserve le terme de « relation spéciale » au lien étroit entre le Royaume-Uni et les États-Unis, au second XXe siècle[1]. « Spéciale » s'entend ici au sens de privilégié, étroit. Les relations franco-britanniques sont tout aussi spéciales, quoique beaucoup plus mouvementées. L'anglophobie française connaît une activité, qui passe aux yeux des dirigeants britanniques pour une singularité hexagonale. La diplomatie britannique joue le rôle d'un miroir grossissant. Les diplomates ne rapportent que les caricatures les plus offensantes venant de France. Victime de la même illusion bilatérale, l'historiographie continue à aborder le phénomène anglophobe comme une exception française.

Or, la comparaison avec l'autre grande anglophobie du moment, en Allemagne, plus virulente, plus ouvertement exprimée, permet beaucoup mieux de dégager les particularités françaises. De l'autre côté du Rhin se produisent, pendant notre période, des faits similaires, quoique souvent traités séparément. Le triangle des comparaisons permet de mieux éclairer le phénomène anglophobe[2]. Sur le plan géopolitique, l'Allemagne reste régulièrement l'horizon du rapprochement entre la France et le Royaume-Uni, en 1904-1905, lors de l'Entente cordiale, puis de la première crise marocaine, en 1912, lors de l'échec des négociations anglo-allemandes, et des conversations militaires franco-britanniques, en 1922, autour du règlement de la guerre, ou en 1945, après la défaite allemande. Sur toute notre période, elle est le troisième acteur, indirect, de cette entente. Par la menace qu'elle représente, à la Belle Époque, puis, à nouveau, dans les années trente, elle agit comme un moteur qui force le Royaume-Uni et la France à s'entendre. De 1898 à 1945, les relations franco-britanniques sont fonction de la force de l'Allemagne. Pour autant, cette contrainte externe est nécessaire, non suffisante pour bâtir une entente solide. L'ensemble des initiatives prises pour souder les deux peuples pendant la

---

[1] P. Chassaigne, *Royaume-Uni/ États-Unis 1945-1990*, Neuilly, Atlande, 2003, 256p.
[2] C. Prochasson, « Une crise anglaise de la pensée française ? Les intellectuels français face à l'Angleterre au temps de Fachoda et de la guerre des Boers », *Cahiers du centre de recherches historiques*, n°31, avril 2003, p.79.

période témoigne d'une volonté active, positive et autonome de réaliser une bonne entente avec le Royaume-Uni.

I. Dirigeants français, britanniques et allemands

A. Une anglophobie par germanophilie ?

L'anglophobie des dirigeants est-elle le pendant de leur germanophilie pendant la période ? Les quelques rares expressions de germanophilie ne sont guère probantes. Les archives allemandes conservent la trace des articles d'intellectuels français plaidant pour une meilleure entente avec l'Allemagne, avant 1914, et critiquant le Royaume-Uni. Des publicistes, comme Victor Bérard, dénoncent l'outrance des « vantardises et des rodomontades » coloniales britanniques :

> « le mot de Tartarin : "Qu'ils y viennent un peu !" est devenu leur refrain de marche : *Let them all come !* »[3].

Quelques dirigeants sont d'accord. Le président Félix Faure suggère de réorienter la politique contre l'Angleterre, mais il n'est pas suivi par le gouvernement. Au Quai d'Orsay, un groupe germanophile serait mené par Étienne[4], mais ce dernier, comme nous l'avons vu, se convertit à l'Entente. A la Chambre, les irréductibles, comme Lucien Millevoye, également adversaire de Paul Cambon comme résident en Tunisie, puis pourfendeur de Clemenceau, lors du scandale de Panama, ou encore Ernest Judet, interviennent régulièrement. En 1912, Judet et Hanotaux expriment encore leurs réserves face à une alliance anglaise[5]. Cette hésitation ne se limite pas à la Belle Époque, mais perdure, et se retrouve dans les années trente, illustrée par des personnalités Fernand de Brinon, qui, à la tête du Comité France-Allemagne, milite activement pour une réconciliation franco-allemande, et promeut les échanges culturels entre les deux pays.

La majorité des dirigeants est en fait plutôt réservé vis-à-vis de l'Allemagne, sans être nécessairement germanophobes pour autant. La figure emblématique de Delcassé, dont la démission, exigée par l'Allemagne, est acceptée le 6 juin 1905, en pleine crise marocaine, n'est pas au cœur d'un projet germanophobe. Certains ont tenté de le soutenir, sans en apporter la preuve formelle[6]. Avant la Première Guerre mondiale, le Quai d'Orsay aurait opposé une fin de non-recevoir systématique à une diplomatie allemande conciliante. Or, Delcassé entre en négociations, même brièvement, avec l'Allemagne, quelques années seulement auparavant, au moment de la guerre des Boers ? De vagues

---

[3] cité par R. Marx, *op.cit.,* p.30 sq.
[4] Z.S. Steiner, *Britain and the Origins...op. cit.*, p.46.
[5] Réserves de Judet dans *L'Éclair* et de Hanotaux dans *Le Figaro* sur une alliance anglaise citées dans la dépêche de l'ambassadeur d'Allemagne en France, 28 mai 1912, Archives de l'Auswärtiges Amt (A.A.) R 7269. Ils demandent notamment des précisions sur les « exigences » anglaises.
[6] G. Kreis, « L'Entente cordiale, une entente antiallemande ? », *Relations internationales*, n°117, 2004, p.39-54.

pourparlers, encouragés par la Russie, sont en effet attestés début mars 1900[7]. Delcassé croit à une médiation selon Paul Cambon, qui, pour sa part, dénonce les imbéciles de la presse française soutenant cette initiative[8]. Gabriel Hanotaux lui-même reconnaît que son successeur a hésité, mais n'a pas penché pour l'Allemagne. Il lui reproche au contraire son indécision[9]. Ce n'est donc pas la germanophobie de Delcassé qui fait obstacle, mais la restitution de l'Alsace-Moselle qui reste un préalable pour le ministre des Affaires étrangères, comme pour toute une génération de dirigeants. A la différence du Royaume-Uni, l'Allemagne n'envisage aucun troc.

C'est après l'entrée en guerre de 1914, les dirigeants français et britanniques encouragent bien plus ouvertement une propagande antiallemande. Cette diabolisation, partagée par les alliés anglais et belges, étayée par les premiers massacres perpétrés par les soldats allemands dans les villages occupés, en Belgique et en France, puise dans un fond ancien, qui remonte au moins à la guerre de 1870, et dénonce la barbarie prussienne[10]. Les scènes de violence britannique de la guerre des Boers paraissent dépassées aux poilus de 1916. La dénonciation de l'ennemi n'a point disparu, mais est reportée sur les Allemands. La germanophobie ne s'exprime pas cependant de manière récurrente entre 1898 et 1940. Il y a bien un fond germanophobe, mais, à la différence de l'anglophobie, il est moins nourri de références historiques, plus territorial, et bien plus récent, l'Allemagne et la figure honnie du Prussien n'apparaissant vraiment que depuis 1871[11]. En outre, l'histoire ne constitue pas un contentieux pour les nationalistes français, le passé étant plutôt à l'avantage de la France sous Louis XIV ou même sous Napoléon. C'est donc principalement la politique contemporaine de l'Allemagne impériale qui provoque les réactions françaises. Ainsi, Guillaume II ne manque aucune occasion de rappeler la défaite de Sedan, qui a permis de sceller l'unité allemande, mais blesse, au passage, l'honneur national français. Delcassé lui demande de cesser son

---

[7] Deux séries de discussion ont lieu au début de la guerre des Boers, en octobre 1899, puis entre janvier et mars 1900. Delcassé approuve l'idée d'une coalition continentale, à condition que l'Allemagne en prenne l'initiative. selon G. Pagès et E. Bourgeois, *Les Origines et les responsabilités de la Grande Guerre*, Paris, Hachette, 1921, 502p. cité par A.J.P. Taylor, *The Struggle for Mastery in Europe, 1848-1918,* Oxford, O.U.P., 1954, p.401-402. cf. plus largement J. Keiger, "Jules Cambon and Franco-German Détente 1907-14", *The Historical Journal*, n°263, 1983, p. 642-659 ; J. Keiger, *France and the world...op.cit.*, p.110-120.

[8] Lettre de P. Cambon, 24 octobre 1900, M.A.E. P.A.A.P. Cambon 42.

[9] G. Hanotaux, *Le Partage de l'Afrique*, p.109.

[10] Cf. *L'Invasion dans le département de l'Aisne*, 1872 et *Procédés de guerre allemands* d'E. Lavisse, cités par P. Nora, « Lavisse, instituteur national », in P. Nora dir., *Les Lieux de mémoire*, t.I, p.249 ; M.E. Nolan, *The Inverted Mirror: Mythologizing the Enemy in France and Germany, 1898-1914*. vol.2, New York, Berghahn, 2005, 141 p., p.30.

[11] M. Jeismann, *La Patrie de l'ennemi, la notion d'ennemi national et la représentation de la nation en Allemagne et en France de 1792 à 1918*, Paris, C.N.R.S., 1997, 344p.

comportement insultant[12]. Il n'est donc pas animé d'une germanophobie invétérée, mais plutôt d'un honneur national blessé.

Reste donc un nombre restreint de dirigeants français. Parmi eux, Raymond Poincaré serait plus germanophobe que ses prédécesseurs[13]. Le président du Conseil, Pierre Laval, est surtout séduit par un rapprochement avec l'Italie. Dans l'ensemble, les dirigeants français restent plutôt hostiles à l'Allemagne, mais leur germanophobie n'est pas rédhibitoire, ni permanente. Les clichés reparaissent. Surtout, cette attitude face à l'Allemagne n'est pas fonction de l'anglophobie ou de l'anglophilie des dirigeants, mais elle suit son propre cours.

B. Une germanophobie par anglophilie

La thèse de l'encerclement de l'Allemagne et la polémique qui consiste à présenter l'Entente comme un pacte belliqueux et antiallemand servent donc surtout à masquer le fait que la diplomatie allemande s'avère totalement prise au dépourvu par l'Entente cordiale. L'Empereur Guillaume II se sent d'ailleurs obligé d'y répondre, après coup, par les crises marocaines[14]. Face à cette pression allemande, les dirigeants français se montrent plus prudents que ne l'a été le général Boulanger, ministre de la Guerre dans les années 1880, notamment lors de l'affaire Schnaebelé. Répétant que l'Entente n'est tournée contre aucun pays - à la différence de la vieille Triple Alliance - les autorités françaises évitent soigneusement toute provocation contre l'Allemagne. Les autorités locales relaient cette politique avec zèle. Ainsi, un journal allemand signale le 14 juillet 1905 comme une « date critique » pour le motif qu'à cette époque cent cinquante officiers font, avec l'escadre anglaise, une visite au port de Brest. Les autorités locales prennent bien soin de ne pas froisser l'Empereur Guillaume II : le ministre de l'Intérieur, Étienne, avertit sa propre administration que l'événement

> « est de nature à conseiller aux autorités françaises la plus grande vigilance. Je vous recommande en conséquence de prendre discrètement les mesures nécessaires en vue de prévenir tout incident et toute manifestation pouvant éveiller les susceptibilités de l'Allemagne »[15].

Grâce à ces efforts, aucune manifestation d'entente franco-britannique ne dégénère en manifestation populaire antiallemande entre 1904 et 1914[16]. La démission de Delcassé, tout comme l'absence d'incidents jusqu'au 31 juillet inclus montrent bien que la France n'a pas mené de politique belliqueuse, mais

---

[12] Le 11 juillet 1904, selon G.M. Paléologue, *op.cit.*
[13] Selon l'ambassadeur britannique Francis Bertie, Archives Judet citées par F.R. Bridge. *The Great Powers and the European states system 1815-1914,* Londres, Longman, 1980, 208p.
[14] R.R. McLean et M.S. Seligmann, *Germany from Reich to Republic, 1871-1918*, NewYork, St. Martin's press, 2000, 195 p., p.130 sq.
[15] Lettre du ministre de l'Intérieur, Eugène Étienne, au préfet du Finistère, 5 juillet 1905, ADF 1 M 332.
[16] Aucun dérapage significatif n'est signalé dans la presse ou dans les archives de la préfecture de police, même lors des crises marocaines.

a au contraire subi totalement la pression diplomatique allemande, constante, notamment lors des crises marocaines.

L'Entente se résumerait-elle à un projet intéressé de la France pour encercler l'Allemagne ? La thèse de l'encerclement, ancienne, sert à mobiliser le peuple allemand et à masquer le retard diplomatique allemand. La peur de l'encerclement a pu exister dans la population, comme dans les élites, mais elle disparaît, en fait, dès 1908[17]. Les observateurs extérieurs le confirment. Arthur Balfour assure à l'ambassadeur autrichien à Londres, le comte de Mensdorf, que la méfiance à l'égard des dirigeants est sans fondement et que ce serait à tort qu'on leur prêterait des projets agressifs ou machiavéliques. Il attribue le développement de cette thèse à une erreur des diplomates allemands : « Ils se sont toutefois montrés bien stupides ces dernières années. Qu'ils font de mauvais diplomates ! »[18]. Cette thèse est donc artificiellement entretenue comme moyen de pression.

Dans l'entre-deux-guerres, les Allemands continuent pourtant d'agiter ce spectre, le statut de vaincue de l'Allemagne donnant davantage de poids à cette thèse. André Tardieu s'agace de ce comportement, et estime que les Allemands devraient cesser, s'ils veulent réellement la paix[19]. Significativement, la thèse de l'encerclement est ressortie exactement dans les mêmes conditions par la propagande nazie pour justifier la politique extérieure allemande des années trente. C'est une constante de la diplomatie allemande, alors même que la situation géopolitique change. Les Français agiraient ainsi par haine de l'Allemagne et par anglophilie.

En fait, le rapprochement franco-britannique ne résulte pas d'affinités électives, mais des changements propres à la diplomatie allemande, qui devient de plus en plus imprévisible pour les dirigeants britanniques sous Guillaume II. Depuis 1890, les principaux diplomates britanniques ont dû s'habituer à des déclarations « franches et brutales » comme celles qui sont tombées « si souvent des lèvres d'un Bismarck », et qui heurtent le tempérament britannique, comme le remarque l'attaché militaire français pendant la guerre des Boers[20]. Guillaume II, quoiqu'en rupture avec Bismarck, adopte le même style diplomatique. En Allemagne, diplomatie et Marine se répartissent les tâches : tandis que l'*Auswärtiges Amt* a pour charge de sauver les apparences auprès du gouvernement britannique, l'Amirauté allemande accroît le nombre de cuirassés. De plus en plus, cependant, les dirigeants allemands considèrent que l'Allemagne n'a pas à faire de politique anglophile ou anglophobe, elle doit faire de la « politique pratique » (*Realpolitik*)[21]. A l'opposé, l'anglophilie française consiste d'abord à veiller aux apparences. En février 1897, les

---

[17] M. Hewitson, *Germany and the Causes of the First World War*, Oxford, Berg, 2004, 268p., p.67.
[18] A.F. Pribram, *England and the International policy of the European Great Powers, 1871*-1914, Oxford, Clarendon Press, 1931, p.109.
[19] *Le Temps*, 4 mai 1907.
[20] Rapport d'Amade, 10 août 1901, S.H.A.T. 7N 1220.
[21] Extrait de *La Gazette* du 21 décembre 1899, cité par une dépêche de Noailles, M.A.E. N.S. G.B. 25.

diplomates allemands se plaignent au *Foreign Office* de sa politique dans les Balkans, des liens entre fonctionnaires britanniques et membres du Comité anglo-balkanique. Cette tentative d'ingérence dans la politique britannique ou française est de plus en plus mal ressentie à Londres comme à Paris[22]. La réaction britannique est encore plus forte. Les crises marocaines de 1905 et 1911 confortent cette opinion négative de l'Allemagne. Ce sont les « méthodes allemandes » que condamne dans les mêmes termes John Morley en 1911, ou Loreburn[23]. D'autres diplomates britanniques en tirent des considérations plus globales. Pour le diplomate William Tyrrell, secrétaire privé de Sir Edward Grey, l'Allemagne n'aspire à rien moins qu'à l'hégémonie en Europe[24]. Certains de ces éléments n'échappent pas aux milieux dirigeants, qui tempèrent d'autant leur anglophilie, qu'ils savent l'importance du danger allemand.

II. La détérioration des relations germano-britanniques : une mauvaise gestion de l'anglophobie

A. Une stratégie allemande divergente face à l'anglophobie

Les relations entre les deux pays ont été récemment réexaminées[25]. Il en ressort que le Royaume-Uni aurait exagéré la menace allemande, qui dans les faits a été moins forte. En Allemagne, certains historiens se sont demandé si les dirigeants auraient pu imposer à leur opinion une alliance avec le Royaume-Uni. En fait, jusqu'à la Première Guerre mondiale, les dirigeants britanniques se défient progressivement de l'Allemagne. La concurrence allemande s'intensifie dans tous les secteurs, militaires, économiques, culturels, éducatifs, voire intellectuels. La marine allemande peut n'être qu'au quatrième ou cinquième rang en 1904, l'essentiel réside moins dans son niveau relatif, que dans sa croissance spectaculaire par rapport aux autres, encouragée par les multiples provocations du pouvoir impérial. Cette croissance est accompagnée par un discours politique qui ne se soucie guère de désamorcer son potentiel menaçant. Si certains dirigeants britanniques ont exagéré ces faits, ce n'est pas par défaut d'informations fiables, ni volonté de se réarmer, mais bien plutôt parce qu'ils avaient l'impression que l'Allemagne réarmait. D'où vient cette impression ? Certains prétendent que c'est un mensonge destiné à maintenir la supériorité navale de la *Royal Navy*. Les réalistes rétrospectifs qui relativisent la menace allemande sur la base de données obtenues après coup s'interrogent peu sur les effets perçus sur le moment de la politique wilhelminienne. En fait, cette impression de danger est donnée par la diplomatie allemande elle-même, qui ne

---

[22] Lettre de Paul Cambon 28 février 1897, M.A.E. P.A.A.P. Hanotaux 19.
[23] Lettre de Morley à Asquith, 27 juillet 1911, Asquith MSS, Bodleian Library; Loreburn à Grey, 26 août 1911, P.R.O. F.O. 800 99.
[24] Lettre de Tyrrell à C. Hardinge, 21 juillet 1911, Hardinge MSS, P.R.O. F.O/ 800 192. L'Allemagne préparerait des plans agressifs selon F. Fisher, *Germany's War Aims in the First World War*, New York, Chatto et Windus, 1967; R.J.W. Evans et P. von Strandmann éd., *The Coming of the First World War*, Oxford, O.U.P., 1988, 250p.
[25] N. Ferguson, *op. cit.*; M. Stibbe, *German Anglophobia and the Great War, 1914-1918*, Cambridge, C.U.P., 2001, 267p.

cesse de pratiquer un double jeu en soufflant le chaud et le froid, dès l'échec du raid Jameson en 1896, puis régulièrement, par la suite, notamment lors de l'intervention contre le Venezuela, qui éloigne les deux pays, en 1902. Surtout, les dirigeants allemands font le pari de leur opinion publique plutôt que de leur image auprès des autres dirigeants. Après tout, des gestes de bonne volonté britannique sont nombreux, en 1902, puis encore en 1912, et c'est pourtant vers le gouvernement français que les dirigeants britanniques finissent par se tourner, à l'image de Chamberlain ou de Lord Salisbury. C'est que les diplomates allemands ont poursuivi leurs objectifs de manière indépendante. A cela s'ajoutent d'autres raisons plus importantes. Le professeur Charles Saroléa oppose par exemple le libéralisme britannique au militarisme allemand[26]. Il esquisse ainsi la guerre idéologique, qui prend son essor à partir de 1914, mais s'arrête en 1919, nouvelle preuve encore que l'opposition n'est pas durable ni rédhibitoire.

A priori, en effet, l'Allemagne et le Royaume-Uni partagent davantage de points communs. Au début de 1898, rien ne destine au contraire la France et le Royaume-Uni à s'entendre. Si les dirigeants ne s'apprécient guère, de forts groupes de pression militent en faveur d'une entente anglo-allemande. Selon le principal Chancelier de Guillaume II, Bülow, ce sont des groupes de pression qui plaident pour un rapprochement et tentent d'influer sur les dirigeants britanniques.

> « Vis-à-vis de l'Angleterre, même en 1898, les rapports étaient autres qu'avec la France ; nous n'étions pas ennemis irréconciliables. Il y avait contre nous en Angleterre beaucoup de jalousie, de méfiance et de répugnance, surtout dans les sphères supérieures. Le prince de Galles [futur Édouard VII] ne pouvait souffrir les Allemands et haïssait son neveu l'empereur Guillaume. Mais d'autre part, <u>il y avait de grands cercles et beaucoup d'Anglais des meilleurs et des plus honorables en faisaient partie</u>, auxquels une guerre entre l'Allemagne et l'Angleterre semblait un crime. »[27]

Les groupes de pression germano-britanniques jouent un rôle important sur la politique des dirigeants en retardant longtemps la prise de conscience par les dirigeants britanniques de la menace pour les intérêts britanniques que porte la concurrence navale et économique allemande. Outre les initiatives des dirigeants, quelques initiatives privées tentent de renouer les liens. L'*Anglo German Union Club* est fondée en 1907 pour rassembler les élites politiques et économiques des deux pays. Des journalistes anglais se rendent en Allemagne en 1907, suivis, en 1909, par des pasteurs et des hommes d'Église anglais.

Les diplomates britanniques suivent une politique plus indépendante de leur opinion publique qu'en Allemagne, pourtant réputée autoritaire. Jusqu'en 1902,

---

[26] C. Saroléa, *The Anglo-German Problem 1912*, Londres, Thomas Nelson, 384p, p.364, cité par K. Robbins, *Present and Past. British Images of Germany in the First Half of the Twentieth Century and their Historical Legacy*, Wallstein, Göttingen, 1999, 52p.

[27] B. von Bülow, *Denkwürdigkeiten*, t.I: 1897-1902 et t.II:1902-1909 ,634 et 525 p., 4 vol., Berlin , 1930, trad. fr. d'H. Bloch, *Mémoires du chancelier prince de Bülow*, Paris, Plon, 1930, p.225. Nous soulignons.

les dirigeants britanniques, comme Joseph Chamberlain, sensible aux pressions des *lobbies* germanophiles, mais aussi personnellement enclin à conclure une alliance avec Berlin, souhaitent conserver de bonnes relations avec l'Allemagne, malgré le fort mécontentement populaire dû à la guerre des Boers. C'est à l'initiative du Cabinet britannique que la mission de Lord Haldane part pour l'Allemagne en février 1912, afin d'explorer les bases d'un compromis possible entre les deux pays. La germanophobie populaire britannique existe, et se développe, mais tarde à avoir des répercussions sur les décisions politiques :

> « Sans doute, ce sentiment populaire [de germanophobie britannique] peut paraître un avantage pour nous [Français], au premier abord ; mais il ne peut tromper que des observateurs superficiels. En 1870, l'hostilité populaire des Anglais pour les Allemands n'a pas eu le moindre effet sur l'attitude du gouvernement britannique ; et les Anglais, qui ne tenaient nullement à la guerre du Transvaal, ont marché avec enthousiasme quand leur gouvernement a donné le signal. »

Encore en 1901, l'attaché militaire constate que l'agitation antibritannique en Allemagne n'a absolument aucune répercussion sur les Britanniques. Il se l'explique par le pragmatisme britannique : l'Anglais envisage d'abord ce qu'il peut faire contre un adversaire éventuel, il règle ensuite sa susceptibilité à la mesure de sa force[28]. La lenteur de la réaction britannique serait donc fonction du retard perçu en matière d'armement naval. Selon lui, « c'est ce qui a retardé si longtemps l'explosion, aux yeux de tous, des sentiments germanophobes dont l'existence et le développement remontent à plusieurs années ». La germanophobie ne gagne pas tout le Royaume-Uni. Les dirigeants français sont d'autant plus prudents que la peur d'une alliance entre le Royaume-Uni et l'Allemagne menace toujours les relations franco-britanniques. La crainte d'être isolée renforce souvent l'impression d'une Angleterre toujours peu fiable. Les diplomates ont le sentiment que « Trafalgar et Sedan se donnent la main »[29]. En 1921, l'ambassadeur Saint-Aulaire craint un retour de cette tentation de la Belle Époque, une alliance sous contrainte entre l'Allemagne et le Royaume-Uni, sur la base d'intérêts financiers communs.

A la différence du cas français, le rapprochement se heurte à une méfiance grandissante de l'opinion publique britannique, qui apparaît à l'occasion de grands événements publics, censés réconcilier les deux pays : lors des régates de 1895 à Cowes, du jubilé de la Reine Victoria de 1897, puis de ses funérailles en 1901.

> « L'accueil fait au cuirassé allemand par la grande foule anglaise a été, non pas seulement froid, mais franchement hostile. Il a été discourtois, à la grande mortification du monde officiel, car on a hué le cuirassé allemand sur tous les steamers bordés de spectateurs qui ont passé. Ce n'est pas tant la haine de l'Allemand qu'il y a au fond de ses manifestations, qu'un énervement doublé

---

[28] Rapport d'Amade du 20 novembre 1902, S.H.A.T. 7N 1230 ; rapport d'Amade du 26 novembre 1901, S.H.A.T. 7N 1220.
[29] Dépêche de Noailles à Delcassé, 12 mai 1900, *D.D.F.*,I, 16.

de colère, provoqué chez le public anglais par les <u>incessantes excentricités et les provocations</u> de langage de Guillaume II, et surtout par l'impression qu'on en tire que ce tempérament, déséquilibré malgré toutes ses qualités, fait courir à l'Europe des dangers constituant une épée de Damoclès dont même le flegme anglais ne pourra plus longtemps supporter l'éternelle menace sans que "la moutarde ne lui monte au nez" »[30].

Le ministre de la Guerre va plus loin en essayant d'étudier les fondements de la germanophobie comme une réaction populaire à un style politique wilhelminien, non comme une germanophobie foncière. Le ministre de la Guerre, Jean-Baptiste Billot, prête aux Britanniques une sensibilité plus grande au style diplomatique, ce dont les diplomates et militaires français ont pris conscience plus précocement. L'irritation britannique diffère aussi de l'anglophobie, beaucoup plus réactive à des déconvenues politiques. Les manifestations publiques anglo-allemandes sont contredites par des actes hostiles. Ainsi les visites impériales sont suivies de nouvelles lois navales allemandes. Arthur Conan Doyle, dans son écrit politique sur la guerre sud-africaine fait ainsi la différence entre l'attitude officielle allemande et l'attitude française :

« Après être tombés à bras raccourcis, au figuré, sur les Français à ce propos, nous n'avons vraiment pas le droit de nous plaindre si à notre tour nous sommes critiqués, quant à notre caractère et à notre moralité, d'une façon indue ».

En somme, il s'agit d'un juste retour. Le romancier distingue le cas de l'Allemagne, avec laquelle le Royaume-Uni a davantage d'affinités.

« Nous ne saurions croire que l'anglophobie ait pu être poussée jusqu'à la folie sans avoir été encouragée officiellement, ou du moins malgré un désaveu officiel ».

L'écrivain reflète ainsi l'opinion de cercles dirigeants, qui accusent Berlin d'encourager l'anglophobie pour des raisons de politique intérieure[31].

Ce dilettantisme allemand n'est pas involontaire, mais revendiqué et même théorisé. En Allemagne, l'anglophobie gagne certaines élites, sous l'influence de Treitschke, et du darwinisme social dans les années 1890[32]. Les professeurs d'Université, les maîtres d'école et les publicistes relaient un enseignement hostile au Royaume-Uni. Régulièrement, ils filent la métaphore anglophobe. Après Treitschke, l'historien Hans Delbrück envisage sérieusement, en 1900, une alliance continentale, plus explicitement que les dirigeants français. Le motif des anglophobes français du tournant du siècle, *Delenda est Carthago*, est repris désormais par les anglophobes allemands, qui considèrent une guerre

---

[30] Lettre du ministre de la Guerre Billot au ministre de la Marine Lockroy du 2 juillet 1897, S.H.M. BB7 50.
[31] A. Conan Doyle, *The War in South Africa. Its cause and conduct*, Londres, Smith, 1902, trad. Fr. Sumichrast, *La Guerre dans l'Afrique australe. Causes et conduite*, Paris, Galignani, 1902, 183p., p.175-176.
[32] R.R. McLean et M. Seligmann, *Germany from Reich to Republic...op.cit.*, p.134.

entre l'Allemagne et le Royaume-Uni comme inévitable[33]. La presse ne fait guère preuve de réserve[34]. Guillaume II revendique cette politique. Pour le Chancelier Bülow, cette politique est inspirée par une l'image que l'Allemand a de lui-même, « sérieux, grave, allant toujours au fond des choses et trop indifférent à leur apparence. »[35]. Cette conception de soi-même implique un style diplomatique indifférent, qui a pour effet de choquer la susceptibilité britannique. Le diplomate Philipp von Eulenburg et le général Kuno von Moltke prônent également « le manque de tact », synonyme de « virilité », selon eux, passant outre les avertissements de l'ambassadeur allemand à Londres Wolff-Metternich[36]. Ces contradictions ont des conséquences négatives sur l'opinion britannique, et la presse et les diplomates allemands se rendent compte de leur erreur en 1904[37]. Ce n'est qu'avec la Première Guerre mondiale que la germanophobie augmente vraiment. C'est à l'été 1918 que le sentiment antiallemand atteint son paroxysme au Royaume-Uni[38].

B. L'évolution de l'*invasion scare*, reflet de la progression de la francophilie

Le spectre de l'invasion du Royaume-Uni par une puissance continentale ne disparaît pas, il change d'origine. Le nombre d'Allemands au Royaume-Uni passe de 33000 en 1871 à 53500 en 1901[39]. L'envahisseur n'est plus français, mais allemand. Face à cette « invasion » démographique, la réaction britannique est lente. Les publicistes sont les premiers à agiter le spectre allemand, plutôt que français. La *Battle of Dorking* est l'un des premiers ouvrages de fiction, isolé, à décrire une invasion essentiellement allemande[40]. A cela s'ajoute la crainte d'une concurrence commerciale. La publication de *Made in Germany* d'Ernest Williams en 1896 agite le spectre de l'invasion de produits commerciaux fabriqués en Allemagne et importés au Royaume-Uni, qui font

---

[33] Y. Guyot, *Les Causes et les conséquences de la guerre*, Paris, Alcan, 1915, 416p
[34] Le *Times* rassemble ainsi deux articles sur la "Literature of Anglophobia" publiée en Allemagne, qui alerte l'opinion publique. Cf. entre autres sur ce point D. Geppert, *Pressekriege. Öffentlichkeit und Diplomatie in den deutsch-britischen Beziehungen (1896-1912)*, Munich, Oldenbourg, 2007, 490p, p.172.
[35] B. von Bülow, *Denkwürdigkeiten…op.cit*, p.26. Selon le juriste P. Eltzbacher, « Le mouvement anti-anglais », *Nineteenth Century Review*, août 1902, Guillaume II accompagne ce mouvement.
[36] C.A. Flood, *The Ambassadorship of Paul von Wolff-Metternich: Anglo-German relations, 1901-1912*, Ph D sous la dir. de M. le Pr. Theodore S. Hamerow soutenu en mai 1976 à l'université de Wisconsin-Madison, 425 p.
[37] Dès le 9 avril 1904, la *Kölnische Zeitung* attribue cet échec de la diplomatie allemande à l'attitude de la droite pendant la guerre des Boers. Le lendemain, Holstein en rend directement responsable Bülow, dans *Lebensbekenntnis in Briefen an eine Frau*, Berlin, Ullstein, 1932, P. 231.
[38] G.H. Soutou, *L'Or et le sang. Les buts de guerre économique de la Première Guerre mondiale*, Paris, Fayard, 1989, cité par P. Chassaigne, *La Grande-Bretagne…op.cit.*, p.140.
[39] P. Chassaigne, « Les répercussions de l'Affaire Dreyfus sur la xénophobie britannique », *Revue de la BNF* n°2, été 1994, p.19-28, p.26.
[40] G.T. Chesney, "The Battle of Dorking, Reminiscence of a Volunteer", Londres, *Blackwood's Magazine*, mai 1871, traduit et préfacé en français par Charles Yryarte, Paris, Plon, septembre 1871.

directement concurrence aux produits britanniques sur le marché intérieur. La *Saturday Review of Politics* est un des pionniers à lancer une campagne hostile à l'Allemagne en 1895. Dans un article inspiré par une faction germanophobe proche d'Eyre Crowe[41], l'auteur prévient que la « constante inimitié de la France » ne doit pas pour autant orienter le Royaume-Uni vers la Triple Alliance. Un article du 11 septembre 1897 préconise franchement la destruction de l'Allemagne en amendant la devise romaine des guerres puniques en «GERMANIAM DELENDA EST », mais ces excès restent limités[42]. Ce début de germanophobie ne s'accompagne pas pour autant de francophilie.

L'attitude des dirigeants britanniques, initialement favorable à l'Allemagne, change progressivement. Les origines britanniques de Guillaume II, petit-fils de Victoria, ne suffisent pas pour incliner la diplomatie britannique vers l'Allemagne[43]. En réalité, si elles ont pu jouer un rôle à l'époque victorienne, elles semblent se retourner contre l'Allemagne sous Édouard VII. Dans la famille royale, outre le souverain, l'épouse du duc de Connaught, troisième fils de Victoria, est germanophobe. Sur l'échiquier politique, depuis les années 1880, le parti libéral est favorable à une alliance avec la France. Les conservateurs y sont de moins en moins hostiles. Dans les ministères britanniques, le secrétaire au *Foreign Office*, Sir Edward Grey convainc son secrétaire particulier, Louis Mallet, en 1906 et 1907. Le francophile Eyre Crowe rallie à lui Charles Hardinge et William Tyrrell[44]. Bertie prend la tête du parti germanophobe informel, opposé au sous-secrétaire permanent au *Foreign Office* Thomas Sanderson. Il considère que l'Allemagne

> « est fausse, rapace, notre vraie ennemie en somme, aussi bien commercialement que politiquement […] Nous n'avons rien à craindre de l'Allemagne tant que nous restons en bons termes avec la France. Elle ne peut rien nous faire sans le concours actif d'une puissance navale comme la France »[45].

Arthur Nicolson, sous-secrétaire permanent au *Foreign Office* depuis 1910, ne souhaite de toute façon pas compromettre les acquis de l'Entente cordiale et de l'Entente avec la Russie.

Pour certains, la francophilie est une mode, il fait bon de se dire francophile, par rapport à une montée du sentiment germanophobe dans l'opinion publique. Sir Charles Dilke se dit « francophile », mais Clemenceau ne le croit pas. Lors

---

[41] H. Grimm, *Warum-Woher-Aber wohin?*, Lippoldsberg, Klosterhaus-Verlag, 1954, p.33.
[42] "Our true Foreign Policy", *The Saturday Review,* 24 août 1895.; "England and Germany", *The Saturday Review*, 11 septembre 1897.
[43] J.C.G. Röhl, *Die Jugend des Kaisers 1859-1888*, Münich, Beck, 2001, 980p.
[44] C. Repington, *The First World War 1914-1918, Personal Experiences*, vol. II., London 1920, p. 463; cf. p. 478.
[45] "She is false and grasping and our real enemy commercially and politically[…]We have nothing to fear from Germany if we remain on good terms with France. She cannot, without the active support of a naval Power such as France injure us", Lettre de Bertie à Mallet, 11 juin 1904, P.R.O. F.O. Bertie, cité par G.W. Monger, *The End of Isolation: British Foreign Policy 1900-1907*, Londres, Nelson, 1963, 343p., p.100-101.

de sa visite à Paris en 1908, il prétend que ce sont les Français qui en ont assez de l'Entente. A défaut d'être des francophiles convaincus, certains ambassadeurs et conseillers du *Foreign Office* sont un peu plus germanophobes, sous l'influence de John Morley, secrétaire d'État aux Indes[46]. Pour autant, ce parti germanophobe n'est pas toujours francophile et reste minoritaire, mais influent. Le rapprochement franco-britannique ne passe donc pas par le biais dynastique, mais par celui d'un réseau d'adeptes pour des raisons politiques.

C. L'accusation de germanophobie sert à discréditer les francophiles britanniques

Dans l'entre-deux-guerres, le parti francophile reste minoritaire, et perd en influence.

Les francophiles sont toujours en minorité, mais n'ont plus les moyens d'exercer une influence réelle sur la politique britannique. L'occupation de la Ruhr, en 1923, discrédite leur position, et oppose, à la Chambre des Communes une minorité de francophiles à un groupe germanophile plus important. Des conservateurs francophiles l'emportent, à Leeds, comme Sir Charles Wilson, ancien agent consulaire de France, et à Portsmouth lors des élections générales de 1923, mais les milieux francophiles et conservateurs de la City sont pessimistes sur les relations entre les deux pays. En mars, le secrétaire financier conservateur au *War Office*, Rupert Gwynne, et les francophiles dressent un plan de propositions pour la France[47]. Le secrétaire au *Foreign Office*, Austen Chamberlain, est plutôt isolé, lorsqu'il s'exclame :

> « Quels gens fascinants que ces Allemands ! Ils présentent d'abord une version de leur mémorandum secret sur un pacte à d'Abernon et me demandent mon avis dessus, en essayant d'imposer la condition que je ne dise rien aux Français. J'ai refusé cette condition...et on aurait pu penser qu'ils retiendraient la leçon ; mais ils ont alors envoyé le même mémorandum à Herriot, assorti de la condition qu'il ne devait pas me le communiquer. Herriot répond à propos de ma confidence en me donnant la sienne. Mais à quel objet sur terre pensent-ils que leur duplicité tortueuse puisse être utile ? »[48]

---

[46] selon *The Economist* du 20 janvier 1912, un jugement confirmé par Asquith et Richard Haldane. cf. G.W. Monger, Z.S. Steiner et P.M. Kennedy.

[47] R. Boyce dir., *French Foreign and Defence Policy, 1918-1940, The Decline and Fall of a Great Power*, Londres, Routledge, 294p..

[48] "What amazing people these same Germans are! First they hand a copy of their secret memorandum on a pact to d'Abernon and ask my advice about it, whilst attempting to enforce the condition that I shall say nothing to the French. I repudiated the condition...and one would have thought that they might have learned the lesson; but they next sent the same memorandum to Herriot with the addition that he must not communicate with me. Herriot very properly responds to my confidence by giving me his confidence. But what earthly object do they think that all this tortuous duplicity would serve?", Chamberlain à Crewe, 16 février 1925, AC 52/189, Austen Chamberlain Papers, Birmingham Library, cite par G. Johnson, "Lord d'Abernon, Austen Chamberlain and the Origin of the Treaty of Locarno", *Electronic Journal of International history*, 2005.

Il recommande de faire du maintien de l'Entente avec la France le « point cardinal» de la politique britannique[49]. Il est convaincu de la compatibilité des deux caractères, français et britannique, comme le révèle un passage tardif de ses *Mémoires*, en 1935 :

> « Plus les Anglais et les Français pénètrent la nature de l'autre, plus ils se trouveront de points communs ; plus les Anglais et les Allemands le font, plus la différence de foi et d'esprit leur apparaîtra béante »[50].

Une liste des « amis de la France », établie au milieu des années vingt, donne une idée des personnalités les plus francophiles. L'amiral Fisher prend la succession de Sir John French à la tête du comité, qui compte de nombreux militaires : l'amiral Fremantle, le major-general Inglefield, le général Macready et le brigadier-général Colvin, mais aussi des civils, comme les industriels Lord Aberconway et Robert Hadfield, le député conservateur James Monteith Erskin, les écrivains Lady Gordon Lennon, Gilbert Chesterton, Henry Arthur Jones et Kipling, l'évêque Russel Wakefield. Le comité entend ainsi prolonger la coopération des champs de bataille en temps de paix, mais il pâtit de la mort de Sir John French, et du retrait de son animateur, le général Gough[51].

Pendant la crise et la politique d'*appeasement*, les francophiles sont écartés du pouvoir, mais pas absents de la scène politique britannique. Édouard VIII effectue plusieurs séjours en France, et s'y marie. Anthony Eden, ministre pour la Société des Nations en juin 1935, puis surtout Duff Cooper, devenu ministre de la Guerre, tentent un rapprochement. Dans son discours du 24 juin 1936 devant l'Association France-Grande-Bretagne, il plaide vigoureusement pour une alliance franco-britannique. Pour lui, c'est une nécessité. Bien des Britanniques ne s'en rendent pas compte, parce qu'ils ont l'image de l'histoire récente et croient encore que le Royaume-Uni est entré en guerre en 1914 « par bonté de cœur ». La séparation s'explique aussi par une certaine aversion partagée pour les étrangers. Aussi, faut-il travailler à retrouver des bases communes plus positives, comme l'idéal de liberté et de paix. Duff Cooper reprend alors la formule-choc : « Votre frontière est donc notre frontière ». Il propose une vision réaliste des relations franco-britanniques, au point que l'ambassadeur britannique, Eric Phipps, demande au directeur de *La Revue des deux mondes* et académicien, André Chaumeix, de faire pression sur Duff Cooper pour amender ses critiques trop vives contre la pratique gouvernementale de Daladier dans son discours du 7 décembre 1938 à Paris[52].

---

[49] D. Johnson, "The Locarno Treaties", in N. Waites, *op.cit.*, p.100-124.

[50] "The deeper Englishmen and Frenchmen penetrate into each other's nature, the more they will find they have in common; the deeper Englishmen and Germans go, the greater the divergence of faith and spirit which will be revealed between them.", selon A. Chamberlain, *Down the years*, Londres, Cassell, 1935, p.165-166.

[51] *Friends of France*, juin 1925.

[52] Discours de Duff Cooper recueilli dans P.RO. F.O. 432 Confidential Print. Pour Phipps, cf. J. Herman, *The Paris Embassy of Sir Eric Phipps*, Brighton, Sussex Academic Press, 1998, 276p, p.136

Sa francophilie n'est donc pas un a priori, mais un choix politique assumé[53]. Robert Vansittart, Churchill, Leo Amery, Harold Nicolson, reviennent sur la scène politique britannique devant l'échec de l'*appeasement*.

Les dirigeants français ne peuvent pas cependant trop afficher leur soutien aux francophiles, afin que ces derniers ne soient pas accusés par leurs compatriotes de trop grande sympathie pour la France. Au moment de la crise de Munich, le 26 septembre 1938, Daladier décide ainsi de ne pas trop encourager le lobby profrançais[54]. Le moindre geste favorable est en effet longtemps tenu en suspicion. Churchill s'attire également de nombreux reproches. L'opinion française y voit un Allié[55], ce qui lui vaut d'être qualifié de francophile « fanatique », par le parlementaire francophobe Henry Channon, le même qui pourfend le parti « pro-frog », de la même manière que les anglophiles sont accusés d'être anglomanes au service du Royaume-Uni en France[56]. Edward Spears reproche au *Foreign Office* de suivre une politique profrançaise habituelle en plaçant Gort sous le commandement du général Gamelin, ce qui l'exclut des Conseils suprêmes interalliés[57].

Dans ce contexte, l'utilisation du terme de « germanophobe », comme celui d'« anglophobe », devient polémique et est utilisé pour disqualifier toute pensée dissidente pendant la période. Charles Hardinge accuse le *Foreign Office* de germanophobie, en 1905[58]. Bertie, entre autres, doit se défendre d'être germanophobe, comme Delcassé se défend d'être anglophile. Il répond par cette pirouette : « Je ne suis pas germanophobe, je suis anglomane »[59]. Ceci montre la force du camp adverse, mais révèle aussi une autre facette du sentiment francophile. La politique de rapprochement franco-britannique s'énonce à reculons, face à la menace allemande.

Dans le débat qui porte sur la part de responsabilité de Guillaume II dans la Première Guerre mondiale, si certains historiens, comme Thomas Nipperdey, ont tenté de l'alléger au profit du système politique autoritaire allemand, ou comme Wolfgang Mommsen, d'une attitude belliqueuse, la perception

---

[53] Duff Cooper, ministre de la Guerre, puis ambassadeur britannique à Alger en 1944, suscite l'admiration de de Gaulle, qui en dressera un portrait flatteur : « Son âme élevée, sa claire intelligence, s'étaient trouvées en sympathie avec l'équipe française qui voulait la France sans entraves. Moi-même sentis fondre en lui, à mesure de nos rapports, les préventions qu'il avait nourries. En échange, il eut toute mon estime[…] Duff Cooper était un homme supérieur. […] Humain, il aimait la France. […]Placé entre Churchill et moi, il prit à tâche d'amortir les chocs. Il y réussit quelquefois. S'il avait été possible qu'un homme y parvînt toujours, Duff Cooper eût été celui-là ».

[54] Y. Lacaze, *Munich* p.238, cité dans R. Boyce, *op. cit.*, p.230.

[55] L. Nadeau, *L'Illustration*, 1er avril 1939.

[56] F. Kersaudy, *op. cit.*, p.31.

[57] E. Spears, *Assignment to Catastrophe…op.cit.*, t.I, p.47-74, cité par J.C. Cairns, "Great Britain and the fall of France. A Study in allied disunity", *The Journal of Modern History*, décembre 1955, vol 27, n°4, p.365-409, p.367.

[58] K. Wilson, *Empire and Continent. Studies in British Policy from the 1880s to the First World War*, Londres, Mansell, 1987, 187p., p.56 sq.

[59] Lettre de Bertie à Mallet, 11 juin 1904, P.R.O. F.O. 800 170 ; lettre de Bertie à Grey, 21 déc 1911, Grey MSS FO 800 52.

britannique est bien celle d'un seul responsable de la diplomatie allemande[60]. Hormis un bref échange entre Joseph Chamberlain et le Chancelier Bülow, ministre des Affaires étrangères en droit, il est davantage question, dans les documents britanniques, de Guillaume II que des chanceliers, notamment depuis la guerre des Boers. Lloyd George qualifie Guillaume de « suprême responsable de la guerre ». Il ne s'agit pas d'une exagération, mais bien d'une mise en exergue de la responsabilité diplomatique de Guillaume II, qui apparaît à une majorité de Britanniques. En revanche, cette idée d'une responsabilité allemande ne trouve pas nécessairement une traduction politique sur le plan diplomatique : Lloyd George, conscient de la responsabilité de l'Allemagne, évite une politique qui le ferait accuser d'être germanophobe.

Il existe donc une divergence profonde dans l'orientation diplomatique de la France et du Royaume-Uni, tout comme dans leurs pratiques. Cependant, comparées à l'Allemagne, ces différences sont moindres sur un point essentiel : une conception commune de la diplomatie comme respect des formes, prise en compte des susceptibilités, est sans doute le point commun qui rapproche le plus Britanniques et Français. La diplomatie n'est pas que *Realpolitik*, elle est aussi affaire de protocoles et de sentiments…cordiaux. L'opposition à l'Allemagne joue un rôle structurant, qui permet de surmonter l'anglophobie[61].

---

[60] T. Nipperdey, *Nachdenken über die deutsche Geschichte*, Munich, Beck, 1986, 352p.. W.J. Mommsen, *Der autoritäre Nationalstaat. Verfassung, Gesellschaft und Kultur im deutschen Kaiserreich*, Francfort, Fischer, 1990, 496p.

[61] René Massigli note encore en 1945 : « C'est […]dans le cadre européen, et dans ce cadre seul, que se situent les arrangements à la conclusion desquels doit être subordonné un traité d'assistance mutuelle avec le Royaume-Uni ; plus précisément, c'est face à l'Allemagne que nous avons intérêt à nous entendre politiquement avant la signature d'un traité qui nous garantirait militairement contre l'Allemagne » Même en 1945, la perspective dite « européenne » n'est qu'une vision restreinte du triangle franco-germano-britannique.

Chapitre 11. Une anglophobie mondiale ? L'improbable convergence des anglophobies allemande et française

L'anglophobie française n'est donc pas un phénomène propre à la France. A trois moments au moins, l'anglophobie est forte en Europe. La guerre des Boers donne lieu à de multiples protestations, souvent violemment anglophobes, dans toute l'Europe comme aux États-Unis. Sous l'Occupation, Vichy offre une nouvelle occasion de rencontre entre les anglophobies allemande et française. Dans les deux cas en effet, la question se pose alors d'une possible alliance politique sur la base de points communs entre anglophobes allemands et français, c'est-à-dire de la tentative de certains dirigeants français ou allemands de se servir de l'anglophobie populaire pour mener une guerre conjointe contre le Royaume-Uni.

I. Une anglophobie « universelle » pendant la guerre des Boers

Chaque anglophobie a ses causes nationales propres : l'anglophobie américaine[1], caractérisée « par une immense méfiance, une hostilité, et un ressentiment qui s'enracin[e] dans la jalousie de la prédominance britannique dans le concert des nations », l'anglophobie allemande[2], l'anglophobie française. Comparée aux autres, l'anglophobie française n'a pas de raisons commerciales fortes à l'époque. Par le passé, elle en a eu, et continue d'en avoir pour certains marchés très spécifiques, mais de manière bien moindre que les autres. L'anglophobie française a ses causes propres, intimement liées à l'histoire respective des deux nations. De grands événements de dimension européenne, voire mondiale, bousculent cependant ces frontières nationales. La guerre des Boers mobilise une opinion publique européenne, qui, à défaut de combattre militairement le Royaume-Uni, se retrouve majoritairement dans sa critique. Les dirigeants, quoique plutôt réservés et prudents, n'échappent pas à ce courant. L'antagonisme est plus que général, au nom de l'injustice de la guerre des Boers. Dans ces conditions, les anglophobies convergent-elles ?

Les anglophobes tirent argument de leur anglophobie dans le rejet universel d'Albion. Un journaliste proche de Delcassé, André Mévil, après avoir voyagé en Allemagne, aux Pays-Bas, en Belgique, exprime sa conviction que

---

[1] J. Gwin Cook, *Anglophobia: an analysis of anti-British prejudice in the United States*, 1919; J. Banister, *American anglophobia*, 1929; Edward P. Crapol, *America for Americans: economic nationalism and anglophobia in the late XIXth century*, Wesport, Greenwood Press, 1973, 248 p.; John E. Moser, *Twisting the Lion's Tail, Anglophobia in the United States*, 1921-1948, Londres, Macmillan, 1999, 263p.; F. Vergniolle de Chantal, « Les racines de l'anglophobie aux États-unis : enjeux de pouvoir et héritage culturel », in Alexandre-Collier A. dir., *La "Relation Spéciale" Royaume-Uni/Etats-Unis. Entre mythe et réalité*, Nantes, Éditions du Temps, coll. « Questions de Civilisation », 2002, p.167-181.
[2] P.S.R. Anderson, *Background of anti-English feeling in Germany*, 1939; M. Stibbe, *op.cit.*

l'anglophobie a gagné toute l'Europe³. Cette anglophobie généralisée doit mener à l'« action », selon lui. Les 9 et 12 mars 1901, des délégués de l'Allemagne, de Belgique, des Pays-Bas, de l'Autriche-Hongrie, d'Espagne, d'Italie, de Russie, de Suisse et des États-Unis assistent aux réunions des Comités pour l'indépendance des Boers en France. Le dessinateur Grand-Carteret tente également de prouver le bien-fondé des critiques françaises en juxtaposant des caricatures du monde entier. L'anglophobie des autres conforte l'anglophobie française, elle la rationalise, et lui fournit un soutien.

Le journaliste anglophile Francis Charmes se lamente, en novembre 1899, de l'ignorance de l'Angleterre qui semble ne pas savoir « combien son grand nom est partout méprisé »[4]. En fait, le pays en prend bien conscience. Pendant un temps, notamment lors du siège de Ladysmith, cet isolement finit de conforter les Britanniques dans leur détermination à gagner la guerre[5]. Les critiques venues de l'étranger ne font que souder la nation britannique. A partir de la fin de la guerre cependant, l'isolement diplomatique n'est plus viable. Dès 1900, à la *Primrose League*, Lord Rosebery relève une hostilité mondiale[6]. Malgré une politique qui pointe du doigt les critiques françaises, pour mieux les isoler, Arthur Balfour le reconnaît à son tour en janvier 1902, encore en pleine guerre des Boers. S'adressant au club conservateur, le 18 février 1903, et devenu entre-temps Premier ministre, il explique que, l'Angleterre étant très peu aimée sur le continent, cette animosité internationale est « une source importante de faiblesse internationale. ». Si le risque de coalition continentale est modéré, il met en évidence aux yeux des dirigeants l'isolement britannique en cas de crise.

II. L'échec de la convergence entre l'anglophobie allemande et l'anglophobie française

A. La propagande allemande réutilise les caricatures anglophobes françaises

A trois reprises au moins, l'anglophobie allemande peut converger avec l'anglophobie française : pendant la guerre des Boers, pendant la Première Guerre mondiale, dans une moindre mesure, et sous Vichy. Pour autant, de fait, les anglophobies restent nationales. Cette communauté apparente de sentiments hostiles au Royaume-Uni ne suffit pas à créer un ferment d'alliance politique. Les efforts remarquables de rapprochement sont pourtant récurrents de la part des dirigeants allemands, qui cherchent à s'inscrire dans l'histoire nationale française et à partir de ses déconvenues pour attirer la France dans le camp

---

[3] A. Mévil, « L'Europe et la guerre sud-africaine », *Nouvelle revue*, New series, III, 126, 127 cité par E.M. Carroll, *op. cit.*, p.199.
[4] F. Charmes, *La Revue des deux mondes,* novembre 1899.
[5] Rapport d'Amade du 26 novembre 1901, S.H.A.T. 7N 1220.
[6] J. Carrère, correspondant de guerre du *Matin* dans le Transvaal, 8 juillet 1900, P.P. BA 1551. Le même auteur se trouvera pourtant à l'origine du rapprochement franco-anglais, cf. *L'Impérialisme britannique et le rapprochement franco-anglais 1900-1903. Pages d'avant-guerre*, Paris, Perrin, 1917.

allemand. Guillaume II travaille la fibre anglophobe française, pour faciliter un rapprochement. Lors de sa visite de l'*Iphigénie*, en juillet 1899, Guillaume II laisse négligemment traîner un livre portant le titre de *Fashoda*[7]. Il spécule ainsi sur le dépit français, qui pourrait faire pencher les dirigeants du côté de l'Allemagne. De fait, pourtant, les dirigeants français gardent leurs distances. Pendant la Première Guerre mondiale, les dirigeants allemands se livrent de nouveau à une importante campagne anglophobe. En mai 1916, les Allemands republient le numéro de l'*Assiette au Beurre* où figure « l'impudique Albion » sous forme de tracts qu'ils lâchent au-dessus des tranchées françaises pour attiser leur anglophobie, et semer la division dans les rangs alliés. En vain. Les Français sont moins attirés par l'anglophobie exprimée, quoiqu'ils en sourient, que par l'obscénité et le caractère osé d'un dessin malicieux. De plus, la propagande officielle véhicule une image plutôt sympathique des *tommies*, flegmatiques et excentriques[8]. Là encore, on touche aux limites de la manipulation des caricatures anglophobes.

Pendant la drôle de guerre, les Allemands en profitent pour développer cette propagande. Ils montent des haut-parleurs sur les tanks, diffusent des tracts. Ils reprennent à nouveau de vieilles caricatures pour séparer les Alliés. Ainsi, une première caricature diffusée pendant la Première Guerre mondiale, intitulée « Le bain de sang » reparaît alors. Le soldat français se jette à l'eau le premier, tandis que le soldat britannique attend en spectateur. Elle entretient l'idée que c'est la « guerre des Anglais », dont les Français paient le prix fort. Elle est lancée au-dessus de Saverne, le 5 novembre 1939, et jusqu'à Charolles, le 24 octobre 1939[9]. Sous l'Occupation, dans le Nord, les Allemands tentent de discréditer les Britanniques. La propagande allemande essaie de ressusciter l'expression de « perfide Albion » lors de la destruction par la *Royal Navy* de la flotte française de Mers el-Kébir, mais avec un succès relatif. Trois « volontés anglophobes » convergent progressivement, sans se rencontrer : celle de Vichy, celle de Paris, celle de Berlin. Malgré des thèmes partagés, les différences subsistent. La propagande française de Vichy insiste davantage sur les colonies françaises, comme Madagascar, qui fait l'objet de deux grandes opérations, ou la Syrie, alors que l'Allemagne n'a que peu de colonies ; la propagande allemande préfère évoquer la décadence britannique, quitte à sombrer dans une couverture plus scatologique[10]. Les deux sources divergent aussi par leur support. Alors que Vichy préfère les panneaux, les occupants allemands privilégient les tracts. En 1941, une brochure accompagne la projection du film de propagande sur la guerre des Boers intitulé *Ohm Kruger*. Il semble que cette deuxième tentative rencontre un plus grand succès. La propagande allemande

---

[7] Dépêche du capitaine de vaisseau Manceron au ministre des Affaires étrangères du 11 juillet 1899, M.A.E. P.A.A.P. Delcassé 10.

[8] N. Feuerhahn, « Quand les ennemis de mes ennemis deviennent mes amis. La Première Guerre mondiale et l'image de l'Anglais dans *La Baïonnette* », *La Licorne*, n° 30, L'Étranger dans l'image satirique, Poitiers, UFR Langues et Littérature, 1994, p. 159-178.

[9] J.L. Crémieux-Brilhac, *Les Français de l'an 40*, Paris, Gallimard, 1987-1990, 2 vol., p.544 sq.

[10] D. Rossignol, *op. cit.*, p.311.

reprend quatre caricatures françaises[11] : "Business is Business" de Caran d'Ache, assez anglophobe ; « Le foudre de guerre », les « progrès de la science », le « camp de concentration » par Jean Veber. Le terme revêt une nouvelle signification sous la plume de la propagande allemande, en relativisant leurs propres camps de concentration. La seule réappropriation du patrimoine national anglophobe par les Allemands discrédite l'opération elle-même. Les gens du Nord préfèrent écouter la B.B.C.[12] Ces tentatives butent sur le caractère éminemment national de l'anglophobie.

B. L'anglophobie populaire allemande

L'anglophobie populaire gagne les dirigeants allemands

L'anglophobie allemande a ses causes propres, plutôt économiques, mais aussi culturelles[13]. La presse recourt cependant pour l'exprimer à des images comparables à celles de la France. Les deux courants ont de nombreux points communs. En Allemagne, *Simplicissimus* fait pendant à *L'Assiette au Beurre*. Un de ses meilleurs dessinateurs, Theodor Heine, connaît des déboires judiciaires pour offense à sa Majesté ; une disposition constitutionnelle qui porte à l'autocensure comme dans *Der Untertan* d'Heinrich Mann. Attiré par la mythologie, il dessine des scènes cocasses, montrant une Victoria ivre plumant l'autruche sud-africaine, ou plus grotesque, lorsqu'un gros matou encombrant surgi de nulle part vient troubler son sommeil. Ses dessins rencontrent un tel succès, qu'ils sont reproduits sous forme de cartes postales. L'anglophobie allemande a ses propres thèmes, sa propre histoire. Ainsi du thème de l'homosexualité britannique par exemple. La presse satirique allemande brocarde l'homosexualité des Anglais, comme dans un numéro de l'*Assiette au Beurre*. Édouard VII et son fils confirment cette impression. Après 1907, cependant, l'affaire d'homosexualité en Allemagne entre Eulenburg et von Moltke transfère provisoirement, jusque dans l'entre-deux-guerres, le stéréotype de l'Allemand homosexuel au Royaume-Uni.

Face à cette vague comparable à la France, les dirigeants allemands n'ont pas la même attitude. Ils subissent leur opinion publique, plutôt qu'ils ne la contrôlent. Une thèse simple voudrait que l'Empire autoritaire allemand conserve un meilleur contrôle de l'opinion publique que les démocraties parlementaires française et anglaise. Ainsi, l'opinion allemande, « toujours disciplinée »[14], obéirait à l'Empereur Guillaume. Si tel était le cas, l'Empereur n'aurait eu aucun mal à faire taire l'anglophobie de ses sujets pour se réconcilier avec le Royaume-Uni. L'opinion échappe largement à Bülow. Pire, elle lui inspire sa politique. Son anglophobie lui fait commettre des maladresses, des provocations. L'article du *Daily Telegraph* du 28 octobre 1908 exploite cette

---

[11] *Zur festlichen Aufführung des Emil Jannings Films der Tobs Ohm Kruger*, 1941.

[12] *British Broadcasting Corporation*, qui émet pour l'État britannique depuis 1927.

[13] P.S .R. Anderson, *Background of anti-English feeling in Germany*, 1939

[14] D'Aunay, « Les relations de la France avec l'Angleterre », *Le Figaro*, cité par Monson, P.R.O. F.O. 27 3533.

veine, traite les Anglais de « fous comme des lièvres de mars », parce qu'ils ne croient pas en son amitié, et tente de disculper la politique impériale en invoquant les gestes d'amitié pendant la guerre des Boers, et en se distinguant d'une « grande partie de la basse classe et de la classe moyenne de mon peuple ». Ses affirmations, le ton impérieux de l'Empereur, leur contradiction avec les faits finissent par discréditer les dirigeants allemands aux yeux des dirigeants britanniques, qui les confondent avec le peuple allemand[15]. Dans l'entre-deux-guerres, la République de Weimar fait preuve de plus d'habileté diplomatique. Lors de la crise de la Ruhr, « la presse réactionnaire, mécontente de l'arrivée au pouvoir de Gustav Stresemann, renonce à sa coutumière anglophobie, par crainte d'une entente avec la France, et cherche à rejeter le nouveau Chancelier vers l'Angleterre »[16]. Les relations germano-britanniques s'améliorent. Les dirigeants allemands parviennent à contenir l'anglophobie allemande et à convaincre leurs homologues britanniques de leur bonne foi.

Une anglophilie allemande inefficace en France ?

Plusieurs travaux sont parus tendant à minorer les différends anglo-allemands. Les anglophobes représentent une minorité belliqueuse[17]. Qui sont donc ces germanophiles anglais ? En reprenant les longues listes des membres, parfois prestigieux, de l'*Anglo German Friendship Society* 1911-1912, ou de la *British German Friendship Society*, de 1912 à 1914, établies par Günter Hollenberg[18], on constate plusieurs problèmes de méthode. D'abord ces élites peuvent y appartenir pour des raisons non idéologiques, mais seulement de sociabilité. Il s'agit de cercles d'élites en vogue, où le programme compte parfois peu au regard des possibilités de rencontres offertes. Ensuite, à y regarder la liste de près, elle ne comporte que peu de dirigeants : assez peu d'hommes politiques, quelques diplomates, à la retraite, comme Sir Frank Lascelles, plutôt qu'actifs, à l'exception notable de Thomas Sanderson, fort peu de militaires enfin. Il apparaît en outre que nous avons déjà croisé ces noms, cet engagement pro-allemand n'a rien d'exclusif, puisque de nombreux membres ont déjà œuvré, voire joué un rôle moteur dans les relations franco-britanniques, comme Cosmo Bonsor, président de la Compagnie de l'Entente cordiale dix ans plus tôt[19], Charles Hardinge, qui accompagne Édouard VII à Paris en 1903 et a des mots élogieux pour la diplomatie de Paul Cambon[20], ou encore Thomas Barclay[21], qui souhaite établir l'alliance anglo-allemande sur le modèle de l'Entente cordiale. Cette liste prouve tout au plus que le Royaume-Uni ne

---

[15] P. Winzen, *Das Kaiserreich am Abgrund : die Daily-Telegraph-Affäre und das Hale-Interview von 1908 ; Darstellung und Dokumentation*, Stuttgart, Steiner, 2002, 369p.

[16] Télégramme de P. de Margerie, 14 août 1923, M.A.E. Z Europe 54.

[17] N. Ferguson, *op. cit.*, p.25.

[18] G. Hollenberg, *Englisches Interesse am Kaiserreich*, Wiesbaden, Steiner, 1974, 325p., Annexes

[19] *L'Illustration*, n°3204, 23 juillet 1904, p.62.

[20] C. Hardinge of Penshurst, *Old Diplomacy*, Londres, Murray, 1947, 288p.

[21] Juriste (1853-1941) et économiste installé à Paris, T. Barclay fonde la *Franco-Scottish Society* et revendique la paternité de l'Entente cordiale. Après 1904, il veut réaliser une entente anglo-allemande sur le même modèle, toujours en marge de la diplomatie officielle.

poursuivait pas l'Allemagne de sa haine viscérale, comme certaines légendes allemandes ont bien voulu le faire accroire. Nous ne pouvons conclure de là à une germanophilie dominante des élites britanniques.

En revanche, de nombreux groupes sont plutôt favorables au Royaume-Uni. L'Allemagne du Nord garde des liens commerciaux beaucoup plus étroits avec le Royaume-Uni que la France, malgré l'éloignement. C'est dans les régions hanséatiques, et parmi la bourgeoisie hambourgeoise, que l'on trouve le plus d'anglophiles : les Eiffe, Schroeder et Schramm. L'*Hannover Club* est très actif en 1912.

Dans le domaine intellectuel, les étudiants allemands sont très influencés par le Royaume-Uni, les parents y envoient leurs enfants, de nombreux étudiants allemands fréquentent les grandes universités britanniques[22]. L'exemple des filles de Tirpitz est parlant. Le principal artisan de la politique de réarmement naval ne modère en rien son attitude anglophobe[23], mais envoie ses filles étudier au Royaume-Uni. Delbrück refuse d'écrire dans *Contemporary Review* parce que Dillon y écrit. Le professeur Saroléa explique le malentendu entre l'Angleterre et l'Allemagne par des oppositions structurelles entre deux civilisations : « Le conflit actuel entre l'Angleterre et l'Allemagne n'est autre que la lutte ancienne et toujours ouverte entre le libéralisme et le despotisme, l'industrialisme et le militarisme, le progrès et la réaction, entre les masses et l'esprit de caste »[24]. Sans avoir nécessairement la profondeur décrite, le conflit diplomatique s'enracine dans des divergences profondes. En réalité, l'anglophobie allemande existe bien dès le début, mais n'est perçue qu'à partir de 1902. « Les sentiments anglophobes qui se sont développés depuis un certain nombre d'années en Allemagne, malgré les bons rapports existant entre les deux gouvernements, commencent *aujourd'hui* à être connus du public anglais »[25]. Les dirigeants français y voient une opportunité.

C. Qui est l'ennemi : revanche sur l'Allemagne ou sur le Royaume-Uni ?

Dans les années 1890, il est difficile de pointer du doigt un ennemi héréditaire, en fait, les dirigeants français en ont deux : la défaite de 1870, dont le souvenir est entretenu par la privation de l'Alsace-Moselle, reste vif pour toute une génération, élevée dans ce souvenir ; avec la crise de Fachoda, le Royaume-Uni se rappelle au souvenir des dirigeants. La mémoire de 1870 s'efface un temps, avant de connaître un regain vers 1905. Du coup, au début de notre étude, deux mémoires simultanées entrent en concurrence. Le triomphe de

---

[22] En 1911, quarante-trois étudiants allemands s'inscrivent à Oxford contre 3 Français, T. Weber, *Our Friend The Enemy. Elite education in Britain and Germany before World War I*, Stanford University Press, Stanford, 2007, 360p., p.67.
[23] Eulenburg à Bülow, 1er octobre 1900, B.A., *Papiers Eulenbourg*, 56, cité par Peter Winzen, "Treitschke's Influence on the Rise of Imperialist and Anti-British Nationalism in Germany", p.154-170.
[24] C. Saroléa, *Le Problème anglo-allemand*, 1912, trad en fr, Georges Crès, 384p., p.12-16.
[25] Dépêche de Paul Cambon à Delcassé, 10 janvier 1902, *D.D.F.* 2e série, t.II, Paris, 1931, 725 p. Nous soulignons.

l'une sur l'autre dépend des événements, des perceptions et des décisions politiques.

La tentation d'une alliance avec l'Allemagne émerge de temps en temps, mais elle est trop faible pour s'imposer aux dirigeants. La question de l'Alsace-Moselle, puis celle des réparations empoisonnent périodiquement les relations entre les deux pays[26]. La France a beau jeu de rappeler les trois invasions de son territoire en un siècle. Comme le remarque l'ambassadeur britannique Dufferin dès 1893, « Quoiqu'[…]il semble que l'opinion commune selon laquelle l'objectif de la France reste fixé sur l'Alsace-Moselle, il est possible que, avec la nouvelle génération, son ardeur à recouvrer ces provinces décline. »[27]. De fait, une nouvelle génération d'hommes politiques accède au pouvoir après le scandale de Panama. Elle n'a pas la même culture que ses prédécesseurs, et a parfois moins de réserves vis-à-vis de l'Allemagne. Elle hésite à choisir entre le Royaume-Uni et l'Allemagne pour sortir de l'isolement diplomatique. Les moments de crise avec le Royaume-Uni correspondent exactement au moment où l'alliance entre les deux pays se resserre. Après l'affaire d'Égypte en 1882, un article du *Figaro* approuve l'idée d'une alliance continentale[28]. Ainsi, en novembre 1898, la presse allemande tente d'exploiter le différend franco-britannique par une alliance durable. Pour justifier ce changement, elle s'appuie sur le témoignage de correspondants à Paris. Selon celui de la *Gazette de Cologne*, les Français ont procédé à un transfert de haines, leurs griefs se sont reportés de l'Allemand à l'Anglais. Insistant sur le caractère subit de ce changement, « en une nuit », il tend immédiatement à l'interpréter comme un changement durable de dispositions, qui arrangerait la diplomatie allemande[29]. Certains nationalistes s'interrogent sur l'opportunité d'un rapprochement avec l'Allemagne. La presse nationaliste rappelle que sur la longue durée l'Allemagne n'est qu'un adversaire occasionnel, tandis que le Royaume-Uni est l'ennemi héréditaire[30]. Les guerres contre l'Allemagne ont été « infiniment plus rares »[31]. Au sens large, le contentieux avec le Royaume-Uni remonte à la guerre de Cent Ans. Ce transfert est suggéré par une partie de la presse, qui réveille des haines séculaires pour mieux jeter un « voile de l'oubli sur le désastre de l'Année terrible ». Pour le comte d'Aunay, la presse française manipule la mémoire collective, jusqu'à la guerre des Boers[32]. Elle n'est cependant pas la seule. La Russie attise également l'anglophobie française contre le Royaume-Uni, et agite l'idée d'une alliance continentale pendant la guerre des Boers.

---

[26] *Le Temps*, 2 mars 1899.
[27] Dépêche de Dufferin du 3 novembre 1893, B.D.O.W., t.II.
[28] *Le Figaro*, 28 septembre 1884.
[29] Article de la *Gazette de Cologne* du 6 novembre 1898, cité par une dépêche de Gough du 8 novembre 1898, P.R.O. F.O. 64 1439.
[30] *L'Écho de Paris*, 3 novembre 1898.
[31] « L'ennemi héréditaire », n°4 de *L'Égypte*, 15 février 1899, P.R.O. F.O. 27 3456.
[32] Comte d'Aunay, « Les relations de la France avec l'Angleterre », *Le Figaro*, 2 mars 1901, P.R.O., F.O. 27 3533.

Où est passé l'esprit de Revanche des dirigeants? On entend souvent par « Revanche » la revanche par excellence, celle sur l'Allemagne, après l'humiliante défaite de 1870. Il en est une autre cependant, moins récente, certes, plus discrète aussi, mais plus durable et toute aussi importante, qui resurgit dans les années 1890 : celle contre l'Angleterre. Notre thèse est qu'il s'effectue un transfert partiel de l'une à l'autre. Plus fréquemment, les milieux militaires et les écrivains nationalistes rêvent de venger Trafalgar et Waterloo, et en veulent aussi à l'Angleterre pour sa neutralité en 1870. Après une première période d'entente depuis 1843, l'affaire d'Égypte de 1882 et les différents points de friction coloniaux réveillent une anglophobie latente. Enfin, il faut venger Fachoda. Le général Legrand-Girarde se demande à cet égard si la crise de Fachoda ne marque pas un tournant majeur dans les relations internationales, un basculement de la France dans le camp continental contre le Royaume-Uni[33]. Le général Lambert, qui se dit « poursuivi » par les Anglais, se jure de ne jamais crier : « Vive les Anglais ! ». Pour lui, si le danger peut venir de l'Est, l'Anglais reste l'ennemi héréditaire. Ceci permet aussi d'expliquer l'affaiblissement du désir de Revanche constaté à cette période, non lié à l'oubli des provinces perdues, mais au transfert partiel de l'esprit de revanche. Cet effacement masque un transfert de fait, l'ennemi héréditaire redevient l'Anglais pour un certain nombre de nationalistes.

Une telle politique de bascule est, en revanche, refusée par les dirigeants français. Entre les deux pays, hormis peut-être un court moment en 1905 et en 1926, l'Allemagne ne présente pas une alternative viable. Le projet de rapprochement avec l'Allemagne ne dure que quelques mois sous Alexandre Ribot. Clemenceau y voit un projet réactionnaire, Jaurès une raison de se rapprocher du Royaume-Uni[34]. Des deux maux, les dirigeants français préfèrent encore le Royaume-Uni : « L'Angleterre est une bonne Allemagne ».

Loin d'être une spécificité française, l'anglophobie, comme haine de l'adversaire politique que représente le Royaume-Uni, est très présente dans le monde, pendant la période. Outre les colonies, les puissances européennes et américaine connaissent d'importantes vagues d'anglophobie parallèle : l'Italie, notamment en 1935-1936 ; les États-Unis, dans les années 1890, puis de 1917 à 1936 ; l'Irlande, notamment après 1916 ; l'Allemagne de 1899 à 1902, de 1905 à 1912, de 1914 à 1919, puis à partir de 1933 ; la Russie, de manière récurrente. L'anglophobie française est donc prise dans un faisceau anglophobe. Dans ce contexte, l'anglophobie aurait pu constituer la base d'une coalition continentale contre le Royaume-Uni, en 1900, ou en 1940. Or, les anglophobies étrangères, même si elles sont tournées contre le Royaume-Uni, ne convergent pas, elles gardent des traits particuliers, nationaux. L'anglophobie est donc avant tout le produit d'une histoire bilatérale, intime entre la France et le Royaume-Uni.

---

[33] Le 6 novembre 1898, Legrand-Girarde général, *Un Quart de siècle au service de la France. Carnets 1894-1918*, Paris, Presses littéraires de France, 1954, 647p.
[34] *L'Aurore*, 7 décembre 1898.

Chapitre 12. Les dirigeants français renouent avec la tradition anglophile

Le Royaume-Uni réveille chez les dirigeants des sentiments partagés. Le temps n'est plus toujours à l'admiration du parlementarisme, comme au XVIIIe siècle, mais plutôt à celle des succès économiques britanniques. L'Anglais « se prêt[e] à l'admiration comme à la condamnation, *à l'anglomanie comme à l'anglophobie*, selon les aspects que le système de valeurs de chaque Français l'am[ène] à privilégier ou à négliger. »[1] L'anglophilie est une attitude résiduelle à l'époque. Il s'agit moins pour les dirigeants d'aimer le Royaume-Uni que de prendre la responsabilité d'une politique anglophile et de l'assumer. Or, l'anglophilie ne s'avoue guère, elle est plutôt une étiquette que les dirigeants cherchent prudemment à éviter, tout comme celle d'anglophobie.

I. L'anglophilie des dirigeants français

A. L'avènement d'une anglophilie populaire encouragée par les dirigeants

Si les dirigeants se montrent un peu moins perméables à l'anglophobie, c'est qu'ils ont également reçu une éducation différente, plus favorable au Royaume-Uni. Souvent passés par l'École libre des Sciences politiques, ils suivent les cours de professeurs plutôt anglophiles d'Émile Boutmy[2], Leroy-Beaulieu, André Siegfried. Même dans ce cas cependant, il ne s'agit pas d'une anglophilie acritique. Les qualités trouvées aux Britanniques – esprit d'initiative, travail, poésie – sont contrebalancées par des critiques – brutalité, inégalités. Ils partagent même beaucoup des réserves des anglophobes, mais n'en tirent pas les mêmes conclusions[3]. Les dirigeants sont donc plus anglophiles que la moyenne, sans pour autant être béats d'admiration devant les Anglais.

A partir de 1903, l'opinion publique française est gagnée par un sincère sentiment d'anglophilie, qui s'exprime dans la rue et dans les journaux. Aux manifestations anglophobes du temps de la guerre des Boers répondent les manifestations anglophiles de l'Entente Cordiale. Il n'y a pas d'explosion d'anglophilie, comme il y a eu des manifestations anglophobes. L'anglophilie est, par nature, moins expressive, mais elle gagne progressivement les esprits. La population française est en partie gagnée par l'anglophilie.

La visite d'Édouard VII y est pour beaucoup. Lors de la visite du roi en 1903, la population est loin d'être acquise au souverain. Ce n'est que peu à peu que l'enthousiasme gagne les foules. Les manifestations ont beau être paisibles,

---

[1] F. Crouzet, *De la Supériorité...op.cit..*, p.437. Nous soulignons.
[2] Fondateur en 1872 de *l'Ecole libre des Sciences Politiques* où il enseigne un cours d'histoire constitutionnelle comparée ; auteur de *Essai d'une psychologie du peuple anglais au XIXe siècle*, 1901, p.437.
[3] « [L]e parti pro-anglais en France, à côté de son snobisme superficiel, en venait à adopter la plupart des critiques des anti-anglais», selon T. Zeldin, *Histoire des passions françaises*, Paris, Encres, 1978, p.124.

elles n'en sont pas moins massives et partagées. La foule qui se masse sur le parvis de l'Hôtel de Ville de Paris, obligeant certains, comme pour les obsèques de Victor Hugo, à monter sur des escabeaux, devant l'Élysée, ou le long de l'avenue Daumesnil, pour suivre le parcours royal jusqu'au bois de Vincennes, les nombreux visiteurs français de l'exposition de 1908 - qui inversent pour un temps le sens des flux trans-Manche - contribuent massivement aux succès des manifestations anglophiles. Un des signes de leur spontanéité se retrouve dans la pratique du pavoisement des balcons privés lors de la fête nationale du 14 juillet. Au niveau officiel, les municipalités prennent en charge le pavoisement des façades et des bâtiments publics. En 1903, le Conseil municipal de la Ville de Paris, au nom des Parisiens, pavoise les édifices de manière spectaculaire. Il existe également un autre pavoisement, plus discret, plus individuel, qui permet de mesurer l'anglophilie des manifestants. Il y en a pour tous, en fonction de ses moyens. Ce sont les femmes qui en font le plus, là où les hommes se contentent, sur les photos et films de l'époque, de lever leur chapeau. En 1903, les dames de l'aristocratie française arborent des chapeaux Édouard VII[4]. En 1914, l'Entente étant bien établie, les Parisiennes se parent de drapeaux anglais préparés par des camelots[5]. L'opinion publique n'a pas abdiqué d'un coup ses préjugés contre l'Angleterre. Seulement, elle insiste désormais sur de nouveaux aspects de sa personnalité, davantage en rapport avec la mentalité française, comme le libéralisme, la démocratie, le goût de l'histoire. Cette anglophilie populaire a su résister, et refait surface vers 1903-1904, encouragée par les manifestations officielles.

B. L'anglophilie comme accusation de la politique des dirigeants

À la lecture des sources, les dirigeants français répugnent à se reconnaître ouvertement anglophiles. On avoue son anglophilie comme on avoue un crime. Dès le 3 octobre 1898, les dirigeants optent plutôt pour une attitude impartiale. Delcassé affirme à Monson son désir d'une entente : « Vous n'ignorez pas mon désir d'une entente avec l'Angleterre »[6], mais il se garde de le rendre public. Il se dit au mieux « ni anglophile ni anglophobe »[7]. L'anglophile d'Estournelles de Constant réclame le droit de parler à Lord Rosebery « sans crainte d'être traité d'anglophobe à Londres, d'anglomane à Paris »[8]. Plus tard, en novembre 1923, Caillaux, alors en retraite politique, reçoit H.G. Wells, qui le qualifie semblablement de « ni anglophile, ni anglophobe »[9]. Ce refus d'être fiché, mis dans une catégorie montre que l'anglophilie ne s'avoue guère, elle n'est pas spontanée. Cela tient en partie à la pression que font peser les extrémistes sur

---

[4] G. Brook-Shepherd, *Édouard VII et l'Europe. La Diplomatie à la Belle Époque*, Paris, Hachette, 1977, p.182.
[5] *L'Illustration*, n°371325, avril 1914, p.329.
[6] *Le Figaro*, 24 octobre 1898, p.1-2.
[7] Formule reprise plus tard par le Chancelier allemand Konrad Adenauer.
[8] Lettre de Paul d'Estournelles de Constant à Lord Rosebery, *Le Matin*, 19 décembre 1901, P.R.O. F.O. 27 3538.
[9] H.G. Wells, *A Year of prophesying*, Londres, Fisher Unwin, 1924, 272p., p.59.

les gouvernements pendant la période. Ils ne manquent pas une occasion de présenter la politique étrangère comme subordonnée à la politique britannique.

Une large part de ces projections ne sont pas prouvées, mais simplement affirmées. Toutefois, les archives britanniques contiennent les preuves que le Cabinet ne répugne pas toujours à tenter d'influencer le gouvernement français. Le terme de « gouvernante » est impropre en ce qu'il semble décharger la politique française des années trente sur la politique britannique, mais cette dernière exerce effectivement de très fortes pressions. Le secrétaire général adjoint au *Foreign Office*, Orme Sargent, va jusqu'à recommander de faire tout ce qui est en son pouvoir pour renverser le gouvernement français. « En fait, je devrais aller jusqu'à dire que tout ce que nous pouvons faire pour affaiblir l'actuel gouvernement français et précipiter sa chute serait dans l'intérêt britannique »[10]. Ces intentions, quoiqu'évidemment secrètes, peuvent transpirer, et alimenter les accusations de mainmise britannique sur la politique française. En même temps, elles sont largement exagérées, et deviennent un mythe politique, voire un chantage de la part du gouvernement français. L'ambassadeur britannique à Paris, Phipps, préfèrerait Camille Chautemps, beaucoup plus sympathique et compréhensif, à Yvon Delbos, comme ministre des Affaires étrangères, mais constate son impuissance à agir sur le cours des choses. C'est un « chantage usuel du gouvernement français » de dire que si « nous n'approuvons pas quelque chose, il tombera »[11]. L'anglophilie, accusation de l'opposition, est donc aussi intégrée et instrumentalisée par les dirigeants français pour augmenter leur marge de manœuvre vis-à-vis du Royaume-Uni.

Au-delà de ces cas avérés, les anglophobes extrapolent à partir de ces agissements, et dénoncent systématiquement les menées britanniques. C'est une accusation récurrente livrée contre le pouvoir, en particulier des personnalités radicales. Clemenceau en 1893, puis Delcassé[12], sont présentés comme les « caniches » de la Grande-Bretagne, pris d'une maladie, d'une passion britannique mal placée. Après la défaite, l'amiral Darlan se fait le principal accusateur. Selon lui, Weygand est « pro-anglais ». Il accuse le gouvernement d'être anglophile après le bombardement de Mers el-Kébir[13]. Outre cela, l'anglophilie est disqualifiée comme une mode. La pratique distinctive d'anglophilie qui contraste avec l'anglophobie populaire, est stigmatisée comme telle par la caricature[14].

Rares sont ceux qui ont le courage de leur anglophilie. Même parmi les intellectuels que l'on qualifie d'anglophiles, on ne peut guère plus parler

---

[10] "In fact, I should go so far as to say that anything we can do to weaken the present French Government. and precipitate its fall would be in the British interest", Minute de Sargent, 17 mars 1938, P.R.O. F.O. 371 22639.

[11] Télégramme de Phipps, 25 février 1938, P.R.O. F.O. 371 21590.

[12] P. Gardey, *Anglophilie gouvernementale : manœuvres des protestants à Tahiti et à Madagascar*, Paris, Chamuel, 1897, 48p. Le même phénomène se retrouve en Allemagne à l'encontre de Bernstein selon R. Fletcher, *Revisionism*, p.56.

[13] Jules Moch, *Rencontres...op. cit.*, p.155.

[14] Exemples de caricatures saisies par la Préfecture de Police, P.P. BA 1071.

d'anglomanie pour la période. La *Revue britannique* est une survivance et remplit tout juste son rôle dans la diffusion de la littérature britannique, ce qui suppose une certaine anglophilie littéraire, au sens d'intérêt pour les lettres britanniques, mais pas une anglomanie, la revue n'échappant pas aux critiques et ne prétendant pas imposer un mode de vie ou un modèle de société. Au demeurant, elle cesse de paraître en 1901. Il ne s'agit donc plus vraiment d'une revue de la Belle Époque. On peine à trouver la moindre réciprocité, en revanche les revues les plus francophiles recèlent des critiques. Il est difficile de parler d'« échanges » dans ces conditions, l'échange étant plutôt ici à sens unique. Un *leitmotiv* consiste dans le reproche adressé aux Britanniques de ne considérer que leur seul point de vue, reproche non « paradoxal », mais bien durable sur l'ensemble de la période[15]. Le reproche ne consiste pas en effet à relativiser un point de vue britannique, puisque c'est l'intérêt d'une telle revue que de le présenter, mais bien de ne défendre qu'un point de vue *exclusivement* britannique. C'est cette exclusivité, non sa « britannité » qui est dénoncée. Dans ce paysage intellectuel assez indifférent, Edmond Démolins est souvent cité à titre d'exception. Son ouvrage tente en effet de prendre le contre-pied de la boerophilie ambiante, mais ce n'est guère avec la passion d'un anglomane[16]. L'auteur persiste à soutenir les Anglais en pleine guerre des Boers. Les arguments qu'il avance sont plutôt une critique raisonnée contre les Boers, selon le principe qu'il vaut mieux que « le sceptre appartienne au plus digne, plutôt que d'appartenir au premier occupant ». Son point de vue est purement juridique, original, mais il ne s'enflamme pas pour le Royaume-Uni, ni ne partage le jingoïsme de la délivrance de Ladysmith. Il serait donc anachronique de parler d'anglomanie. Pour l'académicien Ferdinand Brunetière, la jalousie est le motif premier contre un pays prospère[17]. Pour l'écrivain antimilitariste Georges Darien, la boerophilie est une hypocrisie. André Siegfried combat dans les rangs britanniques, et reste anglophile, mais c'est un anglophile inquiet de la crise que traverse le Royaume-Uni après la Première Guerre mondiale[18].

Parmi les dirigeants, quelques anglophiles assument leur politique de rapprochement avec le Royaume-Uni. A Jules Cambon qui met en garde son frère contre les « séductions anglaises », Paul Cambon rétorque que c'est la peur de passer pour anglophile qui a réduit son prédécesseur à l'ambassade de France à Londres à l'impuissance[19]. Les diplomates du Quai trouvent encore Paul Cambon trop anglophile pendant la guerre. Bourgeois, Édouard Herriot et Briand sont plutôt anglophiles. Lord Robert Cecil et Bourgeois ont des entretiens[20]. Bourgeois explique comment lui et Balfour ont toujours réussi à

---

[15] D. Cooper-Richet, « La France sous le regard critique des grandes revues intellectuelles britanniques au cours de la première moitié du 19ᵉ siècle », in S. Aprile et F. Bensimon dir., *La France et l'Angleterre...op.cit.,* p.315-334.
[16] *Boers et Anglais. Où est le droit?*, Paris, Firmin-Didot, 1900, 24 p.
[17] F. Brunetière *Quarterly Review* avril 1900, p.572
[18] A. Siegfried, *La Crise britannique au XXᵉ siècle*, Paris, Armand Colin, 1931.
[19] Lettre de Paul à Jules Cambon, 14 février 1899, M.A.E. P.A.A.P. Cambon 42, cité par L. Villate, *La République des diplomates...op.cit.,* p.224.
[20] Conversation entre Bourgeois et Cecil, 9 juin 1923, M.A.E. S.D.N. 685.

éviter un différend franco-anglais. Lord Robert Cecil se montre conciliant, « resté très anglais, si je puis dire, il a su se montrer compréhensif et équitable »[21]. La séance de bonne entente du 3 juillet 1923 contraste avec celle de Poincaré et Lord Curzon. Par la suite, Philippe Berthelot, le secrétaire général du Quai d'Orsay de 1920 à 1922, et de 1925 à 1933, se montre assez réservé, mais Alexis Léger, son successeur de 1933 à 1940, est plutôt anglophile.

C. Une anglomanie résiduelle

Le « snobisme » qui consiste à emprunter les habitudes britanniques est un travestissement de l'ancienne anglomanie[22]. L'anglomanie, davantage qu'une conviction partagée, est bien plus souvent une accusation facile, adressée par les anglophobes, à leurs milieux dirigeants. C'est un moyen de disqualifier la politique des dirigeants en l'attribuant à une inclination personnelle, ou des intérêts plus bassement matériels. Clemenceau a dû subir des campagnes de presse, où il jongle avec les livres sterling. Lord Cecil aurait avoué au capitaine Marchand en 1901 que Clemenceau était bien stipendié par l'Angleterre[23]. Les archives britanniques de notre corpus n'ont rien révélé de tel. Les preuves ont-elles été détruites ? Après l'inspirateur de la politique d'Entente cordiale, c'est au tour de son artisan, Delcassé, de se voir reprocher son anglomanie. Le reproche n'est pas isolé. Aux États-Unis, à la même époque, l'accusation apparaît contre John Hay, ambassadeur américain à Londres depuis 1897[24]. Elle fait donc partie d'un argumentaire politique classique et facile, sinon rodé. Pas plus que Hay, Delcassé s'en amuse, et ironise sur ces qualificatifs. Il ne reprend pas l'accusation à son compte, il ne l'assume pas, pour le plaisir de provoquer, mais il garde toujours ses distances, et évite toute approche trop sentimentale et émotive de l'Entente. Inversement, dans les années trente, conquis par l'*appeasement*, le Premier ministre en campagne, Ramsay MacDonald, dénonce le *Foreign Office*, qui serait tombé « fou amoureux »[25] de la France au point de conclure un pacte aérien[26]. Il s'agit d'une accusation inverse tendant à accréditer une politique plus conciliante avec l'Allemagne.

---

[21] Lettre d'Hanotaux du 11 juillet 1923, M.A.E. S.D.N. 133.
[22] Cf. dessins de Fallières en annexes. Les habitudes vestimentaires sont l'objet de nombreuses railleries. En 1898, une caricature représente le président Faure demandant : « Alors, vous m'affirmez que le protocole me permet de m'habiller au High Life Taylor? », P.P. BA 1071. De même, en 1908, *L'Assiette au Beurre* n°373 du 23 mai raille la métamorphose de Fallières, qui troque le costume présidentiel pour un costume à carreaux. Cf. Annexes.
[23] général Legrand-Girarde, *Un Quart de siècle au service de la France. Carnets 1894-1918*, Paris, Presses littéraires de France, 1954, 647p., p.413-414.
[24] « Bref, certains recommencent contre Mr. [sic] Hay, la querelle d'anglomanie qui lui a déjà été faite, sans qu'il ait, du reste jamais paru s'en émouvoir », dépêche de Margerie, 12 juillet 1902, M.A.E. N.S. E.U. 11.
[25] R. MacDonald, *Journal*, 9 février 1935.
[26] N. Rostow, *Anglo-French Relations...op. cit.*, p.123.

II. Les passerelles régionales au-dessus de la Manche

A. La Normandie, pont historique entre les deux pays

Dans le cadre des festivités de l'Entente cordiale, on rappelle les origines communes des deux pays, en remontant à la Révolution[27]. Un marbre de l'Entente est érigé à l'abbaye de la Bataille (*Battle Abbey*), près d'Hastings, le 20 août 1903. De grands banquets sont organisés par les associations et les municipalités : un Banquet des Normands de Jersey et du Souvenir normand se tient à Londres. Du 7 mai au 13 juin 1904, une fête est donnée Rouen. Elle rappelle le souvenir de Jeanne d'Arc, appartenant maintenant aux querelles du passé. En 1905, l'enthousiasme populaire gagne Caen, Dives et Falaise. Les Français insistent davantage après l'Entente sur le caractère normand de leur parenté.

B. Des liens particuliers avec l'Écosse, l'Irlande et le pays de Galles

En souvenir de l'*Auld alliance* entre la France et l'Écosse de 1295 à 1560, les Écossais jouissent d'une relative popularité en France. Ces liens restent d'abord culturels à l'époque contemporaine. L'ouvrage majeur de Walter Scott, *Quentin Durward* est presque mieux connu à Paris qu'à Londres[28]. Il inspire toute une génération d'écrivains romantiques français, et est lu par de nombreux dirigeants. Des associations se chargent de consolider ces affinités littéraires. La renaissance d'un *Scottish Office* en 1885 témoigne du souci contemporain des Écossais d'affirmer leur identité culturelle propre. Certains Écossais sont attirés par le rayonnement culturel de Paris. C'est en 1889, lors de l'Exposition Universelle de Paris, qui attire une foule de visiteurs, étudiants, professeurs, touristes de tous pays, que des rencontres entre Français et Écossais font apparaître l'intérêt d'institutionnaliser ce qui a pris naissance spontanément. En décembre 1889, les professeurs Lavisse et Octave Gréard, pour la France, et l'urbaniste et philosophe Patrick Geddes, pour l'Écosse, créent un Comité de patronage pour les étudiants qu'ils placent sous la présidence de Louis Pasteur et l'ouvrent aux étudiants de diverses nationalités[29]. La France et l'Écosse restant au cœur du projet, Thomas Barclay, installé à Paris depuis 1876 comme correspondant du *Times*, puis président de la Chambre de commerce britannique en 1889, fonde finalement la *Franco-Scottish Society*. Les relations interuniversitaires constituent la part la plus importante de l'activité de cette nouvelle association créée à Édimbourg en octobre 1895, puis à la Sorbonne en

---

[27] Anonyme saxo-normand (Arthur Pavitt et Albert Yvelin), *Two friends of Old England being Mirabeau and Gambetta ; and J. Bonhomme in a nutshell*, Londres, Effingham Wilson, 1905, 212p.
[28] L. Villate, *Paul et Jules Cambon,…op.cit.*
[29] Patrick Geddes, ami d'Édouard Démolins et de Thomas Barclay, est responsable du pavillon britannique à l'Exposition universelle de 1900, à laquelle il prend une part active. Cf Siân Reynolds, "After Dreyfus and before the Entente : Patrick Geddes' Cultural Diplomacy at the Paris Exhibition of 1900", in M. Cornick et C. Crossley, *Problems in French History*, Londres, Macmillan, 2000, 327p., p.149-167 et id. dir., *Paris-Edinburgh. Cultural connections in the Belle Époque,* Londres, Ashgate, 2007, 220p.

avril 1896. Des personnalités éminentes, comme le président du Conseil, Bourgeois, puis le ministre des Affaires étrangères, Delcassé, acceptent d'en devenir membre en janvier 1905[30]. Lord Lansdowne en prend la présidence. Après la Première Guerre mondiale, Lord Glenesk, qui dirige le *Morning Post*, et l'oriente dans un sens francophile, prend la tête de l'institution[31]. Une autre association, l'association calédonienne de France est fondée en 1922. Elle compte une centaine de membres[32]. L'Écosse est associée aux manifestations de l'Entente cordiale. Les journaux annoncent « la probabilité que l'Amirauté BRITANNIQUE convienne d'un arrangement pour permettre à des détachements de marins français de visiter différents ports…quelques uns se rendront en Écosse en signe de reconnaissance de la vieille amitié entre la France et l'Écosse », écrit le président de la F.S.S. au ministre des Affaires étrangères Delcassé[33]. Comme dans le cas normand, Jeanne d'Arc sert une fois encore de relais. En 1929, une association franco-écossaise dirigée par Lord Stair doit recevoir des arcs et des flèches pour avoir, semble-t-il, combattu auprès de Jeanne d'Arc[34].

L'alliance reste cependant largement mythique. Les Français ne font pas toujours la différence entre Anglais et Écossais, confondus sous le même vocable d' « Anglais ». A l'étranger, on se méfie beaucoup des agents anglais, mais aussi des Écossais. L'activité intense déployée par Mac Lean, officier instructeur à la cour du sultan, est suspecte[35]. Elle n'exclut nullement les préjugés à l'encontre des hommes d'État d'origine écossaise. Leur accès à des responsabilités ne favorise pas du tout la position française. Lord Rosebery est censé même détester la France, « de tout son cœur d'ambitieux écossais ». Pour Paul Cambon, la crise d'Agadir fait que Lloyd George et Churchill sont « maintenant en première ligne dans le soutien à l'Entente cordiale ».

La question de l'indépendance irlandaise suscite l'intérêt de catholiques qui prennent la défense des Irlandais par anglophobie. Les diplomates sont plus réservés. Paul Cambon trouve la question irlandaise insoluble. Il critique les inégalités sociales, et constate « chez les vaincus le souvenir saignant de la conquête »[36]. Toutefois, en période de crise, l'Irlande peut apparaître comme une alliance de revers contre le Royaume-Uni. Elle donne une couleur morale au discours anglophobe, à l'instar de la boerophilie. Parfois, des affinités

---

[30] Dépêche de Paul Cambon à Delcassé, 5 janvier 1905, et réponse de Delcassé le 12 janvier, M.A.E. N.S. G.B. 19.

[31] Dépêche de Cambon 2 juin 1904, M.A.E., NS, G.B. 18.

[32] P.P. BA 1681.

[33] "the probability of the BRITISH Admiralty making arrangement for enabling detachments of the French sailors to visit various ports…some of them will come to Scotland in recognition of the old friendship between France and Scotland", Gordon à Delcassé., 5 avril 1905, M.A.E. N.S. G.B. 19.

[34] Lettre du ministre des Affaires étrangères au ministre de l'Intérieur, 6 juillet 1929, A.N. F7 13450.

[35] L Villate, *Paul et Jules Cambon…op.cit.*, p.566.

[36] Lettre de Paul à Jules Cambon, 6 septembre 1900, M.A.E. P.A.A.P. Cambon 42, cité par L. Villate, *La République des diplomates…op.cit.,* p.229.

personnelles entrent en considération. Le député Archdeacon, anglophobe notoire, a des origines irlandaises. Lors d'un banquet organisé par le comité des patriotes et offert à une délégation irlandaise, il établit un parallèle entre la domination anglaise en Irlande et la domination juive en France, toutes deux amenées à disparaître dans un proche avenir[37]. Le gouvernement britannique craint, de son côté, que l'implantation des jésuites français au Royaume-Uni ne vienne alimenter la cause irlandaise[38]. Le gouvernement français y trouve quelque soutien. L'Entente cordiale apaise quelque peu les tensions[39]. Le diplomate William Tyrrell, catholique irlandais, est plutôt francophile.

Initialement, les préjugés français sont défavorables. Lloyd George est considéré comme prolétarien, vulgaire[40]. En 1927, le consul français à Cardiff, d'Humilly de Chevilly, accompagne les manifestations d'une entente non plus politique, militaire, économique, mais « intellectuelle ». Il faut entendre par là non des intellectuels, mais des professeurs qui tentent de rapprocher les deux pays. Les liens avec la France se resserrent par l'enseignement du français. Au même moment, le professeur Morgan Watkins se considère ainsi comme « missionnaire de l'idée et de la culture française dans le pays de Galles ». C'est donc une initiative individuelle qui lance l'Entente intellectuelle. Les instances officielles accompagnent bientôt le mouvement, mais ne développent que très progressivement une politique culturelle. L'Alliance française décerne ainsi une médaille d'or à l'ambassadeur M.W.E. Thomas[41].

La plupart des dirigeants français prolonge une tradition d'anglophilie, qui repose moins sur l'admiration de la tradition parlementaire britannique, que sur la conviction de la nécessité d'une entente avec une puissance aux valeurs proches. Non contents d'appliquer cette politique, ils encouragent la diffusion de cette anglophilie dans l'opinion publique française, au risque d'être accusés d' « anglophobie » par l'opposition anglophobe, qui s'empresse de présenter la politique française comme subordonnée à la politique britannique. Face à cette menace, les dirigeants français se montrent plutôt prudents, et donnent peu dans l'anglomanie. Cette nouvelle politique anglophile concerne l'ensemble du Royaume-Uni, et non la seule Angleterre. Les liens particuliers entretenus avec certaines régions, comme l'Écosse ou l'Irlande, longtemps utilisés comme alliance de revers possible contre l'Angleterre, sont désormais associés à une politique d'entente plus large de rapprochement.

---

[37] Rapport de police du 13 juillet 1900, P.P. BA 935.
[38] Rapport d'Amade, 27 octobre 1901, S.H.A.T. 7N 1230.
[39] L'abbé Xavier Moisant, prototype de catholique défendant l'Irlande et anglophobe finit par publier *Pour comprendre l'Irlande. L'effort anglais*, Paris, Beauschene, 1920, 55p.
[40] *Écho de Paris*, 2 janvier 1914.
[41] Dépêche d'Humilly de Chevilly du 25 mai 1927, M.A.E. Z G.B. 58.

CONCLUSION

Ces quarante années des relations franco-britanniques apparaissent bien comme décisives pour l'attitude des dirigeants face à l'anglophobie. A la différence de la période précédente du second XIXe siècle, marquée par un certain calme consécutif à la chute de Napoléon, et de la période suivante, où chaque acteur doit faire face à sa propre marginalisation, et affiche une certaine indifférence envers son voisin, la fin du XIXe siècle et le premier XXe siècle correspondent à une période intense d'échanges politiques, économiques et culturels entre le Royaume-Uni et la France. Ces relations sont empreintes de sentiments ambivalents de part et d'autre. En France, l'anglophobie atteint un point culminant en intensité. Sentiment déjà ancien, elle s'érige en vision historique, en référence pour nombre de dirigeants. Elle transite par des représentations abstraites, dont l'expression aboutie s'étale dans les discours enflammés de certains parlementaires, la presse satirique, les ouvrages polémiques, voire les expressions familières. Elle constitue l'idéologie d'une famille politique plutôt conservatrice, catholique, nationaliste, mais gagne une plus large partie des dirigeants en période de crise. Ces derniers sont prompts à rejeter la responsabilité d'éventuels échecs et déconvenues sur les Anglais. L'anglophobie joue donc un triple rôle de fédérateur idéologique, de justification politique à d'éventuelles déconvenues, mais aussi et surtout de dénigrement polémique des politiques gouvernementales par l'opposition.

Les aspects originaux de l'anglophobie des dirigeants français : un refus de la modernité et une lutte contre l'ordre mondial

Dans nos sources, le terme d'anglophobie recouvre plusieurs attitudes. Sur toute la période, il désigne souvent l'animosité contre les Anglais dans le cadre d'une rivalité coloniale. A quelques moments critiques, lors de la crise de Fachoda, du traité de Versailles, ou de Mers el-Kébir, il qualifie également de simples réactions pathologiques ou circonstancielles, des critiques virulentes, des menaces de guerre. Au même titre que l'antisémitisme, l'anglophobie apparaît comme un exutoire en temps de crise. Pour parler d'anglophobie, nous avons donc proposé de nous en tenir à une définition restrictive, tirée des encyclopédies et dictionnaires, et de la pratique des sources, qui autorise à qualifier d'« anglophobe » non une critique ponctuelle, mais une attitude *systématique* de dénigrement, relevant d'une vision globale de l'Anglais. C'est cette attitude qui peut être analysée dans une perspective historique, sur le long terme.

Ainsi définie, l'anglophobie apparaît comme un phénomène limité, quoique récurrent. L'anglophobie des dirigeants est une réaction politique à la modernité. Dans le contexte de la vie politique française de la Belle Époque, dominée par une querelle religieuse, il est alors tentant d'établir un parallèle entre anticombisme et anglophobie. Les catholiques conservateurs traditionnels s'opposent aux Britanniques pour des raisons religieuses, mais aussi parce qu'ils incarnent une certaine modernité. Les anglophobes combattent cette dernière, comme ils dénoncent le combisme à l'intérieur. Les dirigeants qui luttent contre l'anglophobie ont l'impression de lutter contre des factions réactionnaires. Dans ce contexte, l'Entente cordiale est le pendant diplomatique de la Séparation de l'Église et de l'État, un mouvement de modernisation de la diplomatie française. Les anglophobes se fédèrent au contraire autour d'une nostalgie du passé.

L'anglophobie de certains dirigeants relève aussi d'une conception cyclique de l'histoire. Elle n'est pas une idéologie ou une idée politique, mais plutôt l'expression de certaines frustrations, une critique récurrente de la politique gouvernementale, de l'état du monde. De Fachoda à Mers el-Kébir, elle change simplement de terrain, s'adapte à l'air du temps. L'histoire de l'anglophobie sécrète ses propres mythes, qu'elle constitue en une sorte de passif de la mémoire collective. Les événements heureux, comme l'Entente cordiale, sont remisés au profit de souvenirs négatifs, comme Dunkerque. En ce sens, il ne saurait y avoir de progrès dans les relations franco-britanniques. Pendant notre période, à chaque changement de génération, les dirigeants repartent toujours de zéro. Chacun fait à son tour l'expérience de la redécouverte permanente de l'autre.

Depuis 1815, le terme implique une dimension géopolitique forte. Le Royaume-Uni est alors le principal empire colonial ; les Français sont nostalgiques de l'Empire napoléonien. Ils prétendent défendre une conception plus équilibrée du système international, et aspirent surtout à un meilleur rang dans un monde où leur influence décline. En effet, si le principe de *balance of power*, considéré comme la politique légitime des Britanniques depuis le Congrès de Vienne, est assez suivi pendant la période pour éloigner le Royaume-Uni de la France, les Français entendent maintenir un certain équilibre entre Anglo-Saxons et Latins. Cette *balance of power* à la française trouve de nombreux partisans parmi les dirigeants français, qui ne laissent pas de contester l'hégémonie britannique. A la différence des Britanniques, les Français n'ont cependant pas les moyens de soutenir leurs revendications, sources de nombreuses frustrations, et aliments d'une anglophobie toute théorique. Ce n'est qu'à la fin de notre période, après la Deuxième Guerre mondiale, avec le déclin des deux puissances, la décolonisation, et la montée des deux Grands, que ce facteur si puissant d'anglophobie disparaît.

L'instrumentalisation de l'anglophobie par les dirigeants

En dehors de ces définitions restreintes, le terme d'anglophobie est employé fréquemment, presque galvaudé...mais *par qui* ? Le terme est employé comme jugement émis sur un tiers, plutôt que comme désignation objective d'un comportement. Utilisé très fréquemment, et de manière peu rigoureuse, il finit par désigner toute critique du Royaume-Uni, parce qu'il vise moins à *qualifier* une attitude précise, qu'à *disqualifier* l'adversaire pour les anglophiles, comme pour les dirigeants britanniques. La véritable nature de l'anglophobie ressort alors au plein jour : c'est un moyen de pression politique.

Sur le plan personnel, les dirigeants critiquent volontiers le Royaume-Uni, moins par hostilité viscérale que par défense des intérêts nationaux. En public, la majorité des dirigeants français tient à se distinguer des anglophobes. Ils se trouvent dans une situation intermédiaire, sur la corde raide entre anglophobie et anglophilie. L'appellation-même d'« anglophobe » et d'« anglophile » devient un moyen de pression pour changer le cours de la politique des dirigeants. D'une part, en effet, les dirigeants britanniques évoquent la virulence de l'anglophobie en France pour orienter la politique française dans un sens plus anglophile. Loin d'être les jouets de cette histoire de passions, ils savent se servir de l'anglophobie française, le cas échéant, pour fédérer leur propre opinion publique, justifier leur politique, ou relancer des programmes de construction militaire, notamment aérienne dans les années vingt.

En France, les dirigeants subissent l'anglophobie des milieux coloniaux, nationalistes, conservateurs comme une contrainte permanente sur leur politique. Ils sont souvent accusés d'« anglophilie », synonyme d'abandon des intérêts français. Parfois, ils cèdent à ces sirènes. Le concept sert de garde-fou dans le vocabulaire politique, empêchant le gouvernement de se prononcer trop ouvertement en faveur du Royaume-Uni. La pression allemande aide cependant à faire accepter à l'opinion publique française l'idée d'un rapprochement, d'une alliance avec le Royaume-Uni. Les dirigeants français doivent alors faire preuve de pédagogie en invitant l'opinion publique à se débarrasser d'une vision stéréotypée et manichéenne des relations franco-britanniques par des manifestations de solidarité. Celles-ci sont le fait des milieux culturels, économiques, financiers.

La comparaison avec l'anglophobie allemande s'avère fructueuse. L'anglophobie y apparaît plus violente qu'en France, dans les caricatures, comme par l'encouragement gouvernemental reçu depuis les années 1900. Par comparaison, cela permet de fortement nuancer l'anglophobie française. En outre, le rôle propre de l'Allemagne en tant qu'actrice des relations internationales est déterminant dans le rapprochement franco-britannique. Elle est le « troisième homme » qui oblige les dirigeants français à surmonter leur propre anglophobie, en exerçant une pression permanente, à partir de 1902, puis à nouveau à partir de 1936, qui force Britanniques et Français à mettre leurs différends entre parenthèses. Avant et après l'Entente, deux périodes s'avèrent importantes pour les relations franco-britanniques : la guerre des Boers et l'immédiat après-guerre. La guerre des Boers, aujourd'hui oubliée, marque un changement d'orientation important de la diplomatie britannique, qui délaisse l'Allemagne pour la France, penchant que les dirigeants français s'efforcent de pérenniser. Elle a également permis à la France de développer une propagande distincte de celle de l'Allemagne par une politique de *contre-anglophobie*, voire d'anglophilie publique. Après la Première Guerre mondiale, les années vingt ont vu se défaire l'alliance de guerre, la rivalité coloniale reprendre le dessus, à cause de conceptions opposées sur le sort à réserver à l'Allemagne. La permanence d'une propagande allemande oblige à combattre la thèse selon laquelle l'Allemagne est une victime et à mettre en place une propagande pour séduire le Royaume-Uni. L'Allemagne force donc la France non seulement à se rapprocher du Royaume-Uni, mais du coup à créer une propagande cordiale.

Proches des milieux dirigeants, les groupes de pression se livrent une bataille féroce entre francophiles, anglophiles et germanophiles. Au Royaume-Uni, les groupes francophiles constitués par les groupes parlementaires, les Chambres de commerce, quelques dirigeants doivent compter avec des groupes germanophiles plus actifs, notamment après la Première Guerre mondiale, des associations d'étudiants, de la *City*, de banquiers. Inversement, les anglophobes constituent en France un groupe de pression, qui ne réussit guère à capitaliser son importance potentielle dans les décisions politiques.

Une réévaluation de l'approche stéréotypée des relations franco-britanniques au profit d'une approche en termes de mythes historiques

L'anglophobie en dit long également sur les dirigeants français, davantage que sur leurs voisins britanniques. Elle traduit une tendance générale à croire à un complot, à s'estimer victime d'un jeu de relations internationales complexes, à abandonner rapidement la partie. Elle sert à masquer une impréparation diplomatique chronique, une naïveté ou une générosité affichée, et certaines erreurs patentes. Elle répond à une angoisse née de difficultés économiques, sociales et politiques. En ce sens, elle est une attitude réactionnaire et simpliste. L'anglophobie traverse les générations. Les manuels scolaires et la presse s'en font le relais, en spéculant sur des mythes anglophobes. Ces moments supposés d'hostilité sont perçus par chaque génération comme immémoriaux, et réinterprétés en fonction des déboires du moment.

L'anglophobie n'est pas cependant qu'un *a priori*, ni, comme on la présente souvent, un simple préjugé. Les idées reçues sur le Royaume-Uni et sur la France changent, avec retard par rapport à la réalité, voire s'inversent d'un pays à l'autre. Ils n'ont pas la permanence qu'on leur prête, du moins chez les dirigeants. On retrouve les mêmes reproches de part et d'autres : bluff, arrogance, impérialisme, ou volonté de domination de la « gouvernante anglaise » puis française. Les idées franchissent donc la Manche, dans une sorte de va-et-vient, non à sens unique. Il faut des événements déclencheurs pour réveiller l'anglophobie, et cette dernière à bien plutôt une valeur explicative *a posteriori*. Son activation vient combler une méconnaissance de l'autre, la connaissance réciproque des deux pays ne progressant que lentement. Elle s'inscrit dans un contexte de déficit d'information. En ce sens, les « problèmes de communication franco-britanniques » demeurent entiers, et rendent possibles toutes les spéculations. Les dirigeants, plus informés, recourent ainsi à l'histoire pour expliquer les difficultés du moment, les problèmes, en les interprétant comme des tendances historiques lourdes. Mais ils découvrent aussi, pendant la période, une façon originale de réinterpréter les relations historiques entre les deus pays, en sublimant les défaites, et en créant des nouveaux lieux de mémoire de l'Entente cordiale.

La violence verbale ou graphique des expressions d'anglophobie est disproportionnée. Pendant notre période, l'anglophobie est d'autant plus violente qu'elle est marginale en termes politiques. Si l'anglophobie fabrique ses propres mythes, elle est aussi perçue à son tour de manière exagérée voire mythique. Les dirigeants français, les marins en particuliers, sont supposés être majoritairement anglophobes, l'anglophobie répandue et virulente. Or, il apparaît que, parmi les dirigeants, la Marine n'est pas aussi anglophobe que sa réputation le laisse entendre. Le comportement des dirigeants est en fait assez homogène. Plus de deux cents noms de militaires ont été cités, montrant par leurs fonctions et leur abondance même que le sentiment d'anglophobie n'est pas si répandu, et attestant le caractère accusatoire de l'anglophobie. Les grandes figures, les symboles de l'anglophobie comme le capitaine Marchand, de Villebois-Mareuil, Poincaré ou Darlan ne sont pas anglophobes *a priori*. Ils s'effacent devant des figures beaucoup plus marginales, souvent frustrées, éloignées du champ des décisions politiques, et se livrant à une analyse rétrospective critique.

Vichy constitue une exception à cet égard. Souvent présenté comme une rupture dans l'histoire de France, le régime a fait l'objet d'une révision historiographique dans les années 1970, qui a conduit à davantage insister sur les continuités avec la IIIe République. Pour Robert Paxton, il est tentant de voir dans la « vague d'anglophobie » qui suit l'attaque de Mers el-Kébir l'héritage d'une rivalité coloniale. En réalité, du point de vue de l'anglophobie des dirigeants, Vichy marque une rupture, car cette anglophobie n'était précisément pas celle des dirigeants, sous la IIIe République, et elle devient une propagande officielle. Une fois au pouvoir pourtant, même les dirigeants de Vichy sont très loin d'agir à la hauteur de leurs discours[1]. Avec ce régime, il pourrait sembler que l'anglophobie parvienne enfin au pouvoir, mais l'accession de nombreux anglophobes aux responsabilités se traduit peu dans les actes par des mesures délibérément hostiles[2]. *A fortiori*, les dirigeants hésitent fortement à franchir le seuil de la rupture diplomatique et de la guerre[3]. Si l'anglophobie existe toujours dans les milieux populaires, et même parfois chez les dirigeants, elle décline en outre dans l'opinion. La présence de l'occupant contredit la propagande officielle.

L'épisode de Vichy ne doit donc pas induire en erreur : sur l'ensemble de la période, et des dirigeants concernés, l'anglophobie a plutôt tendance sinon à

---

[1] R.O. Paxton, *La France de Vichy...op.cit.*, p.64.

[2] S'il faut fortement nuancer la thèse du double jeu de Vichy, qui aurait signé un prétendu accord avec Churchill par l'entremise du professeur Louis Rougier d'octobre à novembre 1940, puis du secrétaire général du ministère de l'Instruction publique, Jacques Chevalier, portant sur l'aide française au Royaume-Uni, ces échanges témoignent en revanche qu'il n'y a pas eu de rupture diplomatique brutale de la part des dirigeants français, comme on pourrait s'y attendre après Mers el-Kébir. Cf. à ce sujet R. Frank, « Vichy et les Britanniques 1940-1941. Double-jeu ou double langage ? », in J.P. Azéma et F. Bédarida dir., *Vichy et les Français*, Paris, Fayard, 1992, p.144-161.

[3] « Depuis lors, nous nous trouvons, envers la Grande-Bretagne, dans une situation qu'il est malaisé de définir au point de vue juridique. Nous avons rompu, de notre propre chef, l'engagement que nous avions souscrit envers cette puissance, mais l'état de paix n'en continue pas moins à régir nos relations à son égard. », Note de la direction politique, M.A.E. Vichy 332.

baisser, du moins à stagner. Les raisons géopolitiques, idéologiques de l'anglophobie s'atténuent, face à la remise en question imposée par la Première Guerre mondiale, la montée des autoritarismes, la Seconde Guerre mondiale, puis la guerre froide. L'anglophobie paraît alors de plus en plus dérisoire. De facteur essentiel des relations internationales, elle devient anecdotique, à l'image de la situation internationale de la France et du Royaume-Uni, avec la fin de la menace allemande, et les débuts de la décolonisation, pour être finalement circonscrite à l'intérieur de la construction européenne. Mais cette relative marginalisation ne tient aussi à l'émergence d'une conscience de la proximité de destin entre la France et le Royaume-Uni, malgré les nombreuses divergences, avant même que la crise de Suez ne la révèle au grand jour. Cela montre en revers la progression d'une conscience commune, lente, continue et discrète pendant la période parmi les dirigeants, qui ne se dit pas nécessairement, mais continue après la période. Est-ce à dire que toute anglophobie a disparu ? Non, derrière les mythes, ce que les dirigeants se transmettent à travers les générations, c'est surtout une certaine conception de l'histoire.

ANNEXES

Ce volume résulte d'un long travail de recherche sur l'anglophobie, entamé en 1999 à l'Université de Paris I Sorbonne, puis poursuivi aux Universités de Tours et Salford-Manchester, à partir des archives françaises, britanniques et allemandes, sous les directions conjointes des Professeurs Philippe Chassaigne et John Keiger. Il a bénéficié du soutien du ministère de la Recherche. Nous tenons à les en remercier. L'importance des annexes, notamment de la bibliographie, doit permettre à chacun de pouvoir approfondir cette question, en fonction de ses centres d'intérêt.

INDEX DES NOMS ET DES LIEUX

1

1815, 7, 26, 32, 80, 98
1870, 28, 49, 56, 70, 106, 117, 143, 149, 159, 165, 170, 184, 186, 230

A

Abeille, Léonce, 98
Aberconway, Lord, 175
Abrial, amiral, 125
Académie française, 18, 54
Action française, 49, 60
Afghanistan, 267
Afrique, 16, 30, 42, 55, 65, 68, 74, 77, 86, 90, 94, 165, 219, 263
    Afrique australe, 84
Albert-Sorel, Jean, 54
Albion, 12, 26, 52, 61, 67, 100, 101, 135, 142, 179, 181
Alexander, amiral, 124
Alexandrie, 30, 49, 83, 132
Alger, 74, 176
Algérie, 74, 266
Algésiras, 54, 267
Allemagne, 10, 16, 30, 34, 49, 51, 52, 56, 113, 114, 116, 117, 118, 127, 128, 132, 142, 143, 144, 149, 150, 151, 152, 153, 154, 156, 158, 159, 163, 164, 165, 166, 167, 168, 169, 170, 173, 177, 180, 181, 184, 185, 186, 191, 197, 267, 272
Allenby, maréchal Edmund, 80
Alliance française, 143, 194
Alma, 32
Alpes-Maritimes, 18
Alpy, Henri, 73
Alsace-Lorraine, 27
Ambroise-Rendu, Claude, 101
Amery, Leo, 176
Amiens, 41, 112
Anglo German Friendship Society, 183
anglophilie, 19, 25, 52, 183, 187, 188, 189, 197
Anglo-Saxons, 142
Angola, 150
Anthoine, général, 110
Antilles, 133
appeasement, 35, 122, 123, 149, 191
Archdale, major, 128
Archdeacon, Edmond, 52, 56, 194
Arenberg, Auguste d', 74, 78
Arméniens, 101
Asnières, 43
Asquith, Herbert, 109, 150, 168, 174
Asquith, Margot, 114
Assiette au Beurre, 19, 47, 101, 181, 182, 265
Association France-Grande-Bretagne, 86, 113

Atkin, Nicholas, 124, 125
Aube, amiral Théophile, 36
Auger, Pierre, 106
Auphan, amiral Gabriel, 134
Australie, 69
    Australiens, 139, 141
Autriche-Hongrie, 180
Auvert, vice-amiral Paul, 58

B

B.B.C., 182
B.E.F., 124
Bainville, Jacques, 60
Baldwin, Stanley, 120, 121
Balfour, Arthur, 108, 120, 150, 167, 180, 190, 265, 270
Balkans, 168
Baltique, 117
Banque de France, 121, 131
Baratier, général Albert, 29, 99
Barbey, Édouard, 57
Barclay, Thomas, 183, 192
Bardoux, Jacques, 140, 153, 159
Barratt, 130
Barratt, Air Marshal Arthur, 128
Barrère, Camille, 16, 30
Barrès, Maurice, 50
Barthou, Louis, 213
Bathurst, 70

Baudouin, Paul, 54, 56, 134
Baudry d'Asson, 57
Béarn, Pierre, 58
Beatty, amiral David, 117
Beauvais, 43
Belgique, 145, 179, 269
Belle Époque, 131, 170, 190
Benda, Julien, 24, 25
Benn, William, 159
Bérard, Victor, 164
Béraud, Henri, 61, 113
Bérenger, Henry, 68
Berlin, 94, 142, 150, 169, 181, 267
Bernicat, 106
Berry, Georges, 57, 100
Berthelot, Philippe, 81, 191
Bertie, Lord Francis, 35, 173, 176, 263, 267
Beyrouth, 80
Billot, Jean-Baptiste, 171
Billotte, général Pierre, 113
Binger, capitaine Louis, 94
Birmingham, 121, 150, 174, 263
Bismarck, 83, 117, 149, 167
Björkö, 267
Blanchard, général Georges, 124
Blum, Léon, 122, 126
Bolivie, 55
Bona Vista, 89
Bonar Law, Andrew, 111, 120
Bonchamps, marquis Christian de, 96

Bonnet, Georges, 49, 123
Bordeaux, 103
Borgès d'Andradaine, 105
Borkou, 77
Bouches-du-Rhône, 78
Boucicaut, maréchal de, 42
Boulanger, général Georges, 166
Bourgeois, Léon, 94, 190, 193
Bourges, 43
Bourguet, Alfred, 83
Boussa, 95, 263
Boutmy, Emile, 187
Brailsford, Henry Noel, 158
Brest, 36, 39, 123, 131, 166, 267, 271
Briand, Aristide, 16, 48, 119, 121, 153, 190, 270
Briffault, Robert, 61
Brighton, 121, 175
Brinon, Fernand de, 164
Brisson, Henri, 42
British German Friendship Society, 183
Brugère, Raymond, 135
Brunetière, Ferdinand, 190
Buckingham, 90
Bülow, 9, 169, 172, 177, 182, 184
Bugnet, commandant Charles, 141

C

C.I.D., 70
Cadogan, Alexander, 123, 124
Caen, 192, 271

Caillard, amiral, 267
Caillaux, Joseph, 121, 188
Caire, 55, 84, 85, 96
Caix, Robert de, 68
Cambon, 34, 48, 67, 72, 79, 84, 86, 90, 93, 98, 106, 143, 144, 146, 147, 165, 168, 184, 190, 192, 193, 263, 265, 266, 267, 268
Cambon, Henri, 86
Cambon, Jules, 150, 153, 190
Cambon, Paul, 13, 16, 17, 24, 30, 34, 59, 67, 71, 78, 80, 84, 86, 98, 99, 106, 110, 112, 143, 144, 146, 152, 155, 164, 165, 183, 193
Cambon, Roger, 135
Campbell-Bannerman, Sir Henry, 267, 268
Canada, 88, 89, 144
Cannes, Conférence de, 48, 119, 270
Caplain, Jules, 50
Carbon, 105
Cardigan, général James, 32
Carlyle, Thomas, 149
Carrère, Jean, 180
Casey, Richard, 28
Castanier, 106
Castex, amiral Raoul, 80, 111
Catroux, général Georges, 28, 31
Cecil, Lord Robert, 120, 190
Chailley, Joseph, 74
Chamberlain, Austen, 18, 119, 174
Chamberlain, Joseph, 65, 66, 67, 79, 84,

204

99, 102, 107, 142, 150, 177
Chamberlain, Neville, 37, 123, 128, 129
Chambre des députés, 52, 56, 71, 79, 83, 89, 121
Champollion, Jean-François, 85
Channon, Henry, 176
Chanoine, Julien, 95
Charleroi, 69
Charles-Roux, François, 48, 134
Charles-Roux, Jules, 78
Charmes, Francis, 180
Charolles, 181
Chartres, 38, 40
Chatham, 42, 122, 160
Chaumeix, André, 175
Chautemps, Camille, 189
Chevalley, Abel, 147
Chilhaud Dumaine, Alfred, 55
Chine, 72, 90, 150, 263, 264
Chirol, Valentine, 72
Churchill, Winston, 11, 35, 49, 53, 81, 82, 116, 119, 121, 123, 124, 125, 126, 127, 129, 130, 132, 133, 151, 154, 176, 193, 267, 269, 272, 273
City, 51, 157
Clarac, Albert, 98
Claudel, Paul, 72, 73
Clemenceau, Georges, 26, 30, 49, 51, 80, 109, 112, 113, 114, 115, 118, 151, 173, 186, 189, 191, 267, 268
Cochin, Denis, 57

Cogordan, Georges, 55, 86
Colvin, Auckland, 83
Colvin, brigadier, 175
Commonwealth, 128, 141
Conan Doyle, Arthur, 171
Conférence de la Paix, 80, 82, 263, 269
Congo, 30, 88, 263
Connaught, duc de, 121, 173
Coppée, François, 101
Corbin, Charles, 153
Courcel, Alphonse Chodron de, 30, 50, 146
Couronnel, comte de, 86
Cowes, 170, 267
Crapouillot, 19
Crécy, 29, 41
Crimée, 26
Cromer, Lord, 28, 85, 86, 94
Cronjé, général, 53
Crowe, Eyre, 121, 151, 173, 267
Cunéo d'Ornano, Gustave, 57
Curzon, George, 112, 115, 120, 141, 191, 270
Cuverville, amiral Jules Cavelier de, 29, 89, 90
Cuxhaven, 117

D

d'Abernon, 119, 152, 174
d'Amade, 17, 97, 170, 180
d'Arenberg, Auguste, 42

d'Astier de la Vigerie, François, 130
d'Estournelles de Constant, Paul, 67, 78, 146, 188, 263, 265
d'Humilly de Chevilly, Pierre, 194
d'Ormesson, Wladimir, 144
Daeschner, Emile, 158
Dahomey, 77
Daily Chronicle, 152, 158
Daily Herald, 35, 113, 121, 158
Daily Mail, 18, 99, 128, 146, 147, 267
Daily News, 18, 153, 158
Daily Telegraph, 18, 120, 182
Daily Worker, 156
Dakar, 68, 273
Daladier, Édouard, 49, 123, 128, 129, 175
Dalton, Hugh, 124, 147
Danrit, 82, 147
Danton, Georges, 133
Dardanelles, 110, 269
Darien, Georges, 190
Darlan, amiral François, 36, 37, 42, 81, 131, 134, 135, 189
Dauquair, 106
Daveluy, amiral René, 98
Davies, commander, 132
Davies, Edward, 128
de Cassagnac, Paul, 29
de Gaulle, général Charles, 11, 14, 31, 35, 81, 82, 113, 123, 130, 133, 134, 135, 176

de Lanessan, Jean-Louis, 78, 98, 217
de Villelume, Paul, 128
Decœur, Henry commandant, 262
Dégouy, amiral Jean-Baptiste, 98
Delacroix, chef de bataillon, 48
Delavigne, Casimir, 103
Delcassé, Théophile, 11, 13, 16, 24, 29, 30, 35, 56, 58, 69, 71, 72, 79, 84, 88, 90, 94, 97, 98, 99, 101, 105, 144, 147, 164, 165, 176, 179, 181, 184, 188, 191, 193, 263, 264, 265, 266
Demigny, 58
Denza, 122
Dépêche coloniale, 59, 89, 99
Derby, Lord, 120
Déroulède, Paul, 49
Diego Suarez, 68, 79
Dilke, Sir Charles, 67, 96, 173
Dill, général John, 124
Dinan, 89, 103
Disraeli, Benjamin, 19
Djibouti, 96
Doullens, 111, 271
Doumenc, général, 125
Doumer, Paul, 90
Doumergue, Gaston, 271
Douvres, 268
Dowding, Hugh, 127
Downing street, 151
Dreyfus, 51, 52, 54, 93, 94, 100, 155, 172
Drumont, Édouard, 51, 101

du Guesclin, Bertrand, 42
Dubief, Jean, 57
Duboc, Émile, 32
duc de Kent, 123
Dudley Pound, amiral, 131, 132
Dufay, l.v., 132
Duff Cooper, Alfred, 81, 175, 176
Dufferin, marquis de, 26, 27, 33, 185
Dunkerque, 23, 37, 58, 89, 123, 124, 131
Dupetit-Thouars, amiral, 50
Durand Viel, amiral, 35

E

Ébray, Alcide, 55
Eden, Anthony, 153, 175
Édimbourg, 131, 192
Édouard VII, 11, 18, 30, 43, 49, 51, 60, 74, 107, 140, 145, 150, 169, 173, 182, 183, 187, 188, 266, 267, 268
Édouard VIII, 152, 175
Égypte, 26, 27, 28, 30, 55, 65, 72, 79, 81, 83, 84, 85, 86, 185, 186
Elgar, Edward, 149
Entente cordiale, 10, 11, 26, 30, 49, 52, 55, 56, 57, 59, 78, 85, 90, 100, 150, 156, 173, 183, 191, 192, 193, 222, 262, 266, 267, 269, 272
Espagne, 79, 143, 156, 265
États-Unis, 7, 9, 19, 102, 113, 119, 120, 121, 133, 141, 179, 180, 191, 270
Étienne, Eugène, 70, 72, 74, 90, 100, 122, 164, 166, 266
Eu, 262
Eulenburg, Philipp zu, 172, 182, 184
Europe, 11, 31, 53, 55, 67, 102, 113, 115, 117, 118, 120, 121, 122, 139, 145, 151, 157, 158, 159, 165, 171, 179, 180, 183, 188
Exeter, 270
Exporter, 81

F

Fachoda, 9, 10, 11, 12, 13, 17, 23, 24, 28, 29, 30, 31, 41, 56, 67, 70, 71, 81, 84, 85, 88, 89, 93, 94, 98, 99, 100, 135, 142, 147, 150, 186, 245, 263
Fagalde, général, 125
Falaise, 18, 42, 192
Fallières, 268
Faure, Félix, 164
Faure, Firmin, 56
Feycal, 81
Fiéron, Hilaire, 95
Finistère, 18, 30, 38, 89, 166
Finot, Jean, 24
Fisher, amiral John, 93, 108, 175
Flandin, Pierre-Etienne, 122, 153
Fleuriau, Aimé de, 68, 81, 109, 111, 121, 122, 144, 151, 159
Flourens, Émile, 30, 49, 51, 55

Foch, maréchal Ferdinand, 46, 112, 117, 141, 269, 271
Folies-Marigny, 94
Fontenoy, 135
Fontin, Paul, 36, 58
Forbes, amiral Charles, 131
Forster, William Edward, 139
Fouillée, 140
Fouquet, Camille, 57
François-Poncet, André, 152
Franco-Scottish Society, 192
Free Church, 51, 152
Fremantle, amiral, 175
Frémiet, 42
French, Sir John, 110, 113, 175
Freycinet, 30, 83, 98
Friends of France, 175
Frocard, lieutenant-colonel, 106

G

Galliffet, général de, 43, 264
Gambetta, Léon, 83, 101, 192
Gambie, 70
Gamelin, général Gamelin, 176
Gamelin, général Maurice, 124, 130, 272
Gandhi, 73
Gard, 38, 136
Garvin, James, 127
Geddes, Eric, 117
Geddes, Patrick, 192
Gensoul, amiral Marcel, 131, 132, 133
Geoffray, Léon, 99, 142

Géraud, André, 34, 48
Gerbod, Paul, 74
Germain, 96
germanophobie, 56, 165, 170, 171, 173, 174
Gibraltar, 70, 79, 134
Gillies, William, 159
Gladstone, William, 46, 83
Glenesk, Lord, 193
Gloire, 131
Godfroy, amiral René, 134
Golfe persique, 91
Gontier de Vassé, sergent Jean-Louis, 135
Gorst, Lord Eldon, 86
Gort, général, 124, 128, 129, 176
Gough, général Hubert, 175
Grand Fleet, 117
Grand-Carteret, John, 180
Granville, 38
Gréard, Octave, 192
Greenwood, Arthur, 126
Grey, 262, 267
Grey, Edward, 28, 35, 94, 108, 173, 268
Guérin, Eugène, 57
guerre de Cent Ans, 9, 27, 42, 103, 185
guerre de Crimée, 32
guerre des Boers, 11, 18, 31, 34, 36, 38, 40, 41, 47, 52, 57, 65, 67, 88, 93, 94, 96, 100, 102, 104, 105, 106, 107, 145, 164, 167, 170, 179, 180, 181, 187, 190, 264
Guerre fatale, 59, 60
Guillain, 90

Guillaume, 266, 267
Guillaume II, 9, 19, 108, 109, 117, 165, 166, 167, 169, 171, 176, 177, 181, 182
Guizot, François, 50
Gwynne, Rupert, 174

H

Hadfield, Robert, 175
Haïphong, 70
Haldane, Lord Richard, 150, 170, 174, 268
Halévy, Elie, 46, 141
Halévy, Fromental, 103
Halgouet, lieutenant-colonel Maurice du, 90
Halifax, Lord, 37
Hankey, Maurice, 28, 31, 83, 84
Hanotaux, Gabriel, 16, 30, 50, 54, 59, 68, 78, 79, 86, 94, 146, 165, 168, 191, 262
Harcourt, Lewis, 151
Hardinge, Charles, 144, 168, 173, 176, 183
Hardy, Thomas, 149
Harter, 47
Harvey, Oliver, 157
Hastings, 192
Haussonville d', 49
Haute-Garonne, 38
Havas, 69
Hay, 191
Headlam-Morley, James, 152
Helgoland, 117
Henri Cambon, 54
Henry Wilson, 110
Henry Wilson, lieutenant-général Henry, 268

Henry, colonel Joseph, 53
Herriot, Édouard, 16, 40, 174, 190
Hicks, Michael, 107
Hitler, 51, 115, 122, 153, 157
Hoare, Samuel, 122, 135
Hobson, John, 67, 142, 145, 159
Holland, contre-amiral, 131, 132
Home Fleet, 117, 131
Hoover, Herbert, 118
Hoppenot, Henri, 56
Hovas, 78
Hugues, Clovis, 101
Huntzinger, général Charles, 69
Hyde Park, 93

I

Ille-et-Vilaine, 90
Illustration, 19, 29, 85, 101, 176, 183, 188
Inde, 72
Indes, 72
Indochine, 70, 72, 90
Inglefield, major, 175
Iphigénie, 42, 181
Irlande, 7, 66, 131, 186, 193, 194
Irlandais, 14, 193
Ironside, general Edmund, 123, 126
Isaacs, Rufus, 73
Italie, 16, 60, 83, 132, 143, 156
Italie
Italiens, 81

J

Jacquey, général Armand, 90

Jeanne d'Arc, 12, 23, 27, 41, 49, 192
Jefferson, Thomas, 25
Jersey, 103, 192
Jeune École, 35, 36
jingoïsme, 145, 146, 190
jingoïstes, 147
Joffre, général Joseph, 110, 112
Jones, John Harry, 121
Jonnart, Charles, 74
Joubert, maréchal, 130
Journal des Débats, 55
Judet, Ernest, 164

K

Kaiama, 95
Kanem, 77
Kanikoko, 95
Kessler, Harry, 149
Keynes, 270, 272
Keynes, John Maynard, 60, 114, 115, 116, 118, 120, 121, 151
Kichi, 95
Kidd, Benjamin, 139
Kipling, Rudyard, 139, 175
Kitchener, 28, 55, 88, 96, 97, 110, 263
Klotz, Louis-Lucien, 118
Kruger, 181, 182, 264
Kruger, Paul, 40, 43, 57, 60, 94

L

L'Autorité, 29, 101
La Batut, Guy de, 29
La Haye, 106, 268
La Panouse, général de, 110, 119
La Patrie, 57, 101, 165
La Rochelle, 39

Laborde, amiral de, 58
Labry, 48
Lacour-Gayet, 88
Lacour-Gayet, Georges, 60, 88
Ladysmith, 102, 145, 147, 180, 190, 264
Lamastre, 38
Lambert, général, 186
Lamsdorff, 145
Landes, 90
Lange de Ferrières, 105
Lansdowne, Lord, 11, 80, 84, 90, 143, 193, 264, 265, 266
Lascelles, Sir Frank, 150, 183
Latimer, 43
Laubeuf, Maxime, 36
Laurent Villate, 143, 192
Laval, 134, 271
Laval, Pierre, 121, 122, 166
Lavisse, Ernest, 165, 192
Le Drapeau, 56
Le Figaro, 34, 50, 77, 100, 104, 105, 114, 182, 185, 188
Le Luc, 134
Le Matin, 105
Le Myre de Vilers, 78
Le Peletier, Charles, 50
le Rire, 102
le Soleil, 99
Lebon, 96
Lebon, André, 67, 68, 70, 71, 73, 77, 140
Lebrun, Albert, 135, 272
Leca, 113
L'Écho de Paris, 105
Leeds, 40, 174
Léger, Alexis, 191

Legrand, 67, 142, 186, 191
Legrand, Jean, 67
Legrand-Girarde, général, 66, 94, 142, 186, 191
Leicester, 117, 142, 264
Lelong, général, 35
Lemaître, 56
Lemaître, Frédéric, 60
Lemaître, Jules, 101
Lemire, 101
Léon, 105
Lépine, Louis, 104, 265
Leroy-Beaulieu, Paul, 18
Lesseps, Ferdinand de, 41
Levant, 31, 81, 82, 123
Leygues, Georges, 35, 36
Liban, 80, 81, 82
L'Intransigeant, 105
Lisbonne, 105
Liverpool, 131, 270, 271
Lloyd George, David, 48, 80, 112, 113, 114, 117, 118, 119, 120, 145, 151, 152, 177, 193, 268, 270, 271
Lloyd-Greame, 120
Lockroy, Édouard, 98
Londres, 15
Long, Walter, 68
Loreburn, Lord, 150, 151, 168
Lorient, 42
Loubet, 263, 266
Loubet, Émile, 34
Loucheur, Louis, 117, 120, 270
Louis XIV, 88, 89, 165
Louviers, 42
Lugard, Frederick, 262

Lyautey, maréchal Louis, 31, 73, 110
Lyon, 43, 246, 266

M

MacDonald, colonel Hector, 28
MacDonald, Ramsay, 115, 159
Macready, général Nevil, 175
Madagascar, 29, 50, 57, 73, 77, 78, 79, 106, 141, 181, 189, 262
Mafeking, 69, 264
Mahy, 106
Malet, Edward, 83
Mallet, Louis, 173
Malte, 60, 131
Manche, 29, 38, 104, 112, 132, 188, 198, 241, 267, 268
Manchester, 18, 40, 41, 104, 121, 122, 150, 153, 158, 267
Manchester Guardian, 18, 150
Mangin, général, 29
Mann, Heinrich, 51
Mantoux, Paul, 114
Marcère, Emile de, 101
Marianne, 94
Mariette, 85
Marin, Emile, 105
Marin, Louis, 37
Maroc, 70, 80, 84, 86, 265, 266, 268
Marquet de Vasselot, 42
Marseille, 70, 91, 105, 242
Martel, comtesse de, 101
Marthin-Chagny, 52
Mascate, 68, 263, 264

Massard, Emile, 57
Massigli, René, 16, 69, 129, 154, 177
Maurras, Charles, 50
Maxse, général Ivor, 109
McKenna, Reginald, 151
Méditerranée, 79, 82, 98, 143, 268
Melchior, Karl, 116
Melilla, 79
Mensdorf, 167
Mercier de Lostende, c.f. Maurice, 109
Mercier de Lostende, c.f. Maurice, 109
Mercier, général, 29, 94
Mers el-Kébir, 9, 11, 23, 40, 123, 131, 132, 134, 135, 181, 189, 273
Methuen, Lord Paul, 103
Metteler, 106
Mézières, 41
Michel, Henry, 55
Michelet, 12
Mill, J.S., 46
Millerand, Alexandre, 81, 118
Millet, René, 55
Millevoye, Lucien, 57, 164
Milner, 83, 113, 271
Milner, Alfred, 83
Moch, Jules, 189
Monde illustré, 101, 106
Monnet, Jean, 272
Monson, Edmund, 17, 33, 34, 77, 78, 182, 188, 263
Montagu Norman, 122
Montbéliard, 41

Monteil, colonel Parfait-Louis, 29, 94, 101
Monteith Erskin, 175
Montigny, 38
Monzie, Anatole de, 56
Morand, Paul, 135
Morbihan, 38
Moreau, Emile, 121
Morel, 153
Morgan, J.P., 118
Morley, John, 108, 174
Morning Post, 147, 193
Morton, 35
Mossoul, 68
Mozambique, 150
Münster, 54
Mussolini, Benito, 144

N

Nagasaki, 77
Nancy, 43
Nantes, 16, 38, 43, 100, 179
Napoléon III, 26
Nelson, 169
New York Times, 128
Newall, Cyril, 128, 129
Newbold, Walton, 158
Newcastle, 52
Nice, 61, 266
Nicolson, Arthur, 173
Nicolson, Harold, 130, 153, 176
Nigéria, 95
Nil, 88, 262
Nivelle, général Robert, 110
Noel-Buxton, Noel, 159
Noguès, 135
Normands, 23, 192
North, amiral Dudley, 132

Nossi-Bé, 78
Nouvelle-Zélande, 96

O

Odend'hal, 132
Omdurman, 96
Oran, 132
Ordinaire, Maurice, 69
Orléans, 42
ottoman, 237
Ouadaï, 77
Oujda, 79

P

Paimpol, 89
Painvain, capitaine, 106
Palestine, 80, 82
Panama, 47, 52, 164, 185
panbritannisme, 65
Paris, 16, 18, 40, 43, 56, 73, 96, 103, 104, 121, 146, 155, 174, 175, 181, 183, 185, 188, 192, 218, 230, 234, 244, 252, 262, 264, 265, 266, 267, 268, 269, 270, 271, 272
Pauliat, Louis, 57
Pays-Bas, 180
Pékin, 72
Pelletan, Camille, 78
Pera, Williams, 79
Peroz, 59
Pétain, 110, 134, 135, 273
Petit Parisien, 99
Phipps, Eric, 175
Pichon, Stephen, 16, 152
Picot, 80, 269
Pierson, 105
Piétri, François, 135
Pigeonneau, 52

Poincaré, Raymond, 68, 113, 114, 115, 116, 119, 120, 121, 145, 153, 158, 166, 191, 199, 268, 270
Poitiers, 38
Pologne, 116
Ponsonby, Arthur, 115
Pontavice, 66, 95, 96
Pontoise, 42
Port-Saïd, 42
Portsmouth, 59, 131, 174, 262, 267
Prégent de Coëtivy, 42
Première Guerre mondiale, 7, 9, 10, 13, 23, 28, 31, 46, 47, 60, 68, 73, 107, 109, 111, 112, 124, 127, 156, 164, 168, 172, 181, 197, 269
Primrose League, 115, 180
Pritchard, 50

Q

Quai d'Orsay, 49, 54, 84, 191
Quimper, 39

R

R.A.F, 129
Rabec, 106
Rachid Ali, 81
Raglan, Lord, 32
Raimbault, 106
Rambaud, Alfred, 57
Rameau, 106
Ramsay, amiral Bertram, 125
Ranavalo, 78
Rennes, 25, 39, 43
République, 11, 40, 50, 52, 53, 57, 58, 85, 117, 118, 183, 263
Réquin, général, 144

Reuter, 69
Réveillère, amiral Paul-Emile, 39
Révolution nationale, 52
Revue politique et parlementaire, 55, 57
Reynaud, Paul, 37, 128, 159, 272
Rhénanie, 156
Rhin, 118, 119, 163
Rhodes, Cecil, 66, 139, 152
Ribot, Alexandre, 84, 110, 111, 186
Richard, Pierre, 57
Riddell, Lord George, 119
Rochefort, 39, 103
Rochefort, Henri de, 53, 101
Rolls Royce, 126
Roosevelt, Théodore, 141
Rosebery, Lord Archibald, 26, 27, 66, 79, 99, 180, 188, 193
Roskill, 133
Roth, 106
Rothermere, Lord, 153
Rothschild, 53, 109
Rothschilds, 51, 53
Rouanet, Gustave, 101
Rouen, 192, 266
Royal Navy, 35, 37, 132, 273
Ruhr, 116, 127, 147, 158, 183
Russes, 82, 145
Russie, 26, 57, 117, 120, 160, 165, 173, 180, 185, 266

S

S.D.N., 34, 88, 120, 190, 191
Saïgon, 73
Saint Cyr, 38, 42
Saint-Aulaire, 16, 31, 51, 119, 121, 145, 151, 159, 170
Saint-Brieuc, 89
Saint-Denis, 40
Sainte-Hélène, 41, 60
Saint-Jean d'Acre, 81
Saint-Lubin en Vergonnois, 38
Saint-Malo, 39, 43, 88, 89, 102, 103
Saint-Maur, 43
Saint-Quentin, comte de, 48
Salisbury, 17, 34, 50, 66, 71, 80, 94, 95, 97, 150, 263, 264, 265
Salisbury, Lord, 120
Samoa, 150
San Remo, 68, 270
Sanderson, Thomas, 173, 183
Sargent, Orme, 189
Saroléa, 169, 184
Saroléa, Charles, 98, 139, 169, 184
Sarre, 116
Saturday Review, 173
Saverne, 181
Saxons, 142, 143
Scott, Charles, 122, 150
Sedan, 28, 29, 170
Selves, Justin de, 158
Sembat, Marcel, 155
Sénat, 56, 74, 90, 262
Sénégal, 68, 73, 94
Seydoux, Jacques, 120
Shandong, 71
Shangaï, 72

Shaw, George Bernard, 149
Shone, Terence, 82
Siam, 90, 262, 265
Siegfried, André, 113, 187, 190
Siegfried, Jules, 74, 113
Simon, John, 123, 159
Sinclair, Archibald, 129
Slessor, 127
Smuts, Jan, 115
Snowden, Philip, 159
Sokoto, 59, 263
Somerville, amrial James, 132
Sorbonne, 46, 47, 192
Sorel, Albert, 18
Soudan, 73, 94
Spartel, 70
Spears, général Edward, 82, 176, 272
Standard, 146
Stead, W.T., 150
Strasbourg, 40, 131
Stresemann, Gustav, 117, 183
Suez, 41, 42, 83, 84, 86, 123, 136
Summaripa, 42
Surcouf, Robert, 39
Syrie, 80, 81, 82, 181, 273

T

Tahiti, 50, 189
Tainest, 79
Tanger, 70, 80, 119, 266
Tardieu, André, 115, 119, 120, 167
Tchad, 77, 88, 95, 99, 263
Tchécoslovaquie, 156

Terre-Neuve, 27, 39, 70, 77, 88, 89, 90
The Economist, 109, 174
Thirion, 32
Thivet-Hanctin, Ernest, 40
Thorez, Maurice, 156
Times, 18, 93, 112, 146, 149, 192
Tirpitz, Alfred von, 184, 263
Toudouze, Georges, 42
Toulon, 39, 98, 268
Tournan, 38
Toussenel, 52
Toussenel, Alphonse, 52
Touvenant, 106
Trafalgar, 55, 170, 186
traité d'Utrecht, 26, 89, 143
traité de Versailles, 10, 23, 31, 51, 58, 113, 115, 116, 143
Transvaal, 16, 17, 34, 42, 43, 52, 94, 100, 101, 103, 104, 105, 106, 107, 170, 265
Treitschke, Heinrich von, 9, 184
Tunisie, 55, 71, 83, 164
Tyrrell, William, 173, 194

V

Vallès, Jules, 27, 28
Vansittart, Robert, 176
Var, 38
Vaughan, cardinal Herbert, 141
Vénézuéla, 169, 265
Verzi, 105
Victoria, 26, 71, 90, 94, 97, 102, 107, 140, 170, 173, 182, 262, 264
Vignot, commandant, 36
Villebois, 43, 105, 106, 264
Villelume, 128
Vincennes, 10, 43, 89, 98, 188, 265, 272
Volfri, 105
Voruz, général Raoul, 35, 59
Voulet, Paul, 95

W

Waldeck-Rousseau, Pierre, 39, 103, 264
Waldemar de Danemark, 42
Wallis, 73
War Office, 125, 268
Warburg, Max, 116
Waterloo, 26, 186
Waterlow, Sydney, 151
Watkins, Morgan, 194
Webb, 149
Weihai, 263
Wells, H.G., 112, 188
Westminster, 146, 150, 265, 267
Weygand, Maxime, 123, 124, 135, 189, 272
Whitechapel, 51
Wiedemann-Goiran, lieutenant-colonel, 129
Wilde, Oscar, 93
Willcocks, 95
Williams, Ernest, 172
Williams, Harold, 160
Wilson, Charles, 174
Wilson, lieutenant-général Henry, 112, 118
Wilson, Woodrow, 118
Wolff-Metternich, 172
Wonham, amiral Albert, 47

X

Xaintrailles, 42

Y

Yang Tse, 105
Yonne, 38
Ypres, 110
Yunnan, 71, 90, 264

SOURCES

I. Sources d'archives

1. Archives écrites.

ROYAUME-UNI.

<u>1.1. Public Record Office, Kew, Surrey</u>

F.O. Foreign Office
F.O. 27. France
F.O. 64. Prussia. 1781-1905.
F.O. 146. Consulat britannique et ambassade de France
FO 371. F.O. 1906-1966.
F.O. 403 Confidential Print
F.O. 432. Confidential Print. France.
F.O. 561. France. Correspondance.
F.O. 565. Archives ambassades et consulat de France
F.O. 800. Collections privées. Ministres et officiels.

1.1.2. ADM. Admiralty.

1.1.3. CAB. Cabinet

1.1.4. PREM. Cabinet.

1.1.5. W.O. War Office.

<u>1.2. Bodleian Library.</u>

<u>1.3. London School of Economics</u>
 Papiers privés Barclay.

<u>1.4. The Corporation of London Libraries and Guildhall Art Gallery</u>

<u>1.5 House of Lords Record Office.</u>
 Lloyd George Papers.

<u>1.6. House of Commons.</u>

<u>1.7. Archives municipales. Archives municipales de Manchester.</u>
 Box 540.
 944.32. Mézières Parade, In honour of adoption.

FRANCE.

1.7. Archives du ministère des Affaires étrangères.
1.7.1. Fonds de la correspondance politique et commerciale. Nouvelle Série. 1897 à 1918.
Sous-série Grande-Bretagne.
　1-2. Dossier général. 1897-1907.
　7. Dynastie et cour. 1897-1914.
　11-22. Relations avec la France. 1897-1914.
　25-27. Relations avec l'Allemagne.1897-1914.
　32-34. 38. Marine. 1898 -1908.
　48. Démographie et société. 1901-1918.
　51. Commerce. 1897-1908.
　61-62. Navigation commerciale. 1904-1908.
　66. Protocole.
　75. Expositions.
　88. Documentation imprimée [caricatures]. 1897-1917.
Sous-série Allemagne.
　26. Relations avec la France 1902-1908.
　60. Politique étrangère. Relations avec l'Angleterre. 1897-1914.
Sous-série Afrique. Questions générales.
　17-19. Missions d'exploration. Commandant Marchand. 1898-1899.
Sous-série Etats-Unis.
　11. relations anglo-américaines. 1900-1903.
Sous-série Transvaal-Orange.
　27. Le conflit anglo-boer et les Puissances. 1900-1902.
　44-45. Conflit anglo-boer. Pétitions. 1900-1903.
Sous-série Madagascar.
　13. Relations avec l'Angleterre. Réclamations. 1896-1907.
Sous-série Maroc.
　12-15. 1902-1906.

1.7.2. Correspondance politique et commerciale.1914-1940. Z Europe.
Sous-série Grande-Bretagne 1-348. 1918-1940.
　17-18. Armée. Guerre. Dossier général. 1923-1929.
　26. Armée. Guerre. Marine. 1924-1927.
　44-59. Relations avec la France. septembre 1918- décembre 1929.
　132. Affaires sociales et grèves. 1926.
　135. Voyages d'Anglais en France. 1922-1929.
　138. Voyages de Français en Angleterre. 1918-1929.
　177. Visite des souverains anglais en 1938.
　270-286. Politique étrangère. Dossier général. octobre 1930-8 juin 1940.
　288-292. Politique étrangère. Voyages de Barthou à Londres. Voyage de Daladier et Bonnet à Londres. Voyage de Chamberlain et Halifax à Paris. Voyage du président Lebrun à Londres. 1924-1939.
　332. Beaux-Arts. 1938-1939.
Sous-série Irlande. 12.

1.7.3. Vichy. W Europe 1940-1944.
331-337. Relations avec la France. Juin 1940-avril 1944.
Z 291-292.

1.7.4. Papiers d'agents.
Papiers Berthelot.
Papiers Bourgeois.
 14. Rapport sur les traités d'alliance entre la France et la Grande-Bretagne.
 19-21 S.D.N. 1919-1925.
Papiers Camille Barrère.
Papiers Paul Cambon. 63-65. Correspondance 1904-1907.
Papiers Théophile Delcassé.
 2.-5. Lettres de diplomates.
 10. Allemagne 1898-1911.
 26. Lettres diverses.
 28. Voyages. Funérailles.
Papiers Fleuriau. 1-3.
Papiers Hanotaux.
 12. Lettres diverses. Vers 1900.
 19. Lettres de Cambon. 1892-1897.
 45. S.D.N. 1920-1922.
 60-63. Lettres reçues 1896-1900.
Papiers Herriot.
 18. Questions politiques internationales. 1924-1927.
 19. Protocole de Locarno.
Papiers Mantoux.
 1 et 2. Conseil des Dix. 1919-1920.
Papiers Massigli.
 6. Document sur la création de la Commission chargée d'entreprendre la publication des documents diplomatiques français.
 53. Relations franco-britanniques.
Papiers Stéphen Pichon.
 1 et 2.

1.7.5. Protocole.
C 296. Visite de George VI. 1938.

<u>1.8. Archives du ministère de la Défense (S.H.D.), Vincennes.</u>

1.8.1. Ministère de la Marine : Service historique de la Marine (S.H.M.), Vincennes.

Série BB. Marine générale.
Sous-série BB4. Campagnes 1790-1912.
BB4. Correspondances.
 BB4 1750-1751. Rapports de l'attaché naval à Londres.
 BB4 2394. Nouvelles-Hébrides.
 BB4 2396. Fachoda.

BB4 2437. Opérations dans le Nord.
BB4 2681. Instructions de guerre anciennes. 1899-.
Sous-série BB7. Marines étrangères. 1792-1934.
BB7 14-19. Documents anglais, parlementaires et autres. 1889-1905.
BB7 20-22. Documents allemands, parlementaires et autres. 1890-1905.
BB7 50. Angleterre 1886-1898.
BB7 53. Guerre du Transvaal. 1898-1900.
BB7 54. 1899-1902.
BB7 58-60. Allemagne. 1900-1908.
BB7 94. Fêtes franco-anglaises de 1905.
BB7 96-102. Renseignements divers sur l'organisation des forces de la marine anglaise. 1908-1913.
BB7 139. attaché naval à Londres 1905.
BB7 152. Matériels techniques. attaché naval à Londres 1900-1904.
BB7 157. Marines comparées. 1899-1904.
Sous-série BB8. Cabinet du ministre, conseils, commissions (1873-1913).
BB8 1750.
BB8 1901 et 1903.
Sous-série 1BB2. Correspondance au départ. 1920-1940.
191.Etat-major général. Section d'études. Conférence de Londres 1930.

SSE. État-major général. Guerre 1914-1918.
SSEa60. Angleterre. Renseignements.
SSEd 51. Jutland.
SSEd 129. Suez.
SSEs 10 Conventions inter-alliées France-Angleterre avant-guerre.

Fonds privés GG.
50 GG2 Riché.
118 GG2 Pichon.
142 GG2 Darlan.
150 GG2/1 Viaux.
206 GG2 Legrand.

1.8.2. Ministère de la Guerre, Service historique de l'armée de terre (S.H.A.T.), Vincennes.
7N 672. Rapports et renseignements concernant les pays européens.
7N 1219-7N 1223. Rapports des attachés militaires. 1871-1907.
7N 1227-7N 1228. 1912-1914.
7N 1229-7N 1230. Renseignements divers. 1898-1903
7N 1232. Service de renseignements. 1902-1910
7N 1236. Rapports de l'attaché. 1913.
7N 1238. Renseignements sur l'armée anglaise. Éventualité d'une attaque sur   Brest 1898.
7N 1240.
7N 1247-1252. Colonies.
7N 1253-1255. Première Guerre mondiale. 1914-1919.
7N 2794-2867. Entre-deux-guerres.

7N 2798-2799. 1929-1932.
7N 2818. Attaché militaire à Londres. 1939.
7N 2842. Armée britannique. 1939-1940
27N 188-191. Mission française auprès du B.E.F. 1939-1940.

Papiers privés. Série K.
1K 193. Papiers Toutée.
1K 221. Papiers Huguet. Papiers La Panouse.
1K 534. Papiers Godfroy.

Archives consulaires de Nantes.
Londres ambassade 1919-1940
C 256.

1.8.3. Service historique de l'armée de l'Air.

Série B. État-major aérien. 2 B 82.
Série D. 1939-1940. 1 D 37. Collaborations entre les aviations française et britannique et demandes de cessions de Hurricane. septembre 1939- juin 1940.

1.9. Archives nationales, Paris.

Série F7.
F7 12823/13, 16 et 28. Voyage du roi d'Angleterre de Calais à Biarritz et retour (5 mars-15 avril 1908) ; passage du Lord-Maire de Londres à Boulogne-sur-Mer et à Calais (29 juillet1908).
F7 12842/10 et 13. Club anglais. 1904 et 1908.
F7 13450/1-4. Renseignements sur pays étrangers. Angleterre.

Papiers privés.
33 Mi 1. Correspondance d'Émile Loubet.
231 Mi 1. Papiers Marchand .Dossier 2. Coupures de presse anglaises sur Fachoda. Correspondance reçue par Marchand.

Dossier Légion d'honneur.
L2758053. Légion d'honneur Léon Willette.

1.10. Archives départementales.

1.10.1. Archives départementales de Paris.
VK3 102. Réception du Lord-Maire de Londres à l'Hôtel de Ville de Paris le 15 septembre 1895.
VK3 115. Réception du commandant Marchand.
VK3 120. Réception du président Kruger le 27 novembre 1900.
VK3 128. Réception des généraux Boers Boltia, Del et Dervet le 14 octobre 1902.
VK3 129. Visite du Roi d'Angleterre à Paris. Mai 1903.
VK3 146-148. Réception du *London County Council*. Réception de l'Université de Londres le 21 mai 1907.

VK3 150. Voyage à Londres des membres du conseil municipal. 6 octobre 1907.
VK3 158. Réception du maire de Douvres le 13 octobre 1909.
VK3 180. Visite du Roi d'Angleterre à Paris. Avril 1914.
VK3 194. Réception à l'Hôtel de Ville en l'honneur de M. les ambassadeurs et ministres des puissances alliées le 14 juillet 1918. [?]
VK3 196. Réception du Roi d'Angleterre le 29 novembre 1918.
VK3 198. Réception des délégations de la marine britannique le 24 avril 1919.
VK3 229. Réception du Lord-Maire de Liverpool le 12 février 1924.
VK3 228. Réception du Lord-Maire de Londres Bower le 25 juin 1925.
VK3 262. Réception du Lord-Maire de Liverpool le 9 juillet 1929.
VK3 311-312. Georges VI et Élisabeth à Paris le 20 juillet 1938.
VK3 313. Réception de Chamberlain le 24 novembre 1938.

1.10.2. Archives départementales des Alpes-Maritimes.
1 M 496. Police. 1899.
1 M 510. Lloyd George à Cannes 1929.
1 M 524. Visite des souverains britanniques. 1938.
1 M 548. Visite des souverains britanniques. 1938.
2 O 226. Inauguration du monument à Victoria. 1912.
2 O 599. Statue d'Édouard VII à Cannes. 1912.

1.10.3. Archives départementales de la Charente-Maritime.
2 M 4. Élections législatives 1910. Lanessan.
4 M 2/45. Rapport du préfet.
4 M 2/47. Préfecture. 1902.
4 M 5/26. Rapports de police. 1898-1904

1.10.4. Archives départementales de l'Indre-et-Loire. Archives de police M.
1M278. Passages du roi Édouard VII par Saint-Pierre-des-Corps.
4M46. Surveillance de la presse.
4M83. Tours, commissariat central.
4M123. Rapports de gendarmerie 1904-1913.
4M390. Étrangers à Tours en 1914.

1.10.5. Archives départementales du Finistère.
1M322. Réception de souverains étrangers. Fêtes franco-anglaises de Brest en 1905.
1M332. Fêtes.

1.11. Archives de la préfecture de police de Paris.

Ba 23. Étudiants 1896-1905.
 59. Voyage de Loubet en 1903.
 61. Affaires concernant Jeanne d'Arc.
 122. Puissances étrangères à l'exposition de 1900.
 206. Affiches 1er arrondissement élections 1902.
 889. Fêtes nationales du 14 juillet 1902-1906.
 935. Edmond Archdeacon.
 1064. Édouard VII.

1551. guerre des Boers.
1672. Visite des souverains en France.
1681. colonies étrangères
2019. Macdonald.
2052. Édouard VII. Churchill.
2053 2054. Voyages des souverains anglais.
2179. Grande-Bretagne.
2300. L'Assiette au Beurre. 1901-1934.

1.12. Archives municipales.

1.12.1. Archives municipales de Brest.
 1 D 2 28. Délibérations du conseil municipal 1905.
 I 14 5. Fêtes franco-britanniques. 1905. 1914. 1930.

1.12.2. Archives municipales de saint Malo.
Le Salut n°52-54, « centenaire de Surcouf», juillet 1927.

1.12.3. Archives municipales de Vernet-les-Bains.
 Dossier monument de l'Entente cordiale.

1.12.4. Archives municipales de Tours.
Journal d'Indre-et-Loire, juillet 1940.

1.13. Bibliothèque nationale.
 B.N.F. Estampes, Qe-345 (38)-4. Paroles dorées de M. Churchill.
 B.N.F. manuscrits. Papiers Lavisse. NAF 25170 et 25172. Correspondance reçue 1870-1917.

ALLEMAGNE.

1.13. Politisches Archiv des Auswärtigen Amtes, Berlin.

Allemagne.
 126. Nr. 2 adh. Recueil d'articles : la politique extérieure de la semaine
 Bd. 1. 1604. 1er juin 1901-28 février 1902. [faible]
1650
 135. Missions diplomatiques. Nr.2. L'ambassade de Londres.
 Bd 1. R 2126. novembre 1886-31 décembre 1905.
 Bd 2. R 2127. 1er juin 1906-31 octobre 1912.
 135 Nr. 3 L'ambassade de Paris.
 Bd 3. R 2132. 1er décembre 1900.-31 décembre 1906.
 Bd. 4. R 2133. 1er janvier 1907-1er mars 1920.
 148. Négociations avec l'Angleterre.
 1. R 2417. janvier 1889-1er juin 1898.
 2. R 2418.2 juin 1898-15 avril 1901.
 3. R 2419. 16 avril 1901-31 décembre 1901.
 4. R 2420. 1er janvier 1902-avril 1915.

Angleterre.
5096
69. Allgemeine Angelegenheiten Englands.
  Bd. 35. R 5428 1er janvier 1895-30 janvier 1901.
  Bd. 36. R 5429. 1er juillet 1901 - 31 décembre 1903.
  Bd 37. R 5430. 1er janvier 1903-31 décembre 1904.
  Bd 38. R 5431. 1er janvier 1905-31 mars 1906.
  Bd 39. R 5432. 1er avril 1906-31 août 1908.
71. Militär- und Marine- Angelegenheiten. [technique]
  Bd 26. R 5474. 1er mars 1895-31 juillet 1895.
  Bd 33. R 5481. 24 avril 1899-31 décembre 1899.
  Bd 34. R 5482. 1er janvier 1900-15 juillet 1900.
  Bd 35. R 5483. 16 juillet 1900-31 décembre 1900.
  Bd 47. R 5495. 1er août 1907-31 mars 1908.
71b. La Marine.
  Bd. 26. R 5537. 10 octobre 1894-31 janvier 1895.
  Bd. 62. R 5578. 1er octobre 1906-30 novembre 1907.
73. La presse anglaise.
  Bd. 3. R 5614. 1er janvier 1891-30 novembre 1901.
  Bd. 4. R 5615. 1er décembre 1901-30 juin 1902.
  Bd. 5. R 5616. 1er juillet 1902-30 septembre 1903.
  Bd. 21. R 5632. 1er octobre 1907-31 décembre 1907.
  Nd. 1. R 5644. décembre 1906-juillet 1914.
77. Projet de Tunnel.
  Bd.1. R 5662. juillet 1881-août 1917.
78. Les relations politiques de l'Angleterre avec l'Allemagne.
  Bd 8. R 5670. [Rien]
  Bd. 9.R 5671 1er janvier 1895-30 juin 1896
  Bd 13. R 5675. 1er janvier1900-31 mars 1900.
R5700
  Bd. 61. 5727. 1er novembre 1907-31 décembre 1907
78. Secret
  Bd. 2. R 5768. 1er janvier 1894-31 décembre 1895.
  Bd. 11. R 5777. 1er septembre 1907-5 mars 1908.
  Bd. 12. R 5778. 6 mars 1908-8 mars 1908.
  Bd. 18. R 5784. 1er février 1909-14 février 1909.
Angleterre 78. Négociations sur le partage colonial
  Bd 1. 5799. 1er juin 1898- 22 juin1898.

Prusse 1.

Frankreich 116.
Relations de la France avec l'Angleterre.
  Bd. 26. R 7269. 1er mai 1912-31 mai 1913.
  Bd. 1. R 7272. 1er janvier 1904-31 mai 1912.

Afrika Generalia 13.

Afrique du Sud.
Bd. 40
Bd. 41
Bd. 42
Bd. 43.
Bd. 44
Bd. 45
Bd. 45a
Afrika Generalia 13 n°2.
Bd 1-52. R 14715-14770. « La guerre de l'Angleterre contre le Transvaal et l'Etat-libre d'Orange 1899 ».
Bd 1-8. R 14771-14778. « Télégramme des attachés navals à Londres »
1. R 14771. 1er décembre 1899-28 février 1900.
n°2c.
Bd. 5-7. 14790-14792. « Question d'une intervention des puissances »

Nachlass von Eckardstein
Lascelles papers.
Nachlass
Bülow 153.

1.14. Bundesarchiv, Berlin.

R 1501. Reichsministerium des Innern
Beziehungen zum Ausland
Négociations en vue d'un traité avec l'Angleterre
3655. Oct. 1897-août 1899.
3656. Oct. 1899-mai 1907.

1.15. Geheimes Staatsarchiv Preußischer Kulturbesitz.

Rep. 53. König Wilhelm II.
Korrespondenz Bülow.

2. Archives audio et vidéo.

Actualités Gaumont 1910.
Défilé à Falaise en 1927, [archives filmées de l'I.N.A.].
« Monsieur Albert Lebrun : discours à l'Institut de France à Londres », archives radio de l'INA, BNF, [non consultable].
"Manchester adoption of Mezieres the lord mayor's pageant parade" film no. 2638,35 mn et "the visit to Mézières of the lord mayor of Manchester" c 1927, film no. 2639, 35 mn [North West Film Archive]
L'HERBIER Marcel, *Entente cordiale*, 1939, 1h50

3. Photos

BNF. Photos de l'agence Marcel Rol 1904-1937.

Mf K141950 et suiv. avril-juin 1912.
Mf K148672 et suiv. concours hippique. 26 juin 1913. Mf K148718. Monument à Victoria exposé à National Gallery en présence de Lord-Maire et Joffre juin-juillet 1913 ?
Fond Gilletta

II. Sources imprimées.
2.1. Archives publiées.
BUTLER Rohan et alii éd, *Documents on British Foreign Policy 1919-1939*, Londres, H.M.S.O., 1945 et rééd.
GOOCH G.P. et TEMPERLEY H. éd., *British Documents on the Origins of the War 1898-1914*, 14 vol., H.M.Stationery Office, 1925-1927.
Documents diplomatiques français. 1871-1914, 41 vol., Paris, Imprimerie nationale, 1929-1960.
LEPSIUS Johannes et alii, *Die grosse Politik der europäischen Kabinette 1871 - 1914* ; Berlin, Dt. Verl.-Ges. für Politik u. Geschichte, 40 vol., vol. 11-14.
FISHER M.H. et RICH Norman, *Die geheimen Papiere Friedrich von Holsteins*, 4 vol., Göttingen, Musterschmidt, 1963.
RÖHL JCG éd., EULENBURG Philipp Graf zu, *Politische Korrespondenz*, 3 t., 1976-1983, 56

2.2. Périodiques.
Journal officiel de la République française.

2.2.1. Journaux ou revues satiriques.

2.2.1.1. Journaux satiriques allemands.
Kikeriki
Kladderadatsch, 1898-1899.
 dont n° du 30 octobre 1898. « Le thermomètre de la guerre »
Lustige Blätter.
Simplicissimus, 1896-1907.
4e année 1899-1900
 n°31 („Englische Zivilisation", „ Engländer am Kap")
 n°32 („Englands Traum in Südafrika")
 n°34 („Siegeslauf")
 n°38 („Englische Menschenfreundlichkeit")
 n°40 („Der südafrikanische Riesenkater")
5e année 1900-1901
 n°10 („Deutsche Dogge und englische Bulldogge")
 n°11 („Der Raubmord in Südafrika")
6e année 1901-1902
 n°26 („Am Cap")
 n°32 („Englische Konzentrationslager")
 n°35 („Alpdrücken")
7e année 1902-1903

n°47 („Deutschland und England")
10e année 1905-1906
n°16 („Der Brite")
n°21 („Unsere englischen Freunde")
n°31 („Lansdowne und Delcassé")
n°50 („Vorfrühling")
12e année 1907
n°4 („Der englische Abrüstungsvorschlag")
ULK
Der wahre Jacob

2.2.1.2. Journaux satiriques français.
L'Assiette au Beurre.
n°1.
n°26 du 28 septembre 1901. « Les camps de reconcentration au Transvaal» par Jean Veber.
n°65 du 28 juin 1902. « L'Assiette au Beurre britannique » par Camara.
n°92 du 3 ? janvier 1903. « Les Anglais chez nous » par Sacha.
n°109 du 2 mai 1903. « Vive l'Angleterre » par Camara.
n°119 du 11 juillet 1903. « Loubet à London »
n°223 du 8 juillet 1905. « L'Entente cordiale»
n°471 du 9 avril 1910. « Mémoires inédits de Sa Majesté Édouard VII» par d'Ostoya.
n°479 du 4 juin 1910. George V par Camara.
n°572 du 30 mars 1912. « L'Entente cordiale» par Andrisek.
Le Burin satirique.
Le Crapouillot, « les Anglais », 1er novembre 1931.
Le Grelot « Comparaison Fachoda Transvaal» n°1499 31 décembre 1899.
Le Rire.
La Vie pour rire.

2.2.1.3. Journaux satiriques britanniques.
Punch

2.2.2. Reportages photos.
Black and white
n°759 vol 30 19 août 1905
Illustrated London news.
9 février 1901
L'Illustration, 1855-1941
dont *L'Illustration* n°4978 bis. Juillet 1938. Hors-série. « Les souverains britanniques en France » et *L'Illustration* n°5013. 1er avril 1939. « Le président de la République en Grande-Bretagne » [collection personnelle]

2.2.3. Journaux et revues sur l'Entente cordiale
La *Dépêche de Londres*
L'Entente cordiale and Hardelot Gazette, n°1-27, 12 août 1905-10/16 février 1906.
L'Entente Cordiale, 1906-1908.

La Revue des « Amitiés franco-étrangères », organe de l'Association « Les Amitiés Franco-Etrangères », « L'Entente Cordiale et les fêtes franco-britanniques », n°3, août-septembre 1914.

2.2.4. Journaux et revues militaires.
Armée et marine, 1901-1904.
La Revue maritime. 1895-1938.
La Marine française. 1900.

2.2.5. Journaux et périodiques nationaux et locaux.

2.2.5.1. Au Royaume-Uni.
The Daily Chronicle.
The Daily Herald.
The Daily Mail.
The Daily Worker.
The Economist.
The Financial Post.
The Manchester Guardian. (31 octobre 1898, 19 juin 1903, 27 mai 1912, 10 mai 1919, 10-11 mai 1921, 23 janvier 1931, Archives municipales de Manchester)
The Newcastle Daily Journal.
The Nineteenth Century Review.
The Observer.
The Pall Mall Gazette.
The Saturday Review of Politics.
The Sunday Express
The Times.
Riviera News.

2.2.5.2. En France.

Journaux nationaux.
Carrefour.
Le Cri du Transvaal.
La Dépêche coloniale.
L'Écho de Paris.
L'Écho national.
L'Éclair.
L'Événement.
Le Figaro.
La France.
La France au travail.
Le Gaulois.
L'Humanité.
Le Journal des économistes.
La Lanterne.
La Liberté.
La Paix

La Petite République.
Le Petit Journal.
Le Petit Parisien.
Le Rassemblement.
Le Siècle.
Le Soleil.
Le Temps.
La Voix du peuple

Journaux locaux.
Journal d'Indre-et-Loire.
Le Courrier de la Rochelle.
Le Journal du Midi.
Le Petit Niçois.
Le Républicain du Gard.

2.2.5.3. Autres journaux étrangers.
Gazette de Cologne
Irish Independent
New York Times
Nieuwe Rotterdamsche Courant

2.2.6. Autres périodiques.
The American Journal of International Law
English Review 1925
The Autocar.
HAMPOL (d') L., « A l'exposition franco-britannique », *Touche à tout. Magazine des magazines*, n°7, juillet 1908.
Nord und Süd, Englisch-Deutsche Verständigungsnummer, Leipzig, Vienne, Munich, Budapest, cahier 453 et 454, juin 1912.
Le XIXe siècle.

2.3. Publications officielles diverses.
Conseil municipal de Paris, *Réception des délégués des deux Républiques de l'Orange et du Transvaal et du président de la République sud-africaine*, Paris, Imprimerie nationale, 1901
Conseil municipal de Paris, *Visite de Sa Majesté le Roi Édouard VII à l'Hôtel de Ville de Paris le 2 mai 1903*, Paris, Imprimerie nationale, 1903, 25p.
Conseil municipal de Paris, *Relation officielle de la réception de leurs Majestés le Roi et la Reine de Grande-Bretagne et d'Irlande*, Paris, Imprimerie nationale, 1915, 75p.
Manchester City, *Manchester's Adoption of Mézières. The Lord Mayor's Grand Pageant Parade*, 2 juillet 1921.
Manchester City, *Foch Souvenir.*

3. Témoignages des contemporains.

3.1. Contexte historique de l'anglophobie.

La rivalité coloniale franco-britannique.
CAIX DE SAINT AMOUR Robert de, *Terre-Neuve Saint-Pierre et le French Shore, La Question des pêcheries et le traité du 8 avril 1904*, Paris, Société française d'imprimerie et de librairie, 1904, 101 p.
DARCY Jean, *France et Angleterre, Cent années de rivalité coloniale. L'Affaire de Madagascar*, Paris, Perrin, 1904, 2e éd. 1908, 161 p.
GARDEY P., *Anglophilie gouvernementale : manœuvres des protestants à Tahiti et à Madagascar*, Paris, Chamuel, 1897, 48p.
LEBON André, La *Politique de la France en Afrique 1896-1898*, Paris, Plon, 1901, 319p.
MAGER Henri, *Comment faut-il organiser Madagascar?*, Paris, 1895.

Article.
MURY Francis, « Les difficultés franco-siamoises », *Le Correspondant*, 10 septembre 1902, p. 867-889.

Les relations anglo-germaniques.
ANDERSON Pauline S.R., *Background of anti-English feeling in Germany*, 1939
BECKER Willy, *Fürst Bülow und England 1897-1909*, Bamberg, Greifswald, 1929, 410 p.
DREYER, *Deutschland und England in ihrer Politik und Presse im Jahre 1901*, Berlin, Ebering, 1934, 117p.
MEINECKE Friedrich, *Geschichte des deutsch-englischen Bündnisproblems 1890-1901*, Munich et Berlin, Oldenbourg, 1927, 268 p.
SAROLEA Charles, *Le Problème anglo-allemand*, 1912, trad. fr., Georges Crès, 384p.
SIEPER Ernst, *Deutschland und England in ihren wirtschaftlichen, politischen und kulturellen Beziehungen, Verhandlungen der Deutsch-Englischen Verständigungskonferenz*, 30 octobre-1er novembre 1912, Munich et Berlin, Oldenbourg, 1913.
WEBER Thomas, *Our Friend The Enemy. Elite education in Britain and Germany before World War I*, Stanford University Press, Stanford, 2007, 360p.

Les relations franco-britanniques.
La Revue des deux mondes, 15 mai 1949.

Royaume-Uni.
BRIGGS Asa, *They saw it happen, An anthology of Eye-witnesses' Accounts of Events in British History 1897-1940*, Oxford, Blackwell, 1960.
CHESTERTON G.K., *Les Crimes de l'Angleterre*, Paris, Georges Crès, 1916, 273p.
HOBSON John Atkinson, *Imperialism: a study*, Londres, Nisbet, 1902, 400p.
SIEGFRIED André, *La Crise britannique au XXe siècle*, rééd. Paris, Armand Colin, 1937, 216p.

3.2.Écrits de dirigeants.

Les dirigeants politiques.
En Allemagne.

BÜLOW Bernhard Fürst von, *Denkwürdigkeiten*, t.I: 1897-1902 et t.II:1902-1909 ,494 et 525 p., 4 vol., Berlin , 1930-1931, trad. fr. d'Henri BLOCH, *Mémoires du Chancelier prince de Bülow*, Paris, Plon, 1930-1931, t.I 1897-1902 et t.II 1902-1909,494 et 525p.
ECKARDSTEIN Hermann Freiherr von, *Lebenserinnerungen und politische Denkwürdigkeiten*, Leipzig, List, 1919.
WALDERSEE (Graf von), *Denkwürdigkeiten*, Stuttgart, Deutsche Verlagsanstalt, 1922, 3 vol., 423, 456 et 276p.

Au Royaume-Uni.
BRETT Maurice V. éd., *Journals and Letters of Reginald, Viscount Esher*, t.I., Londres, Nicholson et Watson, 1934.
CHAMBERLAIN Austen, *Down the Years*, Londres, Cassell, 1935, 324p.
CHANNON Henry, *The Diaries of Sir Henry Channon*, Londres, Weidenfeld & Nicholson, 1967, 495p.
CHURCHILL Winston, *Step by step. 1936-1939*, Londres, Butterworth, 1939.
Id, *Complete Speeches, 1897-1963*, 8 vol., New York et Londres, Chelsea House Publishers, 1974.
Id., *The Second World War*, 6 vol., Londres, Cassell, rééd. Penguin, 2005.
DILKS David éd., *The Diaries of Sir Alexander Cadogan, 1938-1945*, Londres, Cassell, 1971, 881p.
DUTTON David éd., *Paris 1918. The War Diary of the 17th Earl of Derby*, Liverpool, Liverpool University Press, 2001, 348p.
GREY OF FALLODON, *Twenty-five Years, 1892-1916*, Londres, Hodder-Stoughton, 1925.
HARDINGE of PENSHURST Charles (Lord), *Old Diplomacy*, Londres, Murray, 1947, 288p.
KELLY Denis et MACLEOD Roderick éd., *The Ironside Diaries, 1937-1940*, Londres, Constable ; 1962, 434p.
MILNER Alfred, *England in Egypt*, Londres, Arnold, 1892
PONSONBY Frederick, *Recollections of three reigns*, Londres, Eyre and Spottiswoode, 1951, 365p.
SOAMES Mary, *Speaking for themselves. The personal letters of Winston and Clementine Churchill*, Londres, Black Swan, 1999, 702p.
SPEARS Edward, *Two men who saved France : Pétain and de Gaulle*, Londres, Eyre et Spottiswoode, 1966, 222p.

En France.
Entente cordiale 1904-1944, Rio, 1944, 133p., p.108.
Un diplomate anonyme, *Allemagne ou Angleterre ?*, Paris, 1897, rééd. La Presse, 1899
BOMPARD Maurice, *Mon Ambassade en Russie 1903-1908*, Paris, Plon, 1937, 335p.
CAMBON Henri, *Paul Cambon, ambassadeur de France (1843-1924)*, Paris, Plon, 1937, 323p.
CAMBON Paul, *Correspondance 1870-1924*, 2 vol., t.II 1898-1911, «La tension franco-anglaise, l'Entente cordiale, les querelles allemandes, le coup d'Agadir. », Paris, 1940, Grasset, 368 p.
COMBARIEU Abel, *Sept ans à l'Élysée avec le Président Émile Loubet : de l'affaire Dreyfus à la conférence d'Algésiras 1899-1906*, Paris, 1932, 337 p.

ÉBRAY Alcide, *La France qui meurt*, Paris, Société française d'imprimerie et de librairie, 1910, 380p.
FLOURENS Émile, *La France conquise. Édouard VII et Clemenceau*, Paris, Garnier, 1906, 180p.
HANOTAUX Gabriel, *L'Affaire de Madagascar*, Paris, Calmann Lévy, 1896, 309p.
Id., *Raymond Poincaré*, Paris, Plon, 1934, 92p.
Id., *Carnets 1907-1925*, Paris, Pedone, 1982, 445p.
MILLET René, *Notre Politique extérieure de 1898 à 1905*, Paris, Juven, 1905, 370p.
MOCH Jules, *Rencontres avec…Darlan, Eisenhower*, Paris, Plon, 1968, 347p.
Id., *Une si longue Vie*, Paris, Robert Laffont, 1976, 653p.
PALÉOLOGUE Georges-Maurice, *Un grand Tournant dans la politique mondiale 1904-1906*, Paris, Plon, 1934, 459 p.
RIOUX Jean-Pierre éd., *Jaurès. Rallumer tous les soleils*, Paris, Omnibus, 2006, 941p.
SAINT-AULAIRE marquis de, *Confession d'un vieux diplomate*, Paris, Flammarion, 1953, 794p.

Article.
CAMBON Louis éd., « Lettres inédites de Paul Cambon », *Histoire, informations et documents*, n°3, mars 1970, p.68-97 et avril 1970, p.82-97.

Armée.
BERNHARDI Friedrich von (général), *Deutschland und der nächste Krieg*, Cotta, Stuttgart et Berlin, 1912, 333p.
BUGNET Émile (commandant), *En écoutant le maréchal Foch*, Paris, Grasset, 1929, 271p.
LEGRAND-GIRARDE (général), *Un Quart de siècle au service de la France (Carnets 1894-1918)*, Paris, Presses littéraires de France, 1954, 648p.
LYAUTEY Louis Hubert Gonzalve (colonel), *Du Rôle colonial de l'armée*, Paris, Armand Colin, 1900, 41 p.
MARTHIN-CHAGNY (pseud. MARTIN Louis), *L'Anglais est-il un juif ?*, Paris, Savine, 1895, 399p.
Id., *La sémitique Albion, (mœurs anglaises)*, Paris, Jouve, 1898, 390p.
SORB (capitaine), *Entre l'Allemagne et l'Angleterre. Avec l'Angleterre: amis ? certainement! ; alliés ? non! Avec l'Allemagne: amis ? Non! Alliés ? peut-être*, Paris, Chapelot, 1906, 371p.
THÉO-DOEDALUS pseud., *L'Angleterre juive. Israël chez John Bull, études sur l'histoire et la progressive influence des fils d'Israël dans la société, le négoce, la politique, l'armée, les lettres, les finances et les mœurs britanniques*, Bruxelles, Larcier, 384p.

Marine.
Politische Dokumente von A. von Tirpitz, bd. 1, „Der Aufbau der deutschen Weltmacht", Stuttgart, 1924.
Anonyme, « Croiseurs et éclaireurs », *Études sur la marine de guerre*, Paris, Berger Levrault, 1898, p.1-63.
ABEILLE Léonce, *Marine française et marines étrangères. Politique navale des grandes puissances, les organisations maritimes et les flottes actuelles, économies et réformes*, Paris, Armand Colin, 1906, 368p.

ARMOR D' (pseudonyme de LAUBEUF Alfred Maxime), *Les Sous-marins et la guerre contre l'Angleterre*, Paris, Augustin Challamel, 1899, 36p.
Id., *Les Luttes maritimes prochaines*, Paris, Challamel, 1908, 49p.
CLARAC Albert, *Mémoires d'un médecin de la Marine et des colonies,1854-1934*, Vincennes, S.H.M., 1994, 273p.
COUTAU-BÉGARIE Hervé éd., *Lettres et notes de l'amiral Darlan*, Paris, Economica, 1992, 794p.
DANRIT (capitaine, anagramme de DRIANT Emile-Augustin-Cyprien), *La Guerre fatale, les exploits d'un sous-marin*, Paris, Flammarion, 1903, 1192p, rééd. 1908.
Id., *Évasion d'Empereur*, Paris, Delagrave, 1904, 238p.
DAVELUY (amiral), *Réminiscences*, Paris, Economica, 1991, 2 vol., 373p. et 855p.
DEMIGNY A., *La Faillite de la marine, étude critique maritime et militaire*, Paris, Berger-Levrault, 1899, 151 p.
DUBOC Émile, *Le Point faible de l'Angleterre*, Paris, Dentu, 1897, 36 p.
Id., « Après Fachoda : la politique navale de la France », *Q.D.C.*, t.IX, 1900, p.338-351.
FARRÈRE Claude (pseud. Pour BARGONE Frédéric), *L'Inde perdue*, Paris, Flammarion, 1935, 283p.
FONTIN Paul, *Les Sous-marins et l'Angleterre*, Paris, Librairie militaire R. Chapelot & Cie, 1902, 70p.
GONTIER DE VASSÉ J.L., *Ich komme soeben aus England! : Tagebuch des französischen Dünkirchen-kämpfers*, Berlin, Nibelungen-Verlag, 1941, 60p.
LACOUR-GAYET Georges, *La Marine militaire de la France sous les règnes de Louis XIII et de Louis XIV, Paris*, Champion, 1911, t.1, 268p.
LOTI Pierre (pseud. Pour VIAUD Julien), *L'Inde (sans les Anglais)*, Paris, Calmann-Lévy, 1903, 458p.
Id., *Journal*, vol.1, « 1868-1878 », Paris, les Indes savantes, 2006, 649p.
MAËL Pierre (pseudonyme collectif pour CAUSSE Charles et VINCENT Charles), *Le Sous-marin le Vengeur*, Paris, Ollendorf, 1902.

Articles.
DÉGOUY (amiral), « Les relations anglo-françaises de 1815 à 1934 », *Revue politique et parlementaire*, n°479, octobre 1934, p.109-121.
Id., « Les accords anglo-allemands et la guerre sous-marine », *Revue politique et parlementaire*, n°488, juillet 1935, p.117-121.
DURAND-VIEL Georges (capitaine de vaisseau), « Delcassé et la Marine », *Revue maritime*, 1er semestre 1923, p.577-605.
GRANDHOMME Jean-Noël, « Du pompon à la plume :l'amiral Dégouy, commentateur de la guerre et de la paix. 1914-1919», *Guerres mondiales et conflits contemporains*, n°227, mars 2007, p.43 à 64.
VIGNOT (commandant), « En face de l'Angleterre », *Marine française*, 1900.

Milieux économiques.
Compagnie universelle du canal maritime de Suez, *Exposition franco-britannique Londres 1908, Le Canal maritime de Suez*, Paris, Société anonyme de publications périodiques, 1908.
"Charing Cross to Baghdad, A Great Inter-Allied reconstruction scheme", Londres, *The Daily Chronicle*, octobre 1917.

BARCLAY Thomas Sir, *L'Entente cordiale par l'un de ses artisans*, Paris, Société générale d'éditions illustrées, 1915, 320 p.
BODINGTON, *Le Développement futur de la Chambre de commerce de Paris*, 12 juin 1903.
CRUPPI Jean, Un *Siècle de commerce entre la France et le Royaume-Uni*, Paris, Imprimerie nationale, 1908, 138p.
DÉMOLINS Edmond, *A quoi tient la supériorité des Anglo-Saxons*, Paris, Firmin-Didot, 1897, 464p.
GUYOT Yves, *Le Commerce et les commerçants*, Paris, Doin, 1909, 535p.
HUGUET contre-amiral, *Le Port de Boulogne et le Tunnel sous la Manche*, Paris, Herrmann et fils, 1919, 34p.
ISTEL André, *The Franco-British financial agreement of December 1939*, Princeton, American Committee for International Studies, 1941, 11p.
KEYNES John Maynard, *Collected writings*, éd. par la Royal Economic Society, Macmillan, Cambridge University Press (C.U.P.), 1971..., 30 vol.
LEBON André, *Voyage au Sénégal et au Soudan de M. André Lebon, Ministre des Colonies*, Saint-Louis, Imprimerie générale du gouvernement, 1897, 219 p.
SARTIAUX Albert, *Le Tunnel sous-marin entre la France et l'Angleterre conférence faite à la Société industrielle du nord de la France dans sa séance solennelle du 20 janvier 1907*, Lille, Danel, 1907.

Essayistes, artistes et intellectuels.
Anonyme saxo-normand (PAVITT Arthur et YVELIN Albert), *Two friends of Old England being Mirabeau and Gambetta ; and J. Bonhomme in a nutshell*, Londres, Effingham Wilson, 1905, 212p.
Guide populaire de Londres et de ses environs, Londres, Walter Hill, 1908.
ADAM Juliette, *La nouvelle Revue*, mai/juin 1898, p 133-140.
BARDOUX Jacques, *Souvenirs d'Oxford*, Coulommiers, Brodard, 1898, 189p.
Id., *Croquis d'Outre-Manche*, Paris, Hachette, 1914, 235p.
BÉRARD Victor, *L'Angleterre et l'impérialisme*, Paris, Armand Colin, 1907, 383 p.
BÉRAUD Henri, *Faut-il réduire l'Angleterre en esclavage ?*, Paris, Éditions de France, 1935, 55p.
BERGOT Raoul, *De l'Origine sémitique des Anglais*, Paris, Librairie antisémite, 1903, 65p.
BOUTMY Émile, *Essai d'une psychologie du peuple anglais au XIXe siècle* , 1901, p.437.
BRANDON L., *Ballade à M. Paul Cambon par, à propos en un acte joué à University College (Londres) le 22 mai 1908, après la représentation des Fourberies de Scapin donnée sous le patronage de l'ambassadeur de France*, Lompards (Capitale d'Anglefrance), 1908.
CAPLAIN Jules, *La France en Haïti*, Paris, Levé, 1904, 83p.
CASAMAJOR L. de, *La Franc-maçonnerie anglaise : l'anticléricalisme et l'antipatriotisme la rendent maîtresse du Portugal et aussi de la France, de l'Espagne et de l'Italie*, Paris, 1907.
COLAJANNI Napoleone, *Latins et Anglo-Saxons*, Paris, Alcan, 1905, 432p.
COOK James Gwin, *Anglophobia: an analysis of anti-British prejudice in the United States*, Boston, The Four Seas Company, 1919, 138p.
COUBERTIN Pierre de, *L'éducation anglaise en France*, Paris, Hachette, 1889, 206p.

COULEVAIN Pierre de (pseud. Pour Augustine Favre de Coulevain), *L'Île inconnue*, Paris, Calmann-Lévy, 1906, 592p.
DALTON Hugh, *The Fateful Years : Memoirs 1931-1945*, Londres, 1947.
FINOT Jean, *Français et Anglais, l'Angleterre malade, Médecins et remèdes, Le peuple anglo-français*, Paris, Juven, 1903, 308p.
FOUILLÉE Alfred, *Esquisse psychologique des peuples européens*, Paris, Alcan, 1903, 550p.
GARSOUN Jules, *L'Anglophobie chez Barthélémy et Méry*, Paris, Fischbacher, 1900, 19p.
GUYOT Yves, *Les Causes et les conséquences de la guerre*, Paris, Alcan, 1915, 416p.
HALÉVY Élie, *Correspondance 1891-1937*, Paris, de Fallois, 1996, 803p.
HÉRISSON Charles D., *Les Nations anglo-saxonnes et la paix*, Paris, Sirey, 1936, 204p.
JARAY Gabriel Louis, *La Politique franco-anglaise et l'arbitrage international*, Paris, Perrin, 1904, 332 p.
LACOUR-GAYET Georges, *Napoléon, sa vie, son œuvre, son temps*, Paris, Hachette, 1921, 588p.
LA FAURE George, *Mort aux Anglais !*, 1892.
LA POULAINE Jean de, *L'Anglomanie*, Paris, Plon, 1900, 271 p.
LEONARD François, *La Conquête de Londres*, Genève, ATAR, Corraterie, 1912 - 1915.
MADARIAG Salvador de, *Englishmen, Frenchmen, Spaniards. An Essay in comparative psychology*, Londres, O.U.P., 1928, 256p.
MAUROIS André, *Édouard VII et son temps*, Paris, les éditions de France, 1933, 387 p.
MAURRAS Charles, *Kiel et Tanger, 1895-1905 : la République française devant l'Europe*, 1910, 2éd., Paris, Nouvelle Librairie nationale, 1913, 432p.
MERALL et RYP, « L'Entente Cordiale », *Les Refrains de la butte*, 1909.
MOLINARI Gustave de, *La Décadence de la Guerre*, Paris, Guillaumin, 1898, 314p.
RORTHAYS Emmanuel de, *Boërs, Anglais et Dreyfusards*, Chartres, de Durand, 1902, 4p.
SÉNÉCHAL Georges, *Haine aux Anglais*, Paris, Société d'éditions littéraires, 1898, 293 p.
SMYTH Ethel, *Entente cordiale*, Curwen, 1925, 106p.

Articles.
DARD Henry, « Delenda Carthago », *La Revue de Lille*, janvier 1899, Arras, Sueur Charrey, 1899, 10p.
LAVISSE Ernest, « Précautions contre l'Angleterre », *La Revue de Paris*, 1er janvier 1900, p.211-224.

Presse.
CARROLL Eber Malcolm, *French public opinion and Foreign Affairs 1870-1914*, Londres, The Century, 1931, 348p.
GRAND-CARTERET John, *John Bull sur la sellette. 140 images satiriques françaises, étrangères et même anglaises de 1800 à 1900*, Paris, Strauss, 48p.

3.3. Événements.

Invasion scare et fiction.
Anonyme anglais, « A bas les Anglais ! », Chapman & Hall, 1888, 152p.
Anonyme anglais, *Plus encore d'Angleterre ; or, repulse of the French*, J.W. Arrowsmith, 1888, 16p.
CHESNEY George Tomkyns, "The Battle of Dorking, Reminiscence of a Volunteer", Londres, *Blackwood's Magazine*, mai 1871, traduit et préfacé en français par Charles Yryarte, Paris, Plon, septembre 1871.
CURTIS A.C., A new Trafalgar. A tale of the torpedo fleet, Londres, Smith, Elder & Co, 1902, 301p.
LE QUEUX William, *The Invasion of 1910*, Londres, Nash, 1906, 550p.
MAUDE Colonel F.N., *The New Battle of Dorking*, Grant Richards, 1900, 255p.
TRACY L., *The Invaders*, Pearson, 1901, 428p.
Id., *The Final War*, Londres, Routledge, 1998.

Fachoda.
BARATIER Albert-Ernest-Augustin (général), *Fachoda*, Paris, Grasset, 1941, 229p.
BOURGUET Alfred, *La France et l'Angleterre en Égypte*, Paris, Plon, 1897, 287p.
CAIX DE SAINT AMOUR Robert (de*)*, *Fachoda. La France et l'Angleterre*, Paris, librairie africaine et coloniale, 1899, 321 p.
HANOTAUX Gabriel, *Le Partage de l'Afrique*, Fachoda, Paris, Flammarion, 1909, 358p.
LA BATUT Guy de, *Fachoda ou le renversement des alliances*, Paris, Gallimard, 1932, 282 p.
LEGRAND Jean, *La Leçon de Fachoda*, Paris, Berger-Levrault, 1899, 362p.
MONTEIL Parfait-Louis, *Souvenirs vécus. Quelques feuillets d'histoire coloniale*, Paris, 1924, 158p.

Articles.
BEAUPLAN Robert (de), « Un livre inédit sur Fachoda », *L'Illustration*, n°5144, 11 octobre 1941, p.174-175.
COURONNEL (comte de) , « Le *Blue Book* du gouvernement anglais sur Fachoda », *Q.D.C.*, 15 octobre 1898, p.203-208.
MANGIN général, « Lettres de la mission Marchand », *La Revue de Paris*, 15 septembre 1931, p.241-283
MICHEL Marc, « Fachoda dans la mémoire franco-britannique », *Centenaire des missions africaines 1897-1900*, 2003, p.27-38.

Guerre des Boers.
Les prédictions de Jean de Bloch par un témoin. La guerre au Transwall, Berne, Imprimerie Buchler & Co, 1903.
CABUY Arthur, *Cause divine de la guerre anglo-boer, poésie dédiée au poète officiel de la politique en Angleterre, publiée au profit des Boers*, G. Balat, Bruxelles, 1900, 7 p.
CONAN DOYLE Arthur, *The War in South Africa. Its cause and conduct*, Londres, Smith, 1902, trad. Fr. Sumichrast, *La Guerre dans l'Afrique australe. Causes et conduite*, Paris, Galignani, 1902, 183p.

DÉMOLINS Édouard, *Boers et Anglais. Où est le droit?*, Paris, Firmin-Didot, 1900, 24 p.
FOURNIER Pierre-Victor (capitaine), *La guerre sud-africaine*, 3 vol., t.II « Les échecs des Anglais », Paris, Chapelot, 1902.
LA POULAINE Jean de, *Le Colosse aux pieds d'argile, Étude sur l'Angleterre*, Paris, Plon-Nourrit, 1899, 291p.
MONTIS Raoul, *Un Volontaire français au Transvaal*, Abbeville, Paillart, 1902, 285p.
RORTHAYS E. (comte de), Boers, *Anglais et dreyfusards*, Chartres, Durand, 1902, 4p.

Articles sur la guerre des Boers.
BENDA Julien, « A propos de la guerre sud-africaine », *La Revue blanche*, janvier-avril 1900, p.321-328.
« Les Boers. Essai de psychologie sociale », *La Revue de Paris*, mai-juin 1900, p.673 à 721.

Entente cordiale
CHEIRO [comte Louis Hamon], *Fate in the Making. Revelations of a Lifetime*, New York, Harper, 1931, 355p.
DARAGON Henri, *Voyage à Paris de Sa Majesté Édouard VII*, Paris, Daragon, 1903, 143p.
DARCY Jean, DUCHENE A., de LA PRADELLE A, MONCHARVILLE M, PAISANT M et POLITIS N., *Les Accords franco-anglais du 8 avril 1904*, Paris, Pedone, 1905, 162p.
D'ESTOURNELLES DE CONSTANT Paul, *France et Angleterre*, Paris, Giard, 1904, 87p.
FREYCINET Charles de, *La Question d'Égypte*, Paris, Calmann-Lévy, 1905, 451p.
HARDINGE of PENSHURST Charles Lord, *A short record of the King's journey, March 30-May 5 1903*, Londres, Bumpus, 1903, 76p.
LANESSAN Jean-Louis de, *Histoire de l'Entente Cordiale franco-anglaise : les relations de la France et de l'Angleterre depuis le XVIe siècle jusqu'à nos jours*, Paris, Alcan, 1916, 310p.
LEGGE E., *King Edward VII in his true colours*, Londres, Nash, 1912, 416p.
SIEBERT B. (von), *Entente Diplomacy and the World. Matrix of the History of Europe, 1909-14*, Londres, Allena et Unwin 1921, 762p.

Articles sur l'Entente cordiale.
BENSIMON Fabrice, « Représentations franco-britanniques et diplomatie, de la première entente à 1904 », *Franco-British Studies*, 2004, n°35, p.65-77.
HALÉVY Élie, « Les origines de l'Entente 1902-1903 », *La Revue de Paris*, n°10, 15 mai 1924, p.293-319.

Première Guerre mondiale.
CESTRE Charles, *L'Angleterre et la guerre*, Paris, Didier, 2e éd., 1916, 372p.
DÉSAGNEAUX Henri, *Journal de guerre 14-18*, Paris, Denoel, 1971, 294p.
HUGUET général, *L'Intervention militaire britannique en 1914*, Paris, Berger-Levrault, 1928.
LACOUR-GAYET Georges, *Trois Actions de Guerre de la Marine britannique*, Paris, 1918, 29p.

MILLET Philippe, *Comrades in Arms*, Londres, Hodder et Stoughton, 1916, 252p
REPINGTON lieutenant, *The First World War 1914-1918*, Londres, Constable, 1921, 2 vol., 621 et 581p.
SPEARS Edward, *Liaison 1914*, Londres, Cassell, 1998, 588p., éd. fr. *En liaison 1914*, Paris, Presses de la Cité, 1967, 592p.
VEDEL Émile (commandant), *Nos Marins à la guerre (sur mer et sur terre)*, Paris, Payot, 1916, 320p.
WHARTON Edith, *Voyages au front. De Dunkerque à Belfort*, Paris, Plon, 1916, 291p.

Années vingt.
Mémorial des fêtes du cinquième centenaire de Jeanne d'Arc, Rouen, 23-31 mai 1931.
BERTIN Georges-Eugène, *L'Effort britannique de 1914 à 1918*, Paris, Association France-Grande-Bretagne, 32p., 1923.
CHARPENTIER John, *Notre nouvelle Amie l'Angleterre*, Paris, Hachette, 1919, 235p.
D'ABERNON Edgard Lord, *The Diary of an Ambassador*, 2 vol. New York, Doubleday, 1929-1930
BAINVILLE Jacques, *Les Conséquences politiques de la Paix*, Paris, Nouvelle Librairie nationale, 1920.
Id., *Petite histoire de France* ; Tours, Mame, 1931.
Id, *Napoléon*, Paris, Firmin, 593p., 1931.
BARDOUX Jacques, *Lloyd George et la France*, Paris, Félix Alcan, 1923, 455p.
BARNES Harry Elmer, *Genesis of the World War*, New York, Knopf, 1926, 750p.
CLEMENCEAU George, *Grandeurs et misères d'une victoire*, Paris, Plon, 1930, 312p.
FAY Sidney, *Origins of the World War*, 2 vol., New York, Macmillan, 1929.
De GAULLE Charles, *Histoire des troupes du Levant*, Paris, Imprimerie nationale, 1931, 64p.
KEYNES John Maynard, *The Economic Consequences of the Peace*, Londres, Macmillan, 1919, 279p. trad. française par Paul Franck, *Les Conséquences économiques de la paix*, Paris, Nouvelle Revue française, 1920, 239p.
KLOTZ Louis Lucien, *De la Guerre à la Paix. Souvenirs et documents*, Paris, Payot, 1924, 254p.
LLOYD GEORGE David, *The Truth About the Peace Treaties*, rééd., Londres, Gollancz, 1938.
LOUCHEUR Louis, *Carnets secrets*, Bruxelles, Brepols, 1962.
MANTOUX Paul, *Les Délibérations du Conseil des Quatre 24 mars-28 juin 1919*, Paris, Centre national de la Recherche Scientifique (C.N.R.S.), 1955, 2 vol., 523 et 579 p.
MANTOUX Étienne, *The Carthaginian Peace, or the Economic Consequences of Mr. Keynes*, Oxford, 1946.
MOREL E.D., *Der Schrecken am Rhein*, Berlin, Engelmann, 1920, 21p.
NICOLSON Harold George, *Peacemaking 1919*, Londres, 1934.
Id, *The Harold Nicolson Diaries and letters 1907-1964*, Londres, Weidenfeld, 2004, 460p.
POINCARÉ Raymond, *A la Recherche de la Paix 1919*, Paris, Plon, 1974.
SELSAM J.P., *The Attempts to form an Anglo-French Alliance 1919-1924*, Philadelphia, 1936, 85p.
TARDIEU André, *La Paix*, Paris, Payot, 1921, 520p.
WELLS Herbert George, *A Year of prophesying*, Londres, Fisher Unwin, 1924, 272p.

Articles.
BLOCH Marc, « H.G. Wells historien », *La Revue de Paris*, août 1922, p.860-874.
HALÉVY Élie, « L'opinion anglaise et la France », *Revue politique et parlementaire*, 10 octobre 1923, p. 354-371.

Années trente.
BARDOUX Jacques, *Journal d'un témoin de la Troisième République, 1er septembre 1939-15 juillet 1940*, Paris, Fayard, 1957.
BLOCH Marc, *L'Histoire, la guerre, la résistance,* Paris, Gallimard, 2006, 1176p.
BULLITT William Christian, *For the President, personal and secret*, Boston, Hougton Mifflin, 1972, 655p.
DAVIES David Lord, *The Anglo-French alliance. A reprint of an article from the November 1938 issue of the Contemporary Review*, Londres, The New Commonwealth, 1939, 12p.
DUFF COOPER Alfred, *Old Men forget. The Autobiography of Duff Cooper*, Londres, Rupert Hart-Davis, 1953, 399p.
PAUL-BONCOUR J., *Entre deux guerres. Souvenirs sur la IIIe République*, 3 vol., t.III, « Sur les chemins de la défaite 1935-1940 », Paris, Plon, 1946, 330p.
TABOUIS Geneviève, *Albion, perfide ou loyale*, Paris, Payot, 1938, 299p.,trad. brit. *Perfidious Albion-Entente Cordiale*, Londres, Thornton, 1938, 299p.

Articles.
ARNAVON J., « De la rivalité à l'Entente, de l'Entente à l'alliance, de l'alliance à la coopération », *France - Grande-Bretagne*, n°116, mai 1932, p.121-131.
KAYSER Jacques, "France and the international situation, discours du 19 mai 1936 à Chatham House", *International Affairs*, vol. 15, n°4, juillet-août 1936, p.506-524.

1940 et après.
ALBERT-SOREL Jean, *Histoire de France et d'Angleterre : la rivalité, l'entente, l'alliance*, Amsterdam, Les Éditions françaises d'Amsterdam, 1950, 569p.
APIS, *Paroles dorées de Mr. Churchill adressées à la Nation française*, 1940, 12p.
D'ASTIER DE LA VIGERIE Emmanuel, *Le Ciel n'était pas vide. 1940*, Paris, Julliard, 1952, 263p.
BAUDOUIN Paul, *Neuf mois au gouvernement, avril-décembre 1940*, Paris, Table Ronde, 1948.
BÉARN Pierre, *De Dunkerque à Liverpool, Journal d'un quartier-maître*, Paris, Gallimard, 1941.
BLUM Léon, *Mémoires*, Paris, Albin Michel, 1955, 556p.
BONNET Georges, *Le Quai d'Orsay sous trois républiques, 1870-1961*, Paris, Fayard, 1961, 519p.
BRIFFAULT Robert, *La Fable anglaise*, Paris, Balzac, 1943.
DE GAULLE Charles (général), *Mémoires de guerre*, Paris, Plon, 3 vol., 1954-1959.
DELPLA François éd., *Les Papiers secrets du général Doumenc 1939-1940*, Paris, Orban, 1992, 526p.
GAMELIN Maurice (général), *Servir*, Paris, Plon, 1946-1947, 3 vol.
LECA Dominique, *La Rupture de 1940*, Paris, Fayard, 1978.
LEFEVRE capitaine, *Les Marchands de mort subite, l'Intelligence Service contre la France*, Paris, Imprimerie spéciale des documents politiques, 1943, 45p.

MENGIN Robert, *de Gaulle à Londres*, Paris, Table ronde, 1965, 345p.
REBATET Lucien, *Les Décombres*, Paris, Pauvert, 1ère éd 1942, rééd. 1976.
RÉQUIN (général), *Combats pour l'honneur*, Paris, Lavauzelle, 1946, 211p.
REYNAUD Paul, *Mémoires*, Paris, Flammarion, 1959-1963, 3 vol.
SCHMITT (général), *Les Accords secrets franco-britanniques, histoire ou mythification*, Paris, P.U.F., 1957.
SOUSTELLE Jacques, *Envers et contre tout. Souvenirs et documents de la France libre 1940-1942*, t.I « Londres », Paris, Laffont, 1947, 473p.
SPEARS Edward, *Assignment to Catastrophe*, 2 vol., Londres, Heinemann, 1954, 332 et 333p.
VILLELUME Paul de, *Journal d'une défaite : 23 août 1939-16 juin 1940*, Paris, Fayard, 1976, 478p.
WELLS Herbert George, *'42 to '44. A contemporary Memoir upon human behaviour during the crisis of the World Revolution*, Londres, Secker et Warburg, 1944, 212p.
WEYGAND (général), *Mémoires*, Paris, Flammarion, 1950.

4. Collection privée d'objets

4.1.Collection de menus.
Collection particulière de M.Yves Françoise. http://www.menustory.com
Collection d'assiettes de M. J.M.. Moine.
Collection de revues de M. J.P. Midey http://www.assietteaubeurre.org

5. Exposition

5.1. Exposition virtuelle de Griffioen Grafiek sur « The Anglo-Boer War » http://www.griffioen-grafiek.nl/expositiesbw1.htmhttp://www.griffioen-grafiek.nl/expositiesbw1.htm

BIBLIOGRAPHIE

1. Le contexte international de l'anglophobie.

1.1. Un problème politique européen.
Opinion publique et politique extérieure (1870-1915), Rome, Publications de l'École française de Rome, 1981, in *Être historien des relations internationales*, Paris, Publications de la Sorbonne, 1998, 435 p., p.139-155.
AMBRIÈRE Madeleine dir., *Dictionnaire du XIXe siècle européen*, Paris, P.U.F., 1997, 1375 p.
BRIDGE Francis Roy, *The Great Powers and the European states system 1815-1914*, Londres, Longman, 1980, 208p.
CHARLE Christophe, *La Crise des sociétés impériales, Allemagne, France, Grande-Bretagne 1900-1940, Essai d'histoire sociale comparée*, Paris, Seuil, 2001, 529p., rééd. 2008.
DUROSELLE Jean-Baptiste, *Les Relations internationales 1871-1918. Les hommes d'État.* t. I., « Bismarck », Paris, S.E.D.E.S., 1958.
Id., *Tout Empire périra. Vision théorique des relations internationales*, Paris, Publications de la Sorbonne, 1981, 357 p.
Id. et RENOUVIN Pierre, *Introduction à l'histoire des relations internationales*, Paris, Pocket, 1997, 531p.
Id., *L'Europe de 1815 à nos jours : vie politique et relations internationales*, Paris, P.U.F., 1967, rééd. 1993, 451 p.
FREEDMAN Lawrence éd., *Military interventions in European conflicts*, Oxford, Blackwell, 1994, 195p.
GIRAULT René, *Diplomatie européenne et impérialismes 1871-1914*, Paris, Masson, 3e éd., 1997, 286 p.
Id., *Peuples et nations d'Europe au XIXe siècle,* Paris, Hachette, 1996, 271p.
HINSLEY Francis Harry et THOMSON David dir., *The New Cambridge Modern History*, t. XI, « Progrès matériels et problèmes mondiaux 1870 - 1898 » et t.XII, « L'Ère de la violence 1898-1945», Cambridge, C.U.P., 1962 et 1960, 744 p. et 845 p.
KENNEDY Paul Michael, *Naissance et déclin des grandes puissances: transformations économiques et conflits militaires, 1500-2000*, Paris, Payot, rééd. 2004, 990p.
LOWE John, *The Great Powers, Imperialism, and the German Problem, 1865-1925*, Londres et New York, Routledge, 1994, 257p.
RAUSCH Helke, *Kultfigur und Nation: Öffentliche Denkmäler in Paris, Berlin und London 1848-1914*, Munich, Oldenbourg Wissenschaftverlag, 2006, 797 p.
RENOUVIN Pierre, *La Crise européenne et la Première Guerre mondiale (1904-1918)*, Paris, Félix Alcan, P.U.F., 1934, 461 p.
Id., *Histoire des relations internationales. Le XIXe siècle*, t.II « De 1871 à 1914. L'Apogée de l'Europe », Paris, Hachette, 1955, 401 p., nlle. éd., 1994.
TAYLOR Alan John Percivale, *The Struggle for Mastery in Europe*, Oxford, O.U.P., 1954, 638p.

Articles.
DUROSELLE Jean-Baptiste, « Opinion, attitude, mentalité, mythe, idéologie : essai de clarification », *Relations internationales*, n°2, nov.1974, p.3-23.
FRANK Robert, « Images et imaginaire dans les relations internationales depuis 1938: problèmes et méthodes », *Cahiers de l'Institut du temps présent (I.H.T.P.)*, n°28, juin 1994, p.5-11.
Id., « Qu'est-ce qu'un stéréotype ? », JEANNENEY Jean-Noël dir., *Une Idée fausse est un fait vrai*, Paris, Odile Jacob, 2000, p.17-26.

1.2. Une anglophobie sur fond de rivalités coloniales.
AGERON Charles-Robert, *L'Anticolonialisme en France de 1871 à 1914*, P.U.F., 1973, 53p.
Id., *France coloniale ou Parti colonial ?*, Paris, P.U.F., 1978, 302 p.
ANDREW Christopher M. et KANYA-FORSTNER A. S. dir., *France Overseas. The Great War and the Climax of French Imperial Expansion*, Londres, Thames and Hudson, 1981, 287p.
BARNETT Correlli, *The Collapse of British Power*, Londres, Eyre Methuen, 1972, 643p.
BAUMONT Maurice, *L'Essor industriel et l'impérialisme colonial (1878-1904)*, Paris, P.U.F.,3e éd. 1965, 628 p.
BOUCHE Denise, *Histoire de la colonisation française*, t.II « Flux et reflux 1815-1962», Paris, Fayard, 1991, 607 p.
BROWN Judith et LOUIS W. Roger et PORTER A. éd., *Oxford History of the British Empire*, vol. III et IV. Oxford, O.U.P., 1999.
CAIN Peter J. et HOPKINS Anthony G., *British Imperialism, 1688-1990*, 2 vol., Londres, Longman, 1993, rééd. 2002, 739p.
DARWIN John, *The Empire project, the Rise and Fall of the British Worldsystem 1830-1970*, Cambridge, C.U.P., 2009, 814p.
GANIAGE Jean, *L'Expansion coloniale et les rivalités internationales*, t.I, Paris, C.D.U., 1975, 312 p.
GRIMAL Henri, *De l'Empire britannique au Commonwealth*, Paris, A. Colin, 1971, rééd. 1999, 416p.
GUILLEN Pierre, *L'Expansion 1881-1898*, Paris, Imprimerie nationale, 1984, 521p.
HOBSBAWM Eric John, *L'Ère des empires 1875-1914*, trad. à Paris, Fayard, 1987, 495 p., trad. fr. 1989.
LANGER William L., *The Diplomacy of imperialism, 1890-1902*, 2 vol., New York, Knopf, 1935, 414 et 797p.
MARSEILLE Jacques, *Empire colonial et capitalisme français. Histoire d'un divorce*, Paris, Seuil, 1984, 465p., rééd 2005, 638p.
MEYER Jean, REY-GOLDZEIGUER Annie, TARRADE Jean, THOBIE Jacques, *Histoire de la France coloniale*, 2 vol., Paris, Armand Colin,1991, 846 p.et 654p.
OLIVER Roland et SANDERSON George Neville éd., *The Cambridge History of Africa*, t.VI « De 1870 à 1905 » , Cambridge, C.U.P., 1985, 956p.
PAKENHAM Thomas, *The Scramble for Africa 1876-1912*, Londres, Weidenfeld, 1991, 738p.
PORCH Douglas dir., *Atlas des guerres des empires britanniques, français, ottoman et russe,* Paris, Autrement, 2002, 224p.
SIEBERG Herward, *Eugène Étienne und die französische Kolonialpolitik (1887-1904)*, Cologne et Opladen, Westdeutscher Verlag, 1968, 210 p.

Articles.
AGOSTINO D' Anthony, "The Revisionist Tradition in European Diplomatic History", *Journal of the Historical Society*, juin 2004, vol.4, n°2.
BRUNSCHWIG Henri, "Anglophobia and French African Policy", in GIFFORD Prosser et ROGER LOUIS William éd., *France and Britain in African Imperial Rivalry and Colonial Rule,* New Haven, Yale University Press, 1971.
UKPABI S.C., "The Anglo-French Rivalry in Borgu: A Study of Military Imperialism", *African Studies Review*, vol. 14, n°3, décembre 1971, p. 447-461.

1.2.2. Lieux de mémoires européens.

2. Anglophobie et histoire nationale.

2.1. Le Royaume-Uni de 1890 à 1940.
BARNETT Correlli, *Britain and Her Army 1509-1970 : A Military, Political and Social Survey,* Londres, Allen, 1970, 530p.
BÉDARIDA François, *Histoire de l'Angleterre contemporaine*, t.II, « L'Angleterre triomphante 1832-1914 », Paris, Hatier, 1974, 224 p.
Id., *La Société anglaise 1851-1975*, Paris, Arthaud, 1976, 382 p., réed. *La Société anglaise du milieu du XIXe siècle à nos* jours, Paris, Seuil, 1990.
Id. et GENÊT Jean-Philippe, *Histoire de la Grande-Bretagne*, Paris, Larousse, 1978, 256p.
BOND Brian, *The Victorian Army and the Staff College 1854-1914*, Londres, Eyre Methuen, 1972, 350p.
BONNET Christian, *Le Royaume-Uni de 1837 à 1914. De l'époque victorienne à la Grande Guerre*, Paris, Nathan, 1997, 128 p.
BUTLER David et Gareth, *British Political Facts :1900-1994*, Londres, Macmillan, 7e éd.,1994, 541p.
CHARLOT Monica, *Victoria. Le pouvoir partagé*, Paris, Flammarion, 1989, 477p.
CHASSAIGNE Philippe, *Lexique d'histoire et de civilisation britannique*, Paris, Ellipses, 1997, 256 p.
Id., *Histoire de l'Angleterre*, Paris, Flammarion, 2008, 608p.
HALÉVY Élie, *Histoire du peuple anglais au XIXe siècle*, t.IV « Épilogue I-Les Impérialistes au pouvoir 1895/1905 », Paris, Hachette, 1975, 430p.
LEBECQ Stéphane et alii, *Histoire des îles britanniques*, Paris, P.U.F., 2007, 908p.
MORGAN Kenneth, *The Oxford Illustrated History of Britain*, Oxford, O.U.P., 1984, 640p.
MORRIS Peter, *Histoire du Royaume-Uni*, Paris, Hatier, 1992, 347 p.
MOUGEL François-Charles, *Histoire du Royaume-Uni au XXe siècle*, Paris, P.U.F., 1996, 600 p.

2.2. La France de 1890 à 1940.
AGULHON Maurice, *La République de Jules Ferry à François Mitterrand.1880-1932*, Paris, Hachette, 1990, réed. *La République. L'élan fondateur et la grande blessure (1880-1932)*, t.I, Paris, Hachette, 1999, 468 p.
ALBERTINI Pierre, *L'École en France, XIXe-XXe siècle,* Paris, Hachette., 2002, 190p.
CHAUBET François, *La Politique culturelle française et la diplomatie de la langue. L'Alliance française (1883-1940)*, Paris, L'Harmattan, 2006, 321p.

DUROSELLE Jean-Baptiste, *La France de la « Belle Époque »*, Paris, F.N.S.P., 1ère éd.1972, rééd. 1992, 377 p.
GIRARDET Raoul, *Mythes et mythologies politiques*, Paris, Seuil, 1986, 216p.
KEIGER John F.V., *France and the world since 1870*, Londres, Arnold, 2001, 261p.
LEDUC Jean, *L'Enracinement de la République 1879-1918*, Paris, Hachette, 1994, 238 p.
MAYEUR Jean-Marie, *Les Débuts de la IIIe République 1871-1898*, Paris, Seuil, 1973, 256 p.
NORA Pierre dir., *Les Lieux de mémoire*, 3 vol., Paris, Gallimard, 1984-1992.
WESSELING H. L., *Certain Ideas of France: essays on French history and civilization*, Londres, Greenwood, 2002, 205p.
WINOCK Michel dir., *Nationalisme, antisémitisme et fascisme en France*, Paris, Seuil, 1990, 446 p.
ZELDIN Théodore, trad. fr. C. Ehrel et O. de Lalène, *Histoire des passions françaises, 1848-1945*, Paris, Encres, 1978, 5 vol., 1278p., t.II « Orgueil et intelligence ».

Articles.
KEIGER John F.V., "Patriotism, politics and policy in the Foreign Ministry, 1880-1914", in R. Tombs dir., *Nationhood and nationalism in France from Boulangism to the Great War, 1889-1918*, Londres, Harper, 1991, 286p., p.255-266.
PORTES Jacques, « L'épreuve de l'étranger », SIRINELLI Jean-François dir., *Histoire des droites en France.*,3 vol., 1992, *t.3*, « Sensibilités », p.165-206.

2.3. L'Allemagne de 1890 à 1940.
GALL Lothar, *Otto von Bismarck und Wilhelm II., Repräsentanten eines Epochenwechsels?*, Münich, Padeborn, 2000, 141p.
KOTT Sandrine, *L'Allemagne du XIXe siècle*, Paris, Hachette, 1999, 254 p.
Id., *Bismarck*, Paris, F.N.S.P., 2003, 357p.
LERMAN Katharine Anne, *The Chancellor as Courtier, Bernhard von Bülow and the Governance of Germany 1900-1909*, Cambridge, C.U.P., 1990, 350p.
McLEAN Roderick R. et SELIGMANN S. Matthew, *Germany from Reich to Republic, 1871-1918*, New York, St. Martin's press, 2000, 195 p.
MOMMSEN Wolfgang J., *Der autoritäre Nationalstaat. Verfassung, Gesellschaft und Kultur im deutschen Kaiserreich*, Francfort, Fischer, 1990, 496p.
NIPPERDEY Thomas, *Nachdenken über die deutsche Geschichte*, Munich, Beck, 1986, 352p.
Id., *War die wilhelmische Gesellschaft eine Gesellschaft der Untertanen?*, Stuttgart, Steiner, 1987, 35p.
PULZER Peter, *Germany 1870-1945*, Oxford, O.U.P., 1997, 175p.
RÖHL John, *Der Aufbau der persönlichen Monarchie 1888-1900*, Munich, Beck, 2001.
SCHULZE Hagen, *Kleine Deutsche Geschichte*, Munich, Beck, 1996, 318p.
WEHLER Hans-Ulrich, *Das deutsche Kaiserreich 1871-1918*, Göttingen, Vandenhoeck & Ruprecht, 1973, 272p.
WINZEN Peter, *Bernhard, Fürst von Bülow, Deutsche Politik*, Bonn, Bouvier, 1992, 609p.

3. Une expression des relations bilatérales. La « trianglophobie ».

3.1. Relations franco-britanniques.
Colloque franco-britannique du comité international d'histoire de la seconde guerre mondiale, Imperial War Museum, Londres, 18-21 octobre 1971.
Pau, ville anglaise du romantisme à la Belle Époque, exposition de la Bibliothèque municipale de Pau, mai-juin 1978.
APRILE Sylvie et BENSIMON Fabrice, *La France et l'Angleterre au XIXe siècle*, Paris, Créaphis, 2006, 580p.
BÉDARIDA François, CROUZET François et JOHNSON Douglas éd., *Britain and France. Ten Centuries*, Chatham, Dawson, 1980, 379p.
BEGUE Stéphane, *Les Célébrations de l'Entente cordiale*, mémoire de DEA, Sciences Po 2004, 166p.
BELL Philip Michael Hett, *France and Britain 1900-1940: Entente and Estrangement*, Londres, Longman, 1996, 275p.
Id., *France and Britain 1940-1994 : The Long Separation*, Londres, Longman, 1997, 320p.
BONNAUD Laurent dir., *France-Angleterre : un siècle d'Entente cordiale 1904-2004. Deux nations, un seul but ?*, Paris, L'Harmattan, 2004, 308p.
BRISSON Max, *1900. Quand les Français détestaient les Anglais*, Biarritz, Atlantica, 2001, 194p.
CAPET Antoine éd., *Britain, France and the Entente cordiale since 1904*, Londres, Macmillan, 2006, 225p.,
CHASSAIGNE Philippe, DOCKRILL Michael L. et LAWRENCE Michael dir., *Anglo-French Relations 1898-1998, from Fashoda to Jospin*, Basingstoke, Palgrave, 2002, 211p.
COOPER-Richet Diana, *L'Entente cordiale: Cent Ans de relations culturelles franco-britanniques (1904-2004)*, Paris, Creaphis, 2006, 390p.
DAVIS Richard, *Anglo-French Relations before the Second World War. Appeasement and Crisis*, Londres, Palgrave, 2001, 219p.
DUROSELLE Jean-Baptiste, « *Les Ententes cordiales* », *De Guillaume le conquérant au Marché commun*, Paris, Albin Michel, 1979.
GAVIN Catherine, *Britain & France, Une étude des relations au XXe siècle, L'Entente cordiale*, Jonathan Cape, Londres, 1941, 303 p.
GENÊT Jean-Philippe et RUGGIU François-Joseph dir., *Les Idées passent-elles la Manche ? Savoirs, représentations, pratiques (France-Angleterre, X^e-XXe siècles)*, Paris, P.U.P.S., 2007, 399p.
GIBSON Robert, *Best of Enemies. Anglo-French Relations since the Norman Conquest*, Londres, Sinclair-Stevenson, 1995, rééd. 2004, 326p.
HALPERN Paul G., *The Mediterranean naval situation, 1908-1914*, Cambridge, Harvard University Press (H.U.P.), 1971, 415p.
JOHNSON Douglas, MAYNE Richard et TOMBS Robert, *Cross Channel Currents; 100 Years of Entente cordiale*, Londres, Routledge, 2004, 328p.
MACKENZIE Fraser, *Les Relations de l'Angleterre et de la France d'après le vocabulaire*, 2 vol., t.I, « Anglicismes français », Genève, Droz, 1939, 352p.
MANWARING Anthony, *La Perfide Albion dans l'imaginaire français au XXe siècle*, mémoire d'I.E.P. Aix-en-Provence sous la direction de M. le professeur J.C. Ricci, 1995.

MILLAT Gilbert, *Angleterre ou Albion, entre fascination et répulsion. De l'Exposition universelle au Dôme du millénaire : 1851-2000*, Lille, Université de Lille III, 2006, 266p.
RADICE Gilles et VIOT Jacques, *L'Entente cordiale dans le siècle*, Paris, Odile Jacob, 2004, 364p.
SERODES Fabrice, *Diplomates et militaires face à l'anglophobie, 1898-1905*, mémoire de maîtrise sous la direction de M. le professeur Robert Frank, Université de Paris I-Panthéon-Sorbonne, 2000.
Id., *Sauver les apparences : dirigeants allemands et français face à l'anglophobie, 1895-1914*, mémoire de D.E.A. sous la direction de M. le professeur Robert Frank, Université de Paris I-Panthéon-Sorbonne, 2002.
SHARP Alan et STONE Glyn dir., *Anglo-French Relations in the twentieth Century. Rivalry and Cooperation*, Londres et New York, Routledge, 2000, 355 p.
TOMBS Isabelle et Robert, *That sweet enemy. The French and the British from the Sun King to the Present*, Londres, Heinemann, 2006, 780p.
TOUT T.F., *France and England*, Manchester, Manchester University Press, 1922, 168p.
VION Marc, *Perfide Albion ! Douce Angleterre ?*, Saint-Cyr-sur-Loire, Alan Sutton, 2002, 312p.
WAITES Neville, *Troubled Neighbours, Franco-British Relations in the Twentieth Century*, Londres, Weidenfeld et Nicolson, 1971, 386 p.

Articles.
Diplomacy and Statecraft, n°4, vol. 17, Londres, Routledge, décembre 2006.
Relations internationales n°117, « Cent ans d'Entente cordiale », printemps 2004, 131p.
CROUZET François, « Images d'outre-Manche: la France vue par les Britanniques, la Grande-Bretagne vue par les Français, 1904-2004 », *Histoire, économie et société*, janvier 2006, p.131-141.

3.2. Relations germano-britanniques, anglophobie en Allemagne et germanophobie au Royaume-Uni.
ANDERSON Pauline S. R., *Background of anti-English feeling in Germany 1890-1902*, American U.P., 1939.
BERGAHN Volker, *Germany and the approach of War in 1914*, Londres, Macmillan, 1979.
GEPPERT Dominik, *Pressekriege. Öffentlichkeit und Diplomatie in den deutsch-britischen Beziehungen (1896-1912)*, Munich, Oldenbourg, 2007, 490p.
KENNEDY Paul Michael et NICHOLLS Anthony dir., *Nationalist and racialist movements in Britain and Germany before 1914*, Londres, Macmillan, 1981, 210 p.
Id., *The Rise of the Anglo-German Antagonism 1860-1914*, Londres, Allen et Unwin, 1982, 604p.
Id., *Strategy and Diplomacy 1870-1945*, Londres, Allen et Unwin, 1983, 254p., trad. fr. *Stratégie et diplomatie, 1870-1945*, Paris, Economica, 1988, 362p.
MCDONOUGH Frank, *The Conservative Party and Anglo-German Relations, 1905-1914*, Londres, Palgrave-Macmillan, 2007, 184p.
MOMMSEN Wolfgang J., *Two Centuries of Anglo-German Relations. A reappraisal*, Londres, Institut d'histoire allemand, 1984, 32p.
ORGILL Nathan N., *"Three and a half men", The Bülow-Hammann System of Public*

Relations before the First World War, PhD under Alex Roland, Duke University, 2009, 396p.
ROBBINS Keith, *Present and Past. British Images of Germany in the First Half of the Twentieth Century and their Historical Legacy*, Wallstein, Göttingen, 1999, 52p.
RÜGER Jan, *The Great Naval Game: Britain and Germany in the Age of Empire*, Cambridge, C.U.P., 2007, 337 p.
STIBBE Matthew, *German Anglophobia and the Great War, 1914-1918*, Cambridge, C.U.P., 2001, 267p.
WINZEN Peter, *Das Kaiserreich am Abgrund, Die Daily-Telegraph Affäre und das Hale-Interview von 1908*, Stuttgart, Steiner, 2002, 369p.

Articles.
HARDACH, Karl, „Anglomanie und anglophobie während der industriellen Revolution in Deutschland", *Schmollers Jahrbuch für Wirtschafts- und Sozialwissenschaften*, 91, 1971, p.153-181.
KENNEDY Paul Michael, « Problème de stratégie maritime de la rivalité maritime germano-britannique », in coll., *Marine und Politik im kaiserlichen Deutschland, 1871-1914*, Düsseldorf, Droste, 1972, 328p., p.178-210.
STIBBE Matthew dir., *A Dialogue of the Deaf? Historiographical Connections between Britain and Germany, c. 1750-2000*, conférence organisée par le Centre britannique de recherche historiographique en Allemagne en collaboration avec l'Institut d'histoire Max Planck, Göttingen, 2-4 septembre 1999, *German History* n°18, 2000, p.86-93.
WERNER Steffen, "Hundred Years of War against Germany", *The Revisionist* 1(4) (2003), pp. 373-385.

4. Géographie et sociologie de l'anglophobie.

4.1 L'anglophobie.

L'image de l'Angleterre dans l'opinion en Allemagne et en France.

En Allemagne.
FÄLSCHLE Christian, *Rivalität als Prinzip, Die englische Demokratie im Denken des wilhelmischen Deutschland 1900-1914*, Francfort, Peter Lang, 1991, 293p.
FRANCOIS Étienne et SCHULZE Hagen dir., *Deutsche Erinnerungsorte*, 3 vol., Munich, Beck, 2001.
HOLLENBERG Günter, *Englisches Interesse am Kaiserreich*, Wiesbaden, Steiner, 1974, 325p.

En France.
BARBLAN Andris, *L'Image de l'Anglais en France pendant les querelles coloniales (1882-1904)*, Berne, Herbert Lang, 1974, 234 p.
CATTANEO Bernard, *La Grande-Bretagne dans l'opinion française, étude des mentalités politiques (1870-1904)*, thèse de 3e cycle, Aix-Marseille III, 1981, 247 p.
CROUZET François, *De la Supériorité de l'Angleterre sur la France, L'économique et l'imaginaire XVIIe-XXe siècle,* Paris, Perrin, 1985, 596 p.
GUIFFAN Jean, *Histoire de l'anglophobie en France*, Rennes, Terre de Brume, 2004, 277p.

LORBLANCHET Hélène, *L'Opinion française sur l'Angleterre, de Fachoda à la Grande Guerre (1898-1914)*, 2 vol., thèse de l'École des Chartes, 1989.

Articles.
CORNICK Martyn, "The myth of perfidious Albion and French national identity", in DUTTON D. ed., *Statecraft and Diplomacy in the Twentieth Century: essays presented to P.M.H. Bell*, Liverpool, Liverpool University Press, 1995, p.7-33.
DAVIS Richard, *Britain through the Franco-British Looking-Glass: Some Reflections on Britain's Image(1923-1973)*, in MILLAT Gilbert dir., *Angleterre ou Albion, entre fascination et répulsion. De l'Exposition universelle au Dôme du Millénaire : 1851-*2000, Lille, Université de Lille 3, 2006, p.63-73.
GERBOD Paul, « Cultures et mythes raciaux... un exemple : L'Anglophobie dans la culture française du XIXe et du XXe siècle (approche méthodologique, bibliographique et thématique) », *Interethniques*, 1978.
GRAILLES Bénédicte, « Amis et ennemis avant 1914 : l'exemple de la Russie, de l'Angleterre et de l'Allemagne », *Revue du Nord*, tome LXXX, n°325, avril-juin 1998, p. 249-283.
JAUFFRET Jean-Charles, « Un Témoin de l'anglophobie de la fin du siècle dernier : le corps des spahis de l'Inde française (1737-1918) » , n°102 de *Revue historique*, 1988.
PITT Alan, "A changing Anglo-Saxon myth : its development and function in French political thought, 1860-1914", *French History*, vol. 14, n°2, juin 2000, p.150-173.
SCHMIDT H. D., "The idea and slogan of « Perfidious Albion »", *Journal of History of Ideas*, 1993, p.604-616.

Perspectives anglophobes.

Autres anglophobies parallèles.
CRAPOL Edward P., *America for Americans: economic nationalism and anglophobia in the late XIXth century*, Wesport, Greenwood Press, 1973, 248 p.
JOHNSON William, *Anglophobie: made in Québec*, Montréal, Stanké, 1991, 477p.
LEUPOLD Bernd, „*Weder anglophil noch anglophob"*, *Grossbritannien im politischen Denken Konrad Adenauers*, Francfort, Peter Lang, 1997, 367p.
MOSER John E., *Twisting the Lion's Tail, Anglophobia in the United States, 1921-1948*, Londres, Macmillan, 1999, 263p.
PARKMAN Francis, *France and England in North America*, New York, Literary classics of the United States, 1983, 2 vol. 1504 et 1620 p.

Articles.
CRAPOL Edward P., "From Anglophobia to Fragile Rapprochement: Anglo-American Relations in the Early Twentieth Century", in SCHRÖDER Hans-Jürgen, *Confrontations and Cooperation*, Providence, Berg, 1993, p.13-31.
LAURANDEAU André, « Nos écoles enseignent-elles la haine des Anglais? A propos des manuels d'histoire », *L'Action nationale*, n°18, octobre 1941, p.104-123.
VERGNIOLLE DE CHANTAL, « Les racines de l'anglophobie aux États-Unis : enjeux de pouvoir et héritage culturel », in ALEXANDRE-COLLIER Agnès dir., *La « Relation Spéciale » Royaume-Uni/États-Unis. Entre mythe et réalité*, Nantes, Éditions du Temps, 2002., p.167-181.

Autres phobies françaises.
KASPI André, *Le Temps des Américains. Le concours américain à la France en 1917-1918*, Paris, Publications de la Sorbonne, 1976, 375p.
MILZA Pierre, *Français et Italiens à la fin du XIXe siècle. Aux origines du rapprochement franco-italien de 1900-1902*, École française de Rome, 1981, 1114p.
PALAYRET Jean-Marie, *L'Alliance impossible*, Paris, Service historique de la Marine, juin 2004, 581p.
PORTES Jacques, *Une fascination réticente, les États-Unis dans l'opinion française, 1870-1914*, Nancy, Presses universitaires de Nancy, 1990.
RÉMOND René, *Les États-Unis devant l'opinion publique française, de 1815 à 1852*, Paris, F.N.S.P., 1962, thèse de 3e cycle , rééd. Armand Colin, 2 vol. X+973 p.
ROGER Philippe, *L'Ennemi américain : généalogie de l'antiaméricanisme français*, Paris, Seuil, 2002, 608p.
SIMARD Sylvain, *Mythe et reflet de la France, l'image du Canada en France, 1850-1914*, Ottawa, Presses de l'Université d'Ottawa, 1987, 440p.

4.2.Chronologie.

Persistance de la mémoire. Avant 1895.
ACOMB Frances, *Anglophobia in France 1763-1789: an essay in the history of constitutionalism and nationalism*, Durham, Duke University Press, 1950, 167p.
BLACK Jeremy, *Natural and necessary enemies, Anglo-French relations in the eighteenth century,* Londres, Duckworth, 1986, 220 p.
DUPUY Pascal, *Face à la Révolution et l'Empire – Caricatures anglaises (1789-1815)*, Paris, Paris Musées, 2009, 190 p.
GRIEDER Joséphine, *Anglomania in France, 1740-1789*, Genève, Droz, 1985, 175p.
HAMPSON Norman, *The Perfidy of Albion. French perceptions of England during the French Revolution*, Londres, Macmillan, 1998, 181p.
LARGEAUD Jean-Marc, *Waterloo dans la mémoire des Français 1815-1914*, thèse soutenue à l'Université de Lyon II Lumière sous la direction du professeur Claude Brelot, 3 vol., 2000.
Id., *Napoléon et Waterloo. La défaite glorieuse de 1815 à nos jours,* Paris, Boutique de l'Histoire, 2006, 462p.
MANN B., *The Frenchman seen through English eyes : 1815-1870*, PhD non publié, M. Litt. Newcastle, 1935.
PETITEAU Nathalie, *Napoléon, de la mythologie à l'histoire,* Paris, Seuil, 1999, rééd. 2004, 458p.
PIETTRE Pauline, *La France devant l'opinion publique anglaise de 1864 à 1880 : un regard vigilant sur un peuple étonnant*, thèse soutenue sous la direction de M. le professeur Jean-Pierre Poussou, Université de Paris I, 16 novembre 2001.
TAINE Hippolyte, *Notes sur l'Angleterre,* Paris, 1871, 16e éd., 1928.
WAHNICH Sophie, *L'Impossible citoyen. L'étranger dans le discours de la Révolution française*, Paris, Albin Michel, 1997, 404 p.

Articles.
BRIVES-HOLLANDER Annie, "Les Anglais à Biarritz au temps de la Reine Victoria", *Pyrénées*, 1982, n°132, p.296-304.
CROSSLEY Cery, "Michelet et l'Angleterre: l'antipeuple?", *Littérature et nation*, 18,

1997, p.137-152.

Id., "Anglophobia and anti-Semitism: the case of Alphonse Toussenel (1803-1885)", *Modern & Contemporary France*, vol. 12, n°4, novembre 2004, p.459-472.

DULOUX J., « Naissance, développement et déclin de la colonie anglaise de Pau (1814-1914) », *Annales de la faculté de droit d'Aix-en-Provence*, n°53, 1963, p.65-77.

FAUCHON Max, « La colonie anglaise à Avranches au XIXe siècle », *Revue de l'Avranchin et du pays de Granville*, n°262, 1970, p.41-61.

HARGREAVES John D., « *"Entente manquée"* en 1895-1896 », *Cambridge Historical Journal*, n°11, 1953, p.65-92.

JARRIGE François, « Autour des résistances ouvrières au machinisme dans le secteur textile : paradigme luddite et anglophobie ouvrière dans la première moitié du XIXe siècle », in *La France et l'Angleterre au XIXe siècle : échanges, représentations et comparaisons*, Paris, Créaphis, 2006, 328p.

MATTHEWS Roy T. "The Victorians' Biography of John Bull", *Nineteenth Century Prose*, vol. 22, no. 2, Fall 1995.

MONDIER Guy, « Une invasion cordiale (les relations anglo-normandes sous la IIIe République) », *Études normandes*, 1979, p.239-249.

NORDMANN Claude, « Anglomanie et anglophobie en France au XVIIIe siècle», *Revue du Nord*, avril-septembre 1984, p.787-803.

TAYLOR Miles, "John Bull and England, 1712-1929", *Past and Present*, n°134, 1992, p.93-128.

THERY Hervé et WAHNICH Sophie, « Le discours sur l'étranger pendant la Terreur », *Mappemonde*, 02/95, 1995, p.8-13.

VARELA SUANZES Joaqin, "El liberalismo francés después de Napoléon. De la anglofobia a la anglofilia", *Revista de estudios politicos*, n°76, avril-juin 1992, p.29-43.

Prélude :Fachoda et raid Jameson.

ARIÉ Rachel, *L'Opinion publique en France et la question d'Égypte 1885-1904*, thèse sous la direction du professeur Charles André Julien, Sorbonne, 1954.

BATES Darrell, *The Fashoda Incident of 1898. Encounter on the Nile*, Oxford, O.U.P., 1984, 194 p.

BROWN Roger Glenn, *Fashoda reconsidered. The impact of Domestic Politics on French Policy in Africa 1893-1898*, Londres, John Hopkins Press, 1970, 157p.

GIFFEN Morrison Beall, *Fashoda: The Incident and its diplomatic setting*, Chicago, The University of Chicago Press, 230p.

GRENIER Paul W. (major), *Fashoda: Turning-point in Anglo-French relations. A study in military-political affairs*, master of military art and science soutenu à Fort Leavenworth, Kansas le 23 avril 1976, 85p.

MASSON Renée, *La Marine française lors de la crise de Fachoda (1898-1899)*, mémoire de diplôme d'études supérieures, 1955, 108p.

MICHEL Marc, *La Mission Marchand 1895-1899*, Paris, Mouton, 1972, 290p.

ROYLE Trevor, *Fighting Mac. The Downfall of Major general Sir Hector MacDonald*, Edimbourg, Mainstream Publishing 2003.

SANDERSON George Neville, *England, Europe and the Upper Nile 1882-1899*, Edimbourg, Edinburgh University Press, 1965, 456p.

SMITH Hillas, *The unknown Frenchman. The Story of Marchand and Fashoda*, Lewes, The Book Guild Ltd., 2001, 149p.

Articles.
BARBLAN Andris, « A la recherche de soi-même, la France et Fachoda», *Relations internationales*, 1974, n°2, p.67-81.
CHASSAIGNE Philippe, « Les répercussions de l'Affaire Dreyfus sur la xénophobie britannique », *Revue de la Bibliothèque nationale de France* n°2, été 1994, p.19-28.
CORNICK Martyn, « The Dreyfus Affair and Britain », *Franco-British studies*, n°22, automne 1996, p.57-82.
KEIGER John F.V, "Omdurman, Fashoda and Franco-British Relations", in SPIERS Edward éd., *Sudan-.The Reconquest Reappraised*, Londres, Frank Cass, 1998, p. 163-176.
RENOUVIN Pierre, « Les origines de l'expédition de Fachoda », *Revue historique*, 2e semestre 1948, p. 180-197.

Première crise anglophobe européenne : la guerre des Boers.
CHINIER F., *La Presse française et les Boers (1899-1902)*, mémoire de maîtrise, université de Lyon III, 1988.
DOR DE BERNONVILLE Isabelle, *La France et les affaires du Transvaal 1870-1902*, thèse soutenue sous la direction de M. le professeur Jean Ganiage, 1997.
FAUVELLE-AYMAR François-Xavier, *Histoire de l'Afrique du Sud*, Paris, Seuil, 2006, 468p.
HARLEY Marieta *et alii*, *The Anglo-Boer War and the French caricature: Alfred le Petit, 1841-1909*, Johannesburg, Rand Afrikaans University, 1999, 133 p.
KRÖLL Ulrich, *Die internationale Buren-Agitation 1899-1902*, Münster, Regensberg, 1973,478p.
LUGAN Bernard, *Villebois-Mareuil, le La Fayette de l'Afrique du Sud*, Paris, Éditions du Rocher, 1990, 329 p.
Id., *La Guerre des Boers 1894-1902*, Paris, Perrin, 1998, 364 p.
MACNAB Roy, *The French Colonel : Villebois-Mareuil and the Boers, 1899-1900*, Oxford, O.U.P., 1975, 270p.
PELLETIER Jean-Guy, *L'Opinion française et la guerre des Boers*, thèse de doctorat de 3e cycle, sous la direction de M. le professeur Philippe Vigier, Université de Nanterre (Paris X), 1972, 564 p., éd. Paris, Hachette, 1973.
WILSON Keith Malcom, *The International Impact of the Boer War*, Chesham, Acumen, 2001, 214p.

Articles.
VÉNIER Pascal R., "French Foreign Policy during the Early Stages of the Anglo-Boer War 1899-1900: Towards a Reinterpretation of the Genesis of the Entente Cordiale?", *The French Historian*, Vol. 12, no 1, automne 1997, p. 28-29.
Id., « Théophile Delcassé et la question de l'intervention dans la guerre anglo-boer, octobre 1899-mars 1900 », in CHASSAIGNE Philippe et DOCKRILL Michael L., *Anglo-French Relations 1898-1998, from Fashoda to Jospin*, Palgrave, 2002, 211p.
HOLTHOON Fred. L. (von), "Public Opinion in Europe during the Boer war", in *Opinion publique et politique extérieure*, t.1, 1870-1950, Rome, Université de Milan et E.F.R.I., 1981, p.399.

1901-1905. Rapprochement. Entente cordiale.
ANDREW Christopher, *Théophile Delcassé and the making of the Entente cordiale, A*

reappraisal of French Foreign Policy, 1898-1905, Londres, Macmillan, 1968, 330 p.
BLONDEL Jules-François, *Entente cordiale. Fifty true stories, mostly from diplomatic experience*, Londres, Caduceus, 1971, 173p.
MARTINEAU Gilbert, *L'Entente cordiale,* Paris, France-Empire, 1984, 347p.
MATHEWS Joseph James, *Egypt and the formation of the Anglo-French Entente of 1904*, Philadelphie, University of Pennsylvania press, 1939, 141p.
ROLO Paul Jacques Victor, *Entente cordiale. The Origins and Negotiation of the Anglo-French Agreements of 8 April 1904*, Basingstoke, Macmillan, 1969, 300 p.
VAÏSSE Maurice dir., *L'Entente cordiale de Fachoda à la Grande Guerre*, Bruxelles, Complexe, 2004, 141p.

Articles.
GUILLEN Pierre, « Les accords franco-anglais de 1904 et la naissance de l'Entente Cordiale », *Revue d'Histoire diplomatique*, n°82, octobre-novembre 1968, p.315-357.
MANGER J.B., « L'Entente cordiale », *Revue d'histoire de la Guerre mondiale*, 1927, p.209-236.

1905-1914. Entente ou alliance ?
FROMKIN David, *Le dernier Eté de l'Europe. Qui a provoqué la Première Guerre mondiale?*, Paris, Grasset, 2004, 391p.
EVANS R.J.W. et STRANDMANN P. von éd., *The Coming of the First World War*, Oxford, O.U.P., 1988, 250p.
KEIGER John F.V., *France and the Origins of the First World War*, Londres, Macmillan, 1983, 201p.
PRESTWICH Patricia Elizabeth, *French Attitudes toward Britain, 1911-1914*, PhD. sous la direction de M. Gordon Wright, soutenu à l'Université de Stanford, juillet 1973, 480p.
SUTTON Denys, *L'Entente Cordiale dans l'art*, communication du 28 juin 1986, Paris, Palais de l'Institut, Académie des Beaux-Arts, 1986, 17p.
VALLET Paul Patrick, *The Origins and development of an Anglo-French Entente, 1902-1914*, sous la direction du professeur Christopher M. Andrew, Université de Cambridge, 2004-2006, 314p.
WILLIAMSON Samuel R. Jr., *The Politics of Grand Strategy. Britain and France prepare for War 1904-1914,* Cambridge, H.U.P., 1969, 409p.
WILSON Keith Malcom, *The Policy of the Entente. Essays on the Determinants of British Foreign Policy 1904-1914*, Cambridge, C.U.P., 1985, 199p.

Article.
LAHAIE Olivier, « Les dividendes de l'Entente cordiale, les accords militaires franco-britanniques », *Revue historique des armées*, 4e trimestre 2004, p.60-79.

La Première Guerre mondiale.
CONSTANTINE Stephen et alii dir, *The First World War in British History*, Arnold, Londres, 1995, 286p.
FERGUSON Niall, *The Pity of War*, Londres, Penguin, 1998, 624p.
FROMKIN David, *Europe's last Summer: Who started the Great War in 1914?*, New York, Knopf, 2004, 349p.
GIBSON Kenneth Craig, *Relations between the British Army and the Civilian*

Populations on the Western Front, 1914-1918, PhD soutenu à l'Université de Leeds, 1998.
HORN Martin, *Britain, France and the Financing of the First World War*, Montreal, Mc Gill, 2002, 256p.
PHILPOTT William James, *Anglo-French Relations and Strategy on the Western Front, 1914-1918*, Londres, 1996, 227p.

Article.
SAJOUS Fabrice, « Les bases anglaises de Seine-Inférieure dans la Grande Guerre », *Études normandes*, n°1, 2002, p.53-78.

Entre-deux-guerres. La bataille diplomatique.
ALEXANDER Martin S. et PHILPOTT William James, *Anglo-French Relations between the Wars*, Basingstoke, Palgrave, 2002, 248p.
BOYCE Robert dir., *French Foreign and Defence Policy, 1918-1940, The Decline and Fall of a Great Power*, Londres, Routledge, 1998, 294p.
FRANK Robert et GIRAULT René, *Turbulente Europe et nouveaux mondes (1914-1941)*, Paris, Colin, rééd., 1998, 287p.
Id., *La Hantise du déclin*, Paris, Belin, 1994, 316 p.
WOLFERS Arnold, *Britain and France between two wars*, New York, Harcourt, Brace and Company, 1940, 467p.

Articles.
KEIGER John F.V., « Les représentations de la Guerre : la Grande-Bretagne », in CARLIER Claude et SOUTOU Georges-Henri dir., *1918-1925 Comment faire la paix ?*, Paris, Economica, 2001, p.27-35.
OSGOOD Samuel M., « Le mythe de la " perfide Albion " en France 1919-1940 », *Cahiers d'histoire*, n°20, Grenoble, Allier, 1975, p.5-20.

Les années vingt.
Bâtir une nouvelle sécurité. La coopération militaire entre la France et les États d'Europe centrale et orientale de 1919 à 1929, actes du colloque de décembre 1999, CEHD, Vincennes, 2001, 705p.
BIREBENT Christian, *Étude sur l'anglophobie en France 1919-1924*, Mémoire présenté pour le DEA d'Histoire du XXe siècle, sous la direction de M. le professeur P. Milza, I.E.P. Paris, 1989, 189p.
BOEMEKE M.F., FELDMAN G.D. and GLASER E., dir., *The Treaty of Versailles. A Reassessment after 75 years*, Cambridge, C.U.P., 1998, 674p.
DOCKRILL Michael L. et GOOLD J. Douglas, *Peace without Promise. Britain and the Peace Conferences, 1919-1923,* Londres, 1981, 287p.
FELDMAN Gerald D., *The Great Disorder: Politics, Economics, and Society in the German Inflation*, 1914-1924. Oxford, O.U.P., 1993, 1011p.
FERRIS J. R., *Men, Money and Diplomacy: The Evolution of British Strategic Foreign Policy, 1919-1926*, New York, Cornell University Press, 1989.
KENT Bruce, *The Spoils of War. The Politics, Economics, and Diplomacy of Reparations, 1918-1932*, Oxford, Clarendon, 1989, 462p.
LENTIN Anthony, *Lloyd George, Woodrow Wilson and the Guilt of Germany*, Leicester, Leicester University Press, 1984, 193p.

Id., *Lloyd George and the Lost Peace: From Versailles to Hitler, 191-1940*, Londres, Palgrave, 2001, 182p.
MACMILLAN Margaret, *Paris 1919: Six Months that changed the world*, New York, 2003.
Id., *Les Artisans de la paix : comment Lloyd George, Clemenceau et Wilson ont redessiné la carte du monde*, Paris, Lattès, 2006, 660p.
MARKS Sally, *The Illusion of Peace*, Londres, Macmillan, 1976, 184p.
MASSON Philippe, *Le Sous-marin et les relations franco-anglaises entre 1920 et 1935*, service historique de la marine, janvier 1965.
MOUTON Marie-Renée, *La Société des nations et les intérêts de la France (1920-1924)*, thèse sous la direction du professeur Jean-Baptiste Duroselle, Paris I, 1988, 1000p.
TRACHTENBERG Marc, *Reparation in World Politics: France and European Economic Diplomacy, 1916-1923*, New York, Columbia University Press, 1980, 423p.
TURNER Arthur, *The Cost of war. British Policy on French War Debts, 1918-1932*, Brighton, Sussex Academic Press, 1998, 328p.

Articles.
BARIÉTY Jacques, « Le projet de pacte franco-britannique, 1920-1922 », *Guerres mondiales et conflits contemporains*, n°193, septembre 1999, p.83-99.
KEIGER John F.V., " "Perfidious Albion?" French Perceptions of Britain as an Ally after the First World War", in ALEXANDER Martin S. ed., *Knowing Your Friends: Intelligence Inside Alliances and Coalitions from 1914 to the Cold War,* Londres, Frank Cass, 1998, p. 37-52.
MACPHAIL H., « La reconnaissance, le problème de l'ignorance britannique », in DUMÉNIL Anne et al. dir., *Les Reconstructions en Picardie*, p.177-186, p.182.
OKRET Christine, « Les adoptions britanniques de communes françaises après la Grande Guerre», *Franco-British Studies* n°23, printemps 1997, p.3-23.
PETIT G., « Lille et Leeds : « entente cordiale » passée, présente et à venir », *Les Cahiers du Centre National de la fonction Publique territoriale*, n°30, avril 1990, p.52-56.
WILLIAMS Andrew, "Why don't the French do think tanks ? France faces up to the Anglo-Saxon superpowers, 1918-1921", *Review of international Studies*, vol.34, 2008, p.53-68.

Les années trente.
ADAMTHWAITE Anthony P., *France and the Coming of the Second World War. 1936-1939*, Londres, Totowa, 1977, 434p.
BÉDARIDA François, *La Stratégie secrète de la drôle de guerre. Le Conseil suprême interallié septembre 1939-avril 1940*, Paris, C.N.R.S. et F.N.S.P., 1979, 573p.
BESNARD A. et alii, *Les Relations franco-britanniques 1935-1939*, Paris, C.N.R.S., 1975, 440p.
CHALON Philippe, *The Setting up of the Anglo-French "cultural front" and its manifestations in the French public sphere (1938-1940)*, mémoire de maîtrise soutenu à l'Université de Cambridge, 2002.
DOCKRILL Michael L., *British Establishment Perspectives on France, 1936-1940*, Londres, Macmillan, 1999, 212p..
DUROSELLE Jean-Baptiste, *Les Relations franco-britanniques 1935-1939*, Paris,

1975.

Id., *La Décadence 1932-1939*, Paris, Imprimerie nationale, 1979, 568p.

FRIDENSON Patrick et LECUIR Jean, *La France et la Grande-Bretagne face aux problèmes aériens (1935-mai 1940)*, Vincennes, S.H.A.A., 1976.

HERMAN John, *The Paris Embassy of Sir Eric Phipps*, Brighton, Sussex Academic Press, 1998, 276p.

MICHEL Henri dir., *Français et Britanniques dans la drôle de guerre*, actes du colloque franco-britannique tenu à Paris du 8 au 12 décembre 1975, Paris, C.N.R.S., 1979, 631p.

OKRET Christine, *La Politique de promotion culturelle britannique en France (1920-1953). De la publicité aux relations culturelles*, thèse de l'I.E.P. Paris sous la direction de M. le professeur Pierre Milza, 2002, 613p., p.54-69.

REUSSNER A, *Les conversations franco-britanniques d'état-major, 1935-1939*, Vincennes, S.H.M., 1969, 291p.

ROSTOW N., *Anglo-French Relations, 1934-36*, Londres, Macmillan, 1984.

THOMAS Martin, *Britain, France and Appeasement. Anglo-French Relations in the Popular Front Era.*, Oxford, Berg, 1996, 268p.

VAÏSSE Maurice, *Sécurité d'abord. La politique française en matière de désarmement, 9 décembre 1930-17 avril 1934*, 5 vol., 1980, 1627p., impr. Paris, Pédone, 1981, 683p.

Articles.

CORNICK Martyn, "*Faut-il réduire l'Angleterre en esclavage?* French anglophobia in 1935", *Franco-British Studies*, n°14, automne 1992, p.3-17.

DUBREUIL R., « La visite des souverains britanniques », in BOURDIN Janine et RÉMOND René dir., *La France et les Français en 1938-1939*, Paris, F.N.S.P., 1978, 365p., p. 77-93.

MASSON Henri, «Les conversations militaires franco-britanniques, 1935-38 », in *Les Relations franco-britanniques de 1935 à 1939*, Paris, Éditions du Centre Nationale de la Recherche Scientifique, 1975, p.120-123.

PARKER R.A.C., "Great Britain, France and the Ethiopian Crisis, 1935-1936", *English Historical Review*, n°89, 1974, p. 293-332.

PETITJEAN Patrick, « J.G. Crowther and the Anglo-French Society of Sciences », C.N.R.S., Hyper Article en ligne, juin 2005, 9p., [http://halshs.archives-ouvertes.fr/view_by_stamp.php?label=REHSEIS&action_todo=view&langue=en&id=halshs-00112452&version=1]

ULRICH-PIER Raphaëlle, « Un modèle réduit des relations franco-britanniques : l'année 1935 », *Relations internationales*, n°117, avril-mai 2004, p.5-69.

Articles.

BELOFF Max, "The Anglo-French Union Project of June 1940", in *Mélanges Pierre Renouvin: Études d'histoire des relations internationales*, Paris, 1966.

IMLAY Talbot, "Anglo-French Economic Intelligence and Strategy during the "Phoney War"", *Intelligence and National Security*, vol. 13, n°4, 1998, p. 107-132.

Id., "From Villain to Partner: British Labour Party Leaders, France and International Policy during the Phoney War, 1939-1940", *Journal of contemporary History*, vol 38, n°4, octobre 2003, p.579-596.

Id., «A Reassessment of Anglo-French Strategy during the Phoney War, 1939-1940», *English Historical Review*, vol. 119, no. 481, 2004, p. 333-372.

JOHNSON Douglas, "Britain and France in 1940", *Transactions of the Royal Historical Society*, 5th serie, vol. 22, 1972, p.141-157.
NOËL Léon, « Le projet d'union franco-britannique de juin 1940 », *Revue d'histoire de la Deuxième Guerre mondiale*, n°21, janvier 1956.
THOMAS Martin, "France in British signals Intelligence, 1939-1945", *French History*, vol.14, n°1, mars 2000, p.41-66.

Dunkerque, Mers el-Kébir, Vichy et Londres.
Entente cordiale 1904-1944, Rio, 1944, 133p.
ATKIN Nicholas, *The forgotten French: Exiles in the British Isles 1940-1944*, Manchester, M.U.P., 2003, 304p.
AZÉMA Jean-Pierre, *1940, l'Année terrible*, Paris, Seuil, 1990, 384p.
BELL Philip Michael Hett, *A Certain Eventuality: Britain and the Fall of France*, Farnborough, Saxon House, 1974, 320p.
CORBETT Anne et JOHNSON Douglas éd., *A Day in June, Britain and de Gaulle 1940*, Londres, Franco-British Council, 2000, 64p.
COINTET Michèle et Jean-Paul, *La France à Londres, 1940-1943*, Bruxelles, Complexe, 1990, 272p.
COINTET Jean-Paul, *Histoire de Vichy*, Paris, Perrin, rééd. 2003, 359p.
CORNICK, M., "Fighting myth with reality: the Fall of France, Anglophobia and the B.B.C.", in HOLMAN Valérie et KELLY Debra dir., *France at War in the Twentieth Century. Propaganda, Myth and Metaphor*, New York, Berghahn, 2000, p.65-87.
COUDRAT Caroline, *Les Britanniques vus par les Français (juin 1940-juin 1944)*, mémoire de maîtrise sous la direction de René Girault, université de Paris I, juin 1988.
COUTAU-BÉGARIE Hervé et HUAN Claude, *Mers el-Kébir (1940), la rupture franco-britannique,* Paris, Economica, 1994, 257p.
CRÉMIEUX-BRILHAC Jean-Louis, *Les Français de l'an 40*, Paris, Gallimard, 1987-1990, 2 vol.
DALISSON Rémi, *Les Fêtes du maréchal. Propagande et imaginaire dans la France de Vichy*, Paris, Taillandier, 2008, 473p.
DINAN Desmond, *The Politics of persuasion: British policy and French African neutrality, 1940-1942*, 1988, 307p.
DUROSELLE Jean-Baptiste, *Politique étrangère de la France. L'abîme*, Paris, Seuil, 1982, rééd. 1986, 818p.
GATES Eleanor M., *End of the Affair. The Collapse of the Anglo-French Alliance, 1939-1940*, Berkeley et Los Angeles, University of California Press, 1981, 630 p.
GORDON Bertram dir., *Historical Dictionary of World War II France*, Londres, Aldwych, 1998.
JACKSON Julian, *France. The Dark Years 1940-1944*, Oxford, O.U.P., 2001, 660p.
Id, *The Fall of France*, Oxford, O.U.P., 2003, 274p.
JENNINGS Eric T., *Vichy in the Tropics, Pétain's National Revolution in Madagascar, Guadeloupe, and Indochina, 1940-44*, Stanford, Stanford University Press, 2001, 311p.
KERSAUDY François, *de Gaulle et Churchill: la mésentente cordiale*, Paris, Perrin, rééd. 2001, 497p.
LABORIE Pierre, *L'Opinion française sous Vichy*, Paris, Seuil, 1990, 410p.
LAMB Richard, *Churchill as War Leader*, New York, Carroll and Graf, 1993, 400p.
MASSON Philippe, *La Marine française et la guerre 1939-1945*, Paris, Taillandier, 1991, 539p.

MAGUIRE G.E., *Anglo-American Policy towards the Free French*, Londres, Macmillan, 1995, 210p.
PAXTON Robert O., *L'Armée de Vichy. Le corps des officiers français 1940-1944*, Paris, Taillandier, 1966, réed. 2004, 586p.
Id., *La France de Vichy*, Paris, Seuil, 1973, 380p.
ROUGIER Louis, *Les Accords secrets franco-britanniques*, Paris, Grasset, 1954.
ROUSSO Henry, *Le Syndrome de Vichy*, Paris, Seuil, 1987, 379p.
SHENNAN Andrew, *The Fall of France, 1940*, Édimbourg, Longman, 2000, 181p.
THOMAS Martin, *Britain and Vichy. The Dilemma of Anglo-French Relations 1940-1942*, Londres, Macmillan, 1979, 230p.

Articles.
BELL Philip Michael Hett, "Prologue de Mers el-Kébir", *Revue d'histoire de la Deuxième Guerre mondiale*, janvier 1959.
CAIRNS John C., "Great Britain and the Fall of France. A Study in allied disunity", *The Journal of Modern History*, vol. 27, n°4, décembre 1955, p.365-409.
SHLAIM Avi, "Prelude to Downfall : the British offer of Union to France , juin 1940", *Journal of contemporary History*, vol 9, n°3, juillet 1974, p.27-63.

Postérité de l'anglophobie après 1945.
France-Grande-Bretagne L'Entente cordiale aujourd'hui, London, Foreign and Colonial Office, et Paris, ministère des Affaires étrangères, avril 1994.
AVICE André, *Mésentente cordiale, la politique séculaire de l'Angleterre*, Paris, Éditions du Scorpion, 1964, 415p.
GAUTIER J., *Huit siècles de vie britannique à Paris*, Paris, Sapho, 1948, 114p.
SANDERSON Claire, *France, Grande-Bretagne et défense de l'Europe 1948-1958 : L'impossible alliance ?*, Paris, Publications de la Sorbonne, 2003, 471p.
TACHIN Agnès, *La Grande-Bretagne dans l'imaginaire des Français : opinions et représentations de 1958 à 1969*, thèse sous la direction de M. le professeur Robert Frank, Paris I Sorbonne, décembre 2004, 623p.
THOLLON André-Claude, *Images de l'Angleterre, 1945-1950*, Paris, mémoire de D.E.A., I.E.P. Paris, 1992, 177p.

Articles.
« Dossier : Cent ans d'Entente cordiale», *Espoir*, n°139, juin 2004, 156p.
COUTAU-BÉGARIE Hervé, "One hundred years of Franco-British Strategic Co-operation", *Rusi Journal*, vol.149, n°2, avril 2004, p.46-51.
CROUZET François, « Problèmes de la communication franco-britannique aux XIXe et aux XXe siècles », *Revue historique*, n°254, 1975, p. 105-134.
FRANK Robert, « France – Grande-Bretagne, la mésentente commerciale 1945-1958 », *Relations internationales*, n°55, automne 1998.

4.3. L'anglophobie dans les milieux diplomatiques et parlementaires.

En Allemagne.
FLOOD Cheryl Anne, *The Ambassadorship of Paul von Wolff-Metternich: Anglo-German relations, 1901-1912*, Ph.D. sous la direction de M. le professeur Theodore S. Hamerow soutenu en mai 1976 à l'université de Wisconsin-Madison, 425 p.

WINZEN Peter, *Die Englandpolitik Friedrich von Holsteins 1895-1901*, thèse sous la direction des professeurs Th. Schieder et E. Angermann, soutenue le 15 décembre 1973 à l'Université de Cologne.

En France.
CLAEYS Louis, PAILHES Claudine et PECH Rémy, *Delcassé et l'Europe à la veille de la Grande Guerre*, actes du colloque tenu à Foix les 22, 23, 24, 25 octobre 1998, Foix, Archives départementales de l'Ariège, 2001, 415p.
BARCELO Laurent, *Paul d'Estournelles de Constant. L'expression d'une idée européenne*, Paris, L'Harmattan, 1995, 465 p.
BARRÉ Jean-Luc et LEYGUES Jacques Raphaël , *Delcassé*, Paris, Encre, 1980.
BERSTEIN Serge, *Édouard Herriot ou la République en personne*, Paris, Presses de la FNSP, 1985, 327p.
BILLARD Thierry, *Paul Deschanel*, Paris, Belfond,1991, 293 p.
BOSSUAT Gérard, *Jean Monnet, l'Europe et les chemins de la paix*, actes du colloque de Paris du 29 au 31 mai 1997, Paris,1999, 536p.
BOURDIN Janine et RÉMOND René, *Édouard Daladier chef de gouvernement : avril 1938-septembre 1939*, Paris, F.N.S.P., 1977, 319p.
COINTET Jean-Paul, *Laval*, Paris, Fayard, 1993, 586p.
DUBOIS Joël, *André Lebon. Un homme d'affaires en République (1859-1938). Le Patriotisme et l'influence*, Rennes, P.U.R., 2001, 408p.
HAYNE M. B., *The French Foreign Office and the Origins of the First World War, 1898-1914*, Oxford, Clarendon, 1993, 328p.
HEGGOY Andrew, *The African Policies of Gabriel Hanotaux 1894-1898*, Georgia University Press, 1972, 161 p.
KEIGER John F.V., *Raymond Poincaré*, Cambridge, C.U.P., 1997, 413p.
Id., *France and the World since 1870*, Londres, Arnold, 2001, 261p.
KUPFERMAN Fred, *Laval 1883-1945*, Paris, Balland, 1987, 570p.
NETON Albéric, *Delcassé 1852-1923*, Paris, Académie diplomatique internationale, 1952, 590 p.
PORTER Charles W., *The Career of Théophile Delcassé*, Philadelphia, University of Pennsylvania Press, 1936, 356 p.
DU RÉAU Elisabeth, *Édouard Daladier 1884-1970*, Paris, Fayard, 1993.
RENOUVIN Pierre, *La Politique extérieure de Théophile Delcassé*, Paris, Tournier et Constans, 1954, 54 p.
VILLATE Laurent, *Paul et Jules Cambon, Deux Acteurs de la diplomatie française (1843-1935)*, thèse sous la direction du professeur Pierre Milza, 3 vol., 1999.
Id., *La République des diplomates :Paul et Jules Cambon 1843-1935*, Paris, Science infuse, 2001, 415p.
WILLIAMS Charles, *Pétain*, Londres, Little Brown, 2005, 567p.
ZORGBIBE Charles, *Delcassé 1852-1923, le grand ministre des Affaires étrangères de la IIIe République*, Paris, Olbia, 2002, 387 p.

Articles.
ALLAIN Jean-Claude, « Les moyens du Quai d'Orsay au début du XXe siècle », in Louis Claeys, Claudine Pailhès et Rémy Pech éd., *Delcassé et l'Europe à la veille de la Grande Guerre*, Foix, Archives départementales de l'Ariège, 2001, p. 17-35.
VENIER Pascal, « Delcassé et les relations franco-britanniques pendant les débuts de la

guerre des Boers», in Louis Claeys, Claudine Pailhès et Rémy Pech éd., *Delcassé et l'Europe à la veille de la Grande Guerre*, Foix, Archives départementales de l'Ariège, 2001, p. 247-260.

4.4. Les milieux militaires face à l'anglophobie.

Armée et anglophobie.
DARIEN Georges, *La Belle France*, Bruxelles, Complexe, 1993, 250p.
DAVID Daniel, *Armée, politique et littérature : Driant ou le nationalisme en son temps*, thèse, Université Paul Valéry Montpellier, avril 1992.
Id., *Le colonel Driant. De l'armée à la littérature, le Jules Verne militaire*, Klopp, 2006
DUHAMEL Éric, FORCADE Olivier, VIAL Philippe dir., *Militaires en République 1870-1962. Les Officiers, le pouvoir et la vie publique en France*, Paris, Publications de la Sorbonne, 1999, 704 p.
GUTTON Jérôme, *Recherches autour du colonel Driant : une figure du nationalisme français*, Mémoire de DEA sous la direction de M. le professeur Philippe Levillain, IEP de Paris, 1990, 217p.
LARÈS Maurice, *T.E. Lawrence : la France et les Français*, Lille, service de reproduction des thèses, 1978, 2 vol., 1316p.
SALIBA Fabrice, *Les Politiques de recrutement militaire britannique et française (1920-1939)*, Paris, L'Harmattan, 2005, 283p.
SERMAN William, *Les Officiers français dans la nation (1848-1914)*, Paris, Aubier Montaigne, 1982, 283 p.
Id. et BERTAUD Jean-Paul, *Histoire militaire de la France 1789-1919*, Paris, Fayard, 1998, 855 p.
VAGTS Alfred, *The military Attaché*, Princeton, Princeton University Press, 1967, 408 p.

Articles.
ROUX Alain J. colonel, « « Guerre future » et « littérature populaire ». Autour de Driant et Robida », *Revue internationale d'histoire militaire*, n°82, 2002.
VAÏSSE Maurice, « L'évolution de la fonction d'attaché militaire en France au XXe siècle», *Relations internationales*, n°32, hiver 1982, p. 507-524.

Anglophobie des marins.

Une flotte allemande contre l'Angleterre ? Études sur la politique navale allemande ?
BREZET François-Emmanuel, *Le « Plan Tirpitz » :Une étude globale de la Marine impériale allemande de 1897 à 1914*, thèse de 3e cycle sous la direction de M. le professeur Jean Meyer, soutenue le 26 novembre 1993, publiée sous le titre *Le Plan Tirpitz (1897-1914)*, Librairie de l'Inde, 1998, 1er vol., 322 p.
HALLMANN Hans, *Der Weg zum deutschen Schlachtflottenbau*, Stuttgart, 1933, 350 p.
HURTER Johannes, *Paul von Hintze, officier de marine, diplomate et homme d'Etat*, Munich, Oldenbourg, 1998, 754p.
LAMBI Ivo Nikolai, *The Navy and German Power Politics, 1862-1914*, Boston, Allen et Unwin, 1984, 449p.
WIDENMANN'S Wilhelm, *Marine-Attaché an der kaiserlich-deutschen Botschaft in London, 1907-1912*, Göttingen, Musterschmidt, 1952, 325p.

Article.
BERGAHN Volker R., « Le plan Tirpitz et la crise du système de domination prussien-allemand », in coll., *Marine und Marinepolitik im kaiserlichen Deutschland, 1871-1914*, Düsseldorf, Droste, 1972, 328p., p.89 à 115.

Jeune École et anglophilie en France.
La Marine française depuis l'armistice, Lyon, Ministère de la Marine, mars 1941, 56p.
BASQUIAT Paul, *Une dynastie de la bourgeoisie républicaine :Les Pelletan*, Paris, L'Harmattan,1996, 512p.
BRIÈRE Paul, *Un grand Français, le vice-amiral François Ernest Fournier, Marin-diplomate-savant,* Mayenne, Floch, 1931,301 p.
LEYGUES Jacques Raphael, *George Leygues*, Paris, France Empire, 1983, 318p.
MASSON Philippe, *Delcassé ministre de la Marine*, Thèse de Diplôme d'Études Supérieures d'Histoire, 228 p.
MIEGEVILLE Sophie, *Enquête sur la mémoire au sein de la Marine nationale à travers l'exemple de l'Amiral François Darlan*, mémoire de l'I.E.P. de Toulouse, 2004.
MOTTE Martin, *Une Éducation géostratégique. La pensée navale de la Jeune École à 1914* , Paris, Economica 2004, 817p.
ROPP Theodor, *The Development of a Modern Navy: French Naval Policy, 1871-1904*, Annapolis, Naval institute press, 1911, Ph.D. non publié soutenu à Harvard en 1937, rééd. 1987, 439p.

Articles.
FLOHIC, « L'attaché naval près de l'ambassade de France à Londres », *Cols bleus*, 26 octobre 1974, p.4-5.
LASTERLE Philippe, « Marcel Gensoul (1880-1973), un amiral dans la tourmente », *Revue historique des armées*, n°219, 2000, p.71-91.
MELKA Robert L., "Darlan between Britain and Germany", *Journal of contemporary history*, vol.8, n°2, avril 1973, p.57-80.
SALKIN-LAPARRA Geneviève, « Les attachés navals français (1860-1914) », *Revue historique des armées*, n°183, juin 1991.
VIAL Philippe, « La Marine en 1947 : un concentré des contradictions nationales », in *L'Année 1947 en France*, actes du colloque organisé à Paris (Institut d'études politiques), par le centre d'histoire de l'Europe du vingtième siècle, 4-5 décembre 1997, Paris, Presses de Sciences Po, 2000, p. 263-292.

4.5. Les milieux intermédiaires influents.

Les intellectuels et essayistes et l'anglophobie.
GURY Jacques, *Le Voyage en Angleterre*, Paris, Robert Laffont, 1999, 1216 p.
GUYARD Marius-François, *L'Image de la Grande-Bretagne dans le roman français, 1914-1940*, Paris, Didier, 1954, 394p.
JOLY Bertrand, *Déroulède l'inventeur du nationalisme*, Paris, Perrin, 1998, 440 p.
Id, *Londres vue par les voyageurs français au XIXème siècle (1814-1914)*. Thèse pour le Doctorat d'Etat, Université Lyon II.

Articles.
CROSSLEY Cery, « Anglophobia and anti-Semitism: the case of Alphonse Toussenel (1803-1885) », *Modern & Contemporary France*, vol 12, n°4, novembre 2002, p.459-472.
PROCHASSON Christophe, « Une crise anglaise de la pensée française ? Les intellectuels français face à l'Angleterre au temps de Fachoda et de la guerre des Boers», *Cahiers du centre de recherches historiques*, n°31, avril 2003, p.79-91.
VERGARA Francisco, « Une critique importante d'Élie Halévy. Réfutation d'une importante déformation de la philosophie britannique », *Philosophy*, C.U.P., janvier 1998, vol 7, n°283, 20p.
WINZEN Peter, «Treitschke's Influence on the Rise of Imperialist and Anti-British Nationalism in Germany », *Marine und Politik,* p.154-170.

Les relais dans la presse quotidienne et satirique.
Cartes postales et collection, n°216 et 217, septembre-octobre et novembre-décembre 2004.
DIXMIER Élisabeth et Michel, *L'Assiette au Beurre : revue satirique illustrée 1901-1912*, Paris, Maspero, 1974, 382p.
DOUGLAS Roy, *Great Nations Still Enchained: Cartoonists' Vision of Empire 1848-1914*, Londres, Routledge, 1993, 232p.
GODECHOT Jacques, GUIRAL Pierre et TERROU Fernand dir., *Histoire générale de la presse française*, t.III, 1871-1940, Paris, P.UF., 1972, 688p.
HÜNTIG Wolfgang K., *British and German Cartoons as Weapons in World War I*, Francfort, Peter Lang, 2002, 242p.
LACROIX Louis et VEBER Pierre, *L'œuvre lithographié de Jean Veber illustré de cent planches hors-texte*, Paris, Floury, 1931, 278p.
LETHÈVE Jacques, *La Caricature sous la IIIe République,* Paris, Armand Colin, 1986, 220p.
De PERTHUIS Bruno, *Les Relations franco-britanniques au début du siècle. Estampes sur cartes postales*, Hervas, 1987, 31p.
RESHEF Ouriel, *Guerre, Mythes et caricature*, Paris, F.N.S.P., 1984, 232 p.
ROSSIGNOL Dominique, *Histoire de la propagande en France de 1940 à 1944, L'utopie Pétain*, Paris, PUF, 1991, 351p.
TILLIER Bertrand, *La Républicature. La caricature politique en France 1870-1914.*, Paris, C.N.R.S., 1997, 173 p.

Articles.
DAVIS Richard, « Les relations franco-britanniques vues à travers les dessins de presse, de la Troisième à la Cinquième République », *Lisa*, n°1, 2003, p.55-74.
FEUERHAHN Nelly, « Quand les ennemis de mes ennemis deviennent mes amis. La Première Guerre mondiale et l'image de l'Anglais dans La *Baïonnette* », *La Licorne*, n° 30, L'Étranger dans l'image satirique, Poitiers, UFR Langues et Littérature, 1994, p. 159-178.
LENOIR Marion, « Regards croisés ; la représentation des nations dans la caricature, Allemagne, France- Royaume-Uni, 1870-1914 », mémoire de maîtrise soutenu à l'Université de Bourgogne, 2002.
NAVAILLES Jean-Pierre, « Albion, John Bull, Marianne et les autres, dans la caricature à la Belle Epoque », in MILLAT Gilbert dir., *Angleterre ou Albion, entre*

fascination et répulsion. De l'Exposition universelle au Dôme du Millénaire : 1851-2000, Lille, Université de Lille 3, 2006, p.55-62.
THOLONIAT Richard, « De Fachoda à l'Entente cordiale, romans de la guerre anglo-afrikaner (1899-1907) », *L'Information historique*, vol. 52, n° 3, juin 1990, p. 89-96.

2.5.3. Le projet de Tunnel sous la Manche.
BONNAUD Laurent, *Le Tunnel sous la Manche. Deux siècles de passions*, Paris, Hachette, 1994, 389p.
WILSON Keith Malcom, *Channel Tunnel visions 1850-1945. Dreams and nightmares*, Londres, Hambledon, 1994, 239 p.

Article.
BONNAUD Laurent, « Le tunnel polémique : considérations stratégiques sur la voie sous-marine transmanche (1874-1914) »,
http://www.stratisc.org/strat_056_Bonnaud.html.

5. L'anglophobie vue d'Angleterre.

a. Sur le Royaume-Uni et l'identité nationale.
CHASSAIGNE Philippe, *La Grande-Bretagne et le monde de 1815 à nos jours*, Paris, Armand Colin, 2003, 320p.
COTTRET Bernard, *Histoire d'Angleterre : de Guillaume le Conquérant à nos jours*, Paris, Taillandier, 2007, 608p.
MARX Roland, *La Grande-Bretagne et le monde au XXe siècle*, Paris, Masson, 1986, 239 p.
POWELL F. York et TOUT T.F., *Histoire de l'Angleterre*, Paris, Payot, 1932, 1294p.
ROGERS Ben, *Beef and Liberty. Roast Beef, John Bull and the English Nation*, Londres, Chatto et Windus, 2003, 207p.

Articles.
« Les Anglais. Un peuple pas comme les autres. De Guillaume le Conquérant à Tony Blair », *Les collections de l'histoire*, n°35, avril-juin 2007, 98p.
SUREL Jeannine, « John Bull », in SAMUEL Raphael dir., *Patriotism: the making and unmaking of British national identity*, t.III, Londres et New York, Routledge, 1989, 298p., p.3-23.

b. Dirigeants britanniques et politique extérieure.
BARTLETT Christopher John, *British Foreign Policy in the XXth Century*, Basingstoke, Macmillan, 1989, 144p.
BÉDARIDA François, *Churchill*, Paris, Fayard, 1999, 572p.
BEST Geoffrey, *Churchill*, Londres, Hambledon, 2001, 370p.
BROOK-SHEPHERD Gordon, *Édouard VII et l'Europe. La Diplomatie à la Belle Epoque*, Paris, Hachette, 1977, 352p.
BUSS Robin et NAVAILLES, *Édouard VII le prince charmeur*, Paris, Payot, 1999, 205 p.
CHARLOT, Monica, *Victoria, le pouvoir partagé*, Paris, Flammarion, 1989, 477p.
CHARMLEY John, *Churchill. The End of Glory*, Londres, Hodder et Stoughton, 1993, 742p.

Id., *Splendid isolation? Britain, the Balance of Power and the Origins of the First World War*, Londres, Hodder et Stoughton, 1999, 518p.
CLIFFORD Colin, *The Asquiths*, Londres, John Murray, 2002, 528p.
CROWE Sibyl et alii, *Our ablest servant, Sir Eyre Crowe, 1864-1925*, Merlin, 1993, 522p.
DUNLOP Ian, *Edward VII and the Entente cordiale*, Londres, Constable, 2004, 288p.
DUTTON D, *Austen Chamberlain: Gentleman in Politics*, Bolton, Anderson, 1985, 373p.
Id., *Neville Chamberlain*, Londres, Arnold, 2001, 245p.
GILBERT M., *W. Churchill*, Londres, Heinemann, 1971, 4 vol.
GILMOUR David, *Curzon*, Londres, John Murray, 1994, 683p.
GRENVILLE J.A.S., *Lord Salisbury and Foreign policy. The Close of the Nineteenth Century*, Londres, Athlone, rééd. 1970, 451p.
GRIFFITHS Richard, *Fellow travellers of the Right, British Enthusiasts for Nazi Germany, 1933-1939*, Londres, Constable, 1980, 406p.
GRIGG John, *Lloyd George*, 3 vol, Londres, Methuen et Lane, 1978-2002.
HAMILTON Keith, *Bertie of Thame. Edwardian Ambassador*, Boydell, Woodbridge, 1990, 436p.
HARROD, R. F., *The Life of John Maynard Keynes*, Londres, Macmillan, 1951, 674p.
HAYES P., *The XXth Century, 1880-1939, Modern British foreign policy*, Londres, Adam et Black, 1988.
HEADLAM-MORLEY J.W., *Studies in Diplomatic History*, Londres, 1930.
HINSLEY Francis Harry dir., *British Foreign Policy under Sir Edward Grey*, Cambridge, C.U.P., 1977, 702p.
HUNTER Archie, *Power and passion in Egypt: a life of Sir Eldon Gorst 1861-1911*, Londres, I.B. Tauris, 2007, 276p.
JUDD Denis, *Edward VII. A pictorial biography*, Londres, Macdonald and Jane's, 1975, 207p.
Id, *Radical Joe. A Life of Joseph Chamberlain*, Londres, Hamilton, 1977, 310p.
LOWE C J, *The reluctant Imperialists. British Foreign Policy 1878-1902*, 2 vol., Londres, Routledge, 1967.
KENNEDY Paul Michael, *The Realities behind Diplomacy. Background Influences on British external Policy,1815-1980*, Londres, Fontana,1981.
LEE Sidney, *King Edward VII. A Biography*, Londres, Macmillan, 1927, 2 vol., 810 et 769p.
LEMONNIER Léon, *Édouard VII, Le Roi de l'Entente cordiale*, Paris, Hachette,1949, 254 p.
MARSH Peter, *Joseph Chamberlain. Entrepreneur in Politics*, Yale, Yale University Press, 1994, 725p.
MARX Roland, *Victoria*, Paris, Fayard, 2000, 538p.
MATTHEW H. Colin G, *The Liberal Imperialists. The Ideas and Policies of a Post-Gladstonian Elite*, Oxford, O.U.P., 1973, 331p.
MCKINSTRY Leo, *Rosebery. Statesman in turmoil*, Londres, Murray, 2005, 6262p.
MCLEAN Roderick, *Royalty and Diplomacy in Europe, 1890-1914*, Cambridge, C.U.P, 2001, 239p.
MONGER George W., *The End of Isolation: British Foreign Policy 1900-1907*, Londres, Nelson, 1963, 343p.
NEWTON Lord, *Lord Lansdowne: a Biography*, Londres, Macmillan, 1929.

NICOLSON Harold, *Diplomatie*, Paris, colonne Vendôme, 1948, 223p.
Id, *King George V: His Life and Reign*, Londres, Constable, 1952, 570p.
ORDE Anne, *Great Britain and International Security*, 1920-1926, Londres, 1978.
Id. *British Policy and European Reconstruction*, Cambridge, C.U.P., 357p.
OWEN Roger, *Lord Cromer: Victorian Imperialist, Edwardian Pro-Consul*, Oxford, O.U.P., 2004, 436p.
RAGEOT Gaston, *Lloyd George*, conférence donnée à l'Institut Thiers le 18 octobre 1918 par la Comité « L'Effort de la France et de ses alliés », Bloud et Gay, Editeurs, Paris, 58p.
REYNOLDS David, *Britannia overruled, British Policy in the Twentieth Century*, Londres et New York, Longman, 1991, 372 p.
ROBBINS Keith, *Sir Edward Grey: a Biography of Lord Grey of Fallodon*, Londres, Cassell, 1971, 438p.
Id, *The Abolition of War. The "Peace Movement in Britain", 1914-1919*, Cardiff, University Press, 1976, 255p.
Id., *The Eclipse of a Great Power, Modern Britain 1870-1992*, Londres et New York, Longman, 1983, reed. 1994, 474p.
Id., *The British Isles : 1901-1951*, Oxford, O.U.P., 2002, 285p.
ROSKILL Stephen Wentworth, *Hankey, man of secrets*, Londres, Collins, 3 vol, 1970-1974.
ROWLAND Peter, *Lloyd George*, Londres, Barry et Jenkins, 1975, 872p.
SKIDELSKY Robert, *John Maynard Keynes*, Londres, Macmillan, 1992, vol 2, 731p.
Id, *John Maynard Keynes 1937 1946*, Londres, Macmillan, 2000, vol 3, 580p.
STEELE David, *Lord Salisbury: a political biography*, Londres, Routledge, 2001, 455p.
STEINER Zara S., *The Foreign Office and Foreign Policy 1898-1914*, Cambridge, C.U.P., 1969, 262p.
Id., *Britain and the Origins of the First World War*, Londres, Macmillan, 1ère éd. 1977, 3e éd, 2003, 305p.
THOMPSON J. Lee, *A Wider Patriotism. Alfred Milner and the British Empire*, Londres, Pickering & Chatto, 2007, 304p.
VAYDAT Pierre, *Robert Vansittart (1881-1957). Une lucidité scandaleuse au Foreign Office*, Paris, L'Harmattan, 2008, 378p.
VICKERS Rhiannon, *The Labour Party and the world*, vol.1, Manchester, M.U.P., 2003, 240p.
WILSON Beckles, *L'Ambassade d'Angleterre (1814-1920), Un siècle de relations diplomatiques franco-britanniques*, Paris, Payot, 1929, 295p.
WILSON Keith Malcom, *British Secretaries and Foreign Policy, from Crimean War to First World War*, Beckenham, 1987, 218p.
Id., *Empire and Continent. Studies in British Policy from the 1880s to the First World War*, Londres, Mansell, 1987, 187p.
WORMER Klaus, *Grossbritannien, Russland und Deutschland. Studien zur britischen Weltreichpolitik am Vorabend des ersten Weltkrieges*, Fink, 1980.

Articles.
CROUZET François, « Réactions françaises devant « Les Conséquences économiques de la paix » de Keynes», *Revue d'histoire moderne et contemporaine*, t. IX, janvier-mars 1972, p.6-26.

JOHNSON Gaynor, "Lord Curzon and the Appointment of Lord d'Abernon as Ambassador to Berlin in 1920", *Journal of Contemporary History*, vol. 39, n°1, 2004, p.57-70.
Id., "Lord D'Abernon, Austen Chamberlain and the Origin of the Treaty of Locarno", *Electronic Journal of International history*, 2005.
KEIGER John F.V., « La perception de la puissance française par le Foreign Office », in MILZA Pierre, POIDEVIN Raymond dir., *La Puissance française à la Belle Époque. Mythe ou réalité ?*, Bruxelles, Complexe, 1992, p.175-185.
NALBACH Alex, ""The Software of Empire": Telegraphic News Agencies and Imperial Publicity, 1865-1914", in CODELL Julie F. éd., *Imperial Co-Histories. National Identities and the British national and colonial press*, Fairleigh Dickinson University Press, 2003, 328p., p.68-94.
ROWLEY Anthony, « Churchill », *Commentaire*, vol.26, n°102, été 2003, p.427-432.
VENIER Pascal, « La politique extérieure édouardienne et l'Entente cordiale », *Relations Internationales*, n°117, printemps 2004, « Cent ans d'Entente cordiale », p. 11-21.
WILSON Keith Malcom, "The making and putative implementation of a British foreign policy of gesture, December 1905 to August 1914: the Anglo-French Entente revisited", *Canadian Journal of History/Annales canadiennes d'histoire* XXXI, août 1996, p. 227-255.

c. Marine, aviation et armée britanniques.
ANDREW Christopher, *Secret Service. The Making of the British Intelligence Community*, Londres, Sceptre, 1986, 859p.
FERRIS John, *Money and Diplomacy: The Evolution of British strategic policy 1919-1926*, Londres, Macmillan, 1989, 235p.
FRENCH David, *The British General Staff. Reform and Innovation, 1890-1939*, Londres, Routledge, 2002, 236p.
FROST Mark Edwin Pescott, *Portsmouth Dockyard 1900-1920 A Photographic History*, Realvision Imaging solutions, 1999, CDROM.
GOOCH John, *The Plans of War: the General Staff and British Military Strategy, c.1900-1916*, Londres, Routledge, 1974, 348p.
HALPERN Paul G., *The Royal Navy in the Mediterranean 1915-1918*, Redwood Burn, 1987, 623p.
JEFFERY Keith, *Field Marshal Sir Henry Wilson. A Political Soldier*, Oxford, O.U.P., 2006, 344p.
MARDER A.J., *From the Dreadnought to Scapa Flow, the Royal Navy in the Fisher Era 1904-1919*, Worcester et Londres, Baylis, 5 vol., 1961.
Id., *The Anatomy of British sea power, A history of British naval policy in the pre-dreadnought era 1880-1905*, New York, Frank Cass & CO., 1964, 580p.
MASSIE Robert K., *Dreadnought. Britain, Germany and the coming of the Great War*, Londres, Pimlico, 1991, 1007p.
MONTGOMERY HYDE H., *British Air Policy between the Wars. 1918-1939*, Londres, Heinemann, 1976, 539p.
POLLOCK John, *Kitchener*, Londres, Constable, 2001, 598p.
ROSKILL Stephen Wentworth, *Naval Policy between the Wars*, Londres, Collins, 1968, 2 vol., 639p. et 525p.
WINTER Denis, *Haig's command: a reassessment*, Londres, Viking, 1991, 362p.

Article.
GOOCH John, "Attitudes to war in late Victorian and Edwardian England", in *War and Society. A Yearbook of Military history,* Croom Helm, Londres, 1975, 254 p., p.88-101.

d. La peur de l'invasion face au projet de tunnel sous la Manche.
CLARKE I.F., *The Tale of the future from the beginning to the present day*, A checklist, The Library Association, Londres, 1961, 165p.
MOON H., *The Invasion of the United Kingdom: Public Controversy and Official Planning 1888-1918*, PhD non publié soutenu à l'Université de Londres, 1968.
SASSO Bernard et COHEN SOLAL Lyne, *Le Tunnel sous la Manche. Chronique d'une passion franco-anglaise*, La Manufacture, Paris, 1994, 124p.

Article.
CLARKE I.F., "Future War Fictions: The First Main Phase, 1871-1900", *Science Fiction Studies*, n°73, novembre 1997.

e. Images de la France.
COLLEY Linda, *Britons: Forging the Nation, 1707-1837,* New Haven, Yale University Press, 1992, 429p.
GERBOD Paul, *Voyages au pays des mangeurs de grenouilles. La France vue par les Britanniques du XVIIIe siècle à nos jours*, Paris, Albin Michel, 1991, 245p.
LAPIE Pierre-Olivier, *Les Anglais à Paris de la Renaissance à l'Entente cordiale*, Paris, Fayard, 1976, 316p.
MARANDON Sylvaine, *L'Image de la France dans la conscience anglaise 1848-1900*, Paris, Armand Colin, 1967, 708 p.

Articles.
BELL Philip M.H., « L'image de la France dans les actualités britanniques (1938-1940) », *Cahiers de l'I.H.T.P.*, n°28, juin 1994, p.29-35.
LUCAS Colin, « Pour entrer en France, une vision d'outre-Manche », in LEQUIN Yves dir., *Histoire des Français XIXe-XXe*, Paris, Armand Colin, 1984, 3 vol., t.I
CAMPOS Christophe, "English stereotypes of the French", *Franco-British Studies*, n°27, 1999, p.39-54.

CHRONOLOGIE

1843
2-7 septembre :
Visite de Victoria. Première Entente cordiale à Eu entre Victoria et Louis-Philippe, initiée par Guizot.
novembre :
Annexion de Tahiti par la France et expulsion du missionnaire britannique Pritchard.
27 novembre :
Discours du Trône. Premier emploi officiel du terme d'« Entente cordiale ».

1844
7-15 octobre :
Visite de Louis-Philippe en Angleterre.

1855
15-22 avril :
Napoléon III et Eugénie à Londres et Windsor.
18 août :
La Reine Victoria et le prince Albert entrent à Paris.

1858
Août :
Fêtes de Cherbourg à bord de la *Bretagne*.

1860
23 janvier :
Traité Cobden-Chevalier.

1882
Juillet :
Début de la question d'Égypte.

1891
27 août :
Entente franco-russe.
Visite de l'amiral Gervais à Portsmouth.

1893
30 août :
Des navires français auraient fait sortir des navires anglais du golfe de Siam. Peur de la guerre à Londres. Accord franco-britannique.

1894
Octobre-novembre :
Le commandant Henry Decœur et Frederick Lugard tentent de délimiter la frontière du Haut-Niger.

1895
28 mars :
Discours de sir Edward Grey, sous-secrétaire au *Foreign Office*: «L'entrée d'une expédition française dans la vallée du Nil... serait un acte inamical (*unfriendly*) et qu'il serait considéré comme tel par l'Angleterre...»
5 avril:
Réponse d'Hanotaux au Sénat: « Entre deux puissances qui se respectent et dont les relations sont toujours courtoises, il ne peut être question, ni d'agression, ni d'injonction... »
15 septembre :
Réception du Lord-Maire de Londres par la municipalité parisienne.

1896
15 janvier :
Convention franco-britannique sur le Siam.
6 août :
Colonisation de Madagascar.

1897

Bertie dénonce les attaques anglophobes des dirigeants et de la presse devant la Chambre de commerce britannique.

février :
L'expédition Marchand quitte le bassin du Congo.
15 juin:
En Allemagne, Tirpitz devient secrétaire d'État à la Marine.

1898
25 mars :
Les Affaires de Chine opposent la France et l'Angleterre à propos de Weihai.
10 avril :
Loi navale allemande ratifiée par le Reichstag.
13 mai :
Discours de Chamberlain à Birmingham en faveur d'une alliance anglo-saxonne.
14 juin :
Convention franco-anglaise sur les frontières du Niger. Les Anglais récupèrent Boussa et le Sokoto.
28 juin :
Ministère radical Brisson. Delcassé devient ministre des Affaires étrangères.
10 juillet :
Arrivée de la mission Marchand à Fachoda.
19 septembre :
Arrivée de Kitchener à Fachoda.
25 septembre :
Entrevue assez cordiale entre Kitchener et Marchand.
30 septembre :
Delcassé tente d'empêcher Monson de poser un ultimatum.
22-24 octobre :
Delcassé reste indécis jusqu'au 23 octobre : il cherche un arrangement honorable, puis se résout à faire des concessions.
27 octobre :
Nouveau projet d'ultimatum anglais.
4 novembre :
Le gouvernement français donne l'ordre d'évacuer Fachoda.
8 décembre :
Le nouvel ambassadeur de France, Paul Cambon, prend ses fonctions à Londres.

1899
11 janvier :
Séance du Conseil supérieur de la Marine met en évidence les divisions entre marins sur la réponse à apporter à Fachoda.
23 janvier :
Discours de d'Estournelles de Constant devant la Chambre des députés en faveur de l'Entente cordiale.
24 janvier :
Delcassé accepte un tracé des frontières en Afrique centrale proposé par Paul Cambon, qui transmet à Salisbury.
Février.
Affaire de Mascate entre la France et le Royaume-Uni.
Réunion. Objectif 3°.se rapprocher de l'Angleterre malgré tout.
18 février.
Émile Loubet est élu président de la République.
21 mars.
Convention franco-anglaise sur l'Afrique centrale (bassin oriental et septentrional du Tchad).
18 mai-29 juillet :
Conférence de la Paix à la Haye.
14 juin :
Accord sur le Niger. La France obtient le Tibesti, le Tchad, l'Oubangui, mais est repoussée à 800 km de Fachoda.

22 juin :
Ministère de «Défense républicaine » Waldeck-Rousseau. Delcassé garde les Affaires étrangères.
12 octobre.
Début de la guerre des Boers.
Octobre :
Visite en France de Mouraviev, ministre russe des Affaires étrangères. Il propose la formation d'une ligue continentale.
17 novembre :
Inauguration de la statue de Lesseps à Port-Saïd.
30 novembre :
Discours de Chamberlain à Leicester.

10-15 décembre :
"semaine noire" pour l'armée anglaise dans le Sud-Africain.

1900

Janvier :
Affaire du *Bundesrath*. Départ de quelques volontaires français pour le Transvaal.
28 février :
Le Conseil des ministres français envisage l'hypothèse d'une guerre avec le Royaume-Uni.
29 février :
Délivrance de Ladysmith par l'armée britannique.
Mars :
Pourparlers franco-russes sur une possible alliance continentale contre le Royaume-Uni.
5 avril :
Mort de Villebois-Mareuil à Boshoff.
15 avril :
Le prince de Galles renonce à se rendre à Paris pour inaugurer l'Exposition universelle.
25 avril :
Arrangement à l'amiable dans l'affaire de Mascate.

17 mai :
Délivrance de Mafeking.

28 mai :
Démission de Galliffet, ministre de la Guerre, remplacé par le général André.
5 juin :
Reprise de Prétoria par les Anglais.
14 juin :
Deuxième loi navale allemande.
Juillet :
Extension nouvelle de l'alliance franco-russe. Protocoles d'états-majors sur les mobilisations française et russe et sur une attaque éventuelle de la part du Royaume-Uni.
16 octobre :
Accord anglo-allemand en Chine.
1er novembre :
« Remaniement » ministériel en Grande-Bretagne.
10 novembre :
Lord Lansdowne remplace lord Salisbury au *Foreign Office*.
27 novembre :
Le Conseil municipal de Paris reçoit le président Kruger.
Décembre :
Création du syndicat franco-anglais pour l'exploitation du Yunnan.

1901

22 janvier :
Mort de la Reine Victoria. Édouard VII lui succède.
27 mars :
Première réunion de la Société française d'arbitrage.
Avril :
Ajout d'un point anti-anglais à l'alliance franco-russe.
18 juillet. :
Traduction en français d'un article révélant l'existence de camps de concentration pour les Boers.

28 septembre :
Le numéro 26 de *L'Assiette au beurre* sur « Les camps de reconcentration au Transvaal » est réimprimé douze fois.
25 octobre :
Discours de Joseph Chamberlain à Édimbourg.

1902

Janvier :
Convention navale franco-russe dans la perspective d'une guerre avec l'Angleterre.
Joseph Chamberlain approche Paul Cambon.
30 janvier :
Traité anglo-japonais.
7 mai :
Ouverture de l'exposition "Paris in London" à Earls Court.
31 mai.
Paix de Vereeniging dans le Sud-Africain.
15 juin.
Ministère Combes. Delcassé conserve le poste de ministre des Affaires étrangères.
28 juin :
Renouvellement de la Triple Alliance.
11 juillet.
Arthur Balfour est nommé Premier ministre.
12 juillet.
Salisbury quitte le Cabinet. Lansdowne peut donner libre cours à une politique plus francophile.
23 juillet.
Discussion Cambon-Lansdowne sur le Maroc.
6 août.
Amorce de négociation. Cambon déclare Delcassé désireux de mener les négociations avec l'Angleterre.
8 août.
« Remaniement » ministériel anglais. Lansdowne est conforté dans ses fonctions

9 août.
Couronnement d'Édouard VII à l'Abbaye de Westminster.
Début des négociations officielles franco-anglaises.
Octobre.
Question du Siam : l'accord vaut une situation prépondérante à la France dans le Mékong.
22 octobre.
Entretien Cambon-Lansdowne sur le Maroc.
Novembre.-Décembre :
Affaire du Venezuela entre l'Allemagne et le Royaume-Uni.
2 novembre.
Nouvel entretien Cambon-Lansdowne sur le Maroc.
18 décembre :
Première réunion du C.I.D.

1903

8 avril :
Lansdowne affirme vouloir traiter la question du Maroc avec l'Espagne et avec la France.
1er-4 mai.
Réception officielle d'Édouard VII à Paris : À L'ambassade d'Angleterre, revue de Vincennes, déjeuner au ministère des Affaires étrangères, Banquet à l'Ambassade d'Angleterre.
Le yacht *Victoria and Albert* repart de Cherbourg.
19 mai.
Accord de principe sur un traité d'arbitrage soutenu par un groupe de deux cent parlementaires menés par d'Estournelles de Constant.
Juin :
Le préfet Lépine se rend au congrès d'Earls Court sur les mesures préventives contre l'incendie.
7 juin :
Négociations Lansdowne-Delcassé.
2 juillet :

Entrevue entre Lansdowne et Eugène Étienne, représentant du groupe colonial.
6-9 juillet :
Visite du président Loubet et du ministre des Affaires étrangères Delcassé à Londres.
7 juillet:
Entretiens entre Lord Lansdowne et Delcassé à York House.
21 juillet :
Constitution du groupe d'arbitrage pour la Paix entre la France et l'Angleterre.
6 octobre :
Démission de Joseph Chamberlain.
14 octobre :
Cambon et Lansdowne signent un traité d'arbitrage franco-anglais.
5 décembre :
Réception de parlementaires anglais par la municipalité de Nice

1904

8 février :
Déclenchement de la guerre russo-japonaise.
8 avril :
Les accords franco-britanniques sur les colonies jettent les bases de l'Entente cordiale.
14 avril :
L'Union coloniale française vote ses félicitations à Delcassé.
7 mai-13 juin :
Fêtes de Rouen.
Juin :
Paul Cambon docteur *honoris causa* d'Oxford, qualifié d'*Amicitiae interpres.*
Entrevue de Kiel entre Guillaume II et Édouard VII.

23 juillet :
Fêtes anglo-françaises de Folkestone.
21-22 octobre
Incident de Dogger Bank entre la Russie et le Royaume-Uni.
9 décembre
Promulgation de l'Entente cordiale au *Journal Officiel.*

1905

Janvier :
Escale du duc de Connaught à Brest, puis à Alger.
24 janvier :
Cabinet de « politique réaliste » Rouvier. Delcassé garde les Affaires étrangères.
4 mars
Entrée en fonction de Jean Périer, attaché commercial à l'ambassade de France à Londres.
31 mars
Guillaume II se rend à Tanger.
6 avril ?
Anniversaire de l'Entente cordiale. La Reine d'Angleterre en France.
Entrevue du roi Édouard VII et du président Loubet dans le wagon royal entre Pierrefitte et la gare de Lyon.
16-24 avril :
Visite d'Édouard VII en Algérie.
19 avril :
Interpellé à la Chambre sur l'Affaire de Tanger, Delcassé offre sa démission, qu'il retire.
25 avril :
L'ambassadeur anglais à Paris assure Delcassé de son soutien.
15 mai :
Rouvier engage Cambon à ne pas continuer les négociations franco-anglaises au sujet des visées allemandes sur le Maroc.
6 juin :
La décision du Conseil des Ministres de ne pas poursuivre les discussions avec l'Angleterre entraîne la démission de Delcassé. Rouvier devient ministre des Affaires étrangères.
26 juin :

Clemenceau déclare à l'ambassade d'Angleterre : « Si l'Allemagne veut la guerre, eh bien, nous nous battrons ! »
10-17 juillet :
Bonne réception de l'escadre anglaise à Brest.
13 juillet :
Les officiers du navire-école *Duguay-Trouin* sont reçus par Édouard VII à Manchester.
23-24 juillet :
Entrevue de Björkö entre Nicolas II et Guillaume II. Signature d'une alliance défensive.
7-14 août :
L'escadre du Nord se rend à Portsmouth et à Cowes commandée par l'amiral Caillard. Reçue par le roi sur son yacht et par les députés dans la salle historique de Westminster. 120 matelots assistent à un ballet intitulé l'*Entente cordiale*.

20 octobre :
Réception froide des conseillers municipaux parisiens à Londres.
11 décembre
Bertie et Clemenceau échangent leur satisfaction des accords conclus.
15 décembre :
Début des conversations militaires franco-britanniques.

1906
10 janvier :
Conversations navales franco-britanniques.
12 janvier :
Victoire des libéraux britanniques. Sir Edward Grey secrétaire au *Foreign Office*.
15 janvier-7 avril :
Conférence d'Algésiras.
5 février :
Réception du *London County Council* à Paris.

10 février:
Lancement du premier *HMS Dreadnought*.

Mars :
Publication de l'*Invasion de 1910* par le *Daily Mail*.
Mai :
Visite d'Édouard VII à titre privé à Paris.
5 juin :
Loi navale allemande.
8 septembre :
Churchill rencontre Guillaume II.
13-18 octobre :
Réception du Lord-Maire et de la corporation de la Cité de Londres à Paris.
25 octobre :
Ministère Clemenceau.

1907
1er janvier :
Mémorandum Crowe.
21 mars :
Campbell-Bannerman annonce officiellement le rejet du projet de Tunnel sous la Manche.
7 avril :
Arrivée de Jules Cambon à Berlin en tant qu'ambassadeur.
21 mai :
Réception de l'Université de Londres par la Ville de Paris.
30 juin-1er juillet :
Souvenirs musicaux de l'Entente cordiale à Boulogne-sur-Mer.
31 août :
Accord anglo-russe sur l'Asie centrale qui aplanit le différend russo-anglais en Perse, au Tibet et en Afghanistan, on peut parler d'une « Triple Entente ».
7-9 octobre :
Voyage à Londres de la municipalité parisienne.
18 octobre :

Convention de La Haye.
27 novembre :
Le C.I.D. reconsidère la question d'une éventuelle invasion.

1908

5-7 mars :
Visite incognito d'Édouard VII à Paris.
Avril :
Clemenceau assiste aux funérailles de Campbell-Bannerman.
Mai-juin :
Exposition franco-britannique. Visite de Fallières à Londres.
14 juin :
Quatrième loi navale allemande.
28 octobre
Le *Daily Telegraph* publie une interview du Kaiser qui fait mauvais effet.

1909

9 janvier :
Accord franco-allemand sur le Maroc.
3 mars :
Visite privée d'Édouard VII à Paris.
12 mars :
Navy Bill adopté sous l'effet du *Navy Scare*.
25 juillet :
Blériot franchit la Manche en avion.
13 octobre :
Réception du Maire de Douvres à Paris.

1910

6 mai :
Mort d'Édouard VII. George V lui succède. Henry Wilson, nouveau directeur des opérations militaires.

1911

24 juin :
Revue navale de Spithead.
1er juillet :
Envoi du cuirassé allemand *Panther* à Agadir.
21 juillet:
Lloyd George met en garde l'Allemagne dans son discours de Mansion House, à Londres. Pourparlers au ministère de la Guerre entre le chef d'état-major et le directeur des opérations militaires au *War Office*.

1912.

7 février:
Nouvelle loi navale allemande.
8-11 février:
Mission Haldane.

21 mai :
Prince de Galles en visite à Toulon.
juillet :
Trois entretiens à Londres entre l'attaché naval et le Premier Lord de la mer et le Premier Lord de l'Amirauté aboutissent à un accord de répartition de la Méditerranée et de la Manche entre les flottes françaises et britanniques.

27 octobre :
Match France-Angleterre au Parc des Princes en présence de personnalités.
21-22 novembre :
Échanges de lettres entre Cambon et Grey.

1913.

Portrait équestre d'*Édouard VII* à Paris.
Janvier-mars :
Conventions navales sur la Manche et la Méditerranée.
27 janvier :
Convention sur l'Extrême Orient.
24-28 juin :
Voyage de Poincaré et du Conseil municipal de Paris en Angleterre.
Juillet :

Le ministre de la Marine Pierre Baudin assiste à une démonstration navale de la *Home Fleet*.
Août :
Des militaires britanniques assistent aux manœuvres françaises.
Octobre :
Institut français de Londres devient une association sous le patronage de l'Université de Lille.

1914.
21-24 avril :
Le roi George V et la reine Mary se rendent à Paris pour célébrer le dixième anniversaire de l'Entente cordiale.
28 juillet :
Churchill met la flotte britannique en état d'alerte.
3 août :
Déclaration de guerre allemande à la France et à la Belgique.
5 août :
A minuit, le Royaume-Uni entre en guerre aux côtés de la France.
6 août :
Accord naval franco-britannique.
21-23 août :
Premier obus tiré par un canon britannique sur un champ de bataille belge de la Première Guerre mondiale.

1915.
Création du lycée français de Londres.
Février-mars :
Début de l'opération des Dardanelles.
Avril :
Prêt britannique d'1,5 milliard de francs.
7 juillet :
Première grande conférence militaire interalliée.

1916.
27-28 mars :
Conférence gouvernementale des Alliés.
Mai :
Les Allemands jettent des tracts reproduisant l'« Impudique Albion ».
16 mai :
Accords Sykes-Picot.
9-10 juin :
Conférence militaire et gouvernementale de Londres sur l'armée d'Orient.
15-16 juillet :
Conférence financière de Londres.
Octobre :
Constitution de la Commission financière franco-anglaise.
Décembre :
Association France-Grande-Bretagne.

1917.
12-13 mars :
Conférence anglo-française de Londres.
28 mai :
Conférence anglo-française de Londres.
29 novembre :
Conférence interalliée à Paris.

1918.
8 janvier :
Énoncé des quatorze Points par le président Wilson.
26 mars :
Conférence de Doullens. Foch commandant en chef des forces alliées.
11 novembre 1918 :
Armistice mettant fin à a Première Guerre mondiale.
29 novembre :
Réception de Georges V à l'Hôtel de Ville de Paris.

1919.
18 janvier-28 juin :
Conférence de la Paix à Paris.
14 mars :

Wilson et Lloyd George proposent un traité de garantie en échange de la liberté de la Rhénanie.
25 mars :
Mémorandum de Fontainebleau qui invite les Alliés à se comporter en « arbitres impartiaux, oublieux des passions de la guerre. »
24 avril :
Réception des délégations de la marine britannique à l'Hôtel de Ville de Paris.
28 juin :
Signature du Traité de Versailles. Création de la S.D.N.

1920.
Parution en français des *Conséquences économiques de la Paix* de Keynes.
25 avril :
Conférence de San Remo.
24 septembre-8 octobre :
Conférence économique de Bruxelles.

1921.
24-29 janvier :
Conférence inter-alliée de Paris.
Accord franco-anglais du 29 janvier.
21 février-9 mars :
Conférence de Londres.
30 avril-5 mai
Conférence de Londres

20 octobre :
Accords d'Angora.
12 novembre :
Ouverture de la conférence de Washington
18-21 décembre :
Briand et Loucheur rencontrent Lloyd George à Londres.

1922.
6-13 janvier :
Conférence de Cannes. Démission d'Aristide Briand.

1er août:
Note Balfour demandant à la France d'honorer ses dettes si les États-Unis demandent les leurs.

1923.
11 janvier :
Occupation de la Ruhr.
6 mai-9 mai :
Discours critiques de Curzon et Lloyd George.
22 mai :
Discours de Klotz à Exeter.
Juillet :
Démonstrations de sympathie des flottes françaises et britanniques à Stockholm.
Août :
Échange de lettres acerbes entre Curzon et Poincaré.
Octobre :
Critiques de Baldwin.
Novembre :
Critiques de Crowe.

1924.
12 février :
Réception du Lord-Maire de Liverpool.
16 juillet-16 août :
Conférence de Londres. Paris recule.
1er septembre :
Entrée en vigueur du plan Dawes.

1925.
25 juin :
Réception du Lord-Maire de Londres Bower à l'Hôtel de Ville de Paris.
16 octobre :
Signature du pacte de Locarno.

1926.
12 juillet :
Accord franco-britannique sur le règlement des dettes de guerre.
Septembre :
Séjour de Chamberlain en Corse.

1927.
17 février :
Accord franco-britannique sur les dettes de guerre.
Mai :
Visite de Doumergue à Londres
2-3 juillet :
Centenaire de la mort de Surcouf.
Juillet :
Fêtes de Caen pour les 900 ans de la naissance de Guillaume le Conquérant.
1er décembre :
Signature à Londres du traité de Locarno.

1928.
Novembre :
Comité fédéral de coopération européenne.
Décembre :
Discours de Doumer à MacDonald sur les sacrifices communs.

1929.
6 février:
Lloyd George à Cannes.
20-26 juillet :
Ratification des accords sur les dettes interalliées.
Octobre :
Début de la crise économique.

1930.
5 juin :
Inauguration de la statue de Foch à Londres.
5-10 juillet :
Fêtes maritimes franco-britanniques de Brest.
8-16 novembre :
Gensoul à Malte.

1931.
Visite du duc d'York à l'Exposition coloniale de Paris.
9 juillet :
Réception du Lord-Maire de Liverpool à Paris.
18 septembre :
Le président du Conseil Pierre Laval fait accorder une avance de trois milliards de francs au Royaume-Uni par la Banque de France.

1932.
31 juillet :
Inauguration du mémorial de Thiepval en présence du prince de Galles et du président de la République.
Août :
Accords d'Ottawa

1933.
Association amicale franco-britannique.
Mars :
Churchill remercie Dieu pour l'armée française.
11 novembre :
Inauguration du buste de Lord Milner à Doullens.

1934.
Février-mars :
Conversations franco-britanniques.
9-10 juillet :
Réunion franco-britannique à Londres.

1935.
février :
Pierre Laval à Londres.
Avril :
Franco-British Association.
6 mai :
Jubilé d'argent de Georges V. Célébrations à Nice.
18 juin :
Accord naval anglo-allemand.
9 novembre :

Mémorandum britannique sur une éventuelle protection de la flotte française en cas de conflit avec l'Italie.
17 décembre :
Révélation publique par des fuites de presse et échec du plan Laval-Hoare de concessions à l'Italie.

1936.
Mars :
Occupation de la Rhénanie par l'Allemagne.
3 mai :
Victoire du Front populaire en France.
Septembre :
Visite de Churchill en France.

1937.
29-30 novembre :
Conversations franco-britanniques.

1938.
19-22 juillet :
Georges VI et Elisabeth à Boulogne-sur-Mer et à Paris. Inauguration de la statue de *Britannia* à Boulogne et du mémorial de Villers-Bretonneux.
Mai :
Paul Reynaud à Leeds.

29 septembre :
Conférence de Munich.
24 novembre :
Réception de Chamberlain et Halifax à Paris. Débat sur l'aviation britannique.

1939.
21-23 mars:
Visite de Lebrun à Londres.
Avril :
Sortie officielle du film de Marcel L'Herbier, *L'Entente cordiale*.
10 avril :
Inauguration d'une statue de Victoria à Menton.
23 août :

Churchill rencontre Reynaud.
3 septembre :
Le Royaume-Uni, puis la France déclarent la guerre à l'Allemagne.

12 septembre :
Conseil suprême interallié d'Abbeville.
22 septembre :
Conseil suprême interallié de Brighton. Jean Monnet lance l'idée de *pool* franco-britannique.
4 novembre.
Churchill rencontre Gamelin et Georges.
29 novembre:
Comité de coordination franco-britannique.
12 décembre :
Accord monétaire et financier signé à Paris par Simon et Reynaud.

1940.
5 janvier :
Churchill au GQG de Gamelin.
21 mars :
Ministère Reynaud
28 mars :
Conseil suprême interallié. Accord franco-anglais de ne pas conclure de paix séparée.
5 avril :
Churchill rencontre Daladier au ministère de la Guerre, Spears et le général Georges au restaurant Lapérouse, Gamelin à Vincennes.
10 mai :
Début de la campagne de France.
22 mai :
Churchill rencontre Reynaud, puis Weygand à Paris.
Fin mai-début juin :
Rembarquement de Dunkerque.
11 juin:
Projet de Keynes.
13 juin:
Projet Monnet. Churchill à Tours.

16 juin :
Échec du projet d'union franco-britannique. Ministère Pétain.
18 juin :
Appel du général de Gaulle à Londres.
22 juin :
Armistice en France. Discours de Churchill.
3 juillet :
La *Royal Navy* coule une partie de la flotte française en rade de Mers-el-Kébir.
23-25 septembre :
Opération de Dakar.
31 décembre :
Churchill propose sans succès à Pétain des conversations secrètes d'état-major.

1941.

28 mai :
Bombardement de Sfax.
8 juin-7 juillet :
Opérations en Syrie.

1944.

10-12 novembre :
Churchill en France pour les cérémonies du 11 novembre. Descente des Champs-Élysées.

TABLE DES MATIÈRES

INTRODUCTION 7
    I. La singularité des relations franco-britanniques : des conflits qui laissent des traces durables 9
    II. Un sujet souvent évoqué, rarement traité 10
    III. 1898–1940 : d'une crise d'anglophobie à l'autre 13
    IV. Les dirigeants, un milieu peu perméable à l'anglophobie ? 14
    V. A la recherche de l'anglophobie : sources inédites et sources plus anciennes 15
    VI. L'anglophobie : un concept sur la longue durée 19

PREMIÈRE PARTIE L'anglophobie historique des milieux dirigeants 21

Chapitre 1. L'anglophobie, un concept porteur d'histoire 23
    I. Définition de l'anglophobie contemporaine 24
        A. Un néologisme du XIXe siècle 24
        B. Un sentiment ancré dans la « longue durée » (Fernand Braudel) 26
    II. Le syndrome de Fachoda chez les dirigeants français 28

Chapitre 2. Nature et géographie de l'anglophobie 33
    I. Anglophobie des dirigeants et anglophobie de masse 33
        A. L'attitude des dirigeants français : une anglophobie élitiste 33
        B. L'anglophobie comme expression d'un rapport de forces : supériorité militaire française contre supériorité navale britannique 34
    II. Géographie de l'anglophobie 38
        A. L'anglophobie littorale, fruit de la concurrence militaire et économique subie par les ports français 38
        B. Une anglophobie intérieure ? Les attitudes divergentes des autorités locales 40
    III. Anciens et nouveaux lieux de mémoire anglophobes en France 41

Chapitre 3. Idées et influence des groupes de pression anglophobes 45
    I. Une idéologie protéiforme fondée sur des stéréotypes négatifs 45
        A. La générosité contre l'égoïsme britannique 45
        B. Le désintéressement contre le matérialisme 47
        C. Le droit international contre la force 47
    II. Raisons profondes de l'anglophobie 48
        A. La droite nationaliste entre germanophobie et anglophobie 48
        B. La défense du catholicisme dans les colonies 50
        C. La parenté de l'anglophobie avec l'antisémitisme 51
    III. Un courant anglophobe qui doit beaucoup au souvenir de Napoléon 53
        A. La nostalgie de Napoléon imprègne une minorité de dirigeants 53
        B. La diffusion de la nostalgie napoléonienne 59

DEUXIÈME PARTIE L'imaginaire anglophobe Moments et lieux de fixation de l'anglophobie 63

Chapitre 4. Anglophobie et hégémonie britannique 65
    I. La rivalité des impérialismes français et britanniques en 1898 65
        A. Le *containment* de l'impérialisme britannique 65
        B. L'enjeu permanent du contrôle des ressources 68
        C. Le retard français en matière de communications 69
    II. L'anglophobie coloniale ou la promotion d'un contre-modèle français de colonisation 71
        A. Une meilleure administration coloniale britannique 71
        B. ...mais moins « humaine » que la française ? 72
    III. Le « ralliement » des coloniaux à l'Entente cordiale 74

Chapitre 5. Les anglophobes redessinent la carte du monde 77
    I. La défense crispée des positions françaises 78
        A. Madagascar toujours sur la défensive 78
        B. Un troc inégal au Maroc 79
        C. La Syrie, terre promise... pour les espions 80
    II. La remise en cause des positions britanniques 82
        A. La concurrence géopolitique en Méditerranée 82
        B. La nostalgie française de l'Égypte 83
        C. Redessiner les cartes en Afrique centrale 86
    III. Les territoires lointains de l'Amérique à l'Asie 88
        A. La question épineuse de Terre-Neuve 88
        B. Une conquête plus consensuelle au Moyen et en Extrême-Orient 90

Chapitre 6. Les anglophobes refont l'histoire contemporaine 93
    I. Les dirigeants face aux crises initiales de Fachoda et de la guerre des Boers (1898-1902) 93
        A. L'attitude des dirigeants face à la crise de Fachoda 93
        B. La Guerre des Boers : la crise d'anglophobie de moins en moins voilée 100
            Les dirigeants face aux manifestations populaires d'anglophobie 102
            L'Exposition universelle de Paris de 1900 se tient dans un contexte de tension franco-britannique 104
            Un volontariat anglophobe ? 105
            Droit international contre mitrailleuses et camps de concentration 106
    II. L'alliance ponctuelle de la Première Guerre mondiale 107
        A. La Première Guerre mondiale, point culminant de l'Entente 107
        B. 1919-1923. Un retour à la Paix compromis par les polémiques franco-britanniques 111
            Keynes et le « diktat » de Versailles 113
            La bataille des chiffres. L'offensive keynésienne. 116
            Le manque anxiogène d'un traité de garantie franco-britannique 118
            Les dettes françaises, sources de contentieux économique et financier 120
        C. La crise de 1929 : frustrations économiques et francophobie 121
            La Conférence de Londres. Un appeasement franco-britannique ? 122
    III. La « rupture » de la Deuxième Guerre mondiale ? 123

    A. 1940 : le double divorce franco-britannique de Dunkerque et de Mers el-Kébir 123
    B. Les causes de la non-coopération aérienne franco-britannique 126
    C. Mers el-Kébir : une indignation durable, mais des représailles limitées
    131

TROISIÈME PARTIE   Francophobie et anglophobie, deux passions complémentaires ? 137

Chapitre 7. L'anglophobie au miroir de la francophobie 139
    I. L'anglicisation du monde par les Anglo-Saxons menace la culture latine . 139
    II. Un jingoïsme tourné contre la France, prétexte pour les anglophobes. 145

Chapitre 8. Les germanophiles britanniques 149
    I. La tentation britannique d'une alliance avec l'Allemagne à la Belle Époque
    149
    II. Une attitude plus compréhensive avec l'Allemagne qu'avec la France après le traité de Versailles 151

Chapitre 9. Anglophobie et francophobie de gauche 155
    I. Socialisme, communisme et anglophobie anticapitaliste 155
    II. Une gauche britannique hostile à l'impérialisme français 157

QUATRIÈME PARTIE   L'élaboration d'une politique d'Entente cordiale 161

Chapitre 10. L'anglophobie française : une relation très « spéciale » . 163
    I. Dirigeants français, britanniques et allemands 164
        A. Une anglophobie par germanophilie ?.. 164
        B. Une germanophobie par anglophilie... 166
    II. La détérioration des relations germano-britanniques : une mauvaise gestion de l'anglophobie 168
        A. Une stratégie allemande divergente face à l'anglophobie 168
        B. L'évolution de l'*invasion scare*, reflet de la progression de la francophilie 172
        C. L'accusation de germanophobie sert à discréditer les francophiles britanniques 174

Chapitre 11. Une anglophobie mondiale ? L'improbable convergence des anglophobies allemande et française 179
    I. Une anglophobie « universelle » pendant la guerre des Boers 179
    II. L'échec de la convergence entre l'anglophobie allemande et l'anglophobie française 180
        A. La propagande allemande réutilise les caricatures anglophobes françaises
        180
        B. L'anglophobie populaire allemande 182
            L'anglophobie populaire gagne les dirigeants allemands................... 182
            Une anglophilie allemande inefficace en France ? 183
        C. Qui est l'ennemi : revanche sur l'Allemagne ou sur le Royaume-Uni ?
        184

Chapitre 12. Les dirigeants français renouent avec la tradition anglophile 187
    I. L'anglophilie des dirigeants français 187
        A. L'avènement d'une anglophilie populaire encouragée par les dirigeants 187
        B. L'anglophilie comme accusation de la politique des dirigeants 188
        C. Une anglomanie résiduelle 191
    II. Les passerelles régionales au-dessus de la Manche 192
        A. La Normandie, pont historique entre les deux pays 192
        B. Des liens particuliers avec l'Écosse, l'Irlande et le pays de Galles 192

CONCLUSION **195**
    Les aspects originaux de l'anglophobie des dirigeants français : un refus de la modernité et une lutte contre l'ordre mondial 195
    L'instrumentalisation de l'anglophobie par les dirigeants 196
    Une réévaluation de l'approche stéréotypée des relations franco-britanniques au profit d'une approche en termes de mythes historiques 198

ANNEXES **201**

INDEX DES NOMS ET DES LIEUX **203**

SOURCES **213**

I. Sources d'archives **213**

1. Archives écrites. **213**

II. Sources imprimées. **222**

BIBLIOGRAPHIE **237**

CHRONOLOGIE **263**

TABLE DES MATIÈRES **275**

L'HARMATTAN, ITALIA
Via Degli Artisti 15 ; 10124 Torino

L'HARMATTAN HONGRIE
Könyvesbolt ; Kossuth L. u. 14-16
1053 Budapest

L'HARMATTAN BURKINA FASO
Rue 15.167 Route du Pô Patte d'oie
12 BP 226 Ouagadougou 12
(00226) 76 59 79 86

ESPACE L'HARMATTAN KINSHASA
Faculté des Sciences Sociales,
Politiques et Administratives
BP243, KIN XI ; Université de Kinshasa

L'HARMATTAN GUINÉE
Almamya Rue KA 028 en face du restaurant le cèdre
OKB agency BP 3470 Conakry
(00224) 60 20 85 08
harmattanguinee@yahoo.fr

L'HARMATTAN CÔTE D'IVOIRE
M. Etien N'dah Ahmon
Résidence Karl / cité des arts
Abidjan-Cocody 03 BP 1588 Abidjan 03
(00225) 05 77 87 31

L'HARMATTAN MAURITANIE
Espace El Kettab du livre francophone
N° 472 avenue Palais des Congrès
BP 316 Nouakchott
(00222) 63 25 980

L'HARMATTAN CAMEROUN
Immeuble Olympia face à la Camair
BP 11486 Yaoundé
(237) 458.67.00/976.61.66
harmattancam@yahoo.fr

L'HARMATTAN SÉNÉGAL
« Villa Rose », rue de Diourbel X G, Point E
BP 45034 Dakar FANN
(00221) 33 825 98 58 / 77 242 25 08
senharmattan@gmail.com

657164 - Juin 2016
Achevé d'imprimer par